新加坡华商之文化资本的积累与转换

Cultural Capital Accumulation and Transfer of Singapore Chinese Businessperson

龙坚 ◎ 著

厦门大学出版社 国家一级出版社
XIAMEN UNIVERSITY PRESS 全国百佳图书出版单位

序 一

文与商,原本分属于两个不同的范畴。文人与商人,在各自的领域里活动,追求不同的生活目标,呈现不同的行为模式。从中国的社会发展来看,学而优则仕是千千万万文人梦寐以求的人生目标;而商场的谋利行为向来受到鄙视,商人在四民(士农工商)的社会结构里长期忝陪末席。社会上文者不商、商者无文的观念,极为普遍。直到中国人离开本土,在海外从事商业活动,积累了财富,建构了家园,掌握了华社的话语权,才逐渐颠覆旧有的社会阶序和思维。在新环境里,文与商的藩篱破除,出现诸如文人依附商人、商人出资办学以及儒商人物登场等新现象。

中国人在外经商,构成早期华人移民的重要类型。东南亚是华人移民最多的聚集处,也是华商施展拳脚的天地。该地区华商群体在形塑与发展的过程中,做出种种努力,以适应环境和探索机会,为自己寻找当下的立足点和前行的道路。随着时间的推移,历史巨轮的转动越来越急促,东南亚从漫长的殖民地时代转入独立建国时代不久,环球化时代已然降临,而伴随时代转化的是环境的变迁和各种新挑战的接踵而至。东南亚华商如何在时空交织的变动中求存与前进?他们借助、调动和创造了哪些资源?其得失成败又如何?都值得学者们探究。

龙坚选择了新加坡华商作为研究的对象。她从西方的学界得到了启发,领悟到文化对于经济发展的重要性,以及传统经济理论解释经济发展的不足,于是尝试运用法国学者皮埃尔·布迪厄的资本理论,创设自己的华商研究架构。她以第一次世界大战后至今新加坡华商的三大群体——即1920年代以后的老一辈华商,1980年代崛起的本土华商和1990年代出现的新移民华商为个案,从这些群体所处场域(政治、经济、社会、文化)的特征、文化(传统与现代)的沿革和各种资本(经济资本、社会资本、文化资本)的配置,纵横交错地考察华商文化资本的积累及与其他类型资本的转换。她的研究,揭示了新加坡华商的文化资本特征,展现其资本积累与转换的合理路径,论述其与个体成功、企业发展、经济增长之间的相互作用和关系。

龙坚从文化、文化资本和资本转换的逻辑和角度研究新加坡华商,视角新颖,成果甚丰。从东南亚的语境考察,布迪厄强调的文化资本以及文化、社会和经济三种资本的配置和转换,或许不能充分地解释各地华商的生存与发迹,然而却适用于新加坡华商的状况。印尼自建国后官商勾结的现象非常突出,华商与官场有权势者建立密切关系,获取政治资源,再将它转化为经济资源,不仅保全了事业,还得到极大的商业利益,展现政治资本之积累和转换的效用。但新加坡的国情不一样,特别是建国之后,华商的发展固然受到政府政策极大的影响,但若要利用政治资本谋取经济最大利益,似乎是不可行。

从新加坡华商成败的角度来看,文化资本的积累与转换确实非常重要。即便追溯到龙坚研究的上限——1920年代之前的境况,也不例外。例如,19世纪末登场的儒商邱菽园,继承父亲可观的生意和财产,却以诗人和维新志士远近驰名,十年之内,生意失败,财产荡尽。他不仅没能或没意愿利用已拥有的经济资本和文化资本,还将经济资本转换为文化资本(从事文学、报业和文化活动)和政治资本(参与康有为的维新保皇活动)。作为商人,他一事无成,还掏空了原有的经济资本。同时期的林文庆医生,出身平凡家庭,却凭着自己的才华在商场上长袖善舞,并应用科学知识成为"树胶之父"(陈嘉庚的赞语),也造福了其他华商。他甚至以专业人士身份打破了19世纪纯商人垄断华社领导层的格局,因而为个人积累文化资本并将它转换为经济资本和社会资本提供了最佳的案例。再看龙坚研究的20世纪的老华商群体,以树胶大王陈嘉庚和李光前为例,两人都深受儒家思想影响,而且具有冒险精神和创业气魄,但是论教育程度、语文能力、科技知识、管理哲学和子女教育等方面,李光前都远远超越陈嘉庚。从经济的角度检视,李光前在文化资本的积累和转换更为成功和持久。作为企业王国的创始人和继承者,他与他的后代更为出色。陈嘉庚绝对是出类拔萃的历史人物,但是作为商人,当他将经济资本不断转换为文化资本(在厦门和集美办教育)时,其企业王国便无法支撑,虽则他为时人后裔创造了更大的文化资本。

再从龙坚探讨的新加坡华商三大群体发展来看,文化资本之积累与转换的重要性愈发清晰,而且随着时间的进展越来越不容轻忽。老一辈华商生活在各种资本都欠缺的环境里,社会网络(如血缘组织、地缘组织和业缘组织)的开拓相对重要,他们的成功就在善用和转化社会资本为其他资本。其中少数同时积累厚实的文化资本者则脱颖而出,成为佼佼者,李光前是也。至于20世纪末叶先后登场的本土华商和新移民华商,因为身处知识经济时代,比较不依赖传统的社会网络,但拥有老一辈华商相对欠缺的文化资本(即布迪厄所指的"制度化形态",如文凭、证书等),掌握更多新的知识、信息、科技、理论和观念等,并善于将文化资本转换为社会资本和经济资本。他们之中,出身贫寒、经济资源匮乏者大有人在,无不凭借个人文化资本的积累和转换而走向成功,新本土华商沈望傅(创新科技董事主席)是也,新移民华商蓝伟光(新达科技集团董事长)是也。

文化资本之于商人,其重要性毋庸置疑。龙坚这本新著《新加坡华商之文化资本的积累与转换》,就在这方面作了深入的探讨和细致的分析。这部作品,无论是理论的应用还是群体的划分,无论是文献的分析还是人物的采访,无论是实证还是推论,都很用心,也具说服力。龙坚的努力,为华商研究开拓了新的视野,并作了重要的补充,令人激赏。

李元瑾

新加坡南洋理工大学

2013年9月

序 二

龙坚博士推出这部论著，开启了一扇新视窗观照华商的行为与作为，指陈华商身处多元文化交叠折合的场域，无论背景与条件如何，每每必须调动各类资源才能跟体制互动，行使各种策略面对周遭并穿越界限，进而重塑各种结构和网络。

华商曾经是主要的华人移民类型。自秦汉开始，中国历届朝廷海航和海禁政策轮替实行，华商则从不间断地编织海上丝绸之路。纵横交错的华商网络连接亚洲沿海港口，继而贯通东南亚各处城镇，不但带动各地商品在不同地理疆域之间的川流，而且辅助各种文化元素在同一社会空间里面的交合。在这过程当中，华商不断调整步伐与身姿，其中介角色始终重要，欧洲殖民势力和土著之间都不得不借助华商来沟通，跨族群交流于焉发生。在早期的华人社会里，华商站在阶级上端而影响力波及各领域，其资金更是促进了会馆业行等社会组织，推动了报馆学校等文化产业，显示经济资本往往会配合需要转变为其他资源，从经济领域流向社会与文化等领域。

华商的主体性一直在重组着，因为语境在变易着。二战后，东南亚各地纷纷独立，以现代民族国家的体制运作，各种资源重新配置，一切以国家利益为首要前提。随着华族身份从移民转换到国民，并且有的华人成为跨国分子（transnationals）和弹性公民（flexible citizens），华商的角色也产生新的变化，展示新的可能性。华人企业在继续跟其他族群商团互动的同时，也面对来自所在地国有企业的新挑战。中国自1978年推行改革开放后，华商代表各种国籍身份跟中国进行经贸往来，其资源的分布既是所处国的敏感议题、媒体的感性话题，也是学者专家必须敏锐观察的课题。这不是经济量化分析所能充分解释的表象，关注族群互动的文化研究反而能窥探华商的内涵，进入其内在逻辑。龙坚博士这部著作聚焦于新加坡，折射二战后华商应对国内与跨国环境变动的策略,结合经济与文化的角度探究作为社会主体的华商。

龙坚博士对新加坡华商的研究,既有深入的人物采访,也有丰富的文献分析。在这基础上,她运用了法国学者布迪厄(Pierre Bourdieu)的资本论和场域论。布迪厄具有社会学家、人类学家、哲学家多种身份,主张人类个体与群体行为必须放置在多重结构和层面里进行研究。资本(capital)论方面,他认为存有经济资本(金钱、资产)、社会资本(地位、网络)、文化资本(教育、知识、习性、品味)三大类型,人类个体能够尝试按照所需对它们进行使用和配置,让它们互相转换以便各自的累积达到理想中的比例。然而,资本的使用与转换绝非个人所能完全决定的,而是个体与群体、个人与社会互动所导致的结果,即布迪厄所谓的场域(field)。布迪厄提醒,场域不断被结构化(structured)和在结构化着(structuring),个体与群体的习性(habitus)也因此处于成型与转型交替出现的过程当中。个体如何采用合适的策略应对场域的结构与重构,将会导致其资本、地位、处境是否会优化,或者衰退。

目前华商研究著作繁复,不少侧重本质化的论述,即集中于关系与网络如何体现族群性的同质化,关注多元文化语境中跨界线互动的相对不多。龙坚博士借用布迪厄理论揭开了新加坡的现实与脉络,显示新加坡场域是多重结构的,华商必须至少回应在地华族文化圈、西方英语文化圈、中国华语文化圈,处理它们或隔阂或冲突或融合的关系。随着时间的推移,各个文化圈也在此消彼长,不断重组着新加坡的场域结构,影响着场域内行动者的习性,以及他们的权力与利益架构,因为个体的各类型资本也跟着产生变化。

为了呈现这种结构化着的场域,龙坚博士恰到好处地探讨了华商的三个重要群体:新加坡1920年至1965年崛起的华商、1980年代起家的新一代在地华商、1990年后出现的新移民华商。这三个华商群体的习性和策略各有不同。这部著作成功之处,在于剖析了三个群体如何处理经济资本、社会资本、文化资本,如何在不同的文化圈累积这些资本,如何运用并转换它们。其研究发现饶富意义:每个群体致富途径不一,关键在于如何把握时机对各类资本进行配置并运转,以便达至最大的优化。这样的新认识,无疑破解了华商研究的固有迷思。原来华商并没有特殊之处,跟其他处于多元文化语境当中的商人一样,都必须穿越文化界线,并且连接。差异仅仅在于是哪个场域、哪个体制、哪个行动者。而龙坚博士深刻地探究了新加坡场域里的华商,对华人研究做出了贡献。

游俊豪
新加坡南洋理工大学
中华语言文化中心
2013年9月

内容简介

本书应用布迪厄(Pierre Bourdieu)资本理论的研究框架,从场域与资本相互关联的研究视角来探讨新加坡华商之文化资本的动态积累与转换过程。

本书认为,在新加坡这个独特的社会场域中,华商必然要面对本土华族文化圈、本土多元文化圈,以及西方文化、中国文化的相互碰撞和相交相叠。本书主要针对三个群体进行探讨:第一大群体是1920—1965年代前后发展起来的老一辈华商;第二大群体是1980年代前后成长起来的新本土华商;第三大群体是1990年代后兴起的新移民华商。实践表明:老一辈华商在其所处的年代中,他们所拥有的社会资本(即使层次偏低)以及身体化型态的文化资本的相对价值都处于较高位置;新一代本土华商和新移民华商在其所处的年代,他们所拥有的文化资本量的多少和质的高低是决定个人声誉、地位和权力的关键。另一方面,各类资本的功效则取决于个体所拥有的资本转换意愿和资本转换能力。

Abstract

This study analyzes the dynamic accumulation of cultural capital of Singapore Chinese businesspersons in a framework of capital theory that was developed by Pierre Bourdieu. The study shows that in a unique social field such as Singapore, Chinese businesspersons have to face the overlaps and collisions of Chinese culture circle, multicultural circle and western culture. Thus, there are three main groups to focus on: firstly, senior Chinese businesspersons that set up their business during the period 1920—1965; secondly, new local Chinese businesspersons in the 1980s; thirdly, new immigrant Chinese businesspersons in the 1990s. This study shows that in the era of the senior Chinese businesspersons, social capital (though poor in quality) and embodied cultural capital are more valued; whereas in the era of the new local Chinese businesspersons and new immigrant Chinese businesspersons, the quality and quantity of individual cultural capital is the key to individual fame, social status and power. On the other hand, the effects of different types of capital depend on the intention and capability of each individual to convert.

目 录

第一章 导 论 ……………………………………………………… 1
  第一节 选题背景和研究动机 ……………………………………… 1
  第二节 海外华人的历史变迁和东南亚华商概述 ……………… 12
  第三节 研究对象及样本选取、研究方法与研究思路 ………… 21
  第四节 研究意义与内容架构 ……………………………………… 29

第二章 学术回顾及研究方法概述 ……………………………… 33
  第一节 关于海外华商文化研究的学术回顾 …………………… 35
  第二节 关于海外华商文化的研究方法概述 …………………… 56
  第三节 对经济增长和商业发展的理论解释 …………………… 57

第三章 场域、习性与文化资本
  ——一个动态的形成和积累过程 …………………………… 78
  第一节 社会变迁与经济发展对华商文化资本的影响 ………… 80
  第二节 社会主体文化与政府主导文化对华商文化资本的塑造 …… 88
  第三节 外来文化对本土文化的冲击 …………………………… 112
  第四节 全球化的演进以及中国的崛起所产生的文化辐射 …… 122
  第五节 本章小结 ………………………………………………… 127

第四章　社会资本嵌入的商业行为
——新加坡老一辈华商 ··· 132
第一节　资源的稀缺性与资源的有效利用
　　——社会资本的建构 ··· 136
第二节　文化习性与老华商的文化资本特色 ······················· 145
第三节　文化资本的提升与社会资本的扩张
　　——资本转换的理性基础 ······································· 163
第四节　本章小结 ·· 180

第五章　比较优势与文化资本的积累和转换
——新加坡新本土华商 ·· 187
第一节　内在与外在的契合
　　——比较优势的形成 ··· 191
第二节　文化资本的提升与管理模式的选择 ······················· 204
第三节　诚信、创新与品牌
　　——社会资本的建构 ··· 215
第四节　本章小结 ·· 236

第六章　"知本家"的资本积累和转换特色
——全球化背景下的新移民华商 ································· 245
第一节　新移民华商的兴起和研究现状 ····························· 245
第二节　知识、理念与内化
　　——资本积累的必要条件 ······································· 252
第三节　文化差异与文化适应
　　——比较优势的建立 ··· 256
第四节　资本转换的东方特色
　　——文化资本嵌入的社会资本 ································· 264
第五节　本章小结 ·· 285

第七章 结　　论 ………………………………………………… 292
第一节　社会结构、文化资本及资本配置特征 ………………… 295
第二节　新加坡华商的文化资本转换途径 …………………… 302
第三节　研究局限与未来研究方向展望 ……………………… 311
第四节　结　　语 …………………………………………… 314

附录一　本研究中的受访者资料简介 ………………………… 317
附录二　本研究所涉及的案例个体简介 ……………………… 319
附录三　访谈提纲 ……………………………………………… 320

参考文献 ………………………………………………………… 325
后　　记 ………………………………………………………… 349

第一章

导　　论

第一节　选题背景和研究动机

一、选题背景

（一）文化的重要意义

所谓"文化（culture）"，不同学科其视角不同，定义也不尽相同，其中最为宽泛的一个描述是："文化"意指人类心智方面的努力，包括人类社会全部的生活方式。但是，对这样一个表面看来似乎是众所周知、耳熟能详的概念，英国文化研究主要代表人物之一威廉士（Raymond Williams）却认为，"文化是英文里最复杂的二、三个单词之一"；布罗夫斯基（Robert Borofsky）也指出：企图定义文化如同"把风关进屋子里"。可见"文化"的真正含义及其变动不定的本质并不是那么轻而易举就能了解和描述的。[①]

鉴于本书所涉及的"新加坡华商之文化资本的积累"与"文化"和"商业实践"高度相关，为凸显此关系，本书拟将综合采用以下定义：其一，是在人类学及社会学架构下经常用到的，即用来描述任何群体所共有的态度、信仰、风俗、习性、价值、理念以及规范等；其二，是英国学者马林诺夫斯基（Malinowski, Bronislaw Kaspar）所提出的一个具有功能性特点的定义：文化是在特定环境

---

① 相关内容可参见 David Throsby, *Economics and Culture* (Cambridge University Press, 2001)，或大卫·索罗斯比著，张维伦等译：《文化经济学》（台北：典藏艺术家庭股份有限公司，2009年3月），第4～5页。

内,人类机体和群体为了基本需要的满足、为了把自己置于一个更好的位置上而充分适应环境所逐渐发展出的体系。①这个定义具有一定的实用性和导向性,它标示出了作为社会场域中的主体——个体行动者构建文化的方式,也即,个体在历史的发展过程中和社会实践的活动中,不断外化、目标化自身的本质力量,去适应或利用或改造作为客体的自然环境、社会场域等,同时又不断地将所处场域中有益的信息内化为自身的本质。这个定义对本书将要展开的分析和讨论十分有益。至于第一个定义,正如索罗斯比指出的:"如果我们的目的在于探索文化因素在经济发展中扮演的角色,以及文化与经济发展之间的关系,这种文化阐释方式将特别有用。"②

关于文化对社会繁荣、经济增长,以及商业发展和资本积累的影响,早在1940年代至1950年代,许多学者都曾高度关注,这是由于学者们认为文化是了解社会、分析和解释差异的重要因素。③但在1960年代至1970年代,也许是由于许多国家和地区都在忙于脱离殖民统治,争取国家和民族独立,从颓废中站起来,重建家园,因此,这段时期,人们似乎一度忽视了对文化的关注。而到了1980年代,当东亚以及东南亚不少国家和地区的经济正在突飞猛进时,非洲一些同样已经脱离了殖民统治的国家却仍然在落后经济的边缘徘徊;当人们面对西方发达的工业社会其经济发展的各个阶段无论起落所付出的沉重代价时,人们又一次开始关注文化,试图从文化价值观和人性的角度来探讨如何实现"人的革新"、"文化的更新/再造"等课题,也试图以文化来解释这种经济增长与否和社会进步快慢的现象。

越来越多的学者、政治家与经济发展专家认为,对于社会这个大环境而言,文化价值观与态度,是造成进步或阻碍进步的因素。譬如:马克斯·韦伯(Max Weber)认为资本主义的兴起,基本上是植根于宗教的文化现象;班菲尔德(Edward Banfield)则指出南意大利的贫穷与独裁主义,有其文化上的根源,这些例子经常被引用。而对于企业这样的中环境而言,人是企业的微观主体,是企业最大的财富、资源和资本。人的观念和态度的确立、人的积极性和

---

① 庄锡昌:《多维视野中的文化理论》(杭州:浙江人民出版社,1987年),第371页。

② 大卫·索罗斯比著,张维伦等译:《文化经济学》(台北:典藏艺术家庭股份有限公司,2009年3月),第6页。

③ 亨廷顿(S. Huntingdon):《文化有重要意义》(序),参见哈瑞森、亨廷顿编著,李振昌、林慈淑译:《为什么文化很重要》(台北:联经出版事业股份有限公司,2003年12月),第1～5页。

创造性的发挥、人的知识和技能的提升等等是现代管理活动成功的保证,也是企业盈利增长和持续发展的保证。因此,一切管理活动均应以塑造企业良好的价值观、调动人的积极性、做好人的工作为根本,对物的管理要通过对人的管理以及对文化的追求来实现。美国著名管理学家德鲁克指出:"管理是以文化为转移的,并且受其社会的价值观、传统与习俗的支配。"

在 21 世纪这个知识经济、信息经济飞速发展的时代,为适应高新技术的发展和需求结构的改变,挖掘人的潜力,发挥人的创造能力和智力,把人塑造成为"有文化素质的能力人"便成为国家和企业提高生产力、加速经济增长的追求目标。与此相适应,东西方管理理论的发展势必要趋向于以"理性经济文化人"假设为基础和前提,才能解释推动经济增长和商业发展以及累积资本的因素究竟是什么。1999 年 4 月 23—25 日在马萨诸塞州坎布里奇市(Cambridge, Massachusetts,又译麻省剑桥市)美国文理研究所召开的"文化价值与人类进步"研讨会上,密西根大学社会研究所的政治学教授与计划主任英格哈特(Ronald Inglehart)负责的"世界价值观调查"认为,文化价值观与各国政治与经济的表现有很大的关系。[①]

大卫·蓝迪斯(David Landes)在《新国富论》中虽然是以一个国家每个人平均财产及收入为基础来定义这个国家的成功与否,但他仍然承认文化对经济表现的重大影响力,并指出"若要说我们从经济发展的历史过程里学到些什么,那就是,文化造就了所有的差异"。[②]世界银行于 1999 年 10 月在意大利佛罗伦萨的一个国际会议上也郑重指出"文化是经济发展过程中不可或缺的要素",并强调"今后文化在形塑及决定银行的运作上会扮演更重要的角色"。[③]波特(Michael Porter)则认为文化影响经济与竞争力,尽管他所指出的全球化所带来的文化交流将使得全球文化同质化这一观点还有待商榷,但他也强调

[①] 罗伦斯·哈瑞森:《为什么文化很重要》(前言),参见哈瑞森、亨廷顿编著,李振昌、林慈淑译:《为什么文化很重要》(台北:联经出版事业股份有限公司,2003 年 12 月),第 7~29 页。

[②] David Landes, *The Wealth and Poverty of Nations* (New York: Norton, 1998), pp.516.

[③] 参见大卫·索罗斯比著,张维伦等译:《文化经济学》(台北:典藏艺术家庭股份有限公司,2009 年 3 月),第 9~10 页。

这种文化交流将使得各国更容易克服文化与地理上的劣势。①美国学者亨廷顿在冷战结束后就曾指出:21世纪的竞争将不再是经济的竞争、军事的竞争,而是文化的竞争。现在是一个文化已经渗透到社会的所有领域的时代,譬如:现代政治已无法仅凭政治手段来获得权力,现代经济也无法只靠物质资本来获取利润。假如没有文化的大规模介入,那么,无论是政治还是经济都将是缺乏活力的。②

因此,在当今社会中,经济价值越来越取决于以文化为底蕴的价值观念,市场竞争已从产品之间转向文化之间,或者说越来越依托于文化的辐射力。③就群体而言,文化影响经济结果和资本积累的方式可归纳为三类:

其一,文化会影响经济效率:藉由增进群体共同价值的方式……如果这些文化价值有助于更有效的决策、更快速及多样化的创新,以及使行为更能因应变迁,那么群体的经济生产力最后将会导致更好的财务结果(以公司为例),或更高的成长率(以整体经济为例)。

其二,文化会影响公平。例如道德责任的承担与传递……这种文化价值的影响体现在群体的资源配置决策上,如此其成员可达到公平的结果。

其三,文化影响甚至决定群体欲追求的经济或社会目标。④

此外,威廉·大内的Z理论、查理德·帕斯卡尔和安东尼·阿索斯的7S管理框架、小罗伯斯·H·沃特曼的企业成功的奥秘8品质理论都强调了文

---

① 参见麦可·波特(Michael E. Poter):《态度、价值观、信仰与个体经济的富裕》,载哈瑞森、亨廷顿编著,李振昌、林慈淑译:《为什么文化很重要》(台北:联经出版事业股份有限公司,2003年12月),第19～35页。
② 亨廷顿著,张铭译:《不是文明是什么?——后冷战世界的范式》,《现代外国哲学社会科学文摘》,1994年第10期,第9～13页;高宣扬《布迪厄的社会理论》(上海:同济大学出版社,2004年),第14～15页。
③ 亨廷顿:《文化有重要意义》(序),参见哈瑞森、亨廷顿编著,李振昌、林慈淑译:《为什么文化很重要》(台北:联经出版事业股份有限公司,2003年12月),第1～5页。
④ 参见大卫·索罗斯比著,张维伦等译:《文化经济学》(台北:典藏艺术家庭股份有限公司,2009年3月),第77页。

化的重要性。① 美国哈佛教授约翰·科特(Kotter)则用实证的方法验证了企业文化与经营业绩的关系。他选取了分布于22个产业的207家企业,考察它们从1977到1988年间的业绩情况,结果发现:拥有强势而有效文化的公司的经营业绩远胜于不重视企业文化或拥有无效文化的公司。在11年的考察期中,前者总收入平均增长6820%,后者仅达166%;员工人数增长前者为282%,后者为36%;股票价格增长前者为901%,后者为74%;净收入增长前者为756%,后者仅为1%。据此,科特断言:企业文化对企业长期经营业绩有着很大的作用;企业文化很可能成为决定企业兴衰的关键因素。②

总括而言,各学科对文化与经济发展关系的研究所呈现出来的观点大致

---

① 威廉·大内采用实证方法比较和分析了日本成功的J型组织和美国盛行的A型组织的特点之后,提出了"Z"型组织的模式。他认为:日本企业管理成功的奥秘是,每一个企业都有一种充满信任、微妙性和亲密感的人际关系,这也是美国企业需要向日本学习的关键。参见威廉·大内著,孙耀君、王祖融译校:《Z理论——美国企业怎样迎接日本的挑战》(北京:中国社会科学出版社,1984年3月。译自:*Theory Z: How American Business Can Meet The Japanese Challenge*,1981年)。查理德·帕斯卡尔和安东尼·阿索斯认为:任何明智的组织方法,都必须包括被看作是相互依存的至少七个变化要素:结构(Structure)、战略(Strategy)、人员(Staff)、管理作风(Style)、体制(Systems)、指导思想和共同价值观(Shared Values)(如文化传统)、现有的和期望的公司实力或技能(Skill)。其中战略、结构和体制是"硬"性的;作风、人员、技能和共同的价值观,则是"软"性的;价值观是决定另外6个要素的基础。参见理查德·帕斯卡尔、安东尼·阿索斯著,张小冬、周全译:《日本的管理艺术》(乌鲁木齐:新疆人民出版社,1988年。译自:*The Art of Japanese Management*, A Warner Communications Company Printed in USA,1982)。托马斯·彼得斯、小罗伯特·沃特曼认为,企业成功的奥秘在于八个基本方面:乐于采取行动,注重实干;面向顾客;自主和企业家精神;发挥人的因素,调动人的生产力;领导身体力行,价值观念领先;扬长避短,专心本行;组织结构简单,领导班子精干,刚柔相济,亦张亦弛。这8条原则表面看来并无惊人之处,但是要想成功就必须彻底实行这些原则。作者还指出:那些以财务指标为唯一目标的公司,经营成绩并不理想,反而远远不如那些有丰富价值观念的公司。参见托马斯·彼得斯、小罗伯特·沃特曼著,王延茂、傅念祖译:《探索企业成功之路——美国优秀公司的管理经验》(上海:上海翻译出版公司,1984年。译自:*In Search of Excellence: Lessons from America's Best-Run Companies*, Happer & Row Publishers, New York,1982)。

② 约翰·P·科特(John P. Kotter)、詹姆斯·L·赫斯克特(James L. Heskett)著,李晓涛译:《企业文化与经营业绩》(北京:中国人民大学出版社,2004年10月。译自:*Corporate Culture And Performance*)。

有以下五种：①

第一种观点主要由古典经济学家们所提出，他们认为，个体的文化价值观念是决定其行为乃至市场发展、经济进步必不可少的诸多条件中的一个。②

第二种观点则是基于马克斯·韦伯(1904,1905)提出的所谓"韦伯命题"，即特定文化(尤其是新教教义)是促进资本主义产生与现代经济发展的主要因素，这一观点曾在各界风靡一时(可称为"特色文化决定论")。③

第三种观点则是对韦伯命题的直接否定，认为一国经济发展的决定因素是其完善的政治体制和经济制度，与文化无关(可称为"制度决定论")。④

第四种观点承认文化是影响经济发展的重要因素，但有的学者强调文化对经济发展存在的阻碍作用，有的学者注重文化对于经济发展的促进作用(即

---

① 相关观点的整理主要来源于哈瑞森、亨廷顿编著，李振昌、林慈淑译：《为什么文化很重要》(台北：联经出版事业股份有限公司，2003年12月)，前言，第1~5页；绪论，第1~24页。

② 代表人物有：亚当·斯密的"经济人"的活动是"经济与道德"的统一；J·S·穆勒(1848)认为，与经济发展有关的除了制度因素之外，还有知识和道德因素；马歇尔(1890)注意到了文化(包括宗教、道德、观念、理想)因素和经济动机同样决定着人们的行为。

③ 代表人物有：阿瑟·刘易斯(1954)在全面分析影响经济增长的因素时特别强调产生于人的头脑深处的"态度"(对财富的态度，以及获取财富时的工作态度)的作用。罗纳德·英格尔哈特和韦恩·贝克(2000)发现文化观念、宗教传统和社会信任与经济发展水平之间有着密切的相关性；拉尔夫·林顿在分析影响经济增长的文化和人格因素时指出，无论在什么社会中，与私人工业和工人财富积累有关的价值观都将是决定经济发展程度和方向的重要因素。

④ 否定韦伯命题的学者主要是经济学家和人类学家。如：艾伦·格林斯潘就是一个经济传统派，他断定人人都是天生的资本主义者、资本主义是人的本性、人们会自然而然地建立自由市场的企业制度；此外，美国《经济学家》周刊1996年12月发表的一篇文章以高度怀疑的态度评论了社会科学家们关于文化推动社会进步的观点，认为物质上的自我利益才是决定因素；而一些人类学家的首要问题，是近百年来主导人类学这一学科的文化相对主义传统，这一传统拒绝评估另一社会的价值观和习俗。如理查德·施韦德指出，他不想在全球化、西方化和经济增长之间作出揣测，但他认为，在这一"新世界秩序"中，个体在其一生当中可能会在全球性自由主义和地方性非自由主义之间来回回、往返流动。即使经济增长有赖于接受西方文化深层次的东西，那么其他的各种文化也不会与之趋同，而且不会在经济上发展起来，因为他们的特性感会重于物质财富上的愿望。

所谓"文化决定论")。①

第五种观点则属于"调和"观点,他们认为文化对经济发展的影响是"中性的",一些文化因素会促进经济发展,而另一些文化因素会阻碍经济发展(这一观点可概括为"文化选择决定论")。②

(二)新的研究视角——文化资本理论

为此,作为社会学家的皮埃尔·布迪厄(Pierre Bourdieu)于1986年从其社会学的角度提出了一个可以用来解释经济增长和资本积累的新理论。③

首先,他认为:除非人们引进资本的一切形式(经济资本、社会资本、文化资本等),而不只是考虑经济理论所认可的那一种形式,否则是不可能对社会界的结构和作用加以解释的。经济理论……把交换世界简单地变成了商业交换,……正是通过这种简化的过程,经济理论将交换的其他形式隐喻为非经济的——亦即非功利性的交换。

布迪厄对此进一步解释说:经济理论之所以要改变资本的性质并将其定义为非功利性的,是因为通过改变资本的性质,绝大多数物质类型的资本(从严格的意义上说,亦即经济类型的资本)都可以以文化资本或社会资本这些非物质形式表现出来。同样非物质形式的资本(如文化资本)也可以物质的形式表现出来。从严格意义上说,利益是经济理论的概念。但是,利益的产生必定

---

① 代表人物有:熊彼特(1934)分析文化对创新的制约也就意味着其对经济发展的影响,但要超越和创新那些制约人们行为的传统习惯或文化却需要有新的和另一种意志上的努力,其观点基本认为文化对经济发展是有阻碍的。其他如阿马蒂亚·森(1999)则认为,"事实上,资本主义经济的高效率运行依赖于强有力的价值观和规范系统",他们强调文化对经济发展存在促进作用。

② 代表人物有:道格拉斯·诺思(1981)指出:制度演变中的"非正式约束"是来自"社会传承的资讯,是传统的一部分,我们称之为文化……";文化(或意识形态)是一种影响合约实施的不可缺少的变量,而合约的实施则最终决定了经济发展的状况。劳伦斯·哈里森在《不发达是一种心态——拉丁美洲事例》(1985)一书中指出"在多数拉美国家,文化成为发展的一大障碍",但他又在另一本《泛美梦》一书中列举了能促进发展的进步文化的十大价值观。

③ Pierre Bourdieu, "The Forms of Capital", in A. H. Halsey, H. Lauder, P. Brown & A. Stuart-Wells(eds.), Education: Culture, Economy and Society (New York: Oxford University Press, 1989), pp.46~58. 或参见皮埃尔·布迪厄著,武锡申译:《资本的形式》,载薛晓源、曹荣湘主编《全球化与文化资本》(北京:社会科学文献出版社,2005年4月),第3~22页。

伴随着他的对立面——非功利性。没有非功利性也就没有利益。①

因此,布迪厄的资本理论着重从"作为资本的文化"、"作为资本的社会网络"这一新视阈出发,认为把文化、社会网络作为人类实践生活的基础,既能提供人们互相理解、交往、参与社会实践的空间,又能成为人们生成权力与支配利益的生生不息的源头。

其次,布迪厄指出,应该从社会资源的占有与积累方面来解释"资本",因此,他将资本划分为:经济资本(economic capital)、社会资本(social capital,或社会关系资本)和文化资本(cultural capital)三种形式。经济资本可以直接并且立即转换成金钱,即以金钱为符号,以产权为制度化形式;社会资本(社会关系资本)在一定条件下可以转换成经济资本,这种资本是以社会声望、社会头衔为符号,以某种高贵头衔的形式被制度化的;而"文化资本"在某些条件下也能转换成经济资本,这种资本是以文化积累、文化传承和再生产,以及作品、文凭、学衔为符号,以学位为制度化形态。②

再次,布迪厄认为:在所有的资本形式中"文化资本"是一个深受习性、场域等因素影响,经常发生着各种变化并能"转换"成经济资本的运动体,③它是最为重要的资本。为此,布迪厄把"文化资本"分为三种形态:

第一种为"身体化形态"(embodied state,或称"具体化形态"),是指个体行动者通过家庭环境及学校教育获得并成为自身精神与身体组成部分的知识、教养、技能、品味及感性等;

第二种为"客观化形态"(objectified state),主要指以文化产品的形式(如书籍、绘画、文物、古董、工具、机械等)存在,这些产品是文化资本的实现和客观化;

第三种为"制度化形态"(institutionalized state),这一形态因被体制确认而与他者相区别,诸如学历文凭、资格证书、行业执照等,表示对个体行动者掌握的知识、技能予以某种权威性的确认,这种形式赋予文化资本一种社会价值和社会权力。

---

① 皮埃尔·布迪厄著,武锡申译:《资本的形式》,载薛晓源、曹荣湘主编《全球化与文化资本》(北京:社会科学文献出版社,2005年4月),第4～5页。
② 皮埃尔·布迪厄著,武锡申译:《资本的形式》,载薛晓源、曹荣湘主编《全球化与文化资本》(北京:社会科学文献出版社,2005年4月),第6页。
③ 皮埃尔·布迪厄著,包亚明编译:《文化资本与社会炼金术——布迪厄访谈录》(上海:上海人民出版社,1997年1月),第189～201页。

由此可见,布迪厄认为,经济之所以增长、商业之所以发展、社会之所以进步,微观个体之"文化资本"的积累最为重要。事实上,无论是国家还是民族抑或企业之文化的建构和积累,其展现形式都是一种宏观的、具有一种"群体性"特征,但这种"群体性"特征理所当然需要社会界中的微观个体所拥有的"文化资本"来支撑和强化。不过,关于"文化资本"的重要性,若要追根溯源的话,亚当·斯密这位"经济学之父"在其《国富论》一书中早已作过分析,他指出:

> 为什么总有若干人能对他们的大部分同胞具有支配权力?这似乎有四种自然的原因——个人资质的优越、年龄的优越、财产的优越和门第的优越。而其中"个人资质的优越"主要包括体力的优越、容貌的优越、动作敏捷的优越、智慧的优越、道德的优越、正义性的优越、刚毅性的优越、克制性的优越等等。

亚当·斯密所提出的这八种个人资质中就有六种可直接归类于布迪厄理论上的"文化资本";而年龄的优越中也包括了个人的经验和智慧、门第的优越中则涉及了家族中智慧和德行的传承,这些也都属于个体所拥有的"身体化"形态的文化资本。亚当·斯密进一步指出:

> 肉体上的品质,必须有精神上的品质来支持,否则在社会的任何时期,都无法获取足够的威权。一个非常有力的人,单凭体力,不过能使几个弱者服从他;但一个同时拥有智慧和道德的人,却能获得非常大的权威。[①]

纵观世界经济的发展进程,资本对经济增长的推动作用,在不同时期有着不同的体现。在农业经济时代和工业化时代,社会消费结构以生存和基本发展需要的物质产品为主,而在产业结构上表现为以物质生产产业为主,对知识密集度的要求甚低,因此,劳动生产率的提高、经济的增长主要依赖于外在的投入,即土地、自然资源,再加上人力、物力、财力和技术等,这就是所谓的资源、技术和资本的竞争阶段。如果说马克思的劳动价值论科学地反映了农业经济时代和工业经济时代商品生产和商品交换的本质特征,那么,进入20世纪80年代以来,人类社会进入了后工业化社会,也就是信息时代、知识经济时代,随着社会的进步与发展以及消费结构的不断升级,随着劳动生产率的不断提高以及商品生产和商品交换中的科技含量、高技术含量的不断增加,产业结构也随之发生了巨大变化,知识经济便上升到主导地位。随着人力资本投资

---

① 亚当·斯密著,郭大力、王亚南译:《国富论》(下卷)(上海:三联书店,2009年),第137~139页。

占社会总投资的比重越来越大,蓝领工人的减少,知识型资本家的产生,这就使得人们不能仅仅停留在用劳动价值论来说明现当代社会经济运行和发展的规律了,因此,知识经济时代需要的是知识价值论,只有通过不断地利用知识、生产知识、积累知识和发展知识,也就是要不断地进行知识的生产与再生产,才能创造价值、创造财富,这也就是所谓的市场、管理和人力资源的竞争阶段。

但到了21世纪这个全球化愈演愈烈、信息的流通越来越畅通无阻、科技知识越来越普及的时代,以往工业化国家通过削减成本来提高竞争力的思维模式已经过时,产品和体制的创新、管理和服务的提升更多的必须吸收并展现出一种来自于无形的文化资本的附加价值,才是提高竞争力的成功之道,也即文化的竞争阶段才是经济持续发展的最高境界。因此,有学者指出:文化宗教是经济发展的"第三只手",这只手是经济发展的动力之一,有其看不见(却能感受得到)的威力。①

换句话说,对经济发展的不同阶段而言,人们对整个社会的认识也在发生变迁,经济资本、社会资本和文化资本等各种资本的作用虽然不同,但都很重要,即使是在同一时期也是如此,这三者必须相辅才能相成。不过,布迪厄的资本理论研究显示,在现代社会,当各种资本各显其能时,其前提条件,必须是以具有一定的文化资本为基础,套用一句俗话"文化资本不是万能,但没有文化资本万万不能",也即在社会和经济的发展过程中"文化资本"是最为重要的资本,尤其是在21世纪科技高度发达、知识和技能日趋重要的今天。经济资本是形,文化资本是魂,对国家如此,对民族、企业、个人又何尝不是? 由此可见,布迪厄的"资本"理论更进一步地突破了古典经济学家从资本与利润或利益的关系上来界定"资本"概念的内涵;而其"文化资本"理论则无疑为人们探索究竟是什么因素影响了经济增长和商业发展开拓了一个崭新的视野。

二、研究动机

众所周知,海外华商,尤其是东南亚华商在经济上获得了巨大的成功,他们为所在国的经济发展和社会繁荣做出了不可磨灭的重大贡献。澳大利亚总理霍华德在1999年10月第五届世界华商大会上致辞时如是说:如果没有华人,墨尔本这

---

① 魏萼:《中国国富论:经济中国的第三只手》(台北:时报文化出版企业有限公司,2001年),第201~232页。

样的城市会是什么样?①借以盛赞华人为澳洲发展所做出的重大贡献。其实,澳洲的华人仅占海外华人总数的2%左右。那么,如果没有华人,东南亚会是什么样?因为海外华人中超过75%的人分布在东南亚各国;如果没有华人,新加坡会是什么样?因为新加坡的华人占当地总人口的76%左右。②

华人移居海外的历史已千年有余,很自然的,华人在海外从事各种经济活动的历史也一样悠久,而且,"自十二世纪以来,华商便成为东南亚的主要商人;他们以足智多谋而富有冒险精神的贸易商面貌出现,具有在常常是危险的、充满敌意的情况下追求利润和敢冒风险的非凡资质"。早期的华商经历了艰辛而漫长的资本积累过程,他们筚路蓝缕、艰苦创业,充分发挥了华族人民吃苦耐劳、勇于进取、顽强拼搏、坚韧不拔、团结协作的传统美德;他们既要适应移居地的政治、经济等各种政策,又要面对不同种族带来的文化冲击,还要关注祖籍国与居住国之间微妙关系的变化;而且,"华人与其他民族之间存在着巨大的文化差异,可这些成功的华商却很能适应国外的各种不同环境"。③许多研究表明(详见本章第三节):这些华商在夹缝中求生存,在变化多端的复杂环境中谋发展,依赖的是自身的文化特性、聪明才智,以及适者生存的坚定信念,他们善于将所处环境(恶劣与否)为其所用,历经大风大浪,甚至狂风巨浪,也因此才有了今天令世人瞩目的非凡成功。

新加坡是一个华人占绝大多数的国家,华人从事经济活动的更是不计其数。他们在此拼搏奋斗的过程中,一方面承载着自身民族的传统文化特色,却又能适时地摒弃其落后的、不科学的、阻碍生产力发展的,以及与企业发展的实际不相适应的消极成分;另一方面,由于新加坡华商的移民特性,其文化从一开始便受到所处环境中各种不同文化的激荡与影响,这使得华商们在继承和发扬华族文化优良传统的同时,也从新加坡这个国家的生产力发展和社会经济制度的特点出发,充分吸收西方管理思想中反映社会生产发展规律的合理成分;第三方面,他们并不盲目崇拜,也不照单全收所面对的外来文化,而是选择性地结合了当代世界文化的精华,因此形成了一种与众不同的商业文化

---

① 第五届世界华商大会于1999年10月7—9日在澳州墨尔本举行,时任总理霍华德应邀在大会上致辞。http://www.wsxm.net.

② 郭招金、陈建等:《2008世界华商发展报告》(中国:世界华商发展报告课题组,2009年1月16日);丘立本:《国际人口迁移与华侨华人研究》,载郝时远主编《海外华人研究论集》(北京:中国社会科学出版社,2002年),第40~56页。

③ 王赓武著,天津编译中心译:《中国与海外华人》(香港:商务印书馆,1994年1月),第223~224页。

特色,也即:华族传统文化、新加坡本土文化与当代西方文化的有机结合。

那么,新加坡华商的文化资本其构成和积累方式有何特色?他们之所以能获得如此丰厚的经济资本,与其文化资本以及社会资本的拥有有何关联?他们对不同资本的配置是如何进行的,这种配置又是如何影响其企业的创立、经营和发展,以及其社会地位的改善和提升的?此外,在经济全球化的今天,中国经济和社会的快速发展以及全球经济一体化步伐的加快,新加坡华商文化所特有的多元性显然有了更重要的经济价值。但无论是经济全球化,还是中国的崛起都是一把双刃剑,既提供了发展的机遇,也带来了巨大的挑战。对新加坡华商而言,必将面临企业转型和升级、企业管理模式和管理文化的调适甚至变革等等。面对这一时代特征所带来的严峻挑战,新加坡华商又将如何调整不同资本类型的匹配,以增强自身的国际竞争力,并保障企业能持续发展?诸如此类的问题应该都是具有现实意义且值得深入探讨的。

受此启发,本书将试图借助布迪厄的"资本"理论,以"文化资本"为核心,从新加坡华商从事经济活动所处场域的结构和特点、文化习性的传承和重建,以及不同资本类型的如何配置等方面入手,来探讨新加坡华商在其成长和发展过程中的文化资本的形成、积累和再生产,以及与其他资本的配置和相互转换的合理路径。

第二节　海外华人的历史变迁和东南亚华商概述

新加坡华商的文化资本其建构和积累有其深厚的历史渊源和发展根基,本书在探讨其自身的独特性之前,也难免会涉及与所有海外华商的某些共通性,因此,本节将对海外华人[①]的历史变迁和东南亚华商的经济成就做一个简明扼要的概述,以冀望后续章节的探讨和分析有一定的历史脉络和基础。

一、海外华侨华人数量及其分布变化

中国人移居海外的历史源远流长,但近代中国第一次大规模迁移却是发生在1840年鸦片战争之后至20世纪中叶。那个时期的中国已沦为半封建半殖民地社会,政治腐败、战争频繁、灾害不断。鸦片战争的爆发迫使中国打开

---

① 在学界,对于"居住在中国本土以外的华人"的称呼不尽相同,如"海外华人"、"华侨华人"等,为通俗起见,本书选用"海外华人"(或"东南亚华人")这一约定俗成的称呼。

了国门,并被卷入到世界市场之中。中国大批失去土地的农民和破产的小手工业者则被迫背井离乡,浪迹全球。不过,由于从1882年起,美国、加拿大、澳大利亚等国相继实施排华法令,致使那里的华人移民难以立足,人数锐减,这也是那个时期为什么大多数的华人移民都集中在东南亚的主要原因。而第二次世界大规模国际迁移则发生在第二次世界大战之后,特别是在1970年代改革开放之后。①

表1-1 20世纪50年代初至世纪之交华侨华人分布变化比较表

地区	20世纪50年代初		世纪之交	
	华侨华人数量	所占比例	华侨华人数量	所占比例
亚洲	1166.7万	96.45%	3294万	82.85%
美洲	25.6万	2.12%	433万	10.90%
欧洲	3.7万	0.31%	145万	3.66%
澳洲	9.8万	0.81%	78.6万	1.98%
非洲	3.7万	0.31%	24万	0.61%
总计	1209.7万	100.00	3975万	100.00

资料来源:郭招金、陈建等:《2008世界华商发展报告》(中国:世界华商发展报告课题组,2009年1月16日)。

表1-2 中国改革开放30年新华侨华人数量统计表

1978—1998	1999	2000—2008				改革开放30年
		计算依据	1999年	2004年	5年间年均增长率	
			40万	46.21万	2.93%	
180万	40万		若以增长率为2.93%计算,依据公式:当 $q \neq 1$ 时,$S_n = \dfrac{a_1(1-q^n)}{1-q}$			637万
			417万			

资料来源:郭招金、陈建等:《2008世界华商发展报告》(中国:世界华商发展报告课题组,2009年1月16日)。

---

① 丘立本:《国际人口迁移与华侨华人研究》,载郝时远主编《海外华人研究论集》(北京:中国社会科学出版社,2002年),第40~56页。

到目前为止,移民海外的华人究竟有多少,专家学者们看法不一。但根据"世界华商发展报告"课题组2009年1月16日发布的报告指出:据初步估算,截止到2008年,海外华侨华人总共约有4800万人。其中分布在亚洲地区的约占83%;其他17%的海外华侨华人,散布于北美洲、南美洲、欧洲、大洋洲和非洲(详见表1-1和表1-2)。

二、东南亚华人类型与华商经营范围

随着时代的不断演进,不同历史时期的移民动因、类型和规模也不尽相同。根据王赓武的研究,自18世纪以来,华人移民存在着以下四种类型:

第一种是"华商型"(The Trader Pattern)。1850年以前在东南亚各地的移民主要类型是所谓的华商型,也即指出国贸易的商人及工匠(包括矿工及技术工人),或那些派遣同伙、代理人,以及家族成员(包括无手艺特长,只能当学徒或低级助手者)到海外为其工作的人,这些人在港口、矿山或商业城市建立了经营业务的基地。

第二种是"华工型"(The Coolie Pattern)。1850年以后,由于鸦片战争的爆发,中国门户被西方国家的坚船利炮强行打开,清政府开始允许国民移居海外,而当时的殖民统治者英、法、荷等国为大力开发东南亚殖民地需要大量劳动力,便从中国沿海地区招募了大批"契约华工",即所谓的"猪仔"。也就是"华工型"的华人移民,属于出卖劳动力者,通常为农民,是中国农村无土地的劳动者及城镇贫民。这些华工契约期满后,一部分被遣送回中国,一部分则留在了当地开设小杂货铺、务农或当工匠等等。这种移民活动在东南亚地区于20世纪20年代基本结束,而在美洲地区大约19世纪末就已结束。

第三种是"华侨型"(The Sojourner Pattern)。这种称呼除了包括以上所有的"华商"、"华工"移民外,还包括那些教师、记者,以及其他以传扬中华文化为己任的移民。这种称呼有一定的政治、法律,以至意识形态的内涵,但直到20世纪50年代,这是居于主导地位的华人移民类型(它的某些特质甚至延续至今)。

第四种是"华裔或再移民型"(The Descent or Re-migrant Pattern)。这是一种新近的移民类型,主要为受过良好教育的专业人士,较别的华人更属于国际化的移民。其中很多人是医生、工程师、科学家、经济学家、律师、会计师、教育工作者、行政人员,以及工商业从业人员。由于受到良好的专业训练,他们四处流动,而且思想开放。他们只要在不受歧视的环境下,就可以安心定居下来,尤其是在有移民构成主体的现代化国家里。

常言道:"有海水的地方就有华人,有华人的地方就有华商。"王赓武在谈到这些移民模式时强调:华商是华人出国的基本模式,从开始到现在都是如此。而华工和华侨这两种模式都只是某个时期的事。华工模式主要出现在 19 世纪中叶到 20 世纪初,此后,华工模式的时代基本上就过去了;华侨模式则主要发生在清朝末年到 20 世纪 50 年代后期。华商时代则不是固定的,从开始到现在,所以,华商投资不是什么稀奇事,它的发展是符合历史发展规律的。[①]

华人移民客居他乡,历来是以忍辱负重、刻苦耐劳、克勤克俭、拼搏向上的精神求生存谋发展,并逐步立足于当地社会。一般来说,海外华商经济活动的起点多是小规模的商贩活动和服务行业,譬如:在欧、美、日等国家以经营餐饮业为主,在东南亚国家则以经营杂货店、零售店为主。根据相关研究,以新加坡华商的经济活动为例,就其经营特征和规模大小来看,可以将华商企业资本积累的过程大致划分为四个阶段:

第一阶段是二战前的艰苦创业阶段,这是华商积累资本的时期,小资本、小规模起家,以经营杂货、零售、橡胶、中介贸易等为主是这个时期华人商业活动的重要特点。

第二个阶段是二战后至 1965 年新加坡逐步脱离殖民统治、寻求自治以及逐步推行工业化政策时期。由于这个时期的政府较多地倾注于各种政治和权力课题,从而导致经济发展一度停滞不前,华商企业也深受影响。

第三阶段是 1965—1997 年,新加坡被迫脱离马来西亚而独立,由于失去了马来西亚市场,新加坡政府开始实行以"生存"为目的的政治统治,大刀阔斧地进入了工业化发展时期。在这个时期的华商企业为适应政府的经济发展政策,及时做出了调整经营范围、扩大规模的举措,譬如:从商业向制造业、现代服务业发展,同时向企业集团化、多元化、国际化方向发展。因此,这个时期是新加坡华商企业的大发展时期。

第四阶段是 1997 年东南亚金融危机之后的再调整时期,经过金融危机的震荡,华商企业在投资和经营管理等方面又做了相应的调整,也更重视高科技

---

① 王赓武著,天津编译中心译:《中国与海外华人》(香港:商务印书馆,1994 年),第 5~14 页。

产业的发展。①

此外,《2008世界华商发展报告》也指出:19世纪的"老华商"主要以苦力劳工为主;20世纪70年代以前,华人移民中的第一代,多从事传统的手工业和服务业,被形象地称为"四把刀"(菜刀、剪刀、理发刀、木工刀);但随着中国1978年改革开放以后新移民华人的不断涌入,新移民华商拓展了所在国服务行业的广度和深度,不但促使传统的制衣厂、中餐馆、杂货店与中式食品超市等更加繁荣,还催生出一些相关行业与服务业,例如移民服务社、中式婚庆公司、汇款公司、房地产代理公司、中介公司、补习学校、教育培训公司、针灸理疗室、中医药诊所等等。与此同时,随着中国制造业水平的提升,世界各国普通民众对中国商品的认同度提高,部分新移民华商抓住中国内地经济高速发展带来的机遇,利用中国商品的价格优势,经营商品批发、零售与进口贸易、超级市场、金融及房地产业,他们逐渐在其他服务行业开辟崭新市场,从而使得华商企业的经营领域日益多元。②

三、新加坡华商与东南亚华商的经济资本积累之比较

日本学者岩崎育夫在其1992年撰写的《新加坡华人企业集团》一书中指出:在东南亚各国,华人的确已经积累了大量的经济资本,虽然究竟是不是华人资本支配了东南亚的经济这个问题值得商榷,但华人的这些财富已成为推动该地区经济发展的重要因素却是个不争的事实。他认为,东南亚国家的经济资本大致上可分为国家资本(国有企业的资本)、本地资本、华人资本和外国资本等四种类型,他在比较新加坡、马来西亚、印尼、泰国、菲律宾等五个国家的华人资本占其所在国家的份额(1980年代前后)时发现,由于受各国政府所实行的经济发展政策的影响,这些国家的外国资本的比重都较大,约占40%~60%左右,华人资本则占总额的三分之一左右(参见表1-3)。这个结论一方面说明东南亚华人所拥有的资本虽然比较雄厚,尤其是相较于这些国家的本地资本(原住民)而言,但还不足以"支配"所在国家的经济;但另一方面所能

---

① 参见陈国贲著:《华商:族裔资源与商业谋略》(香港:中华书局,2010年10月),第53~75页。林善浪等著《华商管理学》(上海:复旦大学出版社,2006年7月),第24页。岩崎育夫著,刘晓民译:《新加坡华人企业集团》(厦门:厦门大学出版社,2001年9月),第1~14页。

② 郭招金、陈建等:《2008世界华商发展报告》(中国:世界华商发展报告课题组,2009年1月16日)。

说明的是,众所周知,这些国家的华商在相当长的时期内,在地位上并不受当地国家和社会青睐,在政策上也不受支持甚至被歧视,在资本数量和技术上也无法与当地的国有公司、外国公司相比拟,在这样艰难的环境和严酷的竞争情况下,华人资本却"达到"了其资本总额的三分之一,远在所在国家的本土资本之上,这种自强不息的奋斗精神实在不能不受到世人瞩目。①

表1-3　华人资本在东盟国家中所占的份额

单位:万元

资本类型	国家									
	新加坡		马来西亚		印尼		泰国		菲律宾	
	N	S	N	M	N	S	N	S	N	S
国家资本	4.4	12.2	20.0	48.0	55.0	67.1	10.0	13.2	20.0	31.4
本地资本	—	—	30.0	22.6	—	—	10.0	9.9	16.7	16.9
华人资本	32.8	24.0	35.0	25.3	37.0	29.8	40.0	31.3	30.0	22.2
外国资本	62.8	63.8	15.0	4.1	8.0	3.1	40.0	45.6	33.3	29.5

注1,N—公司数目,S—销售总额,M—市场占有额;注2,表1-3由岩崎育夫编制。

到21世纪以后,据《2007世界华商发展报告》指出:"亚洲华商,特别是东南亚华商,经过数十年的奋斗,甚至几代人的积累,一直在稳步发展,实力是比较雄厚的。"该报告显示:在东南亚股票市场上,所有上市公司中华人公司约占70%;东南亚各国的首富大都是华商;华商为东南亚的经济繁荣做出了重大贡献。②

《亚洲周刊》2007年公布的《全球华商1000》的报告亦显示:新世纪的华商产业版图正在改变;过去的华商排名榜在很长一段时间主要停留在制造业中,而现在已经有能源、航空、金融、科技等新型产业脱颖而出;这表明华商在国际

---

① 岩崎育夫著,刘晓民译:《新加坡华人企业集团》(厦门:厦门大学出版社,2001年9月),第134～136页。
② 郭招金、王晖等:《2007世界华商发展报告》(中国:世界华商发展报告课题组,2008年1月16日)。

经济发展的竞技中开始了新一轮的长跑,也将参与全球重量级的较量。[1]

表1-4 2007年中国和东南亚五国华商上榜数

国家/地区	上榜公司数目	纯利润增长率	东南亚最大华商企业数(前40名)
中国大陆	486	22.4%	
台湾	255	7.8%	
香港	159	9.5%	
新加坡	46	39.5%	13
马来西亚	31	36.8%	12
泰国	9	−17.4%	7
菲律宾	8	15.4%	3
印尼	6	2.9%	5

资料来源:以《亚洲周刊》2007年11月25日(第46期)公布的《2007全球华商1000排行榜》为依据编制而成。

表1-4显示:新加坡华商上榜公司数目达46家,排名第四,整体盈利增长最高,达39.5%,在东南亚最大的华商企业前40名中,新加坡有13家。

又据2011年11月的《亚洲周刊》所公布的《2011全球华商1000》的报告显示,东南亚五国华商上榜数如表1-5:

表1-5 2011年东南亚五国华商上榜数

国家/地区	40家股东权益最高的华商企业数	40家资产总值最高的华商企业数	东南亚最大华商企业数(前40名)
新加坡	3	2	13
马来西亚	0	1	11
泰国	0	1	6
菲律宾	0	0	5
印尼	0	0	5

---

[1] 纪硕鸣、吕中校:《全球华商与世界舞动奇迹》,《亚洲周刊》2007年11月25日,第46期,第19~21页。

到现在为止，不少研究资料都表明，东南亚各国华人分别掌握着其所居住国超过50%~70%左右的经济大权，他们雄厚的经济实力虽不足以"支配"所在国家的经济，但对当地社会的繁荣的确起着举足轻重的作用。吉姆·罗沃在其《亚洲的崛起》一书中指出：东亚奇迹的大部分是华人商业的奇迹。下面的表1-6所显示的数据亦可窥见一斑。

表1-6 东南亚五国华人人口所占比例，及其经济控制力占居住国经济的百分比

国家名	华人人口约占当地总人口比例	证券上市公司股东资本所占份额	经济控制能力
新加坡	76%	43%~51.6%	（备注）
马来西亚	25.6%	41%~61%	50%
印尼	3%~4%	60%~73%	70%
泰国	10%	64%~81%	60%
菲律宾	1%~2%	48%~52%	70%

备注：由于新加坡的经济发展策略不同，外向程度高，所以，其经济的主要部分由政府法定机构及政联公司、跨国公司及外资企业控制，华商企业及财团的地位和实力相对较弱。

资料来源：雷丁(S·G·Redding)著，张遵敬等译：《海外华人企业家的管理思想——文化背景与风格》（上海：三联书店，1993年），第31~43页；约翰·奈斯比特著，蔚文译：《亚洲大趋势》（北京：外文出版社，1996年），第11~12页；吉姆·罗沃著，张绍宗译：《亚洲的崛起》（上海：上海人民出版社，1997年），第237~239页；林善浪、张禹东、伍华佳著：《华商管理学》（上海：复旦大学出版社，2006年7月），第46~47页。

自1997年发生亚洲金融风暴以来，全球经济一直动荡不定。2009年更是被形容为全球经济衰退年，其中美欧日等发达经济体地区（Developed Market）更是首当其冲。"资产泡沫、美元贬值、中国复苏"这三个词汇成为全球资讯关键词，全球华商及其企业也深受牵连。不过，尽管世界经济复苏步履维艰，全球华商资产增长的态势也显得动荡不稳，但是，受美元贬值、中国经济率先复苏等因素的拉动，全球华商企业的资产总额虽然比2007年的总资产额（约3.7万亿美元）仅微涨5%，但与2008年的总资产额（约2.5万亿美元）相

比却增长了大约56%,达到3.9万亿美元,依然成就不俗。①

"世界华商发展报告"课题组于2010年5月20日最新公布的报告进一步指出:东南亚联盟(东盟)各国华商拥有雄厚的经济实力,世界华商500强中约三分之一分布在东盟。在东南亚地区证券交易市场上市的企业中,华人上市公司约占70%。印尼是东盟最大的经济体,印尼的华侨华人仅占总人口的5%左右,但是华人经济却在印尼国民经济中具有举足轻重的作用。据印尼广肇总会总主席陈伯年介绍,80%的印尼华侨华人都有自己的产业,主要从事零售超市、房地产、纺织、渔业、农业、旅游业和金融等,遍及印尼经济的第一、第二、第三产业,近乎掌握印尼经济命脉的50%。印尼副总统候选人布拉波沃也夸赞华商善于经营,是提升印尼国家经济的先锋。此外,菲律宾前总统阿罗约在第十届世界华商大会上,也曾盛赞"菲籍华裔和华商们有很强的商业意识和捕捉商机的头脑",为菲律宾的发展做出了巨大贡献。她强调,"华裔都是坚韧不拔的,正是因为你们的努力,我们才能够从全球经济危机中复苏"。②

此外,也如中国前总理朱镕基在2001年第六届世界华商大会发表演讲时所说的,中国经济取得的辉煌成就,海外华侨华人功不可没。根据中国官方统计,1979—2004年间,大陆共吸收外商直接投资5621.01亿美元。近95%的外资来自20个主要国家与地区。在这20个最大的外资来源地中,有11个以海外华资为主,总额3699亿美元,约占引进外资总数的69%。而且,除了雄厚的金融资本的投入,海外华商对推动中国经济发展的另外两大贡献是:其一,海外华商所拥有的高科技制造业和国际行销网络,带动了中国经济由劳动力密集型向资本和技术密集型发展;其二,他们所具备的现代化企业管理制度和市场营销经验,加快了中国人观念更新的速度,加快了中国融入世界经济体系的步伐。毫无疑问,海外华商已成为推动中国经济发展的一支重要力量,也是推动外资进入中国的关键力量。③

由此可见,东南亚华商成就卓著、经济实力雄厚,不仅为当地社会的繁荣做出了重大贡献,而且对中国的发展以及世界经济的发展也起着不可或缺的

---

① 郭招金、陈建等:《2009世界华商发展报告》(中国:世界华商发展报告课题组,2010年5月20日)。

② 雷丁(S·G·Redding)著,张遵敬等译:《海外华人企业家的管理思想——文化背景与风格》(上海:三联书店,1993年),第31~43页。

③ 参见庄国土:《东亚华商网络的发展趋势——以海外华资在中国大陆的投资为例》,《当代亚太》,2006年第1期,第92~98页。

推动作用,更重要的是,这些华商在历经亚洲金融危机、全球经济衰退的洗礼之后,他们雄风依旧,且更显淡定、沉着和坚韧。

第三节 研究对象及样本选取、研究方法与研究思路

一、研究对象

根据王赓武的研究可知,[①]中国人移居海外的历史源远流长,但近代中国第一次大规模迁移却是发生在1840年鸦片战争之后至20世纪中叶。这一波"下南洋"的移民其最初的身份大多是"契约华工"(即"华工型"),属于出卖劳动力者,通常为农民,是中国农村无土地的劳动者及城镇贫民。这些华工契约期满后,一部分被遣送回中国,一部分则留在了当地,有的务农或当工匠,有的开设店铺而成为人们眼中的"华商"等等。本书一方面为尽量遵循新加坡的历史发展进程,另一方面为便于进行比较研究,拟选定以下三个具有鲜明时代特征的群体作为研究对象,其中:

第一大群体即是1920年代—1965年前后通过艰苦奋斗而成长和发展起来的老一辈华商,这些华商大都是由王赓武意义下的"华工型"移民身份转变而成的。也即:他们是在其祖籍国——国难家贫的背景之下,为求生存而"下南洋"的(华工型);当他们成为华商后,其资本积累对其居住国——新加坡(尤其是独立建国以后)的经济发展所做出的巨大贡献却是有目共睹的(但在研究过程中会涉及这些老华商的接班人,这些接班人与本书所要探讨的第二大群体的华商基本成长于同一时代)。

第二大群体是1980年代前后依靠自己的知识和技术力量、白手起家而成长和发展起来的新本土华商,这些新本土华商是在新加坡国家发展政策的调整,加之其经济曾一度陷入低迷的背景之下,为跟上世界经济发展的步伐,为把危机转化成发展契机而涌现出来的新一代(相对于1920年代—1965年的

[①] 王赓武著,天津编译中心译:《中国与海外华人》(香港:商务印书馆,1994年),第5~14页。

老一辈华人来说,这一代基本属于他们的第二代或第三代)。①

第三大群体则是1990年代新加坡和中国建立友好外交关系之后所产生的新一波的新移民华商,这一批新移民是在新一轮的全球化背景之下,为求发展而"下南洋"的。

二、样本选取

本书中的案例所涉及的个体所具备的特征是:华人;新加坡公民或永久居民;新加坡企业或公司的所有者或执行主管或高级管理人员。

本书对个案样本的选择力求能较为全面地反映所研究对象——新加坡华商的特征,因此尽量选择分布在不同经济活动中,如:商业贸易、科技、餐饮、建筑、教育培训、中介等不同行业中的个体。不过,由于能进行面对面访谈的样本量有限,所以,本书也比较多地利用了一些已经出版发行的研究文献、相关人物传记、访谈实录及新闻报道等资料,以尽量避免样本量不足所带来的局限性。关于案例中的个体所经营的公司规模方面,本研究尽量涵盖大、中、小不

---

① 根据有关学者的研究,1965—1975年前后是新加坡建国的初始时期,政府为尽快把国家发展推向工业化发展的正轨,而大刀阔斧地推行了"两条腿"政策,亦即将跨国公司和国有企业(政联公司)直接纳入政府的工业化发展过程,从而曾一度忽视甚至牺牲了本土企业的发展和壮大,所以,"PLCs"(Poor Local Companies)几乎成为那个时期新加坡本土企业的代名词。另一方面,也由于当时的华人企业大都属于中小型,且主要集中在批发零售业、轻工制造业和酒店餐饮业等传统行业,其经济影响力远在跨国公司和政联公司之后。因此,在这段时期,华人企业只能在国家主流经济的边缘徘徊,其发展并不尽如人意。这无疑也意味着,当国家正在大步向前迈进时,老一辈华商企业的发展受到了抑制,而年轻一代的华人虽然受教育程度高了,但创业的兴趣却大大降低。为此,有学者指出,这段时期是新加坡华人的企业家精神日渐衰落时期。这也导致能在这段时期得到发展和壮大的那些成功的华商企业大都是二战前后创立并成长起来的,而新创建或成长起来的华商企业并不多。但自1980年代开始,新加坡一方面受到新一轮全球化的冲击,另一方面政府开始意识到忽视本土企业所造成的不良后果(1985年出现经济负增长),随之将国家经济发展政策进行重新调整,新加坡因此进入一个新的发展阶段,新政策的实施激发了年轻一代华人的创新精神和创业欲望,从而涌现了一批具有新时代特征的年轻华商。所以,本书为使研究对象具有一定的代表性而选择了在这个时期通过自我奋斗成长起来的新一代华商作为第二大群体,以便于与同样是白手起家的老一辈华商和1990年代以后成长起来的新移民华商进行比较。参见陈国贲著《华商:族裔资源与商业谋略》(香港:中华书局,2010年10月),第53~75页;岩崎育夫著,乔云译:《新加坡华人企业的特点》,《南洋资料译丛》,1997年第3期,第72~78页;以及本书第五章相关内容的说明与分析。

同类型的公司,这当然也得益于那些业已出版发行的资料的补充,从而开阔了本研究的视野范围。

此外,还需要说明的是,由于大多数的受访者并不希望访谈内容被录音或个人资料以及个人观点公之于世,因此,出于对被访者的尊重和保护的原因,本书中的被访者大都不以真实姓名、真实公司名来表述,但对那些已经出版的研究文献、访谈资料、新闻报道中的相关人物,本书尊重和依照相关资料所提供的信息来表述。

三、研究方法

纵观以往有关海外华商文化的研究可知,海外华商文化研究是一门软科学,具有综合性、系统性和不确定性的特点。这些特点是从海外华商文化所遭受到的各种不同影响反映出来的,新加坡华商的文化资本的研究也具有类似的特点,因此,研究新加坡华商的文化资本特征必须运用全面的、历史的观点去观察和分析。本书拟采取如下方法:

1. 多学科交叉研究法;
2. 历史文献研究法,主要侧重于对现存传记、访谈实录及相关资料进行分析研究;
3. 实地调查研究法,即采取实地考察、人物访谈的方式进行;
4. 个案分析法。

四、研究思路

为了探讨和研究新加坡华商文化资本的积累和转换的实际状况,本书将采用分层的方法,从微观、中观和宏观三个维度来进行考察。在微观层次上,将探讨新加坡华商个体所拥有的身体化、(客观化)和体制化的文化资本,包括其个体通过所处的家庭小环境、国家政策(中)环境,以及社会(世界)大环境来获取资本的能力;在中观层次上,将把研究的重点放在新加坡华商如何将自身的文化资本融入到企业组织之中,包括创业模式的选择、管理方式的建立、营销战略的制定,以及社会网络的构建等等;在宏观层次上,则关注当新加坡华商及其企业组织所拥有的文化资本和社会资本嵌入社会大系统后所产生的影响,包括个体的经济收益和国家的经济发展等。

本书的基本思路是:以新加坡华商为主要考察对象,在客观剖析海外华商的文化特色、比较优势与相对劣势的基础上,对华商文化进行总结与系统性的理论思考,并着重于研究其文化资本的积累,以及文化资本与社会资本、经济资本相互转换的机理。拟将在以下四个方面做出努力：

（一）采取综合性、多学科的研究方法，试图建构较为系统的理论框架

如前所述，综合性的研究方法反映出了当代华人研究的复杂性。本书将努力借鉴前人的研究方法并加以综合应用。例如，李亦园的研究文化变迁的实验室方法，王赓武的着重历史进程和因果关系的历史透视法，以及陈志明和叶春荣将华人问题放在当地的文化社会脉络中去探讨的社会生态系统研究法等。[①]

为了探讨华人资本主义（Chinese Capitalism）与社会趋势，Yeung所建议的一种动态的、多学科的混合式的研究方法很有启发性。[②] Yeung摒弃了他过去坚守的单一的文化主义"Culturalism"的研究方法。这种方法强调一成不变的文化标准与规范对华人资本主义的核心特征——家族企业的制度化过程所产生的作用。Yeung认为，这种分析视角也许可以较好地解释华商文化第一阶段发展的状态。但在全球化的形势下，仅着重于"文化主义"的研究方法则显得不足。他认为不能把海外华商所依附的文化看作是在时空上亘古不变的东西，应该将华商文化的主体特征视为一个不断变化、演进以及与社会环境相互作用的过程。基于这种认识，他选择了将文化与其他相关学科相结合的综合的研究方法，并将之放在全球的大视野之中加以把握。遵循这种研究方法，Yeung发现，全球化时代的华人资本主义呈现出一种综合发展的趋势。

受以上各专家学者研究思路的启示，本书认为，新加坡华商之文化资本的研究亦可遵循将文化资本的积累与其他学科和社会因素相结合进行动态和综合研究的思路，以把握新加坡华商文化及其文化资本积累所具有的延续发展的真实脉络。在这一方面，其他学者也表达过类似的想法。雷丁（Redding）在1990年时就提出"海外华人经济迅速发展的因素包括多种，这就需要多学

[①] 李亦园：《兼谈海外华人研究的若干理论范式》，中国社科院海外华人研究中心成立并举办的"海外华人研究研讨会"演讲文稿。

[②] Henry Yeung, Wai-chung, "International/Transnational Entrepreneurship and Chinese Business Research: Some Critical Reflections", in Leo Paul Dana (ed.), *The Handbook of Research on International Entrepreneurship* (Cheltenham: Edward Elgar, 2004), pp. 73~93.

科的研究,仅从一种单一模式所作的研究很难提供一个合理的分析框架"①。郝时远也指出"在海外华人研究中,多学科的介入已经成为这门学问的特色。"②洪玉华和吴文焕更是强调了将经济学研究方法引入到华人经济问题研究中的重要性。③Gomez and Hsiao 建议,有关华人商业的研究应包括三个方面的因素:国家、社会与资本(市场)。只有在一个社会生态系统中进行研究才能正确把握研究的主题。他们建议一种以历史为基础,以微观层次分析为导向的跨学科的综合研究,并将实证分析与理论创新相结合。④龙登高也指出:海外华商经营管理的研究,只有建立在实证分析的基础上,才能真正把握其特色与内涵。但是,要特别注意在搜集资料、案例分析的过程中,必须要有一定的理论和思想作指导,否则就是盲目的。⑤也就是说,仅由实地调查所得出的结论可能是片面的或不具有一般性,所以,经过实证分析所得出的结论还需要再由相关的理论对其做出合理的解释。

此外,由于各个国家或地区以及各个民族的传统文化不同,自然资源、经济资源和社会资源存在差异,所以,若能通过对不同的华商群体所进行的商业活动进行比较分析,会更容易发现他们之间的共同之处和不同之处,因此,本书也将采取比较分析的方法来探讨新加坡华商的文化资本特征。

新加坡华商继承了华族传统文化的精髓,并将其发扬光大,同时也吸纳和融合了华商所在地文化以及西方文化中科学性、制度性的内容,因此,传统的华族文化和现代的西方管理文化是研究新加坡华商文化,也是研究海外华商文化的重要理论基础。同时,由于新加坡华商其文化资本的形成无疑涉及经济、管理、商业、企业等学科,所以,本书将采用综合性和多学科的研究方法,包括:东西文化的比较、历史与文化的追溯、传统与现代的融合、理论与实践的统一、案例与田野研究的相结合,以及借用经济学原理、管理学理论、商战策略等相关理论等等,试图建构较为系统的理论架构。

---

① S. G. Redding, *The Spirit of Chinese Capitalism* (Berlin: Walter de Gruyter, 1990).
② 郝时远主编:《海外华人研究论集》(北京:中国社会科学出版社,2002 年 11 月)。
③ 洪玉华、吴文焕:《扩大华人研究的视野》,2007 年 5 月,https://chicagoguangzhou.ipower.com.
④ Edmund Terence Gomez and Michael Hsiao, Hsin-Huang, *Chinese Enterprise, Transnationalism, and Identity* (London: Routledge Curzon, 2004).
⑤ 龙登高:《海外华商经营管理的探索——近十余年来的学术述评与研究展望》,《华侨华人历史研究》,2002 年第 3 期,第 91 页。

(二)考察经济全球化趋势之下新加坡华商的应对与变化

众所周知,全球化使经济发展改变了游戏规则,当代人类社会的活动空间已日益超越民族国家主权版图的界限,它给人类的政治、经济、文化、生活等诸多方面带来了深刻的影响。人类因此必须适应各种不同的文化,而文化作为一种独特的个性,在全球化的冲击下也正经历着前所未有的大变革。①尤其是网际网络的出现,它使人们交流的"高度"和"深度"远非昔日所能比拟,这一切为文化的发展和交流提供了强大的动力。当中国也跻身于全球化行列时,全球化便为世界各地的华人提供了一个重温并强化中华文化的机会,也扩大并深入刺激了世界范围内华人的中华文化认同,使新加坡华人以及其他海外华人都能够在全球化的浪潮中更好地保留传统文化的价值。

王赓武在《海外华人的文化中心》一文中特别关注全球化进程对海外华人文化传承方式的影响。他从渐进的全球化过程讨论了海外华人文化中心的变迁,提出了华人文化中心的多极论:中国大陆文化中心的首要地位;香港和台湾的次级中心;海外华人在他们各自所在地认同的第三级中心(例如,新加坡等区域城市)。他指出,如果全球化能继续对多元性和多元文化社区给予突出地位,那么对传统文化的认同也将在海外散居人群的心目中保持其价值。②

为顺应全球化的大趋势并在经济利益和传统的华人五缘网络的驱动下,各种世界性的华商大会频频举行,不少华商都积极地投入到建立与维系国际性的华人商业与文化网络这一大潮流之中,表现出了更为活跃的交流态势,新加坡华商也是如此。从1991年开始每两年举行一次的世界华商大会就是由新加坡中华总商会和香港中华总商会、泰国中华总商会联合发起的,其首届就在新加坡召开,全球30个国家和地区、70多个城市的800余名华商出席了会议。新加坡开国总理李光耀主持了开幕仪式,他在致辞中特别指出:"世界各地华人成功的主要因素是节俭、刻苦耐劳、重视教育、社群的信任和相互扶持,

---

① 英国著名的移民学家斯蒂芬·卡斯指出:"全球化不仅仅是一种经济现象:资本、货物、服务的流通,没有与之并行的观念、文化产品和人员的流动是不能实现的。"参见 Stephen Castles, "Migration and Community Formation under Conditions of Globalisation", Paper Presented to Conference: Reinventing Society in the New Economy (University of Toronto, 9—10, March 2001).

② 王赓武著,张海洋译:《海外华人的文化中心》(本文为2000年2月24—25日在香港大学举办的"海外华人与印度人"国际会议上所做的主题演讲)。

简单来说,这就是中华文化的核心价值观。"①李光耀的话显然意义深远,这似乎也预示着在全球化背景下,华商文化中华族传统文化有日益加强和深化的趋势。

回顾历史,新加坡华商(或者说海外华商)都被深深地卷入到社会场域中的每一个动荡、变革或发展时期,并在其中不断调适着自己的角色,发挥积极的作用。在当前这场新的全球化浪潮中,华人家族企业的现代化改造是关注的焦点。经济全球化浪潮冲击着华商的传统经营文化,一方面,经济全球化对华商习以为常的企业组织文化提出严峻的挑战。华商曾经利用他们遍布世界的由家庭成员、亲朋好友、同乡同学组成的关系网络获得贸易信息、开展贸易活动,这种网络一直是华商成功至关重要的因素之一。然而今天,互联网能把大量信息送到偏远地区,电子商务的出现又使商品生产者与消费者能越过贸易的中间商直接进行交易,这些都对华商的生存基础构成了直接挑战;而另一方面,全球化又为华商文化的进一步优化和提升提供了新的契机。例如,由于跨国公司全球运作,因此,其整合资源的能力、文化适应能力都十分重要,而新加坡华商一直秉承的"和为贵"的观念,以诚信为本,注重人际关系,这种管理文化和企业精神使其在整合资源方面、面对文化差异方面发挥了独特优势。然而,经济一体化所带来的不同企业的竞争越来越激烈,不同文化的碰撞越来越直接,新加坡华商所拥有的文化资本在这种新形势下又会得到怎样的发展和演变呢?他们所拥有的文化在代际传承的过程中究竟将如何发扬光大?这都是本书将要深入探讨的问题。

(三)考察中国经济快速崛起与新加坡华商文化的互动

中国的崛起在文化上对全球华人产生一种辐射源的作用,使海外华人保持传统文化的客观环境得以改善。同时,中国这个潜力巨大的市场所蕴涵的无限商机,吸引了世界各地的华商,使中国与海外华商的联系更加紧密,尽管有研究者质疑海外华商投资中国的动机,诸如"资本膨胀说"、"资本逃避说"、

---

① 参见中华总商会网页:http://www.sccci.org.sg;以及 World Chinese Business Network:http://www.wcbn.com.sg。

"分散风险说",还有"故乡投资说"等等,①莫衷一是。其实,他们是出于哪一种动机并不重要,也无可厚非,重要的是,来自东南亚华商的雄厚金融资本、高科技制造业和国际行销网络、现代化企业管理制度和市场营销经验,这些海外资源与中国大陆取之不尽的优质而又廉价的劳动力、优惠的土地价格、巨大的消费市场以及稳定的政治局势相结合,这种资源的最佳配置,已经造就了中国大陆经济的腾飞和海外华资实力的迅速增长的双赢局面。②与此同时,中资公司也大举进军海外,再加上新一代移民的促动,更使得中华文化正以一种崭新的态势来应对全球化,这种态势一方面将对新加坡华商文化以及海外华商文化产生更深、更远、更广的影响;另一方面,随着新加坡华商更深、更广地涉入中国投资和中国贸易,因此也会对中国内地的商业文化产生影响,③这种互动的结果与趋势如何变化,对形成新的华商文化有何作用?对新加坡华商文化资本以及社会资本的重构和积累有何影响等等,也是本书要努力关注的课题。

(四)选择新加坡华商案例进行深入探讨和分析

东南亚是全球华人最多的聚居区,也是全球华人经济最发达的地区。而新加坡的华人经济比重最大。④新加坡的华商及其企业,在成长过程中历经东西文化的传承、冲突、融合和超越等过程,但依然保持了比较完整的华族传统文化,其中东西方文化在其企业及经营管理方法上的交融是新加坡华商最为

---

① 曾少聪:《全球化背景下的东南亚华人社会》,《世界民族》,2003 年第 6 期,第 53 页。日本学者岩崎育夫认为:影响华商决定向海外投资的原因应该是以上种种因素的结合,而且在现在和将来"资本因素"都应被视为更具决定性的因素。也就是说,驱使他们到海外投资的动机是"资本的逻辑",而不是"种族的逻辑"。参见岩崎育夫著,刘晓民译:《新加坡华人企业集团》(厦门:厦门大学出版社,2001 年 9 月),第 137 页。

② 庄国土:《东亚华商网络的发展趋势》,《当代亚太》,2006 年第 1 期,第 33 页。

③ 例如,游俊豪(Yow Cheun Hoe)考察了新马华商透过关系网络返回祖籍侨乡和祖籍国进行投资和贸易活动的驱动。参见"Weakening Ties with the Ancestral Homeland in China: The Case Studies of Contemporary Singapore and Malaysian Chinese", *Modern Asian Studies*, Vol. 39, Part 3 (2005), pp. 559～597.

④ 马来西亚虽然从 1970 年起实行马来人优先发展的经济政策,但华人企业在该国的经济中仍然占非常重要的地位。1980 年代后,华人资本形成了一批跨国企业集团,在该国经济中发挥了积极的作用。新加坡有 3/4 的华人,华人经济是该国国民经济的重要组成部分。在整个经济中,华人企业在传统的金融、商业、房地产、百货店及宾馆等行业起着支配作用。古宣辉:《经济全球化,世界华人企业联盟协作的发展趋势》,载《2000 年世界华人论坛专题演讲文稿》(2000 年 9 月 18—22 日,青岛)。

突出的文化景观。①新加坡的经济具有高度的开放性和外向性,也最先受到全球化的洗礼。因此,从新加坡华商的案例研究入手来探讨全球化背景下华商文化资本的积累和转换,将具有特别重要的意义。②

因此,本研究将努力在把握历史文化变迁轨迹的基础之上,紧扣当今全球化与中国经济高速增长因素所带来的时代发展特征,借助布迪厄"资本"理论的相关概念及其运行轨迹,以"文化资本"为核心,来对作为微观个体的新加坡华商在其成长和发展过程中的文化资本的形成、积累和再生产,以及与其他资本的配置和相互转换的合理路径进行深入剖析和探讨。

第四节 研究意义与内容架构

一、研究意义

本书通过大量的实际案例分析之后认为:决定一个企业或地区或国家发展的关键因素除了物质基础、人力资本和社会资本外,更重要的是个人或企业或国家的文化资本积累的多寡与社会正式制度的契合程度;雄厚的文化资本是提升个人或企业或地区或国家竞争力的关键;企业永续发展、社会不断进步和国家经济增长需要的是全方位的文化资本(和社会资本)的建立、积累和充实。因此,对各种资源都稀缺的小小岛国新加坡而言,文化资本理论的深入研究必定会有其特殊的理论意义和实践意义。

管理学大师彼得·德鲁克以及未来学家奈斯比特曾预言:华商管理文化的成功实践,将带来新世纪的管理革命!新加坡的经济发展在东南亚地区是超前而独具特色的,新加坡华商商业实践的成功更是令世人赞叹,其文化资本的构成也同样独具特色:以华族文化为内核,有机而又灵活地融入了西方先进的文化和管理手段,并经受了急剧的现代化进程以及全球化的洗礼。因此,本

---

① 黄贤强:《近二十年来新马的华人研究》,载李元瑾主编《新马华人:传统与现代的对话》(新加坡:南洋理工大学中华语言文化中心,2002年),第477～516页。

② Yeung(2004)对他所熟悉的新加坡和香港的华人资本主义作了比较研究:香港和新加坡在面对全球化的冲击时,其反应的方式与程度有相似之处;而新加坡和马来西亚,历史上有着许多相似的社会条件,但却在现代化的进程中选择了不同的模式,其应对全球化的策略与进度也有所差别。这种后来衍生的不同的社会条件,正好为研究者动态地考察全球化对华商文化的影响提供了良好的研究基础。

书在探讨和分析新加坡华商之文化资本积累的变迁轨迹时,拟竭力立足于将历史的纵向与时代的横向二者相互影响的特征呈现出来;并在全球化、网络化的宏观背景之下,将焦点放在这些不同时代、不同场域中的华商(三大群体)所承载的文化习性与文化资本的形成、社会资本与符号资本的建构,以及各种资本的积累与相互转换等具有关联性特征的不同方位和层面上,以把握横向与纵向双重作用的综合效果;尽量真实而全面地勾勒出新加坡华商之文化资本积累的运动方向。一方面,以期突破以往对(海外)华商文化的研究重点主要集中在儒家文化、家族企业、族群网络等有限层面的局限;另一方面,也冀望通过对新加坡华商之文化资本的积累和转换所进行的个案分析,可以为新加坡华商及其企业,以及未来希望在经济舞台上大展宏图的个体行动者之文化资本的建构和积累提供一个参考坐标,并有一定的实践价值;同时还冀望本书能对华族传统文化的传承、商业文化理论价值的提升,以及企业家的文化意识的强化等等能起到一个抛砖引玉的积极作用。

二、内容架构

本书各章内容安排如下:

第一章"导论"。本章将遵循从宏观到微观的逻辑思路,层层递进,提出本书的选题背景和研究动机。本章第一节将首先探讨从文化视角研究经济增长和商业发展的重要意义,并提出一个"新的研究视角——文化资本理论",进而指出这便是本研究的动机所在。为了说明本研究选择新加坡华商为研究对象是有其现实意义和实际价值的,本章的第二节概述了海外华人的历史变迁和东南亚华商的经济成就,并(以及本书的第二章)分层次探讨了海外华商、东南亚华商、新加坡华商的商业实践,其目的是希望通过探讨一般意义上的海外华商的共性,以期能发现新加坡华商其文化资本的独特性。第三节界定了本书的研究对象和研究方法,以及实施这些研究方法的具体思路,即研究思路。第四节则提出了本研究的意义所在,以及内容架构。

第二章"学术回顾及其研究方法概述"。本章一方面将聚焦在回顾和整理有关学者对海外华商、东南亚华商、新加坡华商文化的研究,以期能逐步推演出新加坡华商之文化资本的独特性(第一、第二节);另一方面将概述利用资本理论来解释经济增长和商业发展的历史演进过程及其局限性,以试图说明本研究采用布迪厄的"文化资本理论"对新加坡华商所进行的分析和探讨是建立在一个全新而又有据可循的理论基础之上的(第三节)。

第三章"场域、习性与文化资本——一个动态的形成和积累过程"。根据布迪厄的理论,本书认为,要探讨新加坡华商的文化资本结构,就有必要先对其所处的经济场域和社会结构以及文化习性进行分析,才便于更清晰地了解和理解新加坡华商的生存和发展法则,因为新加坡华商的创业模式和发展模式其实就是新加坡社会结构和国家发展的产物。因此,本章将通过"社会变迁与经济发展对华商文化资本的影响"(第一节)、"社会主体文化与政府主导文化对华商文化资本的塑造"(第二节)、"外来文化对本土文化的冲击"(第三节)、"全球化的演进以及中国的崛起所产生的文化辐射"(第四节)等四个层次来分析和探讨新加坡华商之文化资本的形成和积累。

第四、五、六章则以案例分析的形式,对历史文献和相关访谈资料(借他人之手),以及本研究所做的实地考察内容和访谈内容等进行分析和推理,主要探讨本研究所选定的新加坡三大华商群体在不同时期、不同发展阶段,以及不同的社会结构中如何积累各种不同的资本?为求收益最大化,他们在新加坡这个充满"动态"的发展场域中如何配置自身的各种资本?新一代和老一辈华商的不同形态的文化资本的特色有何不同?文化资本与其他资本的转换又有何不同?等等问题的讨论将在这三章中一一展开。具体呈现形式是:

第四章"社会资本嵌入的商业行为——新加坡老一辈华商"。本章内容主要关注新加坡独立前创业的老一辈华商的文化习性,及其在商业活动中如何利用社会网络来建构社会资本,从而获取经济资本,以及身份地位的提升等。

第五章"比较优势与文化资本的积累和转换——新加坡新本土华商"。相较于老一辈华商而言,这批1980年代后闯荡商场的年轻华商所拥有的制度化形态的文化资本要充实得多,那么,他们是如何与老一辈华商较量,而在新加坡这块有限的"经济场域"中占有一席之位?有研究指出,他们的商业交易并不依赖于社会关系、家庭关系等传统网络,那么,社会资本对他们而言处在何种位置?如何建立和扩充?与老一辈华商相比,他们又是如何积累和利用自身的各种资本,从创业意识、市场需求等各个纬度入手来为自身发展和企业发展提供充足的动力的?这便是本章将要以案例分析的形式来深入探讨的重点内容。

第六章"'知本家'的资本积累和转换特色——新加坡新移民华商"。由于新移民华商具有不同于老一辈华商的鲜明特征,如:知识性、多技能性(语言、技术)以及国际性等等。这些被称为"知本家"的新移民华商主要依靠信息资源和知识创新来获取财富,他们在新加坡这个颇为独特的社会场域中,既要面对具有新加坡本土特色的华族文化,又要面对西方文化以及其他种族文化的不同文化圈的相互碰撞和相互交融。在这种多元种族、多元文化的背景下,新加坡的新移民华商将以何种心态、何种方式来面对文化认同与融合问题？他们的文化资本的构成和积累对其企业模式的形成、社会资本的建立、经营理念和管理思想的确立，以及企业运营的方式等有何影响？与老一辈华商相比较又有何异同？这些问题都是本章所要重点关注和探讨的。

第七章"结论"。本章在总结前面六个章节的前提下，将通过"社会结构、文化资本及资本配置特征"（第一节）、"新加坡华商的文化资本转换途径浅析"（第二节）两节内容的论述，冀望能回答的问题是：其一，社会界中的个体行动者通过传承和继承、学习和实践来积累文化资本，通过跨越和兼容、求变和创新来扩大文化资本，那么，新加坡新老华商在其商业实践中是怎样在传统和现代创新之间找平衡，在东方和西方、在他族和我族之间找和谐？其二，不同时代、不同社会结构造就不同形态的文化资本的不同匹配，也造就不同的资本组合，那么，新加坡新老华商的资本组合模式有何特色？其三，文化资本，尤其是身体化形态的文化资本，制约着行动者对资源、技术、制度等要素的选择与合理配置，尤其是在全球化时代，文化资本是资本转换的基础，社会资本是资本转换的桥梁，新加坡新老华商的资本转换途径有何异同？其四，为了顺应时代和环境的变迁，新加坡新老华商又是如何调适文化，才能使其有助于自身社会位置的改善和提升、有助于企业的进步和发展，而非阻碍？此外，在第三节"研究局限与未来研究方向展望"中指出了本研究所存在的不足和局限所在，以及对未来研究方向的期待。最后的"结语"强调：掌握有价值的文化资本、具备资本转换的意愿和能力对个体行动者争夺社会占位的重要性。

第二章

学术回顾及研究方法概述

第一章已经提到,无论是马克斯·韦伯对新教伦理与儒教道教的比较研究、亨廷顿对全球化带来的文明冲击的忧虑和警示,还是布迪厄指出的必须要引进一切资本形式才能真正解释经济增长和商业发展的原因等等,都表明了文化的重要性。因此,一般而言,一个国家是否强盛依靠的是其经济是否发达,经济是否强盛依靠的是其企业的运作是否高效,而要使企业高效持续地运作则依赖于其文化的建构和累积。文化是一个国家的根,是一个民族的根,也是一个企业有效管理、永续经营的根。然而,各国之间、各种族之间并没有文化优劣的差别,而只有文化形态的差异。任何管理理论和商业实践都离不开国家和民族的文化传统,以及国家特性和民族特性,同时也无法忽视他国和他族的文化传统和民族特性。在这种宏观背景的前提下,海外华商(包括新加坡华商)作为微观个体,身在异域他乡却尽可能地保留了许多优良的华族传统文化,这些传统文化不但没有妨碍他们融入当地社会,反而使他们的经营管理、商业文化更具独特性。

那么,海外华商以及新加坡华商成功的原因何在?也如王赓武针对成功的老一辈华商曾提出的"为什么在中国大陆本土受到抑制而依附于士人文化的商人文化,却在海外得到充分的发展",[①]因此,探索海外华商成功的奥秘便成为学者们高度关注和重点研究的课题。

追溯海外华人问题研究的历程,如果说早期的研究主要偏重于从纯文化

---

① Wang Gungwu, *China and the Chinese Overseas* (Times Academic Press, 1991). 亦可参见王赓武著,天津编译中心译:《中国与海外华人》(香港:商务印书馆,1994年)。

主义的角度,以探讨海外华人的历史变迁,①那么,自20世纪90年代以来,越来越多的学者开始从不同的角度积极展开对华人经济、华商网络、经济全球化与华侨华人问题、新移民的经济文化特征等领域的研究;②其研究方法上也开始引用经济学的方法论和一些数量分析技术。学界之所以将有关海外华人的研究重心逐渐转向经济层面,其主要原因大致可归纳为以下三个方面:其一,海外华人历经几百年的困苦和挣扎后,尤其是东南亚华人已经累积了较为雄厚的经济资本和社会资本,以至有了"没有华侨就没有东南亚"的说法,华人经济在东南亚甚至全球都已具有举足轻重的力量。③华商的经营模式和商业文化也成为商界力图破解的制胜法宝。其二,快速发展的中国经济与海外华人经济相互补充,也相互加强,更提升了海外华人的经济地位。④其三,经济全球化时代的到来为全球华商带来的机遇前所未有,带来的挑战也十分严峻。

---

① Henry Yeung, Wai-chung, "International/Transnational Entrepreneurship and Chinese Business Research: Some Critical Reflections", in Leo Paul Dana (ed.), *The Handbook of Research on International Entrepreneurship* (Cheltenham: Edward Elgar 2004), pp.73~93. 另见李亦园《中国海洋发展史论文集》第1集(台北:"中央研究院",1981年)。

② 在华人经济方面,厦门大学南洋研究院取得了较突出的成就,已经和将要出版一系列研究东南亚华人企业集团的学术专著。暨南大学黄滋生、温北炎教授主编的《战后东南亚华人经济》也是这方面的重要著作。此外,还有单纯的《海外华人经济研究》,Edmund Terence Gomez and Michael Hsiao, Hsin-Huang 的《东南亚的华商》(*Chinese Business in Southeast Asia*, London: Routledge Curzon, 2004)、《华人企业家精神、跨国经营与认同》(*Chinese Enterprise, Transnationalism, and Identity*, London: Routledge Curzon, 2004)等,也引起了学界的广泛关注。Yeung 也对有关华人经济的影响等问题进行了深入的研究。梁志明:《世纪之交中国大陆学术界关于华侨华人的研究》,见梁志明主编《面向新世界的中国东南亚学研究:回顾与展望》(香港:社会科学出版社,2002年)。

③ [日]根津清著,卓丽娟译:《华侨商法与日本商法》(台北:丝路出版社,1996年)。约翰·奈斯比特也指出:跨国的海外华人经济圈是世界第三大经济势力。如果把海外华人看作一个整体,其经济实力仅次于美国和日本。海外华人控制了除日、韩两国之外的所有东亚国家的贸易和投资。香港、台湾地区的中国人和新加坡的华人在亚洲投资已超过日本。华人亦是泰国、马来西亚、印尼、菲律宾和越南的最大外资来源。中国80%的外资也来自海外华人。参见约翰·奈斯比特著,蔚文译:《亚洲大趋势》(北京:外文出版社,1996年)。

④ Gomez 和 Hsiao 等将关于海外华人经济的研究数量增加归因于中国的崛起及海外华人企业积累的资本的迅速增大。参见 Gomez and Hsiao, *Chinese Business in Southeast Asia* (2004).

鉴于本书的侧重点在华商之文化资本的形成和积累，并借助布迪厄的文化资本理论来进行研究，因此，本章一方面将聚焦在回顾和整理有关学者对海外华商、东南亚华商、新加坡华商文化的研究，以期能逐步推演出新加坡华商之文化资本的独特性；另一方面将概述利用资本理论来解释经济增长和商业发展的历史演进过程及其局限性，以试图说明本研究采用布迪厄的"文化资本理论"对新加坡华商所进行的分析和探讨是建立在一个全新而又有据可循的理论基础之上的。

第一节　关于海外华商文化研究的学术回顾

纵观各种各样的研究文献，由于多学科研究者的介入，从而为海外华商问题的研究提供了更为广阔的视野和丰富的理论基础。其主要的研究视角：之一，利用比较研究的方法探讨海外华商的经营管理之道；之二，从历史的角度探讨海外华商的商业网络发展特征；之三，利用调研和实证的方法对海外华商企业做微观案例分析；之四，从经济学角度来探讨海外华商成功的机理；之五，如前所述，随着经济增长的脚步加快，以及社会的不断进步，人们已经强烈地意识到文化的重要性，而海外华商的演进和发展与华商所在国的文化和社会特征息息相关，因此，不少学者从文化的角度对海外华商文化进行分析和比较。[①]其中针对海外华商文化的研究及其所采用的方法大致可归纳为以下四个方面：

一、东西文化的比较

从历史与文化的角度探讨海外华商的文化特色，这方面的研究开始时间早，成果丰硕，且大多直接来源于东西文化的比较。

在西方相应的研究自马克斯·韦伯20世纪初提出其儒家思想与现代资本主义精神相悖的观点至今仍争议纷纭。韦伯在关于资本主义文化起源这一研究领域，被誉为一代宗师，他从新教徒的伦理道德中发现资本主义的起源。这些伦理道德，如努力工作、奉献、诚实、节俭、可靠、散播喜悦，以及尊重教育。相比儒家与清教徒，他认为儒家强调的是顺天应人，因此，华人的特点则是：很

[①] 参见龙登高：《海外华商经营管理的探索——近十余年来的学术述评与研究展望》，《华侨华人历史研究》，2002年9月，第3期，第84~94页。

有耐心、礼貌周到、忍受单调、不断努力工作、具有很好的适应能力等。不过，他认为这些特质无法自行产生资本主义。①

但是，自1970至1980年代亚洲经济的迅猛崛起，尤其是海外华商的巨大成功使越来越多的学者对韦伯观点提出质疑，而儒家思想及其现代价值因此受到不少学者的热烈推崇。最早注意到东亚经济奇迹的文化因素并与儒家传统联系起来的学者是美国赫德森研究所所长赫尔曼·卡恩1979年所著的《日本的挑战》及《1979年及其以后的世界经济发展》。他指出：儒家伦理在现代化过程中显示出来的优越性主要表现在人的培养上，一方面儒学强调的自强不息的精神，培养了有内在精神动力、富有责任感、重知识的个体的人；另一方面儒学强调的忠于职守的素质，培养出来的是富有强烈献身精神和组织认同、有群体意识的人，这就使得儒家文化对社会经济发展起到了"推动和协调"两方面的作用。英国学者罗德里克·麦克法库在《经济学家》上发表的"后儒家的挑战"一文中站在"欧洲中心论"、"西方中心论"的立场上，把儒家重视教育、提倡节俭、强调纪律、褒扬忠诚、富有信心等特征所形成的经济发展的巨大推动力视为是一种对西方的可怕的挑战力量。②另有一些海外华人学者则以东亚经济起飞与海外华商的崛起为实证，指出新儒家伦理与现代商业、企业相融是推动亚洲经济迅猛发展的重要因素。③颜清湟也有多篇著作论述了儒家传统与东亚和东南亚华人商业发展的关系。

确实，儒家思想作为中华传统文化思想的主流，它所蕴涵的企业精神与商业文化对华商事业的成功有着重要的作用。孔孟的中庸、忠恕、仁义礼智信等思想，深深扎根于一代又一代华人的精神和血液中，指导和影响着他们的经济思想及经营活动。曾经是新马风云人物的林文庆就是一个典型的例子。④而

---

① 马克斯·韦伯著，王蓉芬译：《儒教与道教》（北京：商务印书馆，1999年，译自：Max Weber, *Konfuziamismus and Taoismus*, J. C. B. Mohr（Paul Siebeck）Tubingen, 1920），第277～301页。

② 王文钦：《新加坡与儒家文化》（苏州：苏州大学出版社，1995年12月）。

③ 这方面的代表作有：余英时：《中国近世宗教伦理与商人精神》（台北：联经出版事业公司，1987年），第121～160页；杜维明：《现代精神与儒家传统》（北京：生活·读书·新知三联书店，1997年12月），第327～372页。

④ 参见李元瑾：《林文庆的思想：中西文化的汇流与矛盾》（新加坡：亚洲研究学会，1991年）。

像这类商学兼修的华人企业家,常被称为"儒商"。①

王赓武在 China and the Chinese Overseas 一书中分析了为什么在中国大陆本土受到抑制而依附于士人文化的商人文化,却在海外得到充分的发展,②其思路可谓别具一格。王赓武在1994年时进一步强调:

> 文化不但对取得和保存财富,而且对经济和政府关系,都起着重大的作用,低估文化(与经济)联系的价值及其互动作用是错误的。华人的文化背景,对贸易和工业的决策方式,对维持人际关系,对处事习惯上的选择,都有重大的影响力。中华文化,是导致华人在营商上有别于其他民族的主要因素。③

龙登高则指出,在这些宽泛的传统文化因素之外,增加移民特性、少数族裔特性与企业的移植等因素,将使海外华商文化的研究从以上一般性论述基础走向专门化,进入深层次。新加坡口述历史馆记录了有关新加坡侨领与华商访谈的珍贵资料,陈国贲、张齐娥充分利用这些实录,从移民的特性入手,考察华商如何动员社会与文化资源,以弥补他们在非主流社会中的资金和资源的不足。④李元瑾对集"仕"、"商"、"士"于一身的新加坡华商林文庆的儒学情

---

① 关于"儒商"的定义,新加坡周颖南先生认为:"儒"指文化人,那么,文化人从商,则称"儒商"(周颖南:《儒商的光荣任务》,载《儒商大趋势——首届儒商文学国际研讨会论文集》,广州:暨南大学出版社,1996年3月,第27页)。潘亚墩则认为:对"儒商"这个概念不能望文生义。所谓"儒商",首先应该是指品格高尚的胆识才能、人文言行一致之士(并不一定要拥有高学历或文凭);其次,他们以弘扬中华文化为己任,以义制利、见利思义,乐于为社会作奉献,是文商结合、德才兼备的成功人士。因此,他指出,"儒商"是时代的产物,其意义超出了经济范畴,因为他们把社会变革的经济目标与人们所追求的人文目标合二为一,把时代精神与传统文化冶于一炉(潘亚墩:《序》,载《儒商大趋势——首届儒商文学国际研讨会论文集》,广州:暨南大学出版社,1996年3月,第2页)。本书倾向于采用潘亚墩对"儒商"的定义,认为:所谓"儒商",是指深受儒家思想的影响,且在商业活动中具有高尚道德和文化素养以及奉献精神的商人(不一定要拥有高学历或高文凭)。他们既是经济利润的追逐者,也是儒家思想的传播者和实践者(狭义来说),或是有价值文化的传播者和实践者(广义来说)。

② Wang Gungwu, *China and the Chinese Overseas* (Times Academic Press, 1991). 亦可参见王赓武著,天津编译中心译:《中国与海外华人》(香港:商务印书馆,1994年)。

③ 王赓武:《华人企业家及其文化策略》,《华人月刊》,1994年1月号,第17~20页。

④ 陈国贲、张齐娥著,王业龙译:《出路:新加坡华裔企业家的成长》(北京:中国社会科学出版社,1996年)。

怀,从东西文化相互撞击的角度做了深入细致地探讨和分析。① 此外,李元瑾也在不同的著作中对被她尊称为"儒商"的邱菽园的儒教文化思想进行了广泛论述。

日本学者根津清在其《华侨商法与日本商法》一书中对东南亚的华商与东南亚原住民的生存信念和商业观念,以及华商与日商、犹太商人的文化和商业精神等做了一系列的比较研究。他认为:东南亚的原住民由于拜大自然所赐,生活自给自足,因此其商业观念大都淡薄,这导致移民到此的许多华人很自然地抓住机会走上了从商之路;华商与犹太商人有很多共同之处,如强烈的同族意识、对传统文化的执著、对编织网络的热忱、对教育的偏爱和重视,以及奋发向上和刻苦耐劳等等;日商则自我意识颇为强烈,且有着"西高东低"的观念和"重欧轻亚"的情结等,但由于历史的原因,日商也同样受到儒家文化的浸染。根津清也认为:如果将华商的勤劳、印度商人的雄辩、犹太商人的智慧融合在一起的话,就一定能获得商业上的成功。② 显然,根津清的比较研究展现了不同种族商人的经商文化和特色。

有关儒家传统与海外华人商业的关系是一个复杂的问题。学者们对这个问题的见解大致可分为以下五种:

其一,认为儒家传统与海外华人商业的发展有着极为密切的关系,有些西方学者甚至把新加坡等东南亚社会的经济发展称为可与"基督教资本主义"相媲美的"儒教资本主义",他们强调历史与文化因素在经济发展中的重要作用。③

---

① 李元瑾:《林文庆的思想:中西文化的汇流与矛盾》(新加坡亚洲研究学会,1991年);《东西文化的撞击与新华知识分子的三种回应:邱菽园、林文庆、宋旺相的比较研究》(新加坡国立大学中文系、八方文化企业公司联合出版,2001年)。

② 参见根津清著,卓丽娟译:《华侨商法与日本商法》(台北:丝路出版社,1996年)。

③ 参见王文钦:《新加坡与儒家文化》(苏州:苏州大学出版社,1995年12月)。金耀基也认为:勤恳耐劳和奉行节俭的儒家文化是日本和亚洲四小龙的经济实现成功赶超的主要原因(见金耀基:《东亚经济发展的一个文化诠释》,《信报财经月刊》,1987年第11期)。潘亚暾、汪义生从文化的角度分析儒与商的结合,指出儒商精神是21世纪的企业家精神(见潘亚暾、汪义生:《儒商学》,广州:暨南大学出版社,1996年)。苏东水建立了人为学基础理论,认为东方管理文化的精髓在于人本主义,"以人为本、以德为先、人为为人"是其本质(苏东水:《管理心理学》,上海:复旦大学出版社,2004年10月)。曾仕强结合了"大学之道"的精妙诠释,从文化的高度,充分阐述中国管理哲学的现代化应用的实践问题,点明了中国管理哲学是个人安身立命、企业安和乐利的可行之道(见曾仕强:《管理大道:中国管理哲学的现代化应用》,北京:北京大学出版社,2006年7月)。

其二,尤其是对新加坡这种高度外向型、高度现代化的国家,能对其产生影响的绝对不只是某一种文化,新加坡的成功首先是西方直接输入资本主义方式的结果,儒家文化的若干传统因子则起到了协调和适应的作用,使资本主义移植到新加坡后,发展出了比西方形态资本主义更具增长动力的东方形态资本主义。①

其三,强调经济与政治的因素,认为海外华人商业的兴起与发展和儒家传统毫无关系,海外华人商业之所以能够较快发展,主要是因为接受了较为先进完善的世界经济制度,以及世界经济快速发展和当地政府的务实政策给海外华人带来了极大的商机,而非内部自发的结果。②

其四,认为传统文化对经济发展有影响,但不应当因此而夸大其影响力,儒教资本主义的提法并不妥当。③岩崎育夫甚至指出:如果仅将儒教作为发展的因素,那么就可能有人质疑"中国的历代王朝及社会主义中国在20世纪80年代的改革开放时期以前,为什么没有成功地取得经济发展呢?"④正因为"许多有关华商的各种现象与论说,如果以文化论或特色论来解释,似乎表明华商与众不同,并且与生俱来,甚至是不可改变的。同时又存在与之相反的现象,

---

① 陈祖洲:《从多元文化到综合文化——兼论儒家文化与新加坡经济现代化的关系》,《南京大学学报》,2004年第6期,第134页。

② 裴鲁恂(Lucian W. Pye):《亚洲价值:从发电机被变成骨牌》,见哈瑞森、亨廷顿编著,李振昌、林慈淑译:《为什么文化很重要》(台北:联经出版事业股份有限公司,2003年12月),第345~357页。颜清湟:《东亚与东南亚海外华人商业研究的反思》,《马来西亚华人研究学刊》,2002年,第5期。

③ 裴鲁恂、龙登高等学者均认为,客观地说,儒家思想并非海外华商与东亚经济成功的决定因素。参见裴鲁恂:《亚洲价值:从发电机被变成骨牌》,载哈瑞森、亨廷顿编著,李振昌、林慈淑译:《为什么文化很重要》(台北:联经出版事业股份有限公司,2003年12月);龙登高《跨越市场的障碍:海外华商在国家、制度与文化之间》(北京:科学出版社,2007年3月)。

④ 岩崎育夫著,司韦译:《围绕华人企业的两个问题——其形成、发展的因素与企业类型》《南洋资料译丛》,2003年第4期,第59页。林毅夫等也指出:日本和亚洲四小龙这些国家长期以来就一直在儒家文化的濡染之下,但为什么他们没有在16世纪、17世纪率先实现现代化和经济发展?此外,同样受到儒家文化影响的许多其他国家并没有实现同样的经济成功,而许许多多与儒家文化无缘的国家却更早地实现了经济现代化?参见林毅夫等:《比较优势与发展战略——对"东亚奇迹"的再解释》,《中国社会科学》,1999年第5期,第4~20页。

使得这些解释难以自圆其说",①因此,龙登高通过对美国华人社会的洞察,经过大量的数据分析和案例探讨,对以往的"文化论"进行了质疑,所以,也就有了下面的"选择论"的观点,即:

其五,认为用"选择论"对华商的文化现象与经营管理特征进行阐释更为合理;海外华人的行为不是由文化决定的,而是他们在不同背景与环境下的理性选择。

事实上,历史与文化的因素必须与经济和政治因素有机的结合,海外华人商业的兴起和蓬勃发展离不开特定的经济和政治因素,但在原有的历史与文化的框架下将会得到更完整的解释。②尽管各派观点针锋相对,但正如李元瑾所指出的"儒学是中华文化的核心",以儒家思想为内核的中华传统文化对即使像新加坡这样高度引入西方经济管理体制的国家也是一大文化资源。③毋庸置疑,华族传统文化对现代华商企业的影响是存在的,而且是不容回避的,不管这种影响是促进抑或阻碍。④

二、企业家的创新精神与华商文化

世界著名的埃森哲管理咨询公司曾经在全球 26 个国家和地区分别与几十万名企业家进行交流和访谈,结果显示:认为企业家精神对于企业的成功是

---

① 龙登高:《跨越市场的障碍:海外华商在国家、制度与文化之间》(北京:科学出版社,2007 年 3 月),第 196 页。
② 参见颜清湟:《海外华人的社会变革与商业成长》(厦门:厦门大学出版社,2005 年 12 月),第 37 页。黄绍伦也强调了个人信用与家族主义等儒教价值观,认为这是华商企业活动的有效工具(黄绍伦:《中国宗教伦理与现代化》,香港:商务印书馆中译本,1991 年)。雷丁指出来自儒教价值观的家长制、忠诚与义务、互惠与承诺等,成为企业组织发展的卓有成效的原则(见雷丁著,张遵敬等译:《海外华人企业家的管理思想——文化背景与风格》,上海:三联书店,1993 年)。福山则指出了儒教价值观在家族内外关系中的表现的差异性(见弗朗西斯·福山著,李宛蓉译:《诚信——社会德性与繁荣的创造》,台北:立绪出版社,1998 年)。郑学益也提出了"海外华商文化",其主要特色在于价值观、经营管理思想、道德规范等方面所呈现出来的民族特性与文化传统(见郑学益主编:《商战之魂——东南亚华人企业集团探微》,北京:北京大学出版社,1997 年)。陈衍德从文化分析的层面考察了华商企业控制与效率、网络与信用的运行特征和文化背景(见陈衍德:《网络、信用及其文化背景》,福州:福建人民出版社,1998 年)。
③ 李元瑾主编:《南大学人》(新加坡南洋理工大学中华语言文化中心,2001 年)。
④ 龙登高:《海外华商经营管理的探索——近十余年来的学术述评与研究展望》,《华侨华人历史研究》,2002 年第 3 期,第 86 页。

非常重要的占79%;认为一个国家的繁荣与富强同样依赖企业家精神的占82%;其他大量实证研究也表明,企业家精神与经济增长之间确实存在较为显著的相关性,他们甚至高度概括说"企业家精神是经济增长的发动机"。[①]那么,究竟何谓企业家精神?这是一个非常广义的概念,很难下一个准确而又永恒的定义,而且不同的学科,对其所下的定义也有不同的侧重点。

英国新古典经济学的代表人物马歇尔在1890年出版的《经济学原理》一书中系统地论述了企业家的作用。他认为,企业家精神是一种心理特征,主要包括"果断、机智、谨慎和坚定"以及"自力更生、坚强、敏捷并富有进取心","对优越性具有强烈的愿望"。

美国经济学家熊彼特认为静态经济中没有企业家、没有利润,也不存在创新和发展,他在1912年发表的《经济发展理论》一书中便首先提出了"创新理论",他指出,企业家精神是一种经济首创精神,也就是创新精神,这是一个"不断推陈出新的生产组合的过程"。在他的眼中,企业家精神代表着一种适应市场挑战、不断进行创新活动的品质;而实现这一质的飞跃的关键,就是企业家的出现以及企业家的创新活动;这种创新是破坏现存均衡达到新的更高层次的动态均衡,以及实现发展的动力;经济发展是一个动态的过程,在这个过程中,企业家是创新者,他们开发新产品、采用新生产方法、开辟新市场、实现组织创新等;企业家也是领导者,他把生产的方式引向先前未开发的市场,其他的生产者追随他进入这些新市场。[②]

被誉为20世纪最有影响的经济学家之一,也是西方最伟大的思想家之一的富兰克·奈特在其1967年所著的《企业家精神:处理不确定性》一书中则认为,企业家精神是"在不可靠的情况中,以最能动的、最富有创造性的活动去开辟道路的创造精神和勇于承担风险的精神"。

1985年,美国的管理学大师彼得·德鲁克出版了他的《创新与企业家精神》一书。他也认为企业家就是创新家,所谓的企业家精神也就是创新精神,认为企业家精神在于实践,而有企业家精神的企业是属于那种勇于创新的企

---

① 高波:《文化、文化资本与企业家精神的区域差异》,《南京大学学报》,2007年第5期,第39~47页。另可参见Karlsson, C., C. Friis and P. Paulsson, "Relating Entrepreneurship to Economic Growth", CESIS Electronic Working Paper Series, No.13, 2004.
② 约瑟夫·阿洛伊斯·熊彼特(Joseph Alois Schumpeter)著,何畏、易家祥等译:《经济发展理论——对于利润、资本、信贷、利息和经济周期的考察》(北京:商务印书馆,1991年)。

业;企业家精神既不是一门科学,也非一门艺术,它是一门实践。①

总之,不同的学者从不同的角度对"企业家精神"有不同的定义,但这些界定中"企业家的创新意识和风险承担意识(包括观念的适时更新、独特的思维方式、战略远见、发现潜在机遇的能力等)"是企业家精神的核心,而且,这种企业家精神是潜入在社会结构和文化传统中的一种现象,它与特定时期的社会文化、政府政策、市场信用、成就动机等因素息息相关。正如北京大学经济学院的郑学益所指出的:不同的种族有不同的商魂,不同的商魂有不同的成功之道,如美国商人的"冒险精神"、日本商人的"团队精神"、德国商人的"严谨精神"、英国商人的"绅士精神"。②那么,海外华商的经营之魂又是什么呢?

针对海外华商的企业家精神,马克斯·韦伯曾说,儒家过于强调对完美人格的培养,而忽视了一种有能力有决心征服自然、主宰世界的进取人格。也就是说,由于儒教伦理没有强调个人主义,而缺少高度的竞争性和内在动力。也有其他学者认为中华民族的支配性价值观(儒家学说)阻碍了华人的企业家精神,并指出华人企业获得成功主要基于两个原因:其一,移民特有的"对成功的强烈欲望",其二,外出赚钱的华侨所特有的"早日赚了钱回中国过安逸生活"的想法。③王效平的研究指出,移民特有的不稳定的身份、处境和使命感的确驱使他们勇于向环境挑战。他列举了"强烈的独立愿望和自立精神"、"强烈的成功欲望"、"坚强的忍耐力"作为企业家精神的三个具体因素。"华人"虽然不等于"企业家(精神的持有者)",但能在陌生而又艰苦的环境里处于特殊社会地位的华人至少可以被视为容易发挥其企业家精神。④王文钦则在其《新加坡与儒家文化》一书中对马克斯·韦伯的说法提出质疑:面对西方"商业资本"咄咄逼人的架势,海外华商靠什么来获得商业的成功呢?发奋图强、勇往直前、勤俭节约,这些难道不是创业和竞争的精神动力吗?⑤

---

① 彼得·德鲁克(美)著,蔡文燕译:《创新与企业家精神》(北京:机械工业出版社,2006年)。
② 曹康林:《寻找华商之魂》,《商界名家》,浏览 http://www.sina.com.cn,2006年12月06日。
③ 岩崎育夫著,司韦译:《围绕华人企业的两个问题——其形成、发展的因素与企业类型》,《南洋资料译丛》,2003年第4期,第59页。
④ 王效平:《华人资本的经营管理》(东京:日本经济评论社,2001年)。参见岩崎育夫著,司韦译:《围绕华人企业的两个问题——其形成、发展的因素与企业类型》,《南洋资料译丛》,2003年第4期,第59～60页。
⑤ 王文钦:《新加坡与儒家文化》(苏州:苏州大学出版社,1995年12月)。

一位曾常年任职新加坡政府不同部门,并亲眼见证和亲身经历过新加坡的发展历程的常任秘书——严崇涛先生,他因为工作关系接触过不少成功的新加坡华人企业家,他认为这些成功的企业家最与众不同之处是:其一,新加坡的企业家所思考的是利润与亏损的衡量,而不只是成本与收益的计较;其二,他们极具智慧,不但重视自身素养的提高,同时也非常注重整个社会的教育,愿为办教育慷慨解囊(陈嘉庚、李光前、陈六使等);其三,他们一旦抓住了商机,所奉行的经营理念是"要做就做得最好"(郭鹤年);其四,他们总是在忙忙碌碌,寻觅和捕捉所有可能的商业机会(郭芳枫"紧跟建屋发展局"),不知疲倦,而且永远都精力充沛,如同动物界里精力最旺盛的百兽之王,但是,他们不是肉食动物,他们经营的生意从来不会欺压到弱势群体;其五,他们的直觉、远见、开拓精神以及坚韧不拔的意志是值得世人包括政府官员仿效和学习的。[1]严崇涛与这些企业家的接触是相当直接的,他对这些企业家的认识也相当深刻,因此,他的概括应该体现了新加坡企业家的精神特色。

三、华商网络文化的作用

按照中国著名学者费孝通在1947年所提出的"差序格局"理论来看,传统中国的社会结构,"好像把一块石头丢在水面上所发生的一圈圈推出去的波纹。每个人都是他社会影响所推出去的圈子的中心。被圈子的波纹所推及的就发生联系。每个人在某一时间某一地点所动用的圈子不一定相同"。这种所谓的"差序格局"表明,华人社会的网络特征是:

> 它自始至终都按照亲疏远近的"差序格局"来建构,其紧密程度和信任程度同方向递减,就像水的波纹一般,一圈圈推出去,愈推愈远,愈远愈薄;这个网络以"己"为中心,网络半径的大小取决于自己的社会影响;网络具有伸缩性且界限模糊。[2]

显然,"差序格局"理论高度概括了中国传统社会结构以及中华传统家族文化的丰富内涵。因此,在华商文化的研究中,"关系"、"网络"等词被频繁提及。华商不但通过亲缘、地缘和业缘的联系结成商业网络,而且还通过诸缘关系形成整体力量。

---

[1] 严崇涛著,陈抗编选:《新加坡发展的经验与教训》(新加坡:汤姆森学习出版集团,2007年10月),第127~144页。

[2] 费孝通:《乡土中国》(北京:生活·读书·新知三联书店,1985年),第23、25页。

但海外华商除了具有一般华人所具有的这种重视关系的传统习性之外，还有其所具有的"移民"特性，这便导致所谓"差序格局"理论中水的每一层波纹与其中心的相对位置并不是从始至终、一成不变的。有学者指出，这种（关系的）亲疏远近会随着各种状况的出现与外在环境的需要而调整和改变（但并不意味着原有关系的放弃）。所以，与"差序格局"中水的波纹理论相似的，日本学者陈天玺则将海外华商所建立起来的各式各样的网络结构特征形象地比喻为雨后天边的彩虹，他认为：彩虹的形成是由太阳、天空、水与土地之间复杂互动而产生的，而海外华商网络则是由华人网络的复杂的社会联系、关系与团体构成，就像彩虹一样是一些不同的自然力量互动的结果；彩虹七彩缤纷，华商网络也绚丽多姿；彩虹的不同色彩层次之间的边界线是模糊的，所以边界两边的颜色易于混合，而华商网络的不同层级（也如水的波纹）之间的边界线也是模糊的，因此华商与华商之间、华商与非华商之间也易于联结与混合。所以，陈天玺认为：华商的成功其主要原因并不是他们拥有所谓的华人网络或受到所谓的华人经济圈的保护，而是得益于他们善于在不同的环境里建立关系和网络并乐于成为相应组织的成员，也即得益于他们对"多重认同"的认同以及为人处世的灵活性；而且这种关系和网络往往建立在对双方利益认同的基础之上，并没有排他性（有意排除非华族）。[①]

此外，还有不少学者从东南亚的案例研究中对这种商业网络的文化价值做了有益的探索之后，认为：华商企业组织规模小而数量多，意味着企业等级体系发育程度低，因此，他们会通过建立网络来联结，以替代企业等级体系的不足。[②]海外华人依赖关系网络的最大好处就是在一个陌生而又充满敌意的政治文化环境下，能有效降低相关的交易成本。[③]胡军、钟永平就指出："如果通过资金、技术、销售等纽带与外部企业保持密切联系，形成网络，就可以在不增加企业管理科层的情况下实现规模经济。这样就产生了一种介于市场和科层制组织之间的中间组织形式——企业网络。它在一定的条件下能够通过市场协调与企业内部协调的互相转化和替代机制，在既能降低企业的管理成本，

[①] 参见陈天玺：《世界华商的"彩虹型"网络与认同》，载廖赤阳、刘宏主编：《错综于市场、社会与国家之间——东亚口岸城市的华商与亚洲区域网络》（新加坡：南洋理工大学中华语言文化中心，八方文化创作室联合出版，2008年5月），第51~74页。

[②] 龙登高：《跨越市场的障碍：海外华商在国家、制度与文化之间》（下篇）（北京：科学出版社，2007年），第141~161页。

[③] 苏启林、欧晓明：《家族企业国际化动因与特征分析》，《外国经济与管理》，2003年9月，第17页。

又不增加市场交易成本的情况下,提高资源配置的效率。因此,企业网络实质就是'市场'和'科层制组织'之间的中间性结构,它比市场稳定,比科层制组织灵活,是一种克服市场失灵和组织失灵的制度安排。"① 如果循着东南亚华商网络形成的历史脉络来探讨,就可以看出海外华商网络形成的必然性和必要性,以及其"强网络"给"弱组织"所带来的经济利益和所产生的社会效益。于是,有学者认为:海外华商经济实力的迅速增长应归功于其对商业网络的良性构成(资源的最佳配置)和善加利用。② 美国著名未来学家奈斯比特也曾就华人经济与其同族关系的重要性做过这样的分析:

> 华人经济实体其实就是一个靠宗族和同乡组成的公司和企业网。各企业之间层层联结,规模不断扩充,直至覆盖全球。用个形象的比喻,它就像当今的"互联式电脑网络",华人圈不论形态还是特性都与此十分类似。比如,互联式电脑网络并不限制成员的增加,网络中没有统一的控制中心,任何一位进网成员都可获得最大限度的独立与自由,同时网络的价值来自于信息市场的扩充。在华人圈里,企业联络范围也可以无限扩大,并且企业自治意识又很强,没有权力中枢,大家唯一遵循的一条共同法则就是:市场挂帅。这种特性在当今的世界经济中非常适用——既便于整体协作,又强调独立奋斗精神。华人建立如此网络,无异于如鱼得水,可乘机大展宏图。③

奈斯比特认为华商的这种网络"是很隐形的、复杂微妙的网络,华人家族企业其实就是宗亲和同乡之网,许许多多小网交织成一大面铺盖全球的网络。"④ 罗沃也认为:"东亚奇迹的大部分是华人商业的奇迹;华人商业网络最

---

① 胡军、钟永平:《华人家族企业网络:性质、特征与文化基础》,《学术研究》,2003年第2期,第37~41页。
② 庄国土:《东亚华商网络的发展趋势》,《当代亚太》,2006年第1期,第29~35页。刘宏也对新加坡等地的商会等华人社团及其领袖进行了深入访谈与调研,考察了华商社团的运作、社会资本与在此基础上的海外华人跨国网络。参见刘宏:《新加坡中华总商会与亚洲华商网络的制度化》,《历史研究》,2000年第1期,第106~118页。
③ 约翰·奈斯比特著,蔚文译:《亚洲大趋势》(北京:外文出版社,1996年),第13~14页。
④ 约翰·奈斯比特著,蔚文译:《亚洲大趋势》(北京:外文出版社,1996年),第3页。

大的优势是,对市场有极端迅速的决策能力和极端尖锐的敏感性。"①尤其是从另一个意义上说,华人家族企业的成功也是对传统观点和经济学理论的挑战,因为按照古典经济学的观点,中小型企业是难以实现规模经济和范围经济的。

不过,也有许多学者注意到,"重视人脉关系"、"建立商业网络"的确是海外华商在经营过程中的一个显著特点,但却缺乏现代企业制度的建立,呈现出"重无形,轻有形"的经商特色,这也是华人传统企业要走向现代化所必须正视的问题。对于这种将"关系"或"网络"文化视为华商文化的主要部分的观点,②Chang 和 Tam 的研究发现:全球的华人商业网络并不具有一个统一的范式,而是呈现一个多形态的商业文化特征。③"关系"、"网络"文化不是华商文化的一种特质文化,它也是西方商业中的文化,因此,仅用"关系"、"网络"来诠释华商文化会误入歧途。④陈文寿在其关于企业家的商业价值观的调查结果显示,企业家普遍认为在商业活动中:诚信最为重要(重要度为62.8%),其次是利益(重要度为10.3%),再次才是关系(重要度为9%)。真可谓:"关系"诚可贵,"利益"价更高,若为"诚信"故,二者皆可抛。这也许是新一代华商在新一轮的全球化背景下进行商业活动的最高追求吧。

陈文寿的有关海外华商的调查还发现,老一辈华商重"关系"胜于重"利益",而年轻一辈的华商则相反,重"利益"而轻"关系";又如:六十岁左右的华商常活跃于宗亲会和同乡会中,而三十到五十岁左右的华商更乐于参加业缘

---

① 吉姆·罗沃(美)著,张绍宗译:《亚洲的崛起》(上海:上海人民出版社,1997 年),第 238、243 页。

② A. Yeo-chi, King, "Kuan-hsi (*Guanxi*) and Network Building: A Sociological Interpretation", in Tu Wei-ming, ed., *The Living Tree: The Changing Meaning of Being Chinese Today* (Stanford: Stanford University Press, 1991), pp. 109~126. Yao Souchou, "GUANXI Sentiment, Performance and the Trading of Words", in *Chinese Entrepreneurship and Asian Business Networks* (London: Routledge Curzon, 2002), pp. 233~254.

③ Chang Ly-yun and Tony Tam, "The Making of Chinese Business Culture: Culture versus Organizational Imperatives", in Edmund Terence Gomez and Michael Hsiao, Hsin-Huang, *Chinese Enterprise, Transnationalism, and Identity* (London: Routledge Curzon, 2004).

④ Henry Yeung, Wai-chung, "International/Transnational Entrepreneurship and Chinese Business Research: Some Critical Reflections", in Leo Paul Dana (ed.), *The Handbook of Research on International Entrepreneurship* (Cheltenham: Edward Elgar, 2004), pp. 73~93.

性组织的相关活动。①另一项有关新加坡华商的调查报告也指出:现在的新加坡华商已经跨越了传统的那种仅靠"血缘或地缘上的关系"来进行商业活动的刻板框架,所谓"在商言商",他们可以和任何人建立起关系,而这种关系并没有受到亲情或乡情的约束。②游俊豪则从考察番禺会馆的功能演变入手,着重分析了东南亚华人商业网络的运作性质,并提出这种网络其实也受到华人族群所处的国家机制和经济市场的发展等因素的牵制,而并不总是由传统文化、血缘等原始情感所驱使。③

显然,华商文化实际上受所处环境中社会、经济以及制度因素的深入影响,因而呈现出了多样性,而不是统一性。曾有学者预言,在全球化时代,在强调制度性和法制性的环境中,华商文化将逐渐向西方商业文化演进。④但也有学者并不认同这种趋势预测,他们认为,虽然华商文化不可能永远保持它原来的模式,但也决不会演变成美式的商业文化,在全球化的未来,华商文化应是一种多文化的混合模式。⑤的确如此,事实上,商业和企业文化,"既包括他们所创造的生产资料、消费资料等物质文化,又体现在经营机制、组织结构、管理规章等制度文化上,还蕴涵着价值观、企业精神、经营管理思想、道德规范、行为准则等精神文化。在海外华商文化的这三个层次中,物质文化是基础,制度文化是中坚,精神文化则是灵魂和核心。正是这种价值观、经营管理思想和道德规范等方面所呈现出来的民族特性和文化传统,成为海外华商文化(包括新

---

① 陈文寿主编:《华侨华人的经济透视》(香港:香港社会科学出版社,1999 年 10 月)。

② Thomas Menkhoff, Bielefeld, "Trust and Chinese Economic Behavior in Singapore", Sociology of Development Research Centre, Southeast Asia Programme Working Paper, 1991.

③ 游俊豪:《故乡,国家,市场:新马和香港番禺会馆的功能演变》,载廖赤阳、刘宏主编:《错综于市场、社会与国家之间——东亚口岸城市的华商与亚洲区域网络》(新加坡:南洋理工大学中华语言文化中心,2008 年),第 189~209 页。

④ Chang Ly-yun and Tony Tam, "The Making of Chinese Business Culture: Culture versus Organizational Imperatives", in Edmund Terence Gomez, and Michael Hsiao, Hsin-Huang, *Chinese Enterprise, Transnationalism, and Identity* (London: Routledge Curzon, 2004).

⑤ Henry Yeung, Wai-chung, "International/Transnational Entrepreneurship and Chinese Business Research: Some Critical Reflections", in Leo Paul Dana (ed.), *The Handbook of Research on International Entrepreneurship* (Cheltenham: Edward Elgar, 2004), pp. 73~93.

加坡华商)文化与美国、日本等国家的商业文化之间相互区别的明显标志,这也最典型、最集中地反映了海外华商文化的独有特色"。①

四、华人企业管理模式的演变与现代企业制度的建立

一般而言,商业和企业的经营管理,应与文化背景、市场环境相适应。不同的文化背景和水平之下,组织与管理形式存在相当大的差异。海外华商的经营管理模式在很大程度上与西方模式迥然相异,其文化的不同被认为是重要影响因素之一,学者们从不同的路径对此展开研究。②其一,从中华传统文化的影响入手,探讨其经营理念、管理文化(或相关的商人文化、企业文化)的独特内涵。或者通过对中国古代管理思想的总结,寻求其现代应用价值。其二,采取比较研究方法,通过从美国式、日本式管理文化的对比中探寻华商文化的特质。③有学者总结出中、日、美三种企业的管理特色分别是:中式管理以"情"为先,日式管理以"理"为本,美式管理以"法"为重。

东南亚一带是海外华人华侨社会历史最悠久、人口最多、④经济角色最为突出的地区。⑤所以,东南亚华人问题的研究一直是全球华人问题研究的重点,海外华商的研究也多以东南亚华商为重点研究对象。由于独特的求生存经历与处境,使东南亚华商形成了独具特色的经营管理模式。雷丁针对香港、

---

① 郑学益主编:《商战之魂——东南亚华人企业集团探微》(北京:北京大学出版社,1997年)。

② 梁英明:《关于海外华人经济研究》,《华侨华人历史研究》,2000年第1期,第16～22页。

③ 这方面值得注意的著作有郭梁的《东南亚华侨华人经济简史》(北京:经济科学出版社,1998年)以及萧效钦与李定国主编的《世界华侨华人经济研究国际学术研讨会论文集》(汕头:汕头大学出版社,1996年)。

④ 根据有关学者估计,目前海外华侨华人的总数约为4800万人,分布在五大洲的151个国家。其中,东南亚地区最多,仅东南亚9国中的华侨华人数量(印尼、泰国、马来西亚、新加坡、菲律宾、缅甸、越南、老挝、文莱)就占全球华侨华人总数的74.5%;此外,截止到2009年,全球非中国大陆华商企业总资产达3万亿美元,其中仅印尼、泰国、马来西亚、新加坡、菲律宾五国华商企业的总资产达到0.76万亿美元。参见丘立本:《国际人口迁移与华侨华人研究》,郝时远主编:《海外华人研究论集》(北京:中国社会科学出版社,2002年),第40～56页;郭招金、陈建等:《2009世界华商发展报告》(中国:世界华商发展报告课题组,2010年5月20日)。

⑤ 约翰·奈斯比特在其《亚洲大趋势》一书指出:"要想了解亚洲高速发展背后的动力,就必须对'海外华人'做深入地探讨与研究。"(北京:外文出版社,1996年)。

台湾、新加坡、印尼等不同地区和国家的华人家族企业作了深入的比较研究,他指出:日本和韩国家族企业的规模通常较大,其原因在于日本和韩国政府将本国家族企业视为"民族英雄",而海外华人一直处于非常敌意的政治文化环境中,导致华人家族企业的规模通常较小。①

荷兰学者霍夫斯泰德(Geert Hofstede)历经十几年的时间,通过对分布在50多个不同国家和地区的公司及职员进行有关不同民族文化差异的问卷调查和多因素分析,其结果显示:美国的经理们对不确定性规避(Uncertainty Avoidance:意指社会中每个人对不确定性的畏惧)程度偏低,也就是他们更愿意承担风险,而且比其他各国的经理更相信自我意志的力量(且更倾向于个人主义);日本、法国、意大利、德国、瑞士等国的人们不确定性规避程度偏高,亦即他们比较注重工作安全、职业规范与退休福利,对规则与规范,以及一致性有较为强烈的需求;而华人一方面其不确定性规避程度也偏低,这表明他们也富有冒险精神,但另一方面由于他们更倾向于集体主义,因此很喜欢和谐,也因此会竭尽全力去规避各种不确定性,并较少抗拒改变,较善于表达不同的意见和想法。②这应该也是海外华人对建立家族企业情有独钟的重要原因之一。

华人企业一般都会经历原始家族企业、透明度低的人治式家族企业和透明度高的法治式家族企业三个阶段。③从整体上讲,华人企业主要表现为高度的集权模式,最主要的特征就是"金字塔"型的组织和"轴心"型的管理(Centripetal)。"轴心"型的管理模式极适合"金字塔"型的组织,那就是所有的决定权集中在最高决策者——家长的手中,决策的过程是由上而下,而非自下而上。这样便形成了可以与家族尊卑相对应的等级制结构。其优点是,"家庭主义"成为企业强劲的纽带,管理层与员工能够同心协力,为企业的前途勤奋工作,由于上下级之间分歧不会太大,所以,企业可以保持稳定发展。缺点是"家庭主义"容易导致裙带风,会使企业丧失一些有能力的人才,并使企业的发展

---

① S. G., Redding, *The Spirit of Chinese Capitalism* (Berlin: Walter de Gruyter, 1990). 参见雷丁著,谢婉莹译:《华人资本主义精神》(上海:上海人民出版社,2009年)。

② Geert Hofstede, *Culture's Consequences: International Differences in Work-Related Values*, Beverly Hills, Calif.: Sage Publications, 1980. Geert Hofstede & Gert Jan Hofstede, *Cultures and Organizations: software of the mind*, NY: McGraw Hill, 2005, pp. 29~31, 168~169.

③ S. L. Wong, "The Chinese Family Firm: A Model", *British Journal of Sociology* 36 (1), 1985.

受到限制,①造成"一股独大"等问题。

不过,就算有这样的不足,对海外华商而言,维持家长式的管理模式也是必然的。对此,龙登高指出:在东南亚,由于职业经理市场还很不完善,加之华人居住国的政策时常变化,在这种特定的情况下,企业主或股东寻找职业经理的过程中成本较大,风险较高,资方难以把企业管理委托出去。因此,只有将公司的权力牢牢地掌握在家族的手中,才具有归属心和安全感,才能保证公司的顺利运作。正如科斯在1937年发表的经典论文"企业的性质"所言,企业是一个交易场所,在其中市场机制受到抑制,转而由权威和指令来完成资源配置。也就是说,在其他条件不变的情况下,市场中的交易成本越高,通过企业来组织资源的比较利益就越大。德姆塞茨则从管理成本的角度提出了与科斯命题相对应的企业存在理由的命题:在其他条件不变的情况下,管理成本越低,通过企业来组织资源的比较利益就越大。换言之,如果市场交易成本超过管理成本,企业就会替代市场来实现利润最大化。②

日裔美籍学者弗朗西斯·福山(Francis Fukuyama)从传统文化的视角考察了华人家族企业存在的必然性,他认为:华人企业以家族企业为主是有其历史的文化原因,那就是儒教文化在华人身上根深蒂固,加之低信任度的华人更倾向于创建自己的家族企业。③胡军和钟永平两位学者也在利用了一系列研究成果的基础上,进一步采用新制度经济学的交易成本理论分析论证了华人中小型家族企业存在的必要性。④

雷丁通过长期观察,于1991年在一项对台湾、香港及东南亚华人家族企业的研究中发现,华人家族企业普遍规模较小,但企业间存在稳定、高效的网络关系,因而得出了华人家族企业组织行为呈现"弱组织和强网络"的重要结论。他认为,一方面,华人企业以家族企业为主要组织形式,从单个企业来看,它们普遍规模偏小、结构简单、行业单一,难以与现代大型科层制企业组织竞争,是"软弱"的;但另一方面,华人企业善于构建网络,它们大都镶嵌在以信任

---

① 颜清湟:《海外华人商业研究的反思》,马来亚南大校友会会所举办"海外华人商业研究的反思"会议论文,2002年9月。

② 参见龙登高:《跨越市场的障碍:海外华商在国家、制度与文化之间》(北京:科学出版社2007年),第141~161页。

③ 弗朗西斯·福山(Francis Fukuyama)著,李宛蓉译:《诚信——社会德性与繁荣的创造》(台北:立绪出版社,1998年),第105~121页。

④ 胡军、钟永平:《华人家族企业网络:性质、特征与文化基础》,《学术研究》,2003年第2期,第37~41页。

为基础的关系网络上,利用这种长期稳定的网络关系,华人企业能充分发挥资金、技术和信息等方面的资源优势,实现规模经济,提高市场竞争力。[1] 这一结论对理解海外华商企业网络的特点与作用无疑是很有帮助的。美国著名未来学家奈斯比特在《亚洲大趋势》中也曾说道:正是华人家族企业,把亚洲经济推向了巅峰。

不过,雷丁进一步从纵向合作、横向合作、控制、适应性四个方面探讨了华人家族企业组织形式的优点和缺点,认为华人家族企业既是一种高效的工具,但也可能成为失败的根源。[2] 即所谓"成也家族,败也家族"。尤其在经历了1997年亚洲爆发的金融危机之后,东南亚政治、经济都受到剧烈震荡,投资者迅速改变投资方向,整个东南亚资本市场惨遭重新洗牌,一些专家学者也开始反思海外华商的经营管理模式。Michael Backman 撰书揭露包括海外华商在内的亚洲企业与商务的阴暗面,如朋党运作、法制观念薄弱、混合企业集团的弊端、家族企业内讧等等。他认为亚洲可以有其独特的文化与价值,但在经济全球化之下,商界的"亚洲模式"将成为昨日黄花。[3] 但是,不能因为经济奇迹的瓦解,就不再探讨亚洲价值观,反而更应该审慎分析价值观对于维持经济成长的重要性。为什么同样一套价值观,既是经济成长的发动机,也是经济衰退的骨牌?亚洲从经济停滞到充满活力,再到迅速崩溃,而其基本的文化显然并没有改变,那么,文化因素究竟如何影响经济发展?[4] 朱炎、郭梁以实际案例为基础,评估了东南亚国家华商企业在金融风暴中遭遇的财务危机、经营困境,在总结了华商经营管理中的经验教训后,为华商企业提出了一些应对策

---

[1] S. G., Redding, "Weak Organization and Strong Linkage: Managerial Ideology and Chinese Family Business Networks", in G. Hamilton(ed.), *Business Networks and Economic Development in Eastland and Southeast Asia* (Centre of Asian Studies, University of Hong Kong, 1991).

[2] 雷丁著,张遵敬等译:《海外华人企业家的管理思想——文化背景与风格》(上海:三联书店,1993年)。

[3] Michael Backman, *Asian Eclipse: Exposing the Dark Side of Business in Asia* (Wiley, John & Sons, Incorporated, 2001).

[4] 裴鲁恂:《亚洲价值:从发电机被变成骨牌》,见哈瑞森、亨廷顿编著,李振昌、林慈淑译:《为什么文化很重要》(台北:联经出版事业股份有限公司,2003年12月),第345~357页。

略,并作出未来展望。① 王勤利用相关数据对 1990 年代末的金融危机爆发后,东南亚华人企业集团进行重组的背景、重组的方式以及华人企业集团未来的发展情形作了归纳和分析,同时还提出了一些华人企业集团在发展过程中存在的不足,主要表现在:有些华资银行金融机构自有资本不足,不良资产比率过高,抵御金融风险能力较差;华人企业集团的公司治理尚属起步,经营规模与领域有待深入重组,浓厚的家族经营色彩妨碍现代企业制度的建立与完善;华人企业集团虽已注重高科技产业的投资,但科技创新能力不足,研究开发人才缺乏等等。②

无论家族企业及其管理模式的存在性是多么的必然和必要,随着信息化的到来以及全球经济一体化的进程加快,华人企业的家族式治理结构也必将面临严峻的挑战。譬如,综合一些学者对华商和其他非华族商人如日本商人的经营理念和手法所进行的研究可以发现:一般而言,日本企业的特点是以企业为家,首先是企业,然后将企业营造成家族气氛。其好处是:所有权和经营权分离,能顺利地引进现代化管理体制,同时横向关系和谐,类似于家族企业,因而企业容易成长壮大。反观海外华商,大都习惯于以家为企业,即所谓的家族企业,他们是先有家再有企业,虽然横向关系和谐,但造成所有权和经营权混乱,比较难于实施现代管理体制,从而阻碍企业的壮大和发展。新加坡开国总理李光耀也曾于 1999 年在墨尔本的华商大会上指出:要从家族管理过渡到专业管理并非易事,这与根深蒂固的文化本能相抵触。但那些无法在这方面向前跨越的华资企业,将无法在环球市场上竞争。李光耀认为,华人企业必须完成从家族式经营到专业化管理的过渡;当企业发展到一定规模时,经营就变得越来越复杂,能否广泛吸收人才并委以重任,这对希望参与国际市场竞争的企业来说尤其重要。因此,李光耀进一步指出:华商要完成这一转变并非易事,因为这需要摆脱中国以家庭为中心的传统文化观念的束缚。③

在澳洲专门从事亚洲经济研究的贝克曼先生认为,国际互联网和电子商务的蓬勃发展正在对世界华商的传统经营方式构成极大的威胁。因为传统

---

① 朱炎、郭梁:《金融危机冲击下的亚洲华人企业:影响、对策、教训和发展动向》,《华侨华人历史研究》,1999 年第 2 期,第 1~12 页。

② 王勤:《东南亚华人企业集团的重组及其前景》,《当代亚太》,2001 年第 2 期,第 51~56 页。

③ 参见新加坡开国总理李光耀先生于 1999 年 10 月在墨尔本所举办的第五届世界华商大会上的讲演,李光耀:《华商的世界影响力》,《企业家天地》,2007 年 10 月,第 12 页。

上,从事贸易的华商主要是利用他们遍布世界的,由家庭成员和朋友组成的关系网获得贸易信息,并开展贸易。这种关系网络一直是华商成功至关重要的因素之一。而今天,国际互联网能把大量的信息迅速地送到世界各个角落,而电子商务的出现使商品生产者与消费者能越过贸易中间商直接进行交易,这些都对华商的生存基础构成了直接挑战。

而华人的这种传统式的家族管理涉及公司治理结构问题,因此,关键在于如何解决公司经营权和管理权问题,以实现公司治理结构的合理化。现在,东南亚的华人财团多数是第一代创业者已相继去世,由第二代或第三代子孙来继承。由于这些继承人多数在欧美受教育,知识层次高,所以,他们能积极适应于信息化和全球化的新的社会环境,而且敢于不断更新经营方式,以逐步摆脱华资固有的家族经营模式。

龙登高认为:储小平对家族企业的所有权构成变化、管理控制权构成变化的研究反映了从家族企业到公众公司的成长之路,同时也表明了家族企业若不改变其治理结构,就必定会走向消亡。不过,在解决企业经营权和管理权问题时,若处理不当,也很可能失去对企业/公司的控制。如杨氏家族就失去了对老牌上市公司"杨协成"的控制。因此,家族与亲友关系和经济利益关系纠缠在一起时,或者良性互动,或者恶性循环,都会产生连带影响。① 此外,储小平为家族企业的成长过程建构了一个简要而清晰的模型,如图所示:

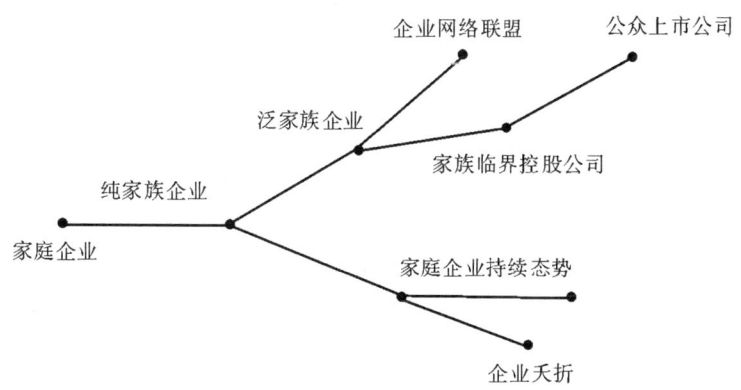

---

① 参见龙登高:《跨越市场的障碍:海外华商在国家、制度与文化之间》(下篇)(北京:科学出版社,2007年),第141~161页;储小平:《家族企业与社会资本的融合论纲》(北京:经济科学出版社,2004年);储小平、李怀祖:《家族企业成长与社会资本的融合》,《经济理论与经济管理》,2003年第6期,第45~51页。

又如,新加坡两位著名的华商企业家陈六使和李光前,他们对家族企业的经营理念和治理方式不同,所带来的结果也大不相同。陈六使一直以大权在握、事无巨细、事必躬亲的方式进行管理,他虽有意识培养接班人,却不容许接班人将企业组织、管理和营业方针现代化;另外,陈氏家族大而复杂,加之分权不均、利益不均,因而分散了责任心,最终导致家族成员之间摩擦面大、矛盾纠纷多,辛辛苦苦打拼下来的企业王国陷入四分五裂之中。而李光前的华侨银行集团自李光前创业至李成伟继承历时大半个世纪,其处理家族和控股公司的制度是:家庭成员按其地位与作用,合理分配公司股权;有计划地培养接班人,始终保持家族对企业的控股权,以免大权旁落;所有权与经营权分开,形成法治精神取向,即使在家族成员中也是如此,有效地消除了如裙带风、人情、面子、包庇等华商组织的通病;作为董事的家族股东只扮演决策者的作用,实际管理及执行则由专业经理负责。李光前及其继承人始终保持与时俱进,及时将企业组织、经营方法和企业管理现代化。正因为李光前家族采取的是中西合璧的管理组织及方法,以及稳打稳扎的经营策略,所以,李光前的家业至今仍坚如磐石。①

那么,究竟如何将西方管理文化与东方特有的经商文化相结合以应对全球化的冲击,北京大学的郑学益从不同的角度对新加坡华人企业集团包括发展经历、资本结构、产业结构及其分布状态,业务经营多元化和产业金融相结合的战略等进行了分析,并以经济学理论为基础,指出这种产业结构及其分布状态的调整、经营战略的改变的合理性和必要性。②苏启林、欧晓明则以西方学者 Gallo 和 Pont(1996) 的理论框架为基础,采用统计分析、回归分析、国际比较的研究方法来分析华人家族企业时发现,华人家族企业在逐步踏入国际化轨道,其主要动因来源于四个方面:第一,为取得家族企业国际化的经验;第二,为培养家族企业接班人;第三,为分散本土经营风险;第四,政治因素。③

对此,美国北里奇加利福尼亚州立大学的家族企业中心主任丹尼尔·麦康瑙希(Daniel Mcconaughy)的研究也认为:如果家族企业能够成功地驶出财

---

① 林孝胜:《家族主义与企业:陈六使的企业世界》,《亚洲文化》,1990 年第 14 期,第 132～149 页;《李光前的企业王国(1927—1954)——新华人家族企业个案研究》,《亚洲文化》,1987 年第 9 期,第 3～20 页。

② 郑学益主编:《商战之魂——东南亚华人企业集团探微》(北京:北京大学出版社,1997 年)。

③ 苏启林、欧晓明:《家族企业国际化动因与特征分析》,《外国经济与管理》,2003 年 9 月,第 43～47 页。

产继承人和人际关系争端所形成的湍流,它就会处于比其他非家族企业更有优势的地位。他在一份研究报告中写道:结果表明,较之非家族企业,由创始家族控制的企业价值更高,经营更有效率,而且负债更少。①学者 Wee-Liang Tan 和 Siew Tong Fock 针对新加坡的五个大型家族企业进行的相关研究也指出:"华人家族企业的一个显著特征是,将家族的社会系统和经济系统——这两个截然不同的系统极为密切地结合在一个商业组织里,因此,文化——无论是传统文化还是现代文化对华人企业的发展都起着重要作用;如果像某些学者所指出的家族主义传统文化会严重制约家族企业的经济增长,以及认为家族主义社会所固有的、内在的文化必然会阻碍华人企业规模的发展和壮大的话,那么,屹立于东南亚大的华人家族企业将不复存在,亚洲也很有可能要搁浅在文化沙漠上了。"②

综观东南亚华人家族企业发展的历史和现状,我们可以看到,东南亚华商取得成功的一个很重要的原因便是,他们以华族的传统文化为基点,却不因循守旧,勇敢地追随时代浪潮,适当而又果断地抛弃了传统家族企业的某些弊端,充分吸收西方企业先进的资本运营和人力资源管理方式,形成了东西合璧的、应对市场变化极其灵活的一种企业形式。其具体表现为:"在管理上,十分重视合理规范的制度化管理;在用人制度上,由单纯的任人唯亲转向采取血缘 + 能力的原则;在报酬制度上,由亲疏、内外有别转向采取忠诚 + 能力 + 绩效的原则;在决策制度上,由家长独断式转向采取"权威 + 咨询"的原则。"③

正因为有这样的适度坚持和适时改变,成功的海外华商们不仅保持了自己家族企业的可持续发展,也为其他家族企业提供了一种有效合理的、可持续发展的成长路径。在这一方面,新加坡华人家族企业的成长和发展与许许多多的海外华人家族企业尤其是东南亚华人家族企业有着不少共通之处(其不同之处将在本书的后续章节中详细讨论)。

---

① 参见林勇:《东南亚华人家族企业可持续成长的路径选择》,《东南亚研究》,2002年第5期,第54~58页。

② Tan Wee-Liang, Siew Tong Fock, "Coping with Growth Transitions: The Case of Chinese Family Businesses in Singapore", *Family Business Review*, Vol. 14, No. 2 (June 2001), pp. 123~139.

③ 林勇:《东南亚华人家族企业可持续成长的路径选择》,《东南亚研究》,2002年第5期,第54~58页。

第二节　关于海外华商文化的研究方法概述

从以上的文献回顾可以看到,海外华人经济自20世纪90年代以来得到了学术界的高度重视,学者们所采取的研究方法主要是文献回顾或文献综述的文献研究法;以及利用历史数据或历史资料进行对比和归纳的比较研究法;还有不少学者采用的是案例分析法和实证研究法或二者的结合。比较新颖独特的是,也有学者采用统计分析、回归分析和国际比较的研究方法来分析华人家族企业的特征和发展动向,令人耳目一新。至于学者们的研究视野及切入点也不尽相同,主要有:从历史发展的角度、从儒家传统文化的角度、从东西文化比较的角度、从族群文化观和移民特性的角度、从多元文化融合的角度等等,大都是从比较偏重于"历史与文化"的角度来探讨和研究海外华人经济及海外华商文化,这些研究显然是必要的,而且已经相当深入和全面,可谓硕果累累。

但一般而言,要讨论海外华商的相关问题不仅要有历史的视野(纵向),还要站在全球化的角度(横向),除此之外,由于华商文化的研究涉及经济、管理、商业、企业、文化等多个领域,理应属于跨学科研究,所以,目前也有一些学者从经济学、管理学的角度,利用经济学原理、管理文化理论来研究华商文化和华人经济,这无疑弥补了原有研究视野较为狭窄、缺乏经济理论基础的缺憾。但可惜的是,这些研究还仅处于理论与表象的相互印证,缺乏以足够的实际案例来进一步论证。正如 Gomez and Hsiao 指出的,有关华人的研究在理论研究的深度与广度,尤其是在开展田野调查,掌握第一手原始资料方面还存在不足,也缺少将中华文化与华商所在地的本土文化相结合的系统研究。零散的个案研究虽有不少,但如何将之整合在一个理论框架下加以分析提高应是需要努力的方向。[①]

华商文化的研究离不开相应的时代特征。现有的研究也许比较好地反映了以往时代变化的特点,甚至包括了全球化以及中国经济崛起等重要时代特征的研究。但这些研究同样存在着以现象描述为主,缺乏系统性和理论挖掘不充分等不足。例如,世界经济一体化的进程正逐步加快,这意味着除经济资

---

① Edmund Terence Gomez and Michael Hsiao, Hsin-Huang, *Chinese Enterprise, Transnationalism, and Identity* (London: Routledge Curzon, 2004).

源外,还有社会资源、文化资源、人力资源等一切资源都正在全球范围内快速流动。也就是说全球化改写了经济发展的游戏规则,为了经济利益的最大化,现在世界各地、各民族不同文化背景的人正在不断地相遇、合作、竞争,甚至对抗,由此带来的隐忧则是:会不会引发如亨廷顿所预言的"文明的冲突"呢?面对文化差异如何适应,面对跨国企业如何进行跨文化管理?这一系列问题接踵而至。然而,解决这些问题的关键就在于人们的文化理解力和文化适应性有多强?也就是所谓人们的"文化商数(Culture Quotient,CQ)"[1]有多高。那么,在经济上获得巨大成功的海外华商自踏上异国地域的那一刻起便面临着文化的差异和冲突,他们的CQ如何?龙登高在《跨越市场的障碍:海外华商在国家、制度与文化之间》一书中以1998—2002年在广东、福建侨乡约20个县市数十家港台海外华商企业的实地调研材料与案例为基础,对华商在跨文化的管理中所表现出的"文化适应性"进行了较为深入细致的探讨和研究。[2]但这仅是间接地探讨了海外华商的"文化商数",而且其研究主要涉及港商、台商,所以,针对东南亚华商的"文化商数"这一课题的研究还有待开发。

第三节 对经济增长和商业发展的理论解释

一、资本理论的演进及其局限性

一般而言,创建一个企业就如同创建一个小小的王国,那么,到底是什么因素影响一个国家的经济增长效率或一个企业的生产效率呢?学界对这个问题的探讨已经经历了一个漫长而又不断演进的过程。为了使本研究建立在一个坚实可靠的理论基础之上,本节将简要回顾长期以来学界对此问题的相关研究及其局限性。

毋庸置疑,每一个国家在谋求发展以及迈向工业化的进程中,能否充分利用和有效配置稀缺性资源,直接影响到这个国家经济增长的效率。18、19世

---

[1] P. Christophe Earley, *CQ: Developing Cultural Intelligence at Work* (Stanford Business Books, 2006). "文化商数(CQ)"这一概念是新加坡国立大学管理学院前院长柯理思(Christopher Earley)教授专门针对跨文化管理而提出的。

[2] 龙登高:《跨越市场的障碍:海外华商在国家、制度与文化之间》(北京:科学出版社,2007年),第162~177页。

纪以前,西方资本主义生产方式尚未形成,古典经济学家威廉·配第认为"劳动是财富之父"、"土地是财富之母",社会财富的真正来源是土地和劳动;[①]亚当·斯密也认为:资本积累只是经济增长的必要条件。财富不是金银货币,而是由生产型劳动所生产出来的有用物品,因此,导致国民财富增长的首要原因是生产性劳动者人数的增加以及他们之间的社会分工。[②]显然,这些古典经济学大师强调的是劳动是创造财富的源泉。进入19世纪30年代,工业革命在西欧各主要资本主义国家已逐步完成或即将完成时,由于这些资本主义国家的资本积累和集中已经达到了前所未有的规模,因此,一些西方经济学家认为,经济增长率最终取决于资本积累率;资本存量的规模,尤其是资本积累的快慢,是促进或限制经济增长的决定因素;资本的积累较之劳动要素的投入对经济增长具有更大的影响力。

直到20世纪初,这种资本决定论一直是西方经济增长理论中影响最大的流派。事实上,那个时期是全球经济发展的初级阶段,也是经济欠发达时期,或称短缺经济时期,由于生产率低,供给不足,工厂不存在营销问题,因此,资本决定论理所当然能成为影响最深远的理论流派。不过,尽管那个时代的人们没有或者说无需对生产管理引起足够的重视,却仍然产生了对当时社会经济的发展产生了重大影响的管理理论,最引人瞩目的当属泰勒的《科学管理原理》,[③]该理论体系也成为西方科学化的管理理论的奠基石。当时的管理学家普遍认为,资本家是为了增加资本的积累、为了获得最大利润才开办工厂,工人是为了挣更多的钱才来工作,只要满足人们对金钱和物质的需求,就能调动其积极性。基于这种认识,即使是被誉为"科学管理之父"的泰勒,也一样是把人当作物和工具来管理(物本管理),没有严格区分对物的管理和对人的管理。简而言之,那个时代的管理所遵循的是:以事、物为中心,重物不重人;人被当做机器附属物,要求人去适应机器;对人主要实行物质激励和金钱激励,如此而已,就能足以带来一个工厂、一个国家,甚至整个社会的经济增长。所以,只

---

① 威廉·配第(William Petty,1623—1687)是英国古典政治经济学创始人,统计学家。最著名的经济学著作是《赋税论》(写于1662年,全名《关于税收与捐献的论文》)。

② 亚当·斯密(Adam Smith,1723—1790)是经济学的主要创立者,被誉为"现代经济学之父"和"自由企业的守护神"。最重要的著作是《道德情操论》(1759年);《国家财富的性质和原因的研究》(简称《国富论》,1776年)。

③ 弗雷德里克·温斯洛·泰勒(Frederick Winslow Taylor,1856—1915)《科学管理原理》(*The Principles of Scientific Management*,1911),该书被誉为"管理史上的里程碑之作"、"古典科学管理运动的巅峰之作",泰勒也因此被誉为"科学管理之父"。

要工厂或国家的物质资本投入(K)与劳动投入(L-自然劳动力)达到最佳组合,强调管理的科学性、合理性、纪律性,就一定能达到相应的产出水平和经济增长。因此,在1920年以前,人们主要采用传统的以"经济人"假设为基础和前提的经济增长理论来解释经济增长,即:$Y = f(K, L)$。

20世纪30年代前后,由于西方经济的发展和周期性危机的逐渐加剧,资本家对工人的剥削和压迫也日趋严重,引起了日益觉醒的工人阶级的强烈反抗,这使得资本家们已无法有效地控制工人,更无法达到他们提高劳动生产率、追逐利润最大化的目的。于是,人们在反思和批判用物本管理理论来解释经济增长的同时也相继提出了一些新的提高劳动生产率的管理理论和管理方法,譬如:人际关系学(也称人群关系学,倡导者是管理学家、行为科学家梅奥等)、[1]行为科学、以人为本的人本管理理论等。这些理论认为:只有创造出一个最优的工作环境,才能使每个人既为实现组织目标又为实现个人目标有效地做出贡献。因为影响劳动者积极性的因素包括两个方面,一是心理因素;一是社会因素。对劳动者而言,物质刺激重要,但获得荣誉(集体的承认)和安全感更为重要。因此,在管理中重视激发人的内在动力(自觉自愿发挥最大能量)、重视人和社会的关系、重视人的外在关系、利润分享等,才能实现组织目标。在这一时期人们在解释经济增长时,是以"社会人"假设为基础和前提,较多地注意到了人的重要性(人本管理)。但这种解释所强调的仍然是物质资本与劳动力投入的最优配置,仍未跳出$Y = f(K, L)$这种传统的经济增长理论框架。这种过分强调资本作用的增长理论受到越来越多的批评。

20世纪50年代,美国的索洛提出了技术促进经济增长的模型,被称为新古典经济增长模型。[2]新古典经济学家们认为:生产力的提高是由物质资本、

---

[1] 梅奥(George Elton Meyao,1880—1949),原籍澳大利亚的美国行为科学家,人际关系理论的创始人,美国艺术与科学院院士,于1924年到1932年进行了著名的霍桑实验,其主要代表著作《组织中的人》和《管理和士气》均是在美国西方电器公司霍桑工厂进行实验研究的成果,也因此真正揭开了作为组织中的人的行为研究的序幕。梅奥非常重要的一个研究结果是:对生产率具有决定性影响的是对雇员的关心,而不是工作条件本身。参见托马斯·彼得斯、小罗伯特·沃特曼著,王延茂、傅念祖译:《探索企业成功之路——美国优秀公司的管理经验》(上海:上海翻译出版公司,1984年。译自:*In Search of Excellence: Lessons from America's Best-Run Companies*, Happer & Row Publishers, New York, 1982)。

[2] 罗伯特·M·索洛著,胡汝银译:《经济增长理论:一种解说》(上海:上海人民出版社,1994年)。

劳动和技术进步决定的,从而突破了资本决定论的局限。不过,新古典经济增长理论尽管明确指出了"技术进步"对经济增长起着决定作用,却没有提出影响技术进步的因素和途径,人们在相应的研究中发现,"技术进步决定论"既缺乏对知识生产的研究,也未突破传统的重"物"不重"人"的局限,甚至有经济学家指出,利用新古典增长模型进行研究带来的是"不愉快的结果"。

1960年代后,随着社会的发展和进步越来越快,舒尔茨(T. W. Schultz)在对一些国家经济发展所做的实证分析中发现:促使经济增长和劳动生产率提高的重要原因已不是土地、劳动力数量、资本存量和技术投入的增加,而是劳动力的质量,即人的知识、能力和技术水平的提高。为此,他提出了人力资本(human capital)理论:$Y = f(K, L, H)$,从劳动力要素的角度,探讨人在推动技术进步和经济发展中的特殊作用,认为提高人力资本水平才是刺激经济增长、缩小收入差异的根本所在,也就是说,在生产过程中重视劳动力的知识和技能的提高,以及发挥其创新才能真正提高生产率,持续促进经济增长。

1973年,哈比森在《作为国家财富的人力资源》一书中指出人力资源是构成国家财富的最终基础,资本和自然资源都是生产中的被动因素,只有人是生产中的主动因素。人是积累资本,开发自然资源,建立社会、经济和政治组织,并推动国家向前发展的主要力量。[1]显而易见,一个国家如果不能发展本国人民的知识和技能,并在本国经济中加以有效地利用,那么,它就不可能在其他方面有任何进展。

总括而言,人力资本理论的主要观点是:完整的资本概念应包括物质资本和人力资本两种形式,劳动者的知识、智力、技能、经验和健康状况决定了人力资本对经济的生产性作用不同,从而促使国民收入以及经济增长的程度和速度也就不同,因此,人力资本是经济增长最重要的动力和源泉。人力资本理论的提出和应用,第一次扩展了社会财富创造中的资本概念,在许多方面都对传统经济学提出了挑战。从宏观角度来看,人力资本理论认为,决定一个地区或国家发展的关键因素不再只是货币投资的多少、物质基础的厚薄,而是人的质量的高低,也即人力资本的多寡,知识和创新能力成为提升地区或国家竞争力的关键;从微观层面来看,人力资本理论强调教育支出是最主要的人力资本支出,教育支出的水平决定了人力资本质量的高低。这也进一步论证了古典经

---

[1] F. H. Harbison, *Human Resources as the Wealth of Nations* (New York: Oxford University Press, 1973), p.3.

济学家马歇尔最经典的论点"所有资本中最有价值的是对人本身的投资"。①

以贝克尔、卢卡斯、罗默等为代表的专家学者都在教育(包括正规教育和非正规教育)对人力资本的形成作用方面进行了深入研究和探讨,②结果显示:人力资本的投资收益率的确高于物质资本的投资收益率。由此可见,人力资本理论使"资本"不再局限于最初的物质资本和自然劳动力资本,而扩张成为人和人的知识与技能在财富创造中的作用,以及可以带来价值增值的所有资源的代名词。几乎与此同时还出现了以道格拉斯·诺斯(D. North)为代表的新制度经济学派提出:对经济增长起决定作用的是制度因素及其创新。这种"制度创新决定论"重视制度因素,强调制度创新、市场结构、产权界定、民主程序等非经济因素对经济增长的影响,并将"制度"视为主宰人类社会互动的正式或非正式的规范;认为规范是降低交易成本很重要的因素;如果没有规范,就不知道尊重财产权、所有权,这不利于市场交易与投资,经济也无法获得增长;由于国家在制度创新中具有不可替代的作用,因此政府通过推行制度上的创新使产权结构更有效率是实现经济增长的有效途径。③

但是,人们仍然会常常看到,有的国家或地区(或公司/企业)的物质和人力资本几乎相同,其经济发展水平却存在着很大的差异;而有的国家或地区的企业在运营过程中,其不成文的非正规制度、其人际关系网络大大减低了交易成本,也大大提升了生产效益,从而对国家或地区的经济增长起到了难以估量的推动作用等等。对微观个体而言也是如此,很多成功的企业家在创业初期并没有足够的财富资本,但他们依然成就了大事业;也有不少企业家(尤其是老一辈海外华商)所受教育不多也不高,有的甚至很低,他们既没有听说过亚

---

① 加里·贝克尔(Gary·S. Becker)著,梁小明译:《人力资本》(北京:北京大学出版社,1987年5月),第5页。

② P. Romer, "Increasing Returns and Long-Run Growth", *Journal of Political Economy*, October 1986, pp. 1002～1037. R. Lucas, "On the Mechanics of Economic Development", *Journal of Monetary Economics*, July 1988, pp. 4～14. 可参见保罗·罗默于1986年在《政治经济学期刊》上发表的《递增与长期增长》一文;诺贝尔经济学奖得主卢卡斯于1988年在《货币经济学杂志》上发表的《经济发展的机制》一文,这两篇被誉为里程碑式的论文再次引起了经济学界对增长理论的研究热潮。这个时期的增长理论被称为新增长理论。或参见加里·贝克尔著,梁小明译:《人力资本》(北京:北京大学出版社,1987年5月)。

③ 道格拉斯·C.诺斯著,刘守英译:《制度、制度变迁和经济绩效》(上海:三联书店,1994年)。

当·斯密的《国富论》,没有读过泰勒的《科学管理原理》,也从来不了解何为"资源是稀缺的",以及"边际收益递减"等经济理论(却显然具备成本—收益的直觉),但他们所创建的企业却堪称王国。这些现象似乎无法用人力资本理论来做出令人信服的解释。这便是制度创新理论、人力资本理论的不足之处。制度创新理论过于注重正规的、成文的制度,而不太关注那些不成文的、非正规的,却历经岁月和历史沉淀的制度(譬如:社会资本);而人力资本理论虽然将人的智力因素充分体现出来了,但也因此只强调了人——作为主体是创造财富的源泉,关注的是个体本身的技能和技术因素,却没能触及到错综复杂的社会促使了人与人合作形成的组织关系、群体交往,以及群体关系的相互影响对经济增长的独特作用。①

为此,经济学家格林洛瑞1977年在其《种族收入差别的动态理论》(*A Dynamic Theory of Racial Income Differences*)一书中首次使用了"社会资本"——一个与物质资本、人力资本相对应的一个崭新的理论概念。格林洛瑞在书中对新古典经济学理论在研究种族间收入不平等时过于注重人力资本作用的观点提出了批评,并从社会结构资源对经济活动影响的角度出发,强调了社会资本(社会网络)对经济发展的重要性。

另外,1970—1980年间东亚经济所取得的惊人成就被许多专家学者,包括像世界银行这样的国际组织都一致认为,其重要原因就在于:整个社会在经济发展目标上达成的共识;以家庭为核心的社会伦理观和社会关系结构;以及国家与社会之间的相对和谐关系。因此,从某种程度上来说,东亚经济的成功为社会资本的研究提供了动力和丰富的实证资料。尤其当世界经济发展进入到1980年代后,由于美日经济发展的不平衡,美国各界人士深感不安,也因此对美日管理的比较研究高度关注。于是,人们发现,日本管理的理论基点是以人为本,重视人性;以"和"为基础,以忠诚为先;奉行集体主义,重视培养团队精神;以国家利益为媒介,把道德与经济、"义"与"利"、"士魂"(武士道精神)与"商才"(资本主义经营方式)有机地统一起来,等等。而日本管理经验的本质是:企业不是一种单纯的经济组织,人也不单纯是创造财富的工具,个人或企业追逐利润、增殖资本是为了增强国家的实力、促进社会繁荣,这是一种"大义"。

---

① R. D. Putnam, *Making Democracy Work:Civic Traditions in Modern Italy* (Princeton, NJ:Princeton University Press, 1993). 参见罗伯特·普特南著,王列、赖海榕译:《使民主运转起来:现代意大利的公民传统》(南昌:江西人民出版社,2001年)。

因此,日本的管理实践所强调的是社会本位主义,而非个人本位主义,并且通过强化企业和社会的相互责任,来积累企业的社会资本。这既有别于西方的资本主义精神,又体现了浓厚的东方文化价值观的色彩。① 但是,企业的社会资本过多容易导致官商勾结、朋党政治,社会资本过少则导致企业过于保守、无法创新、无法达到利润最大化,从而有碍于社会进步和经济发展。因此,这一时期强调的是:物质资本、劳动投入、人力资源和社会资本的最优配置,才是现代管理活动成功、生产力提高的保证,是社会进步以及国家经济增长的源泉,即:$Y = f(K, L, H, S)$。

不过,关于"社会资本"的系统研究,以及"把社会资本概念引入当代社会学话语的学者中间,布迪厄的分析在理论上最为精炼"。② 因此,一般学者都认为,对"社会资本"这一概念的正式界定最先是来自法国社会学家皮埃尔·布迪厄(Pierre Bourdieu)于1980年为《社会科学研究》杂志所撰写的文章中较为正式而直观的描述。他认为"社会资本"就是"实际的或潜在资源的集合,这些资源与由相互默认或承认的关系所组成的持久网络有关,而且这些关系或多或少是制度化的"。1989年,他在一篇题为《资本的形式》的文章中又进一步指出:"社会资本是那些实际的或潜在的,与对某种持久网络的占有密切相关的资源的集合体,这一网络是一种众所周知的、体制化的网络,或者说是一种与某个团体的成员身份相联系的网络,它在集体拥有的资本方面为每个成员提供支持,或者提供赢得各种各样声誉的凭证。"③

可见,社会资本是一种资源,这种资源是由关系网络产生的、体制化的,可以通过积累而增进的。

社会资本概念的出现对经济发展理论的研究提供了新的视角,自20世纪80年代末90年代初以来,以社会资本类似非正式制度来解释经济增长和企业发展的趋势成为全球许多学者的研究热点,并从不同学科的研究领域的不同角度对"社会资本"这个概念作出了不尽相同的界定。例如:美国社会学家

---

① 参见马涛:《儒家传统与现代市场经济》(上海:复旦大学出版社,2000年)。
② 亚历山德罗·波茨:《社会资本:在现代社会学中的缘起和应用》,参见李惠斌、杨雪冬主编:《社会资本与社会发展》(北京:社会科学文献出版社,2000年),第121页。
③ 皮埃尔·布迪厄、华康德著,李猛、李康译:《实践与反思:反思社会学导引》(北京:编译出版社,1998年,译自:Pierre Bourdieu and Loic J. D. Wacquant, *An invitation to Reflexive Sociology*, Chicago: University of Chicago Press, 1992),第161~162页;皮埃尔·布迪厄著,武锡申译:《资本的形式》,参见薛晓源、曹荣湘主编:《全球化与文化资本》(北京:社会科学文献出版社,2005年4月),第14~19页。

詹姆斯·科尔曼(James Coleman)于1988年在《美国社会学杂志》上发表了《社会资本在人力资本创建过程中的作用》一文,提出在解释人的行动时,除经济学中的金融资本与人力资本概念外还必须引入社会资本的概念。他在1990年出版的《社会理论的基础》一书中从社会功能的角度把社会资本定义为:人们为了共同的目的在集体和组织中一起工作的能力,它是由具有两种特征的多种不同实体构成的,这些实体由社会结构的某个方面组成,并促进了处于该结构中个体的某些行动……是否拥有社会资本,决定了人们是否可能实现某些既定目标。同时,他也认为:社会资本是个人拥有的表现为社会结构资源的资本财产,由构成社会结构的要素组成,主要存在于人际关系和社会结构中,并为结构内部的个人行动提供便利;社会资本也是生产性的,能使某些目的的实现成为可能,而在缺少它时,这些目的不会实现;(因此,在某种情况下,社会资本可能是人们因别的目的从事活动的副产品),它是行动者投资的直接产物,这些行动者期望取得投资效果。①

但真正使"社会资本"引起广泛关注的则是哈佛大学教授罗伯特·帕特南(Robert Putnam)在1993年出版的《使民主运转起来:现代意大利的公民传统》一书中,从政治学的角度,通过对意大利不同的地区政府在推进制度变革的过程中所取得的民主制度绩效的对比研究中指出:与物质资本和人力资本相比,社会资本指的是社会组织的特征,它的关键作用是可以从人际关系网络或更广的社会结构中动用稀缺资源,包括权力、地位、财富、资金、学识、机会、信息、信任、规范和网络等,它能够通过推动协调的行动来提高社会的效率。他的研究结果表明:一个地方(场域中)的人们关心公共事务,遵纪守法、相互信任,社会的组织和参与方式是横向的、水平的,便会推动社会生活朝着良性循环的方向发展,进而达到社会优化、经济增长;相反,若一个地方(场域中)的人们极少参与社会生活,而且互不信任,因此,背叛、猜疑、逃避、利用、腐败、违法乱纪等等司空见惯,社会的组织与参与方式是按照垂直的等级制度组织起来的,从而导致社会生活呈现出一种恶性循环的均衡状态,其经济也会因此停滞不前。②

世界银行的研究报告则从推进社会经济繁荣和可持续发展所需要的条件这

---

① 詹姆斯·S. 科尔曼著,邓方译:《社会理论的基础(上)》(北京:社会科学文献出版社,1999年),第351~376页。

② 罗伯特·普特南著,王列、赖海榕译:《使民主运转起来:现代意大利的公民传统》(南昌:江西人民出版社,2001年),第195~213页。

个经济学视角出发,将"社会资本"界定为"体现一个社会的社会互动质量和数量的制度、关系和规范的总和"。该研究报告认为:能够对高质量增长起积极作用的力量来自于强化一个国家里的非正式机构,即所谓的社会资本;社会资本犹如粘合剂,可以将社会群体维系起来,并产生强大的社会内聚力,这对于社会的经济繁荣和可持续发展具有决定性的推动作用。社会资本无论是产生于民众的水平交往中(Horizontal Associations),还是产生于民众的垂直交往中(Vertical Associations),其社会网络的产生可以减少交易成本,从而提高社会生产力;其交往规范的形成则可以促进相互之间更多的协作与合作;东亚经济高速发展的原因在于整个社会在经济发展目标上达成共识,以家庭为核心的社会伦理观和社会结构、国家与社会、制度与非制度因素之间的高度契合和和谐关系。①

福山从经济发展和社会繁荣方面对社会资本问题进行了研究,他指出:"社会资本可以说是一套非正式的价值观或规范,一群人共享这套价值观,因此而能互相合作。如果这一群人预期其他人可靠而诚实,那么,他们就会彼此信任。信任就像是润滑剂,让任何群体或组织的运转更有效率。"②葛鲁塔特(Grootaert)把社会资本视为一系列的准则、网络或组织,包括制度、关系、态度以及价值观等。③林南(Lin Nan)认为:社会资本作为在市场中期望得到回报的社会关系投资,可以定义为——在目的性行动(purposive action)中被获取的和被动员的,嵌入在社会结构中的资源。总之,不少学者如布迪厄、科尔曼、林南、埃里克森(Erickson)、波茨(Portes)等都认为,社会资本是由社会关系和社会结构中的资源组成的,当行动者希望提高目的性行动成功的可能时,他们可以动用社会资本。④

尽管各家学者角度不同,定义各异,但"信任、互助、参与、共享、关系网络以及社会准则"似乎是所有这些不同观点之下的有关社会资本的共同命题,这

---

① 托马斯等著,中国财政经济出版社译:《增长的质量》(北京:中国财政经济出版社,2001年)。

② 弗朗西斯·福山《社会资本》,参见哈瑞森、亨廷顿编著,李振昌、林慈淑译:《为什么文化很重要》(台北:联经出版事业股份有限公司,2003年),第123~140页。

③ Christiaan Grootaert, "Social capital: The Missing Link", in *Expanding the measure of Wealth: Indicators of Environmentally Sustainable Development* (Washington DC: World Bank, 1997).

④ 林南著,张磊译:《社会资本:关于社会结构与行动的理论》(上海:世纪出版集团,上海人民出版社,2005年,译自:*Social Capital, A Theory of Social Structure and Action*, Cambridge University Press, 2001),第28、24页。

使得经济学对经济增长和社会发展动因的解释跳出了传统的土地、劳动和物质资本、人力资本的局限,开始关注到一个国家和社会的文化、规范,以及个人关系和社会网络对经济发展的重要推动作用。

不过,社会资本虽然是一种研究和解释社会进步和经济增长的新的理论范式和工具,但是它依旧与物质资本、人力资本一样都是研究人与人的关系。只不过物质资本反映的是资本对劳动的剥削关系,谁拥有物质资本,谁就有可能攫取更多的剩余价值;人力资本关注的是,在物质资本的基础上,拥有一定知识和技术能力的人对生产力的提高、对经济的发展所起到的促进作用;而社会资本则在物质资本和人力资本的基础上,强调了以信任、合作、网络、互惠为核心的人与人的关系对经济发展的重要性。许多学者(如布迪厄、科尔曼、普特南等)都做了大量的有关社会资本方面的实证研究。

但是,到了1980年代末1990年代初,人们发现这些偏重于大量数据上的研究对解释经济增长仍然不尽如人意,主要原因是:第一,社会资本的积累并不全然就一定会给生产力的提高和经济发展带来正面的影响,例如,当社会资本的拥有者具有排异性,只和"圈内人"互动交流,而将"圈外人"(没有这方面社会资本积累的人)排除在外,当小范围的"圈内人"越来越习惯于这种小型的特殊利益团体其内部的资源共享和往来合作时,整个社会并没有因为这种小范围的资源共享而受益。第二,社会资本无法衡量。针对这个问题,亨廷顿也曾指出:群体及群体成员的数目能否得到全面统计?群体成员的"信任半径"[①]如何确定等等,由于社会资本的存量和增量无法衡量,这给社会资本理论的应用带来了一定的局限性。第三,社会资本的本质特征就是一种社会关系,"诚实、责任、互信和互惠"是构成和积累社会资本的基础,它不仅受到民族习性、国家社会的悠久历史和文化传统的影响,而且还受到这个国家的政治制

---

① 信任半径(Radius of Trust)这一概念是日裔美国学者福山所提出的:信任半径所表示的是信任在人际关系网络中起作用的范围大小。信任半径的大小和社会的文化传统有关,例如,华人习惯于根据血缘关系来划分"自己人"与"外人",因此,福山认为,中国人或者说华人对外人的信任度偏低;而美国人一般没有明确的"自己人"与"外人"之分,所以,信任半径较大;日本人则居于前两者之间,既不完全相同于华人社会只认血缘关系的传统,也不完全相同于美国内外不分的习惯。一般来说,由于信任能够使各方的注意力保持在共同利益和目标上,减少因彼此间的猜疑而带来的低效率甚至无效率成本支出,促进合作,所以信任半径大有利于经济活动的展开和经济的增长。参见弗朗西斯·福山著,曹义编译:《社会资本、公民社会与发展》,《马克思主义与现实》,2003年第2期,第36~45;弗朗西斯·福山著,李宛蓉译:《诚信——社会德性与繁荣的创造》(台北:立绪出版社,1998年)。

度、经济发展水平、公民社会的教育程度的影响,而那些实证研究似乎缺少这种对历史背景,以及相互之间的逻辑关系的深入考察。正如亨廷顿在其《为什么文化很重要》一书中举例所说的:

> 1960年的迦纳与南韩,其经济状况非常相似,国民所得差不多,几乎都是以原料出口为主,只是南韩有一些制造业产品。这两个国家也都接受相同程度的经济援助。三十年后,南韩成为工业大国,是全世界第十四大经济体,拥有跨国性企业,迦纳却还是一样,现在的国民所得只有南韩的十五分之一。这种悬殊的差异应该如何解释呢?这当然有许多因素,不过我认为文化是很重要的因素,南韩重视节俭、投资、努力工作、教育、组织与纪律;而迦纳的价值观却不一样。换句话说,在以往很长的一段时期里,文化常常被认为只是财富、政治权力、经济发展的结果。①

由此,1980年代以来的有关经济发展、社会进步的研究文献却显示出了完全不同的因果关系:文化是经济发展的引擎之一;文化以及文化的再生产对经济能产生相当大的直接和间接的影响。或者说,在众多影响经济活动或交易活动发生的可能性和经济绩效的因素中,文化是一项极其重要的因素,文化有助于建立一个更加平衡和可持续的经济发展。美国学者大卫·蓝迪斯(David Landes)在其《几乎所有的差异都是因为文化》一文中指出:"德国社会学家韦伯(Max Weber)说得没错。如果我们从经济发展的历史能学到什么,那就是几乎所有的差异都是文化造成的。许多移居国外的少数民族,如东南亚的华人、东非的印度人、西非的黎巴嫩人、欧洲各地的犹太人与卡尔文教徒,都是很好的例证。"

此外,蓝迪斯还提到:"日本人的爱国心及其才能和决心、为国奉献的心理,以及日本工匠卓越的技术与团队合作的态度是日本成功的主因。日本1930年代的教科书有这么一段:"表现爱国的最佳方法,就是严于律己,协助处理好家务,坚守工作岗位。"并且要节省,不要浪费。这就是韦伯清教徒伦理道德的日本版,再加上政府民众上下努力进行现代化,这种工作伦理造成所谓的日本经济奇迹。深入了解日本的表现,一定会认为人力资源跟文化有密切

---

① 亨廷顿《文化有重要意义》(序),参见哈瑞森、亨廷顿编著,李振昌、林慈淑译:《为什么文化很重要》(台北:联经出版事业股份有限公司,2003年12月),第1~5页。

关系。"①

由此可见,如何解释经济增长,其理论的形成经历了"资本积累论—技术进步论—人力资本论—制度决定论—新增长理论(将知识、技术、人力资本及制度等因素内生化)"这样一个不断演进的过程。这表明,人们对于决定经济增长因素的认识在不断地突破、拓宽和深化:从单一决定性因素(如财富资本)转向多种因素(如物质、社会、文化)的综合;从静态分析转向对动态变量(如社会变迁、文化传递)的重视;从有形物质(如实物资本)转向对无形因素(如知识技术,尤其是社会、文化)的关注。直到布迪厄于1986年提出"除非引进资本的一切形式"新的资本理论,其中"文化资本"最为重要,才将这一系列相关研究引入到一个全新的视野之中。

二、关于"文化资本"理论的研究现状及研究方法

正如本书第一章第一节所述,关于"文化资本"的研究可以追溯到18世纪中后期开始,伴随社会的不断发展和现代化的起步,在一些著名学者的著述里如英国经济学家亚当·斯密的《国民财富的性质和原因的研究》、德国社会学家马克斯·韦伯的《新教伦理和资本主义精神》等,都可以发现他们论及"文化资本"的思想痕迹,只是没有明确提出"文化资本"的概念罢了。自从布迪厄在1986年发表的"资本的形式"一文中,第一次完整地提出了"文化资本"理论后,②东西方众多学者便开始对"文化资本"给予高度关注,并将其引入到不同的领域进行深入探讨和研究。纵观大量的研究文献,学界主要从以下三个方向来进一步探讨文化资本理论,第一个方向是探讨具体化的文化资本与个人发展的关系,如教育背景、家庭背景、个人性情、学习和工作态度对个人事业成功与否的影响;第二个方向是研究文化产品和文化产业,试图在用来交换的文化类产品(如电影、音乐、图片、广告、文化遗产等)中发掘出文化对产品价值的影响;第三个方向则是更宏观些,以制度主义为基础,研究文化体制、文化制度对一个企业、区域、国家乃至全球经济的影响。③

---

① 大卫·蓝迪斯(David Landes):《几乎所有的差异都是因为文化》,参见哈瑞森、亨廷顿编著,李振昌、林慈淑译:《为什么文化很重要》(台北:联经出版事业股份有限公司,2003年),第3~17页。
② 皮埃尔·布迪厄著,包亚明编译:《文化资本与社会炼金术——布迪厄访谈录》(上海:上海人民出版社,1997年1月),第190页。
③ 薛晓源、曹荣湘主编:《全球化与文化资本》(北京:社会科学文献出版社,2005年4月),第3页。

（一）文化资本与人力资本

亚当·斯密在指出"导致国民财富增长的首要原因是生产性劳动者人数的增加以及他们之间的社会分工"的同时，曾强调"教育有助于增强劳动者的生产能力"。到了1960年代，舒尔茨从经济学的"成本—收益"分析出发，将教育费用作为一种投资形式、将教育所带来的社会收益率和个人收益率进行了分析和测算，从而提出了"人力资本理论"。这一理论旨在说明人们可以通过在教育和培训方面进行自我投资来增加个人和社会的未来收益。该理论认为：个人收入上的差别是个人生产能力的差别，而生产能力上的差别又是源自劳动者的培训、能力以及培训机会的获得。[1] 从此，人力资本理论对劳动力市场、工资的确定以及相关的一些经济学问题产生了深刻的影响，并成为现代西方经济学的一个范畴和分析模式，教育也因此"可市场化"了。

而"文化资本"这一概念所涉及的内容最初来自于布迪厄的《继承人——大学生与文化》一书中的描述：

> 来自家庭环境的一整套爱好和知识造成了大学生之间的差异，他们在学习学术文化方面只是表面上平等。使他们分化的，是他们在一定程度上与其出身阶级共有的一些文化特征系统。在决定一个大学生群体与其学业关系的所有方面，都表现出了他们所属的阶级与整个社会，与社会成功及与文化的根本关系。[2]

在此，"文化资本"是作为理解社会分化的概念性分析工具。正如赫斯科维茨早于1938年就在其《文化适应：文化接触研究》（*Acculturation: The Study of Culture Contact*）一书中所强调的，因为人是文化的携带者，因此，文化适应分析需要对于人们的态度和行为进行分析，而不是客观化的"文化"。受这种观点的影响，布迪厄的思维也总带有二元性的特征，一方面是人们所称的自然的、家庭特有的、内部的或者说传统的文化；另一方面是非自然的、习得的、构成的或者公众的文化。这是介于区域的、地方的或者土生土长文化和大都市、中心省或者殖民主义文化之间的二元性。如果从更加概括和富有哲理

---

[1] 马丁·卡努瓦编著，闵维芳等译：《教育经济学国际百科全书》（北京：高等教育出版社，2000年）。

[2] 皮埃尔·布迪厄，C·帕斯隆著，邢克超译：《继承人——大学生与文化》（北京：商务印书馆，2002年11月）。

的角度来说,那是"生活世界"(life-world)和"系统世界"(system-world)之间的二元性,也正是布迪厄寻求将其转化为辩证法的东西。①因此,布迪厄是在社会学意义上提出文化资本的范畴,并把文化资本分成身体化的(具体化的)、客观化的、体制化的三种形式,其中"身体化的文化资本"是基本形态的、也是最重要的文化资本形态。他指出:"在此种基本状态下,文化资本的大部分特质皆可由这事实演绎而来,就是它与人的外在相连结,并且预设了具体样式。"

尽管与人力资本所强调的个人的知识与技能相比较,文化资本更倾向于是一种社会建构以及个体的个性特质研究,但仍然有学者指出:"布迪厄提出的文化资本的概念,从个人主义的形式来看,即使与经济学中的人力资本不完全相同,二者也是非常相近的。"②索罗斯比在其《文化经济学》一书中也指出:已经有一些经济学家把文化资本因素纳入到人力资本的定义内涵当中。例如,康斯坦齐亚(Robert Costanza)和达利(Hernan Daly)就将人力资本说成是"藏于人类本身之中的教育、技术、文化及知识的存量",他们已将人力资本扩大到包括文化,以寻求种种现象的实证解释。③不过,比尔·马丁和伊凡·撒列尼却指出:"文化资本理论至少提供了从人力资本(或技能—剥削)观点不能获得的两个方面的认知:其一,它们强调非连续性,即知识生产或积累过程中性质上的突破;其二,它们主张文化资本所有者对权威的要求是能够自我论证(Self-grounded)的。"同时,他们也认为:"受教育程度高的人的知识可能同时有两个不同的方面:一个方面可以被描述为人力资本,另一个方面则被描述为文化资本。"因此,按照这种说法,人力资本指的是"稀缺的和经济上的有用技能的拥有",人力资本的所有者通过这类技能的稀缺性而获得了特权和(一些)权力,因而可以被看作是剥削中低级别合伙人;他们的思想是非颠覆性的;他们将相当平稳地适合现存阶级结构。而文化资本则是"行使符号性把握,生产理论知识,并因而参与到批判对话的文化中";文化资本的所有者提出了一种和自己有关的对权威的要求,而这种权威不能来源于其技能的经济用途;文化资本越多,他们就更有可能挑战现状,更有可能反资本主义,更有可能自己拥

---

① D·罗宾斯著,李中泽译:《布迪厄"文化资本"观念的本源、早期发展与现状》,《国外社会科学》,2006年第3期,第36~42页。

② Derek Robbins, *The Work of Pierre Bourdieu: Recognizing Society* (Milton Keynes: OpenUniversity Press, 1991), pp.154. 另可参见大卫·索罗斯比著,张维伦等译:《文化经济学》(台北:典藏艺术家庭股份有限公司,2009年3月),第60页。

③ 参见大卫·索罗斯比著,张维伦等译:《文化经济学》(台北:典藏艺术家庭股份有限公司,2009年3月),第62页。

有权力热情,也更有可能具有颠覆力量。①

意大利米兰大学的 Alberto Bucci 与 Turin 大学的 Giovanna Segre 两位学者于 2008 年利用经济增长模型所做的一项研究表明:文化资本与人力资本可以相互作用,只有当知识、技能性的文化资本——也就是一般意义上的人力资本和具体化的文化资本相互补充时才能促使经济持续发展。②朱伟珏从解读布迪厄文化资本理论的经济学意义出发,深入探讨了文化资本与人力资本的关系,文章指出:文化资本理论和人力资本理论都以关注非物质资本的社会与经济价值著称。人力资本强调学校教育以及培训对行动者获取知识和技能的重要性,认为教育投资实际与行动者自由意识与意志的理性行为;而文化资本则重视早期家庭教育、学校教育以及社会环境多方面的作用,认为文化资本的积累主要是通过继承和再生产的方式完成的。③

由此可见,从舒尔茨认为的人力资本是指个人具有的才干、知识、技能和资历,到贝克所进一步把人力资本与时间因素联系在一起,认为人力资本不仅意味着才干、知识和技能,而且还意味着时间、健康和寿命等等这些人力资本的内涵来看,它与文化资本的内涵还是有一定的差别的。

文化资本,尤其是身体化形态的文化资本除了与时间、健康和寿命有关外,还与身心有关,其积累是在具体形式中进行的,是一种内省型的文化积累过程,它需要通过有意识或无意识地学习、模仿、实验等行为来积累文化资本,譬如对传统文化的传承和继承、对接受教育的态度和习性、对所处场域的适应和汲取、对个人价值观的建立和取舍等等。

因此,人力资本主要由和工作相关的个人技能构成,而文化资本却具有历史性和社会性的建构特征;人力资本理论视教育为终点结果,而文化资本理论视教育为取得文化资本的手段之一;人力资本把教育当成是培训具有个体特质和技能的活动,而文化资本把教育当成是培养个体特征和技能以及团体特质的活动;人力资本不强调转换,而文化资本则强调与其他资本(如经济资本、

---

① 比尔·马丁和伊凡·撒列尼著,陈刚译:《超越文化资本:走向一种符号支配的理论》,参见薛晓源、曹荣湘主编:《全球化与文化资本》(北京:社会科学文献出版社,2005 年 4 月),第 296～329 页。

② Alberto Bucci, Giovanna Segre, "Human and Cultural Capital complementarities and Externalities in Economic Growth", Paper Presented the Conference: Arts, Culture and the Public Sphere (4—8, November 2008).

③ 朱伟珏:《文化资本与人力资本——布迪厄文化资本理论的经济学意义》,《天津社会科学》,2007 年第 3 期,第 84～89 页。

社会资本等)之间的相互转换。而且,很显然,要开发和生产人力资本,除了要有相应的社会机制之外,更重要的是个体必须具备那些具体化形态的文化资本,"人身"才能作为一种载体,来最大限度地获取和扩大人力资本。也就是说,微观意义上的人力资本需要以文化资本为基础,其形成有赖于身体化形态的文化资本的转化,也即,文化资本是对人力资本的一种背景性关系的补充,并且作用于整个教育的过程之中,作用于个体人力资本的开发和形成之中。此外,人力资本起源于经济学范畴,文化资本起源于社会学范畴。

不过,文化资本和人力资本、物质资本一样都是稀缺资源,尽管它们都受到各种客观条件的制约,但只有充分了解怎样生产和再生产这些资本,并把这些资本的存量有效分配到个体需求的各个方面,资本才能发挥效用,个体和社会才能获得最大化的收益。

尽管在概念的操作层面,人力资本的测量基本上有一个比较清晰的模型和计算方法,而文化资本的测量还存在着许多难于解决的问题,但无论如何,从宏观层面而言,对一个国家的经济、政治以至整个社会的发展,其文化资本比人力资本显得更为重要,只是"可惜到目前为止,经济学领域中还没有人试图调和人力资本和文化资本书之间的冲突和隔阂。"[1]与此同时,从微观层面而言,个体人力资本的积累、发掘和价值提升必须依赖于其文化资本的建构、积累及其合理转换。

(二)文化资本与文化产品

布迪厄把第二种形态的文化资本叫做"客观化形态的文化资本",也即文化资本的"物化形态"。他认为:文化产品是文化资本的显性形式,可以通过教育、出版、销售转化为经济资本。这种文化资本与"身体化"的文化资本的最大区别在于:"在物质和信息中被客观化的文化资本,例如文学、绘画、纪念碑、器械等,在其物质性方面是可以传承的。例如,可以把名画一代代传承下去,这和经济资本的传承是一样的。"但是,布迪厄也强调,这种"客观化"的文化资本又不是一种与"身体化"(内化)过程毫不相关的、完全"物化"的资本。譬如对名画的传承并不只是对这幅画的"消费"方式(用足够的金钱把它买回来,或卖出去),名画的继承者必然或多或少具备一些与名画有关的"身体化"文化资本的特征。

---

[1] 薛晓源、曹荣湘主编:《全球化与文化资本》(北京:社会科学文献出版社,2005 年 4 月),第 7 页。

因此,对个体来说,例如,某收藏者为了丰富自己的藏画,除了要投入大量金钱之外,还需要花费许多时间用于了解画的意义和价值所在,他也必须具备相当的鉴赏能力和相关知识。否则,他可能无法收集到真正具有价值的优秀画作,或者他的有价值的收藏也可能会因为他的无知而失去意义和价值。

对产品来说,"文化产品既可以表现出物质性的一面,也可以表现出符号性的一面。在物质性方面,文化产品预先假定了经济资本,而在符号性方面,文化产品则预先假定了文化资本。"①因此,在布迪厄看来,像绘画这一类的文化产品,正是"客观化"的文化资本和经济资本的统一。说得更明确一点,所谓"文化产品"应该同时存在于两个市场之中,即"实体市场"和"概念市场"。"实体市场"决定产品的经济价值,"概念市场"决定产品的文化价值。实体产品是传达其概念的媒介,而这个概念让产品从一般的"经济商品"转变为"文化商品"。经过了这个过程,产品不仅拥有了经济价值,也有了文化价值。②

对市场来说,具有文化价值的产品其经济价值也很可能会因其文化价值而有所增加。也即:文化价值可产生经济价值。这是因为人们对具有文化价值的产品所愿意支付的价格要比单单是物质实体的价格高。不过,索罗斯比也指出,这种因果方向是从文化价值到经济价值,即较高的文化价值物品通常会有较高的经济价值。但也有学者(Veblen,1973)提出了一种"反向因果关系(reverse causation)"的可能性,即有些人会根据一件物品的价格来判断它的文化价值,认为较高的价格意味着它有较高的美学(或文化)价值。③

在以往相当长的时期内,人们对文化产品以及文化产业的关注仅停留在其"物质性"的层面:生产、销售、交换,满足市场需求等,其经济意味甚为浓厚,因此,其价值的确定也只与供需关系和市场价格有关,而这正是布迪厄所抨击的"经济主义"思想。现在,随着时代的进步和经济的繁荣,也带动了文化产品和文化产业的发展,市场竞争也逐渐从产品之间的竞争转向文化之间的竞争,而产品的经济价值则越来越取决于以文化为底蕴的价值观念。文化价值观已辐射到市场的各个层面,因此,文化产品和文化产业越来越受到市场(商家)的

---

① 皮埃尔·布迪厄著,包亚明编译:《文化资本与社会炼金术——布迪厄访谈录》(上海:上海人民出版社,1997年1月),第198~199页。

② 参见大卫·索罗斯比著,张维伦等译:《文化经济学》(台北:典藏艺术家庭股份有限公司,2009年3月),第131页。

③ David Throsby, "Cultural Capital", *Journal of Cultural Economics* 23 (Kluwer Academic Publishers, Printed in the Netherlands, 1999), pp. 3~12. 参见索罗斯比著,王志标译:《论文化资本》,《经济资料译丛》,2006年第3期,第9~15页。

青睐,而相关研究则受到专家学者的越来越多的关注。但是,到目前为止,其基础理论方面的研究尚少。而且很多问题都无定论。例如:

对于个体而言,"客观化"形态的文化资本尽管可以内化为个体"身体化"的文化资本,但这种通过"自学"而获得的文化资本(例如:对机器性能的了解和掌握、对古董或名画的欣赏、自学者的文学创作能力等等),因为缺少合法的符号性特征,所以无法像"制度化"形态的文化资本那样得到合法保障,不仅如此,还会随时受到公众或专家学者的(反复)质疑,[1]也因此,个体所拥有的"客观化"的文化资本所能带来的物质利益和符号利益很难衡量。

对产品或市场而言,文化产品将透过市场交易获得一个经济价格,并透过产品所传达的概念(文化含义)之接收、加工、传播和评价获得一个文化"价格",这个所谓的"文化价格"如何衡量?如何在财务报表上体现出来?此外,这个价格会不会随着时间的推移而改变或变得不稳定?或者这只不过是由于市场的资源稀缺性原理以及供求关系才造成了文化产品具有价值或超常价值?成本—收益分析的架构能否延伸到加入了文化价值这个新变量之后,不论在理论上还是执行层面上仍然可行?抑或另一种可能,一种文化产品或文化产业所具有的文化价值和内涵,其实根本就无法以衡量经济价值或经济成功的尺码所能测量的?个体所拥有的文化产品数量与其所拥有的文化资本尤其是身体化的文化资本积累之间的关系如何?诸如此类,这一系列问题目前都处于争论之中。[2]

但无论如何,由于文化资本在经济发展中的重要性越来越明显,因此,文化资本的这种显性形态——文化产品和文化产业在21世纪将引领发展潮流已经是不争的事实。但作为一个研究者,索罗斯比郑重地指出:"当人们在为文化产品和文化产业潜在的经济活力欢呼雀跃之际,我们应该谨记,创造经济价值不是文化产品以及文化产业存在的理由,任何关于文化产品和文化产业的考量,无论是微观考察还是宏观调控都不能忽视这一原则。"[3]否则,所谓的"文化价值"就失去了意义,"文化"也会惨遭亵渎。

---

[1] 皮埃尔·布迪厄著,武锡申译:《资本的形式》,参见薛晓源、曹荣湘主编《全球化与文化资本》(北京:社会科学文献出版社,2005年4月),第13页。

[2] David Throsby, "Cultural Capital", *Journal of Cultural Economics* 23 (Kluwer Academic Publishers, Printed in the Netherlands, 1999), pp. 3~12. 或参见索罗斯比著,王志标译:《论文化资本》,《经济资料译丛》,2006年第3期,第9~15页。

[3] 参见大卫·索罗斯比著,张维伦等译:《文化经济学》(台北:典藏艺术家庭股份有限公司,2009年3月),第169~170页。

因此,由于以上种种难以定论的问题的存在,也由于文化产品和文化产业未纳入本书的研究范围中,所以,本书将不对此进行进一步的论述和探讨。

(三)文化资本与经济增长

尽管经济增长是多种因素相互作用、相互影响之后再发挥整体功能的结果,但本小节的分析将把重点放在文化资本这一因素上。前面已经探讨了有关经济增长理论的演变过程大致经历了"资本积累论—技术进步论—人力资本论—制度决定论—新增长理论"这几个阶段;也在本章开篇中概述了学界对文化与经济增长之间的关系所持的一些不同观点。无庸置疑,大多数学者很早就认识到,在先进的"工业化"国家与"欠发达"国家间存在着重大的制度与文化差异。尽管在1950—1960年代的一些经济学家也曾严肃思考过文化差异是解释经济不发达的一项因素,但在很大程度上它们并没有被整合到经济分析中。那时的经济学家往往会忽视文化是经济发展的决定性因素之一,其主要原因是:第一,文化异质的认识挑战了传统经济学模型都存在的假定,即理性、完全信息与效用最大化,经济现象的文化解释被视为对"经济人"这类公认观点的一种潜在的反驳;第二,文化变量不易测量;第三,即使可以通过测量工具或是通过认识相似情境下不同行为模式的差异来发现文化的差异,人们也仍然很难找出相关的起因和结果。因此,尽管经济学家们建构了具有定义清晰的影响经济增长内外因素的模型,却在相当长的时期内一直未能将文化变量整合进这类研究模型之中。[1]

为此,美国芝加哥大学经济学教授罗纳德·弗莱尔则在其《文化资本》一文中,把文化资本的思想引入到经济推理当中,将文化资本作为一个无限重复的博弈过程,来建立经济模型,并得出了一系列重要的结论,如:倾向于特定文化的非生产性投资的个人福利下降;随着文化资本和人力资本价值的增加,人们对文化资本和人力资本的投入高低将导致其收入差距的加大;个人对不同文化的适应性的强弱程度显示出具有相似天生能力的人的两种截然不同的投资行为;从经济学角度来推理文化资本时,一般的政策以及教育权利、肯定的

---

[1] 克利斯朵夫·克拉格(Christopher Clague)、索姗娜·格罗斯巴得·斯哥茨曼(Shoshana Grossbard-Shechtman)著,吴丹译:《文化资本与经济发展导论》(Cultural Capital and Economic Development: An Introduction),载薛晓源、曹荣湘主编:《全球化与文化资本》(北京:社会科学文献出版社,2005年4月),第222~230页。

行为、各种工作计划等都会影响个人对文化资本或人力资本的投资动力。①

克利斯朵夫·克拉格等人则指出:将文化研究应用于经济分析中是一个卓有成效的研究途径;更广泛地研究个人、公司、家庭与其他群体对文化资本的投资所带来的企业生产率的提高,以及对经济增长和社会发展的促进作用,将有利于帮助国家、政府和企业制定有效的发展策略。②

索罗斯比在其《论文化资本》一文中也建立了一个简单的模型,得出的结论是:文化资本可以和生产过程中其他形式的资本一起发挥作用,并且为了维持或增加文化资本积累而所需投入的资源和其他方面所使用的资源是相互竞争的;他同时指出,推测文化资本在经济学中对经济产出和增长会起到什么样的作用是非常有用的。③尤其是当今时代,"以各种维度——政治的、经济的、社会的、环境的和安全的——展开的全球拓展中,文化资本是必备的"。④

由于社会经济的发展越来越依赖于优良的社会文化氛围和环境,无论是对国家而言,还是企业或是个体而言,文化资本在整个社会资本构成中的权重日趋加大,越来越多的实践证明,真正的经济增长不仅仅取决于物质资本,还取决于文化资本的多寡。因此,文化资本作为新的经济实践形式将对人类社会产生巨大作用。福山认为:个人追求私利的行为乃是创造社会财富的重要源头,但这并不能充分解释资本主义下成功的经济体,因为人们忽略了经济生活中的文化因素。因此,他进一步从经济学的角度出发,以社会成员之间的"诚信"为主线,强调了文化因素对经济效率和经济发展的重要性。他强调:文化因素和经济生活是密不可分的,文化会直接影响甚至决定经济效率。⑤所

---

① 罗纳德·弗莱尔(Roland. G. Fryer)著,宾建成译:《文化资本》,参见薛晓源、曹荣湘主编:《全球化与文化资本》(北京:社会科学文献出版社,2005 年 4 月),第 193~221 页。

② 克利斯朵夫·克拉格等著,吴丹译:《文化资本与经济发展导论》,参见薛晓源、曹荣湘主编:《全球化与文化资本》(北京:社会科学文献出版社,2005 年 4 月),第 222~230 页。

③ David Throsby, "Cultural Capital", *Journal of Cultural Economics* 23 (Kluwer Academic Publishers, Printed in the Netherlands, 1999), pp. 3~12. 亦可参见索罗斯比著,王志标译:《论文化资本》,《经济资料译丛》,2006 年第 3 期,第 9~15 页。

④ 约瑟夫·多尔蒂著,李智译:《用于全球冒险的文化资本》,载薛晓源、曹荣湘主编:《全球化与文化资本》(北京:社会科学文献出版社,2005 年 4 月),第 127~145 页。

⑤ 弗朗西斯·福山著,李宛蓉译:《诚信——社会德性与繁荣的创造》(台北:立绪出版社,1998 年)。

以,"是开发、利用文化资本的时候了"。①

总括而言,从历史和宏观的视域来看,尽管"文化资本"这一名词概念出现得较晚,但对"文化资本"的实质研究在东西方都经历了巨大的社会变迁,在社会发展的不同阶段,都有不同的文化资本占据社会的主流文化地位,并在不同时期表现出独特的时代特征。布迪厄对文化资本的研究,既包含了文化资本对整个社会再生产所产生的宏观作用的研究,也包含了文化资本对家庭、学校等中观层面的相互影响的关注,还有个人或群体在文化资本积累上的微观特征与机制探索。不过,一方面,布迪厄本身对文化资本的研究所重点关注的主要是文化资本在自身积累、继承、转换、作用等方面的研究,而较少关注其他资本对文化资本的影响以及它们在特定群体中的相互作用关系;另一方面,到目前为止,学界对布迪厄的"文化资本"的研究仍然比较偏重于理论性以及对其理论的理解和诠释上,而较少在经验和实践方面对其进行检验和验证。因此,本研究将尝试以新加坡华商这些微观个体的商业实践为案例来探讨其文化资本的形成特色及其各种资本之间相互作用的关系。依照布迪厄的观点,"文化资本"是一个深受习性、场域等因素影响,经常发生着各种变化并能"转换"成经济资本的运动体,②所以,本书将在接下来的第三章重点探讨"场域、习性与文化资本——一个动态的形成和积累过程"。

---

① 约瑟夫·多尔蒂著,李智译:《用于全球冒险的文化资本》,载薛晓源、曹荣湘主编《全球化与文化资本》(北京:社会科学文献出版社,2005年4月),第127~145页。
② 皮埃尔·布迪厄著,包亚明编译:《文化资本与社会炼金术——布迪厄访谈录》(上海:上海人民出版社,1997年1月),第189~201页。

第三章

场域、习性与文化资本
——一个动态的形成和积累过程

在布迪厄看来,"为了理解社会对自身和其周围世界的表象方式,我们必须考察的是社会的性质,而不是个人的性质。"[①]在这种认知的前提下,"场"是布迪厄资本理论中的一个重要概念,但也是一个属概念,在它的下面有许多种概念,如文学场、科学场、宗教场、经济场、学术场、权力场,等等。布迪厄认为:在谈论社会界时,使用诸如"语境"、"环境"、"机构"、"体系"、"社会基础"、"社会背景"这样的词和概念是一种模糊的谈论。他说:"学校、国家、教堂、政治党派或联盟不是机构,而是场。"因为他强调斗争,强调历史性,而只有"场"这一概念才能表达"斗争"与"历史性"的内涵。[②]

因此,布迪厄把"场域"定义为:

> 在各种位置之间客观关系的一个网络(network)或一个构架(configuration)。正是在这些位置的存在和它们强加于占据特定位置的行动者或机构之上的决定性因素之中,这些位置得到了客观的界定,其根据是这些位置在不同类型的权力(或资本)——占有这些权力就意味着把持了在这一场域中利害攸关的专门利润(specific profit)的得益权——的分配结构中实际的和潜在的处境(situs),以及它们与其他位置之间的客观关系(支配关系、屈从关系、结构上的同源关系,等等)。[③]

[①] 迪尔凯姆著,狄玉明译:《社会学方法的准则》(北京:商务印书馆,1995年),第13页。

[②] 皮埃尔·布迪厄著,包亚明编译:《文化资本与社会炼金术——布迪厄访谈录》(上海:上海人民出版社,1997年1月),第79~83、139~143页。

[③] 皮埃尔·布迪厄、华康德著,李猛、李康译:《实践与反思:反思社会学导引》(北京:编译出版社,1998年,译自:Pierre Bourdieu and Loic J. D. Wacquant, *An invitation to Reflexive Sociology*, Chicago: University of Chicago Press, 1992),第133~134页。

第三章 场域、习性与文化资本

而且,场域是场域内占据位置的人们以个人或集体的方式,为了捍卫或改进他们现有位置而斗争和战斗的竞技场。场域结构不仅是保护或改进位置的策略基石,也是策略的指引。场域是一种竞争市场的形态,在场域内,各式各样的资本被使用、被部署。[①]而场域竞争的逻辑就是资本的逻辑,资本不仅是场域活动竞争的目标,同时也是用以竞争的手段。由于资本具有稀缺性的特点,在特定的时期,资本的相对数量是恒定的、有限的,某一个个体或社会集团资本拥有量的增加,也就意味着另一个个体或社会集团的资本拥有量的减少。于是,行动者个体为了在所处场域中获得较高的利益和地位,势必会展开一系列争夺资本的行动,而行动者个体活动的场域便同时成为一个"争夺的空间",这些争夺旨在维持或变更场域中各种资本的构型。

换言之,场域中的游戏就是以资本争夺资本的过程。布迪厄认为,个体行动者在社会中的地位高低主要取决于其所拥有的资本(包括资本的数量与质量),因为"这种资本赋予了行动者某种支配场域的权力",行动者由其拥有的资本的多寡而获得在场域或社会空间中的地位。[②]其中行动者拥有的文化资本的数量对其社会地位的提升以及经济资本的获得起着非常重要的作用。

但布迪厄也指出:

> 从场的角度进行分析,就一定会牵涉到三个必要的、并且是有内在联系的要素。首先,人们必须分析与权力场相对的场的位置;第二,人们必须描绘出行动者或体制所占据的位置之间的关系的客观结构,这些行动者或体制是为争夺在这个场中的特殊权威的合法形式而展开竞争的;第三,人们必须分析行动者的习性(habitus,又译"惯习"),分析他们所拥有的不同的性情系统,这些性情系统是他们通过使某个种类明确的社会和经济的条件内在化而获得的,这使得我们能在被考虑到的场的内部的一个明确的轨迹中,找到成为现实的、多少有些有利可图的机遇。[③]

很显然,新加坡华商所处的经济场、商场、文化场、教育场等均被包含在权力场之内,并且一般都处于被统治地位,因此,要探讨新加坡华商的文化资本

---

① 乔治·瑞泽尔著,杨淑椒译:《当代社会学理论及其古典根源》(北京:北京大学出版社,2005年),第167页。
② 皮埃尔·布迪厄、华康德著,李猛、李康译:《实践与反思:反思社会学导引》(北京:中央编译出版社,1998年),第139页。
③ 皮埃尔·布迪厄著,包亚明编译:《文化资本与社会炼金术——布迪厄访谈录》(上海:上海人民出版社,1997年1月),第150页。

结构,就有必要先对其所处的经济场域和社会结构以及文化习性进行分析,才便于更清晰地了解和理解新加坡华商的生存和发展法则,因为新加坡华商的创业模式和发展模式其实就是新加坡社会结构和国家发展的产物。

第一节 社会变迁与经济发展对华商文化资本的影响

布迪厄把社会经过高度分化后所出现的大量的具有相对自主性的社会小世界称之为场域,他认为,每一个场域都拥有其自身的逻辑和规律,并且不可以超越界限而转化为其他领域的决定因素。任何一个场域以及场域中的个体都会受到权力、政治、经济、文化以及社会变迁等的制约。对于新加坡华商(或者说海外华商)而言,只有按照所在国的商业逻辑进行运作,才可能赢得高收益。而所谓的商业逻辑又受到华商们所处的各种"场域"(如政治、经济、文化、教育、种族等)的制约和影响。

马克斯·韦伯早在1905年发表的《新教伦理与资本主义精神》一书中就曾强调社会和文化对国家发展和个体发展的重要性,他指出:任何一项伟大的事业背后,都必须存在着一种无形的巨大的精神力量。更为重要的是,这种精神力量一定与该项事业的社会文化背景有着密切的渊源。所以,他指出新教伦理是西方工业资本主义的精神动力。[①]十年后,他在另一部著作《儒教与道教》中则指出现代理性资本主义之所以没能在中国兴起,并不是"中国人天生'达不到'资本主义的要求",因为"从一切迹象看,中国人有能力,甚至比日本人更有能力吸收在技术和经济方面都在近代文化领域中获得全面发展的资本主义。"但是,偏偏中国没有造就如西方一样的资本主义,这其中最主要的原因就是,中国"理性主义"与清教徒"理性主义"有本质的区别。他认为"儒教理性主义意味着理性的适应世界;清教理性主义则意味着理性地把握世界";"清教徒崇尚的是'在'世界中生活,而不是'靠'世界生活",这才"有助于创造职业人阶层的优越的理性能力和'精神'"。而在儒家文化影响下的人们只具有"单纯的冷静和节俭";注重对现实世界的肯定与适应的精神心态,却不倡导个人主义的发挥和发展。因此,他断定:代表中国传统的儒家伦理因为缺乏新教伦理的入世苦行和宗教地系统化了的功利主义,从而阻碍了近代经济职业人阶层

---

① 马克斯·韦伯著,于晓、陈维纲等译:《新教伦理与资本主义精神》(北京:三联书店,1987年),第32~57页。

所谓的"资本主义精神"的产生,也阻碍了东方资本主义的发展。①这套理论在20世纪前半叶、西方资本主义发达时期曾风靡各界,因为那个时代的西方许多国家正漫步于社会繁荣和经济高增长之间,而中国以及亚洲许多国家却一直处于动荡不安、贫穷落后的阶段。

然而,这种现象的造成单纯就是"儒家文化惹的祸"吗？直至20世纪70、80年代,一些新兴工业化国家和地区,如日本、韩国、新加坡、台湾、香港等在二战后相继创造出一系列的经济奇迹后,人们开始质疑马克斯·韦伯的论断是否过于偏颇？或者说马克斯·韦伯在20世纪初的论断是否已经过时？

但无论如何,马克斯·韦伯非常强调社会发展与文化"背景"有着密切的关系,只是西方国家在追求发展时的"社会背景"与亚洲国家在忙于脱离战争、脱离殖民统治、脱离贫困时的"社会背景"有很大的不同。根据布迪厄理论,这所谓的"背景"其实就是其理论中所强调的、具有历史性建构特征的"场域"。②场域各自既是一个运作空间和争夺空间,同时又在整个权力场中运作和争斗。在特定的场域内占据统治地位的,就是一个能使这个场域朝着有利于它们的方向发展的位置。③那个时期的西方国家为了发展而建构场域,为了扩张而发动侵略去掠夺资源、抢占疆域是如此;被殖民、被战争威胁的亚洲国家为保护资源奋起反抗、奋勇直追而与外来势力争夺资源也是如此。因此,对于国家或个体而言,最重要的就是如何去占据那个统治权力的"位置"。

现在,越来越多的研究都已表明,文化与经济增长、社会发展高度相关(参见第一章)。但是,很显然,文化的表现以及这种表现的收益应该会受到所处场域的制约和影响。随着历史的不断演进,每个国家或地区的场域及其内部结构也在不断改变。以日本、韩国、新加坡、台湾、香港为例,这些新兴工业化国家和地区为了重新建构场域,充分利用自身的"后发优势";也充分利用欧美和日本等发达国家向发展中国家转移劳动密集型产业的机会,大量吸收发展中国家的资金和技术(财力物力资源、技术资源);同时还充分利用自身劳动力

---

① 马克斯·韦伯著,王容芬译:《儒教与道教》(北京:商务印书馆,1999年),第299~300页。
② 皮埃尔·布迪厄著,包亚明编译:《文化资本与社会炼金术——布迪厄访谈录》(上海:上海人民出版社,1997年1月),第79~80页。布迪厄认为,仅仅用诸如"语境"、"社会环境"、"社会基础"、"社会背景"这样的词来谈论和理解社会世界或社会空间是远远不够的,所以,他引入了"场/场域"这个概念,如:艺术场、文学场、科学场、经济场、权力场等。
③ 皮埃尔·布迪厄著,包亚明编译:《文化资本与社会炼金术——布迪厄访谈录》(上海:上海人民出版社,1997年1月),第148页。

廉价却品质优良的比较优势来实施国家的经济发展策略(人力资源),①从而迅速跻身发达国家或地区之列,成为东南亚地区甚至是亚洲区域的经济火车头之一。而这些经济快速腾飞的国家和地区有一个很显著的共同点就是,尽管它们为了国家和社会发展的需要不断地调适其国家政策、制度以及文化等等,如:韩国和台湾1950年代曾接受美国的援助,新加坡和香港则都曾是英国殖民地,不可否认,这些国家和地区在法律、经济和教育等各方面受西方影响颇深,但它们的"源头"却都浸润在"儒家文化圈"内,有着类似的"儒家文化"背景,以及"勤劳节俭、重视教育"的传统价值观念。尤其是新加坡,华人占该国总人口的76%,其经济的成功以及国家的发达程度也最为显著。

本研究主要围绕新加坡华商的文化资本结构来展开,按照马克斯·韦伯的观点,成功的新加坡华商其背后也必定存在着一种"无形的巨大的精神力量"。而根据布迪厄的理论,这种所谓的"精神力量"就是行动者个体所具备的"身体化形态的文化资本"。这种"文化资本的获取总是被烙上最初条件的痕迹;它可以在不同程度上,在不同的阶段中通过社会和社会中的阶级来获得,这种获取并没有经过精心的策划,因而文化资本是在无意识中被获得的";"它是转化成为个人的组成部分的外部财富,是转换成习性的外部财富,它(不像金钱、财产权,甚至贵族头衔)无法通过礼物或馈赠、购买或交换来即时性地传递"。②

那么,对于新加坡华商而言,历史和传统给他们烙下的痕迹又是什么呢?代表儒家文化的经典之作《礼记·大学》开篇指出:

> 古之欲明明德于天下者,先治其国;欲治其国者,先齐其家;欲齐其家者,先修其身;欲修其身者,先正其心;欲正其心者,先诚其意;欲诚其意者,先致其知,致知在格物。物格而后知致,知致而后意诚,意诚而后心正,心正而后身修,身修而后家齐,家齐而后国治,国治而后天下平。

从古至今,这段话给华人传递了一个非常明确的价值观念和行为准则:个人修养与小家、社稷、国家以及天下是紧密相关联的;个人应置于群体或全体

---

① "比较优势"是通过要素的相对稀缺性和产品的供求特性,进而通过要素和产品的相对价格表现出来,"比较优势"本质上是指由绝对优势带来的利益。参见林毅夫等:《比较优势与发展战略——对"东亚奇迹"的再解释》,《中国社会科学》,1999年第5期,第4~20页。

② 皮埃尔·布迪厄著,包亚明编译:《文化资本与社会炼金术——布迪厄访谈录》(上海:上海人民出版社,1997年1月),第195~196页。

之中,个人的修养及所追求的目标都应该是为了国家社稷。这种思想观念便形成了一般华人的一个根深蒂固的价值系统和文化心理结构,也成为新加坡华商的精神力量的重要源泉之一,并内化而成为华商个体所拥有的一种文化习性,也即"身体化"形态的文化资本。

1819 年,当英国殖民主义者莱佛士在新加坡登陆时,这个蕞尔小岛上的居民只有 150 人,其中华人占 20%,即 30 人。而当英殖民者欲将新加坡开辟为自由港需要大批廉价劳工时,华人移民便开始不断涌现。根据历史学家王赓武的研究,自 18 世纪以来,华人移民存在着的四种类型"华商型、华工型、华侨型,以及华裔或再移民型"的特点可以看出,① 历史时期不同,其移民所处的社会阶层也不同,所承载的文化层次也不同。一位从事华人文化心理学研究的学者指出:中华文化可分为两个层次,一个是"大传统文化",所反映的是中国社会上层阶级或读书人的思想与观念,是较为理想性和观念性的;另一个是"小传统文化",泛指"一般常民心理、思想、观念与价值的总体,以及常民日常生活所反映出来的时代精神与社会思潮,也即一种大众文化,是世俗的、务实的"。② 但也有研究指出:

> 在同一社会中,人与人之间在妍媸智愚、贫富贵贱等方面虽有差别,却都用基本上是同类的指令来支配自己的行为:在天真时代,都要化物为奴;在理智时代,都有信仰上的选择和相应的伦理或宗教行为;在科学时代,都不敢轻视实验检验过的指令;在系统时代,都会注重系统平衡,"三思而行"。虽然人们的行为千差万别,但是他们使用的判据却大同小异。这些判据便组合成各种价值系统,成为无形或隐形的架构,从根本上制约和指导着人类的思考、行为以至情感形成和表现的方式。③

---

① 王赓武著,天津编译中心译:《中国与海外华人》(香港:商务印书馆,1994 年),第 5~14 页。在本书的第一章第二节中已转述了"华商型、华工型、华侨型,以及华裔或再移民型"这四种移民类型的特点。

② 余安邦:《成就动机与成就观念:华人文化心理的探索》,载杨国枢、黄国光等主编:《华人本土心理学》(重庆:重庆大学出版社,2008 年 6 月),第 641~687 页。

③ 张祥平著:《人的文化指令》(上海人民出版社,1987 年 9 月),第 20~21 页。张祥平指出:人的文化指令分为天真指令、理智指令、科学指令、系统指令四类。其中:天真指令负责婚姻制度指令、图腾崇拜指令、歌舞竞技指令等;理智指令由哲人指令、占卜指令、经验指令组成;科学指令则是由实验指令、证据指令构成;系统指令是以上三项指令的混成体,像一颗彗星,前端是科学指令,中间是理智指令,尾端是天真指令。所谓"天真时代"是指对指令往往不加比较选择就被某个群体接受的时代。

因此，从古至今，对于华人而言：无论是仕人、士人还是常民，大家都有一个强烈的"成就动机"。但这种"成就动机"带有很明显的"社会性和传统色彩"，也即：

> （个人所设定的）成就目标其内容与形式深受其所处社会的影响和制约；个人的成就目标无论是工具性目标或终极目标必须与重要他人或群体之价值相契合；惟有完成家庭、宗族、群体或重要他人之目标，个人才真正达到"自我实现"之境地。尤有进者，个人追求此等成就目标之成败的评价原则与标准，亦由个人所属之群体或重要他人所订定。①

由于人们所处的阶层地位不同，所以，不同阶层的人"受其所处社会（或说场域）的影响和制约"，其实现"成就动机"的途径也就大相径庭。一般而言，仕人或读书人希望通过"立德、立功或立言"来维护自己和家族的声望和地位；而那些许许多多因种种条件（如经济资本、家庭或社会环境、个人意愿、偏好或能力等）无法透过科举之类的方式进入仕途的常民便会想方设法通过勤奋工作以获得财富，或通过从商获得财富，进而收购土地成为地主或富商，然后，精心栽培后代，以便来日考途顺遂、获取功名，直至声名利禄、荣华富贵接踵而至来光耀门庭。②也就是说，处在"大传统文化"场域中的个体会竭尽全力维持住自己的位置，而"小传统文化"场域中的个体也在尽其所能突破"小传统"而跨越到"大传统"中，以使自己的位置变好。

可以说，1920年代以前来新加坡的华人移民大多数处于社会底层，是属于"小传统文化"场域中弱势的一员，③他们之所以移民最主要的当然是为了寻找新的希望以"使自己的位置变好"，试图通过空间"场域"的跨越来实现经

---

① 余安邦：《成就动机与成就观念：华人文化心理的探索》，载杨国枢、黄国光等主编：《华人本土心理学》（重庆：重庆大学出版社，2008年6月），第645页。

② 参见余安邦：《成就动机与成就观念：华人文化心理的探索》，载杨国枢、黄国光等主编：《华人本土心理学》（重庆：重庆大学出版社，2008年6月），第659页。所谓"立德"是指创制垂法，遗德泽于无穷，亦指道德上的成就；"立功"是指拯厄除难，功济于时，亦指建立政治上、军事上的功劳；"立言"是指树立精要不朽之言论、学说，亦指学术上的成就。在儒家看来，立德是最高等的成就价值，其次是立功，再次是立言。"立德、立功、立言"构成了儒家思想的三不朽论。

③ Wang Gungwu, "Chinese Traditional Culture-The Overseas Perspectives"，本文是王赓武2006年9月27日在西安交通大学的一场学术报告会上的发言。亦可参见王赓武：《中国文化海外观》，《西安交通大学学报（社会科学版）》，2007年第1期，第1～5页。

济或社会"场域"(阶层地位)的超越。但由于移民固有的特性,这些华人移民与移居国统治者之间的关系更加不同于自己在祖籍国时的情形(尤其是早期——1990年代以前的移民),这就涉及了一种布迪厄理论意义上的真正的"结构从属性",它依照不同个体在场域中所处的不同地位不同程度地施加到他们头上。纵观新加坡的社会发展历程,由于大量华商、华工、华侨等的不断涌入,新加坡的华人人口由1824年的3317人,占全岛人口的31.1%,很快上升到1871年第一次人口普查时的5.46万人,占全岛人口的57.6%;从19世纪末开始,华人的人口比重便一直保持在70%~76%之间。[1]不过,华人人数虽然占绝对优势,但因为这种从属关系,华人的地位在相当长的时期内却总处在"主导"的边缘。

然而,华人移民永远不会轻易放弃当初移民时的理想,尽管依然无法或者应该说是更不可能通过进入仕途来立德立功或立言(抑或通过立德立功立言来进入仕途),不过,那个时期,也即1958年以前的新加坡正处在港口贸易繁荣期,当时的英殖民政府对经济事务采取不干预政策,贸易自由,于是,许多善于抓住时机的华人便毅然决然地选择了从事经济活动,并且以从事商业为主来建家立业。他们本着"吃得苦中苦,方为人上人"的信念以及"刻苦耐劳"的精神和独特的商业智慧,充分挖掘区域贸易中的潜在机会。随着华人社会的逐步形成,这些华商逐步累积经济资本,再通过商业的海外扩张或企业并购策略以扩大资本积累,从而逐步形成了一批颇具影响力的华人企业集团。[2]也因此突破了业已形成的"边缘"人的刻板形象,逐渐打破了"移民"与"当地"之间"从属性"的社会结构。而带来这种改变最主要的原因之一应该是强烈的"成就动机",之二便是"场域"(空间)的改变,尽管新的场域依然存在着许多障碍和限制条件,但适合行动者个体去寻求发挥和发展的机会相对来说多了许多。

根据相关研究,如果从新加坡发展的历史进程来看,可以将新加坡华商企业的成长过程大致划分为五个时期:[3]

---

[1] 参见苏瑞福(Saw Swee-Hock)《新加坡人口结构的变化》,载《南洋资料译丛》,2008年4期,第39~58页。

[2] 参见岩崎育夫著,刘晓民译:《新加坡华人企业集团》(厦门:厦门大学出版社,2001年9月);郑学益主编:《商战之魂——东南亚华人企业集团探微》(北京:北京大学出版社,1997年)。

[3] 参见陈国贲著:《华商:族裔资源与商业谋略》(香港:中华书局,2010年10月),第53~75页。岩崎育夫著,刘晓民译:《新加坡华人企业集团》(厦门:厦门大学出版社,2001年9月),第1~14页。

第一个时期是1819至1958年新加坡港口贸易繁荣期,在这一时期,英殖民政府对经济事务采取不干预政策,贸易自由,华人则凭借自身刻苦耐劳的精神以及独特的商业智慧,而一直扮演着商人、掮客、买办和银行家等重要角色,不少的华商企业也因此得到扩张和发展,并大放异彩。

第二个时期是1959至1975年新加坡自治和独立时期,由于政府强调"两条腿"政策,亦即将跨国公司和国有企业直接纳入政府的工业化发展过程,而无暇顾及华人商业的进一步发展,在这个时期华人企业大都属于中小型,仅在国家主流经济的边缘徘徊,其发展不尽如人意。

第三个时期是1976至1988年新加坡政府为了实现经济重组而必须进行产业升级时期,由于新加坡经历了1980年代严重的经济衰退阵痛之后意识到,"无论是出于政治考量还是经济考量,都需要将中小企业(尤其是华人资本)重新整合到主流经济之中。"但要实现这个目标,就必须推动华商企业进行产业升级,放弃原有的、低效率的劳动密集型生产方式,取之以技术密集型或资本密集型的、高效率的生产方式,为此,新加坡政府为华商企业提供了特别的技术扶持和金融扶持,不过,由于申请扶持的程式既繁琐又拖沓,致使华商反应冷淡。

第四个时期是从1989年至1997年,伴随着全球化的快速演进以及中国的崛起,新加坡政府进一步制定了各种行之有效的扶持中小企业(大多数是华人所有)的政策方案,同时积极推动"技术企业家(technopreneurs)"的创业、经营理念,新加坡华商也再一次可乘风而上,这一时期也是新加坡华商的大发展期。

第五个时期是1997年东南亚金融危机之后的再调整时期,经过金融危机的震荡,华商企业也深受冲击,因此,在投资和经营管理等方面都做了相应的调整,也更重视高科技产业的发展。

案例1 以郭芳枫(Kwek Hong Png)的丰隆集团(Hong Leong Group)为例。该集团是在1941年时以一家贸易商行的模式出现。当时的新加坡经济以转口贸易为主导,其他行业部门也主要是为转口贸易提供服务。所以,直至1950年代,该公司主要业务都是贸易和分销商。1950年代末期,随着西方发达国家工业化进程的加快,新加坡亦迈步跨入工业化行列。首先是大力兴建基础设施,政府所实施的建屋发展计划和城市重建计划,使得房地产业和建筑业迅速兴起。这难得的商机,岂容错过。丰隆公司很快便与日商合资兴建了水泥厂,以先行一步抢占建筑材料市场。之后,新加坡进入了自治和独立的年代(1959—1975),政府的"两条腿"政策吸引了大量外国资本,并带动了金融和房地产业的迅猛发展。丰隆集团又适时地调整了公司的发展战略,把投资重点转向金融和房地产业。如:1960年代,先后建立了金融公司和地产公司;1970年代,通过收购、参股等多种途径,进一步扩展了集团在金融和地产业的经营规模和范围。

1980年代,尽管新加坡的经济一度陷入衰退期,但丰隆集团注意到东亚地区各国为求经济快速发展,正纷纷开放市场,从而促进了新加坡和区域旅游业的蓬勃发展,因此,集团便迅速而又及时地组建了以香港城市酒店国际公司为核心的跨国酒店集团,并在新加坡和亚太区大规模地建立酒店经营网络。如今这家公司虽然仍以家族企业为主体,但已成为以经营金融、地产、酒店业为主的多元化发展的跨国性企业集团,他们不仅成功而又顺利地实现了产业升级,同时也跨入了新加坡最大的华人企业集团之列。[①]由此可见,丰隆公司——这一华人企业集团创办于1940年的被殖民时代,但其经济实力的快速增强却是在新加坡独立以后。很显然,它的创立是新加坡处于战争年代的社会结构的产物;它的发展和壮大是战后新加坡经济迅速发展的产物;是以新加坡国家经济结构的变化为背景的;它的经营目标和投资战略的转变则与新加坡经济发展和产业升级密切相关。

不过,像丰隆集团这样的成功案例毕竟是少数。更多的现实却是,1989年以前,虽然新加坡的华人人数一直占国家总人口的绝对优势,大部分中小企业也属华人所有,但很长时期,这些华人企业在其经济结构中一直处弱势地位(尤其与新加坡的跨国公司和政联公司相比,直到1989年之后,中小型华商企业才有了大的转机)。尽管发展道路多坎坷,然而也就是这样一批出身于华商、华工、华侨的老一辈华人一方面深受祖籍国传统文化的影响,无论自己是身处艰难困苦之中(求生存时期),还是荣华富贵之列(创业成功之后),都十分重视子孙后代的教育,特别希望他们能够接受和继承华人的优良传统和文化,并将其发扬光大,以耀祖光宗。为争取话语权,他们也因此曾为实现以华语进行教育和支持鼓励海外华人为获得这种应有的教育权利与当地政府抗争(不论它是殖民地政府还是当地的民族主义政权)做出过不懈的努力和重大贡献;另一方面,毋庸置疑,现代经济全球化仍然由资本主义(发达国家)主导,正如新加坡前总理吴作栋在2000年联合国贸易发展曼谷会议上曾指出的:"全球化无疑是一种西方的思想观念并明显带有美国政治经济影响的烙印",所以,

---

① 陈国贲著:《华商:族裔资源与商业谋略》(香港:中华书局,2010年10月),第53~75页;以及丰隆集团网页 http://www.hongleong.com.sg.

他呼吁"发达国家必须避免毫无意义的自负或把包医百病的处方强加于人",①换言之,这种带有明显的"西方思想观念"烙印的全球化也无时无刻不在强烈地冲击和影响着全球的每一个人。

正因为如此,一直秉承着"适者生存"这一理念的新加坡华商在奋力维护和争取话语权的同时,也必须竭力适应居住地的文化、语言和政治、经济环境,因而形成了不同时期的新加坡华商的文化资本特色——既不同于中国文化、也不同于西方文化……却明显带有新加坡不同时期的经济发展、政治变幻、教育变革、文化诉求等冲击下的深刻烙印,而他们所特有的"在这种获取中遗留的、或多或少较为明显的痕迹(如中华传统文化,以及东西方文化的交融),就决定了(他们所拥有的)某些文化资本区别于其他文化资本的价值"。②

第二节 社会主体文化与政府主导文化对华商文化资本的塑造

上一节简要概述了新加坡从殖民时期以来的社会场域特征,以及新加坡华商为适应不同的社会变迁而采取的生存策略和他们在此过程中最基本的文化心理结构的坚守和重构等特征。本节将主要关注新加坡独立后的社会主体文化和政府政策的制定,政联公司、社团、会馆等的建立和发展对华商文化资本的影响。

由于战后东亚经济的迅速崛起和高速成长,因而有了"儒家资本主义"学说的理论,认为儒家传统伦理促进了经济发展,成就了日本、四小龙等"东亚奇迹"。③该学说曾经与"亚洲价值论"、"东亚模式"、"儒商"等观点相互援引,风行一时,并引发激烈争论。对这种学说持反对意见者则大都把东亚经济成功归因于各个国家的制度因素。至于这些争论是出于感情的认同还是理性的反

---

① 参见《亚洲如何应付全球化的挑战》,载香港《亚洲新闻》周刊,2000年2月25日。
② 皮埃尔·布迪厄著,包亚明编译:《文化资本与社会炼金术——布迪厄访谈录》(上海:上海人民出版社,1997年1月),第195~196页。
③ 关于"亚洲价值"、"东亚模式"等的相关代表著作有:弗里克里德·C·戴约等:《东亚模式的启示》(北京:中国广播电视出版社,1992年);杜维明:《儒家传统的现代转化》(北京:中国广播电视出版社,1993年);吉姆·罗沃著,张绍宗译:《亚洲的崛起》(上海:上海人民出版社,1997年)。约翰·奈斯比特著,蔚文译:《亚洲大趋势》(北京:外文出版社,1996年)等等。

思,能否通过严谨的论证,有否建构严密的理论框架等等,都有待继续而深入地探讨。然而,不管是前者的"文化论"还是后者的"制度论",二者似乎仅是立论角度不同而已,并不矛盾。因为事实上,一个经济体的成功既受制度层面的制约,也受文化层面的影响。关于这一点,马克斯·韦伯在其《新教伦理和资本主义精神》一书中早就指出:没有企业家阶级,就没有资本主义的发展;没有道德宪章,就没有企业家阶级;没有宗教信仰,就没有道德宪章。[1]这段话中所指的"宗教信仰"虽然是指"新教伦理"而非"儒家伦理",但总的来讲,指的是"文化"。那么,以另一种方式来诠释的话,应该就是:没有文化,就没有制度;没有制度,就没有企业家阶级;没有企业家阶级,就没有经济的繁荣和发展。总之,经济、制度、文化三者不是相互独立,而是相互依存的。因此,对各种观点赞成也好,反对也罢,所表现出的不过是论辩各方的话语错位,探讨和辩论的重点无异于是希望进一步拓展(而非挤占)论辩各方反思的空间,以揭示导致东亚经济发展的深层原因。

不过,随着1997年亚洲金融危机的爆发,"东亚模式"的说法旋即受到学界质疑,认为"儒家资本主义学说"已经不攻自破,甚至认为,金融危机不仅暴露了亚洲儒家文化圈的问题,也暴露了学界研究方向的问题。但令全球震惊的是,正当不少学者义正词严地指责"都是儒家文化惹的祸"时,西方世界的超级大帝国——美国也继1929年经济大萧条之后再一次深陷泥沼——金融海啸——之中而无法自拔。也许就是这些危机的反复发生,似乎又给人们提供了一个反思的新方向、新视角:究竟是什么因素在主宰着经济的繁荣和衰退?新加坡的华商(东南亚的华商或者说海外华商)究竟是如何造就的?他们所处的经济场、权力场、文化场对其文化资本的塑造有何影响?他们所拥有的文化资本又对其个体和企业的生存和发展起到的作用究竟有多大?这些都是本章将要关注的重点内容。

一、新加坡独立后华商所处的经济场域

1965年,当新加坡从马来西亚分离出来时,尽管这个没有自然资源,也常被邻国敌视的蕞尔小国看起来似乎前景暗淡、希望渺茫,但是他们却拥有一批顽强而充满智慧的实用派领导团队,以及唯一的、却非常重要的国家财产——新加坡的战略地理位置。因此,新加坡领导阶层有一个共识就是:要想生存,

---

[1] 雷丁(S·G·Redding):《海外华人企业家的管理思想——文化背景与风格》(上海:三联书店,1993年),第1页。

就必须比其他国家更坚强、更务实、更纪律严明。正如当时的总理李光耀所言:"我推断,作为东南亚的一个城市岛国,如果要生存,它就不能平庸处之。我们必须做出非凡的努力,成为一个团结紧密、坚韧不拔、适应能力超强的民族;我们必须要比邻国花更少的代价把事情做得更好;我们必须与众不同。"①尽管外界对新加坡政府所展现出的"强势"不乏误解和批评,认为它过于集权、不够民主等等,但新加坡本国上下并没有严重的持不同政见者。因此,这一共识至今仍贯穿在政府领导人的思维和策略之中,并成为他们的治国理念和文化准则。

新加坡自1965年独立以来,其经济发展重心变迁的轨迹与世界经济的发展过程基本相符,大致可分为以下六个阶段:②

第一阶段,以创造就业为目的的劳动密集型工业化阶段(1965—1973年)。由于新加坡受国内资本和市场条件限制,政府不可能采取如同日本、韩国过度保护本国工业的做法,而只能依靠以税收和财政优惠、抑制劳动成本、改善劳资关系,以工业园区形式来吸引大型跨国公司前来投资,以帮助本国推动工业化。由于发展工业需要大量熟练工人和技术人才,新加坡政府便大刀阔斧改革旧的教育体制和结构,大力加强技术培训的比重,大幅增加大专学府的工科招生比例,以适应当时的制造业如电子业等的产业发展需求(属于劳动密集和技能要求不高的性质)。这也带来了这个时期新加坡经济年均8.7%~9.4%的增长速度。

第二阶段,资本密集型工业化阶段(1974—1980年)。从1972年起,随着制造业的发展和全民的充分就业,新加坡面临通货膨胀、产业结构单一,以及

---

① Lee Kuan Yew, *From Third World to First: The Singapore Story: 1965—2000* (Singapore: Times Media Pte. Ltd., 2000), pp. 20~24.

② 有关经济政策、经济发展等资料主要来源于:http://www.edb.gov.sg/edb/sg/en_uk/index.html;新加坡贸工部经济计划委员会著,李美华译:《新加坡向发达国家发展的经济战略计划(上、下)》,《南洋资料译丛》,1996年第1期(第13~23页)、第2期(第11~21页);廖小健:《战后新加坡华人经济的几个发展阶段》,《八桂侨史》,1997年第3期,第27~32页;曹云华:《成为发达国家之后的新加坡》,《东南亚研究》,1993年3月,第11~13页。中山晴生、福田纯子著,柳弘译:《新加坡的经济发展战略(上、下)》,《南洋资料译丛》,1998年第2期(第38~45页)、第3期(第35~42页)。黄朝翰、杨沐:《新加坡对知识经济的推动》,《国际经济评论》,2000年第7~8期,第43~47页。严崇涛著,陈抗编选:《新加坡发展的经验与教训》(新加坡:汤姆森学习出版集团,2007年10月)。陈国贲著:《华商:族裔资源与商业谋略》(香港:中华书局,2010年10月)。

经济重组的挑战。于是政府开始注重发展资本密集型制造业。在这一时期，政府将出口导向战略实施重点围绕面向出口的船舶建造、炼油业、电器、精密工程等产业进行调整，使制造业和贸易成为新加坡经济的两大支柱，以突破英殖民时代遗留下来的单一产业结构。为实现产业转型，政府采取一系列政策和措施推动经济发展，形成以制造业为中心的贸易、交通、金融、旅游五大经济支柱的多元经济。新加坡也因此成为东南亚国家中经济发展水平最高的国家，被列入新兴工业化国家，并成为举世公认的亚洲"小龙"。

第三阶段，技术密集型工业化阶段（1981—1985年）。1980年代以来，由于经济的快速发展，新加坡出现劳工严重短缺的现象，与此同时，西方发达国家也开始采取贸易保护政策，因此，新加坡要想参与国际竞争，就必须实施产业转型，即由资本密集型转向发展技术密集型产业。在此期间，政府的经济发展政策主要从以下三方面着手：首先，深化技术教育。提出"自动化、机械化、电脑化"发展方针，通过教育和培训开发人力资源，扩大各类教育的规模，特别是高等和专业教育。其次，鼓励资本和技术密集型投资。采用税务豁免等财政政策，促使产业结构朝向资本和技术密集型制造业方向调整，吸引国际著名的电脑企业及石化制造商落户狮城。再次，发展高附加值的金融与服务业。将新加坡打造成提供广泛服务的"金融超级市场"，确立新加坡"知识型服务业"的国际中心地位。"知识型服务业"以高级人力资本为内容，包括会计、法律、广告、市场研究、电脑及管理咨询业的服务业，其他如房地产、工程与设计也与区域金融中心所需的城市规划及交通设施相关。

为此，新加坡经济在1980—1984年间取得8.2%～8.4%的年均增长。但是，在经济转型的过程中，由于工资上涨，却并未提高国内生产力，加之公司税率高达40%，促使公司营运成本节节攀升，从而使得新加坡的国际竞争力不断下降，导致其经济在1985年时一度萎缩，并出现了独立20年以来第一次负增长。究其主要原因则是：长期以来，许多经济学家都十分推崇"小政府"理论，且指出，大凡推崇"小政府"理论的国度，几乎都有强大而蓬勃发展的私人企业。①但新加坡的发展实践却与此大相径庭，因为新加坡政府一直保持着"大政府"状态，且强大到几乎无所不在，加之这个大政府因过多地注重大力吸引外国公司或跨国公司来投资和发展，却一度忽视甚至牺牲了本土企业的发展和壮大。所以，"PLCs"（Poor Local Companies）几乎成为这个时期新加坡

---

① 其主要代表人物之一是芝加哥大学的经济学家、2008年诺贝尔奖获得者米尔顿·弗里德曼。

本土企业的代名词。不过,幸运的是,由于经济的萎靡使得新加坡政府及时意识到了这个问题,因为"无论是出于政治考量还是经济考量,都需要将(本国)中小企业(尤其是华人资本)重新整合到主流经济之中"。① 为了走出困境,新加坡政府开始调整工业发展战略,提升服务业的地位,并制定了"中小型企业发展计划",从而促使新加坡的经济发展进入了另一个新的发展阶段。

第四阶段"全商务服务出口阶段(1986—1990年)"。为造就新的成长曲线,新加坡经济委员会提呈《新加坡经济:新的方向》报告,内容包括:

短期:通过降低雇主中央公积金(CPF)比例、冻结工资、降低公司税等途径减少企业的营运成本。

中期:从单纯加工生产基地向全球贸易、通讯、金融、会展、旅游等服务业中心的理想迈进。放缓产业升级步伐,放松对非技术类制造业投资的歧视态度,推出"中小型企业发展计划"(SME Master Plan),希望20年内成立百家营业额最少1亿新元的本地企业。

长期:为发展高科技产业,国家将率先进行R&D活动,以高增值制造业为重点,加速对传统产业的技术革新,提议以制造业、服务业与本地企业为经济增长主力,把发展重心放在后两者,提出"全商务"(total business)基调,拓展制造业在深度与广度上的角色。

为此,新加坡经济很快走出了1985年的短暂低迷和衰退,重新呈现出了新的活力和生机,尤其是高科技资讯工业一直是新加坡发展最快的产业,从1986—1990年这些年间其年平均增长率高达17.5%。

为了进一步提升新加坡在全球的竞争力,使新加坡高度融入全球经济,成为全球化程度最高的经济体之一,政府于1990年代初期制定了"全球观发展战略",包括八项战略目标:

1. 吸引海外专业人才流入,以强化与累积人力资源。
2. 增加产官学界就经济问题的对话,以中和彼此认知上的差距。
3. 教导民间人士,促进与区域各国间的经济交流,以增进国际观。
4. 随时检讨政府政策,以消除研发活动的可能阻碍,创造更好的研发环境。
5. 开发制造业与服务业的新领域,促使新加坡经济活动能达国际一流水准。

---

① 陈国贲著:《华商:族裔资源与商业谋略》(香港:中华书局,2010年10月),第54、64页。

6. 协助国内企业升级,以提高生产力。

7. 开发新的竞争力评估制度,以随时观察短期或中长期竞争力变动情形,并提早发出警讯。

8. 发展新加坡成为多国籍企业的营运总部,促进国内企业发展,以极小化新加坡经济的脆弱性。

很显然,新加坡政府所制定和实施的是全球化策略,旨在鼓励企业立足新加坡,但要放眼全球市场。

第五阶段,知识创新阶段(1991—1996年)。新世纪将近,为了继续保持在全球的领先地位,迎接新的挑战,新加坡政府毫不懈怠,于1991年又制定了名为"新加坡:新的起点"的跨世纪发展战略。这一战略把经济发展的重点着眼于21世纪前30年的发展,制定了分阶段的目标和任务,规划了跨世纪的重大工程。例如:到2020年,人均国民生产总值达到荷兰水平;到2030年,人均国民生产总值将达到美国的水平,成为一个充分发达的国家。为实现经济发展的远景目标,新加坡政府逐步采取了以下的"总部经济"措施:①

1. 争取更多的跨国公司在新加坡设立地区总部(到2000年争取有200家),而且,要"鼓励跨国公司把新加坡当成国内基地,而不仅仅当成一个既方便又在短期内获利的生意场所"。

2. 把本国企业发展成具有世界一流水平的企业。为此,要尽力增强本国企业的能力,使之达到发达国家水平;帮助本国企业打入国际市场,把有前途的本国企业发展成跨国公司;帮助本国私营企业扩大规模,提高地位;为有潜力的本国企业家开办新型企业,以及为通过利用本国资源而成功的企业提供有吸引力的发展环境。

3. 积极推进结构调整与产业升级。优先发展服务业特别是国际服务业,使之成为国家经济发展的中心;为避免出现产业空洞化,政府将继续重视制造业的发展,使制造业的产值比重维持在25%的水平,但要加快制造业部门的行业重组,将劳动密集型的企业转移到成本较低的亚洲邻国,在新加坡本地则集中发展高附加值的资本密集和技术密集型的产业。

4. 重视科学技术的普及与提高,加速整体经济从技术"引进型"向"创新型"转变。为了与世界各国进行沟通和联系,政府将帮助每个公民都能熟练地

---

① 参见新加坡贸工部经济计划委员会著,李美华译:《新加坡向发达国家发展的经济战略计划》,《南洋资料译丛》,1996年第1期(第13～23页)、1996年第2期(第11～21页)。

掌握电脑基本知识,并能有效地利用多媒体技术;同时,要使服务业、商业、制造业、贸易等各个领域都实现科技化。

由此可见,新加坡无论在服务业、交通通讯、高科技资讯业,还是商业、贸易,以及制造业方面,其政策制定和实施的主要宗旨都是以教育培训为基础,充分采取转移和内化世界高素质企业的高技术力量的方式,以降低本国生产成本、提升本国企业和员工的生产效率、增强国际竞争力。

第六阶段,知识密集型经济阶段(1997年至今)。为了增加科研开发投入,增强自身科技实力,新加坡政府于1996年9月公布了第二个五年科技发展计划,计划的目标是争取在10到15年内,使新加坡在某些领域内的科研成就达到发达国家水平。计划的重点是增强新加坡的科研能力,支持私人企业的科研活动,培养科研人才。为此,政府决定科技发展经费从第一个计划的20亿新元增加到40亿新元。为全面提高国人的教育素质,政府也采取了一系列措施,如:加强对就业人员进行再教育;改革中小学教育,把教育重点放在科技、创新思考和国情方面;把新加坡国立大学和南洋理工大学发展成世界级大学,逐步将新加坡发展成"东方波士顿"等等。同时努力吸纳国际优秀人才到新加坡工作,改革移民政策,为一些高科技人才特别是来自亚洲各国的优秀人才落户新加坡大开方便之门;通过新加坡国际基金会建立起人才俱乐部以网罗国际优秀人才;建立一些高科技研究所和国际领先的实验室,为高科技人才提供良好的工作和居住条件。同时,加强新加坡人的国家意识,尽量避免本国优秀人才外流;鼓励条件成熟的青年男女早婚早育多育,为新加坡提供充分且优秀的人力资源。

正如新加坡前常任秘书——一位新加坡成长和发展过程的见证人——严崇涛先生在总结新加坡发展经验与教训时曾指出的:

> 古典经济理论认为,带动经济增长的生产要素有三个:土地、人力和资本。可新加坡在这三方面都没有优势,所以,新加坡潜在的国民生产总值的增长不可能超过一定范围。但是,知识可以作为一个杠杆影响其他三个要素,所以,新加坡可以通过发展知识密集型经济来超越土地、人力和资本的限制,从而实现经济的增长。[①]

世界经济论坛(World Economic Forum,WEF)和瑞士洛桑(Lausanne)

[①] 严崇涛著,陈抗编选:《新加坡发展的经验与教训》(新加坡:汤姆森学习出版集团,2007年10月),第224~226页。

国际管理发展学院（International Management Development Institute，IMD）多年来以国内经济实力、国际化程度、政府效能、金融绩效、基础建设、管理水平、科技实力以及人力素质等八大因素来作为评估国家竞争力的依据，他们所发布的《世界竞争力报告》显示：新加坡在 1989—1993 年间，一直是最有竞争力的发展中国家；从 1998 年开始，新加坡连续四年被列为世界上仅次于美国的最具竞争力的国家，其中"政府效能"与"人才素质"这两项更是排名世界第一，这充分显示出新加坡所拥有的高素质的人才资源；瑞士洛桑国际管理学院（IMD）在 2010 年 5 月 19 日发布的《世界竞争力报告》显示：2010 年，新加坡的世界竞争力第一次超越美国，排名第一（香港第二，美国第三，中国第十八）；[1]世界经济论坛发布的《2011/2012 年全球竞争力报告》则显示，新加坡在全球最具竞争力经济体的排名第二，仅次于瑞士，美国则排名第五。[2]

但是，新加坡终究是一个蕞尔小国，自然资源、人力资源、供求市场都很有限，这对新加坡的经济发展始终是一种制约。尽管新加坡今天的成就令人信服和赞叹，但其经济发展仍然面临着巨大的挑战。譬如，在制造业中，跨国公司企业的产值占 70%，而新加坡本国企业的产值仅占 30%；新加坡的公司大多是中小型企业，虽然中小企业具有灵活多变、快速应对市场需求的优势，但是，在航空、石化、半导体等行业中，只有能进行规模经营的大公司才能在国际竞争中生存和发展；新加坡的对外贸易额高达国内生产总值的 3 倍，这样的比例比任何国家都高，因此，只要出现世界经济衰退，新加坡所承受的打击也将比任何国家都大；此外，由于新元的不断升值，劳工的日益短缺，这将使得新加坡的单位商业成本不断上升，加之周边国家都在加速发展，其经济和社会繁荣程度也越来越高，因此，新加坡的相对竞争力将随之下降。

尽管现在新加坡的人均国民收入已经达到发达国家的水平，但与欧美发达国家相比，新加坡在教育水平、劳动力素质、科技发展尤其是科技创新等方面仍存在差距。譬如：从教育水平来看，2011 年的数据显示，新加坡的劳动力人口中只有 58.3% 受过中学以上（Post-Secondary）的教育（2001 年仅达 39.5%）；具有大专以上教育水平的占 46.5%（2001 年仅占 30.4%），[3]而美国早

---

[1] 参见李慧萍：《2010 年瑞士洛桑国际管理学院（IMD）世界竞争力排名分析》（台湾经济研究院，研究六所计划成果）。

[2] 李敏雯：《仅次于瑞士，新加坡竞争力全球第二》，《联合早报》，2011 年 9 月 8 日。

[3] http://www.mom.gov.sg/statistics-publications/national-labour-market-information/statistics/Pages/labourforce.aspx

在1990年代中期受过中学以上教育的就已高达89%,日本达78%。从科技水平看,新加坡的差距更大,因为新加坡大部分的科技是通过跨国公司引进,而非本国发明创造。因此,随着国际市场竞争的日趋激烈,以及经济区域化趋势日益明显,新加坡这个小小岛国在国际大市场上将要面临的挑战也越来越严峻。很显然,其中最为至关重要的就是人力资本和知识资本的积累,这也是新加坡政府在过去30多年中(从1979年的第二次工业革命开始)一直不遗余力地把开发人力资源置于最重要地位的主要原因。

20世纪末,由于电脑科技带动的全球信息产业的迅速升起,电子商业一日千里。为把握住又一波产业革命的浪潮,新加坡政府将经贸政策的重点投放在提高服务业竞争力以及发展高科技产业上。为早日转型为知识型经济(Knowledge-Based-Economy, KBE),政府大肆鼓励国民学习最新科技知识,勇于创新和创业。进入21世纪时,政府进一步将经济发展政策方向确定为"三化"、"一中心"。所谓"三化"就是经济国际化、贸易自由化及企业高科技化;"一中心"即指将新加坡发展成环球城市中心。因而采取的经济措施包括持续吸引并奖励高科技、低污染、资本密集型工业的外来投资,同时协助本地企业成为跨国企业,并大力发展服务业以及加强人力资源投资等。为此,新加坡政府制定了《21世纪10年发展计划》,以确保本国十多万家中小型企业能更具活力、更有实力、更能经得起全球化所带来的知识经济的考验。这个10年发展计划是由新加坡生产力与标准局、政府机构及私人企业等共同拟定的,旨在达到三大目标:

第一,培养具有世界竞争力的中小企业,使销售额在1500万新元以上的中小企业的数量,从(当时的)2000家增加到6000家。

第二,发展具有高生产力的中小企业,通过重组、复兴及提升来加强本地服务行业的中小型企业的生产力,使零售业的中小企业的生产力能够提高一倍,使这些企业人均创造的价值从2.8万新元增加到5.6万新元;把从事电子商务的中小企业从8000家增加到3.2万家。

第三,创造知识型、有利于企业发展的环境,把从事电子商务的中小企业从8000家增加到3.2万家。

为实现以上目标,新加坡政府决定,由新加坡标准、生产力与创新局(下面简称"标新局")领头,组成由政府机构、商会、工业协会和私人企业等多方代表组成一个实施委员会,负责《21世纪10年发展计划》的具体落实,不断加大对中小企业的支持力度。标新局主要采取了以下举措:一,提供技术支持。在科研机构和中小企业间架起沟通的桥梁,帮助企业利用科技改进产品和服务;

二,鼓励科技创新,提供技术培训服务,鼓励中小企业在开发产品和改进生产工艺中发挥创意,研发新产品,以提高企业竞争力;三,减低服务费用。标新局技术咨询服务为公共服务,只收成本价,通常比中小企业单独展开项目所需花费小很多,这大大地减轻了中小企业在资本开销方面的负担;四,培育创业人才;五,加强服务指导,邀请行业经验丰富人士为中小企业提供咨询指导;六,缓解资金制约,成立中小企业信贷局,帮助中小企业获得银行贷款。[①]

总体来看,新加坡政府积极实施的以上各种具体辅助措施,主要体现在企业、行业和国家经济政策三个层面:

第一,企业层面(微观)。主要包括四大策略:提升管理层和员工的素质、推广最佳管理方式、设计新的经营模式、利用知识和科技促进生产力的提高等等。目的在于帮助各企业完成从传统到现代化经营、从家长式到团队式管理、从模仿到创新的战略转变。

第二,行业层面(中观)。主要包括两大策略:其一,鼓励行业内和行业间的合作;其二,积极提升服务行业素质。目的在于帮助本国企业降低交易成本,提高生产和合作效率。

第三,国家经济政策层面(宏观)。主要包括帮助中小企业融资、推广电子商务等多方面的政策和技术扶持。目的在于建立企业和政府之间的伙伴关系,发掘和培养本地人才,以帮助中小企业把在规模上的局限转化为一种潜力,将新加坡发展成区域性中小企业的成长中枢。

随着全球化进程的加快,面对越来越激烈的世界竞争,为保持强劲的经济竞争力和增长率,新加坡政府自1990年代以来积极推行经济区域化计划,加速发展海外经济。如果说1970—1980年代新加坡以吸收外资发展国内经济为首要重点的话,那么在1990年代,新加坡大力扩展对外投资,积极发展海外经济,已成为其经济发展的战略新方向。从1992年开始,新加坡采取了新的促进对外直接投资的措施,特别是对亚洲地区的投资。政府通过制定2000年区域经济一体化计划,鼓励当地企业向国外投资,并特别为此成立了一个国际企业发展战略事务局,通过分析海外投资的潜力,来帮助本国企业制定切合实际的发展战略,为成为成功的跨国公司做准备。政府还成立了海外企业促进委员会,该委员会的任务主要是发现那些新加坡企业跨国经营中遇到的障碍

[①] 该发展计划实施后的调查结果显示:新加坡约80%的中小企业表示乐意加入信贷局。大约有10万多家中小型企业将从中获益,一年内能吸引到至少1000家中小型企业加入信贷局,这有利于缓解中小企业融资难的瓶颈制约。

并研究解决这些障碍的可行性方案,向政府提出政策性的建议,从而使跨国经营的企业得到更大的支持和帮助。

综上所述,新加坡虽然建国时间较晚,且其资源的缺乏,以及收入水平、技术发展水平、产业结构水平与发达国家有明显差距,因此,新加坡通过引进先进技术,包括吸纳外来文化的方式来加速技术变迁和文化优化,从而使经济发展得很快,这就是所谓的"后发优势"。但新加坡的发展路径依然遵循了世界经济发展的一般规律,只是从一个阶段向另一个阶段跨越时所经历的时期较短而已。不过,很显然,新加坡的经济在每一个发展阶段,他们所采取的并不是急功近利的"赶超战略"(赶超先进国家),而是稳步发展的由要素禀赋结构所决定的"比较优势战略"。[①]那么,如何将国家现有的"比较优势"资源进行最优配置,新加坡政府的引导和参与所产生的影响力则是不言而喻的。

一般来说,各国有着不尽相同的经济发展模式,也有着不同的政府与市场的组合形式,譬如:西欧北美的市场主导型是政府追随市场;东亚的国家主导型是政府引导市场;发展中地区(包括共产主义国家)更普遍的市场替代型则是政府替代市场等等。[②]关于政府在国家经济增长和发展中究竟起什么作用,对这个问题的争论一直是徘徊在"美女"与"野兽"之间。学界的争论大致上可分为两种:一种观点认为国家主导市场有时对经济会带来灾难性的后果,政府支持的活动与那些只能在非政府领域内所产生社会资本之间是一种零和博弈,政府行为可以破坏却不能创造国家的社会资本;另一种观点则认为国家与社会相辅相成,是一种正和博弈,公民的个体组织与社会团体的资本需要正式的国家制度去培养与保护,有效的国家制度能为国民参与提供更有利的环境,并认为前面的观点不符合历史发展的逻辑。阿瑟·刘易斯在其《经济增长理论》一书中也概括了有关政府在经济发展中的作用的悖论:如果没有一个明智的政府的积极促进,任何一个国家都不可能有经济进步;另一方面,也有许多政府给经济生活带来灾难的例子,以至于要写满几页警惕政府参与经济生活的话也是很容易的;政府的失败既可能是由于它们做得太少,也可能是由于它

[①] 林毅夫等认为,在实施赶超战略的经济中,政府人为地干预经济运行和扭曲市场信号,那么,政府伤害经济发展,几乎是必然的,甚至是灾难性的。但在实行比较优势战略的经济中,政府的角色首先在于维护市场的竞争性和规则性,从而可以化解稀缺资源不足所造成的瓶颈制约。参见林毅夫、蔡昉、李周:《比较优势与发展战略——对"东亚奇迹"的再解释》,《中国社会科学》1999年第5期,第4～20页。

[②] 董正华等:《透视东亚"奇迹"》(上海:学林出版社,1999年12月),第275～279页。

们做得太多。①

事实上,各种不同的经济发展模式都有其成功或失败的案例,例如:当1960年代,不少亚洲国家正忙于脱离殖民统治的压榨、争取建立自己国家的尊严时,西方国家却正在分享着经济高速成长、资本大幅积累的喜悦,这个时候,"大家一直认为,亚洲文化缺乏经济成长的能力"。而进入1970—1980年代,亚洲的许多国家也品尝到了经济繁荣的果实,尤其是当"亚洲四小龙"所取得的经济成就被誉为"经济奇迹"时,西方却正经受着经济衰退的困扰,这个时候,"亚洲价值观优越论甚嚣尘上",也因此使得"亚洲地区成为发展中国家经济发展效法的对象"。②世界银行1993年出版的《东亚奇迹》一书在系统介绍东亚发展的经验时也指出:东亚奇迹是东亚各国政府的科层机构在市场经济中发挥重要作用的结果;但同时也强调"政府在发展中起着极其重要的作用,不过,并没有一套简单的规则告诉它们要做什么,除了普遍接受的规则,政府的能力、国家的发展水平、外部条件等诸多因素决定政府在经济中的作用也有所不同"。③

紧接着却又爆发了1997年震撼全球的亚洲金融危机,也再一次触发了人们对政府作用的争论,同时重新掀起了"亚洲价值观的论战"。世界银行的观点也随之有所改变,它在1997年的发展报告《正在变化的世界中的国家》一书中一开篇就声明"以国家主导的发展肯定已经失败了",不过,该报告同时也强调"但无国家主导的发展也失败了",因为历史的发展轨迹已反复地说明"没有有效的国家(主导),可持续的发展——不论是经济发展还是社会发展——都是不可能的"。正如杜维明所指出的:有些人似乎忘记了一个简单的事实,即东亚"奇迹"是一个业已完成的奇迹,或者说在金融危机之前东亚现代性就木已成舟了,也就是说,金融危机只是资本主义世界经济危机的一种形式,而且像任何其他形式的经济危机一样——它所引起的反应也是全球性的。④而

---

① 阿瑟·刘易斯著,梁小明译:《经济增长理论》(上海:三联书店,1990年),第475～576页。

② 裴鲁询:《亚洲价值:从发电机被变成骨牌》,参见哈瑞森、亨廷顿编著,李振昌、林慈淑译:《为什么文化很重要》(台北:联经出版事业股份有限公司,2003年12月),第345～357页。

③ 世界银行著,财政部世界银行业务司译:《东亚奇迹》(The East Asian Miracle)(北京:中国财政经济出版社,1995年)。

④ 杜维明:《东亚价值与多元现代性》(北京:社会科学出版社,2001年),第76～77页。

进入21世纪,当亚洲国家正在逐渐脱离经济低迷的漩涡、慢慢抚平金融风暴带来的伤痛时,美国却又轰轰烈烈地卷入到了一场百年一遇的"金融海啸"之中,美国政府也不得不伸出了那只"看得见的手"入市拯救……

这一系列的历史事实,尤其是东亚各国的经济发展过程表明:宏观制度能为微观个体提供生存和繁荣发展的环境;有效的政府在建立社会规范和提供共同文化框架中起着至关重要的作用;微观与宏观的互补性不仅影响经济结果,而且相互促进;国家经济能否持续增长、公民社会是否繁荣富足,关键在于那个时期哪种模式有效,而并不只在于哪种模式。也如索罗斯比所言:"没有单一的发展模型可适用于所有情况,不同国家间的发展途径差异已导致不同的经济、社会、文化及制度环境,这些差异将会决定每个单一个案的发展方式。"①

从新加坡政府制定政策的方向以及实施方案来看,政府为企业所提供的各种财政和非财政方面的支持,无疑是在为各大小企业创建了一个良好的发展空间,从宏观层面来说,政府是在有意识地帮助企业改变其制度与规程,将国家文化注入各企业的认同感中,这也可以说是政府在为国家发展所做的一种文化资本投资,也为中小企业提供了一个制度化的、合法化的资本转换平台;从中观层面来看,企业在获得财政支持的同时,更多的是获得了知识和技术的支援(硬文化的获得)、文化规范的确立、创新意识的提升(软文化的建构)等等文化资本的积累,从而进一步优化了企业内部的资本转换过程;而从微观层面来看,新加坡政府在为国家建构"场域"的过程中,为"场域"中的个体行动者提供了一个将教育经历、工作经历、学习经历等内化为身体化形态的文化资本的平台和方向,个体行动者也就有了"通过斗争以维持和提高自己在这个场域中的位置"②的可能。

二、新加坡教育政策所营造的文化场域

一般而言,适当的社会和经济制度以及教育制度能替代集体规范,并能促进较大群体的集体认同感。因此,新加坡政府非常清楚地知道,对于自然资源严重匮乏的国家,其所能依靠的最大资本就是优质的人力资源,而要开发、培

---

① 大卫·索罗斯比著,张维伦等译:《文化经济学》(台北:典藏艺术家庭股份有限公司,2009年3月),第83页。

② 皮埃尔·布迪厄著,包亚明编译:《文化资本与社会炼金术——布迪厄访谈录》(上海:上海人民出版社,1997年1月),第147页。

养和提升优质的人力资源,就必须仰赖教育的发展和贡献。教育的最大作用就是为社会发展以及经济现代化所需的技术、知识和价值观做准备。国民的文化程度高低与素质提升密切相关,国家的人力资源素质的提升与国家发展密切相关。因此,人力资源是新加坡这个国家成败的关键,新加坡政府因此为发展教育尽心竭力,从不吝啬各种投资,每年以 GDP 的 3%～4% 的财力预算投入到发展教育以及教育改革上。① 开国总理李光耀在宣扬他的治国理念时强调:"我们应该牢牢记住,人才资源可以补救天然资源的缺乏,我坚信:人定胜天。"② 他认为积极开发人才资源才是一个国家追求卓越的基础,因此,"要取得成功,什么规劝、法律或强制都没用,文化因素最重要。人们必须要有渴望接受教育、追求知识和成为有用之才这种基本的文化心理结构。"③ 这正是布迪厄所认为的:文化可以调节社会各阶级之间的关系,而教育场域则无疑是最适合进行这种调节的;而且社会阶级关系也可以通过国家机构和国家制定的教育政策来调节。④

教育,特别是小学和中学阶段的教育,是一个"准公共产品"。⑤ 因为社会认识到改善教育所带来的社会收益显著超出了私人和个人的收益,市场价格

---

① 相关数据主要来源于新加坡政府金融年鉴(IMF Government Finance Statistics Yearbook)。新加坡公共教育支出占 GDP 的比重,从 1975 年的 2.9%,上升到 1985 年的 4.4%,近几年虽然有所下降,但 2004 年仍达到 3.7% 的水平。

② 参见李光耀著,联合早报编:《李光耀四十年政论选》(北京:现代出版社,1996 年 10 月),第 134 页。

③ 参见《李光耀谈新领导层治国》,载《联合早报》,1992 年 6 月 6 日。

④ 戴维·斯沃茨著,夏孝川译:《皮埃尔·布迪厄:社会不平等的文化传授》,译自《哈佛教育评论》,1977 年 11 月号,第 545～555 页。

⑤ 在经济学中,所谓"公共产品"指的是每个人对这种产品的消费并不会减少其他人对该产品的消费,因此,公共产品需求或消费的基本特征是既无排他性又无竞争性,如国防、外交、烟火表演等。"私人产品"指的是一个人对这种产品消费后,其他人便不能再次消费的产品,因此,私人产品的基本特征是既有排他性又有竞争性,如冰淇淋、拥挤的收费道路等。而"准公共产品"指的则是介于以上两类产品之间的、兼具部分公共产品和部分私人产品性质的某类产品,现实生活中,诸如医疗服务、非义务教育以及某些需要付费使用的基础设施等,均属于准公共产品。从产品的供给方而言,纯公共产品应该由政府提供,私人产品则由追求利润最大化的居民户或者企业提供,而准公共产品则既可以由政府提供,也可以由政府与企业联合来提供,如教育等。参见曼昆(N. Gregory Mankiw)著,梁小明译:《经济学原理——微观经济学分册》(北京:北京大学出版社,2009 年 4 月),第 232～244 页。

能反映出这种收益。作为一个教育产品的主要供应者,新加坡政府持续发挥着重要作用,并在公立学校的体系中也引入了适当的市场机制,特别是实施了共同支付机制,让人们体会到提供公共教育的成本。一般来说,新加坡的基础教育几乎是100%由政府补贴,小学和中学学生只需要支付最少的额度;但教育层次越高,个人支付额度会随之逐渐提高,其主要缘由是教育服务不仅能带来公共收益,而且也是一种提高个人未来收入的途径(同时,这也符合经济学中"准公共产品"的价格制定具有不确定性的特点)。不过,教育部长黄永宏强调:一方面,教育部在建构未来的教育时,必须考虑全球大环境,以及新崛起的国际势力对下一代的影响;另一方面,教育部也必须确保学生无论来自任何家庭背景,都能接受全方位的核心教育,培养广泛的技能,以帮助他们继续拥有国际优势,不论通往哪一条路,都能登上各自的巅峰。①

而在国家意识层面(精神和价值观),由于新加坡曾是英殖民国家,自然深受"西化"影响。1988年时,新加坡刚刚走出经济衰退(1985年)的阴霾,当时的第一副总理吴作栋在一次演讲中就尖锐地指出:"新加坡人越来越西化,人民的价值观也从儒家伦理的克勤克俭和为群体牺牲的精神转为自我中心的个人主义。这种价值观的转变,将会削弱我们的国际竞争能力,从而影响国家的繁荣与生存。"②此后,成为新任总理的吴作栋第一次公开建议新加坡必须发展自己的国家意识,要制定一套各种族和各信仰的新加坡人均能接受的共同价值观,作为未来社会和政治稳定的基础,以防止社会走入迷途,不知所从。1991年1月,政府发表白皮书,将共同价值观限定为:

  1. 国家至上,社会为先;
  2. 家庭为根,社会为本;
  3. 关怀扶持,同舟共济;
  4. 求同存异,协商共识;
  5. 种族和谐,宗教宽容。

显而易见,新加坡政府所推行的是一种综合文化,而不是某种单一的文化。在新加坡这个地缘关系和种族关系比较复杂的国度里,很难单方面推行某一个种族的文化。而上述价值观所体现的正是新加坡主要种族和宗教团体

---

① 参见陈能端、王玨琪:《访教育部长黄永宏打造以"学生为本"多元走道培养软技能为学生增值》,载《联合早报》人物面对面专题版,2010年4月21日。

② 参见《儒家基本价值观应升华为国家意识》,载《联合早报》,1988年10月29日。

"共同的"、"共享的"核心价值观,旨在打造一个"新加坡人的新加坡"。这也是新加坡自独立后,执政党及其政府的文化政策经历了从多元文化向综合文化的发展,打破了殖民时期以种族为差别的文化的多元性,进而发展成为从四个主要种族中采纳的为其共同拥有的"新加坡文化",①以避免新加坡人陷入既没有学到本身的母族文化,又不属于英国或西方文化的文化迷失之中。开国总理李光耀也反复强调:"身居迅速变化的时代,我们希望在探索走向未来的同时不要割断与过去的联系……失去传统,会使我们一无所有。"②直到现在,现任总理李显龙在2011年大选期间仍重申:"如果我们不维持母语和华族文化,会失去自己的根,对我们社会的前途和稳定,甚至凝聚力都很不利。"③

因此,新加坡政府长期以来都致力于发展教育以及实施双语教育政策,这是由于开国总理李光耀的理念是:

如果只通晓自己的母语,新加坡就无法生存。但若只懂英语,其后果则是倒退,我们会丧失自己的文化认同感,失去那份内心的自信;

掌握英语也使我们具备一定的竞争优势,因为英语已经成为国际商业、外交和科技的语言。没有它,新加坡今天不会有全球多家大型跨国公司和200多家数一数二的国际银行在这里营业,国人也不会那么轻而易举地接受电脑和互联网;

(但是华文)给学生灌输纪律观念、社会道德和传统文化价值观,以及自强不息的信念和自信心、责任感;

就是这种自信,让我们明确了自己在这个世界上的定位。④

但各界对新加坡的双语教育政策成败的评价却是褒贬不一,甚至有人认为新加坡推行了40多年的双语教育的结果是个"失败"。不过,现任总理李显龙在回应相关问题时说,推行双语教学是个非常具有挑战性的政策,但新加坡仍要坚持双语教育这项基本政策,特别是要学好华文,他强调双语教育作为新加坡的基石,继续贯彻的大方向不会改变,也从未动摇。政府不断提出改进华

---

① 参见杜维明:《新加坡的挑战:新儒家伦理与企业精神》(北京:三联书店,1989年),第212页。
② 吕元礼:《亚洲价值观:新加坡政治的诠释》(南昌:江西人民出版社,2002年6月)。
③ 郭丽娟:《李总理:华语华族文化地位一定保留》,《联合早报》,2011年4月26日。
④ 李光耀著:《经济腾飞路——李光耀回忆录:1965—2000》(北京:外文出版社,2001年9月),第148、149、152页。

文教学的要求,就是要肯定双语教育的重要性,新加坡不会对推行了40多年,并已在经济价值和文化认同上发挥了积极作用的双语政策改弦易辙。①其实,在当今这个知识经济时代、高科技时代,每一个个体出类拔萃的专业水平当然是一种优势,但很显然,若能同时运用两种语言就会更具竞争力。不过,有学者借用模型所做的技术分析表明:当人们必须投资额外的文化资本时,他们对文化资本的投资动力则会下降。②如果这种技术分析的结果有其合理性,那么,新加坡政府强制性的双语政策以及为实施政策所提供的种种鼓励和资助就恰好弥补了人们这种对额外的文化资本投资动力的不足。

事实证明,根据波士顿咨询公司对全球110个国家的政府策略和企业在鼓励创新方面的表现进行调查之后的结果显示:美国已经不再是全球创新中心。美国在创新能力方面排名第八,虽然高于日本(第9名)和德国(第19名),但却远远落后于来自亚洲的两小龙:新加坡(第1名)和韩国(第2名)。③新加坡的创新能力之所以在排行榜上高居第一,与其政府的教育政策高度相关。新加坡长期以来一直在招募外籍工程师,因为这个城市国家仅有400万人口,如果不引进高端人才,它就无法实现政府要将新加坡打造成全球电子、半导体、制药和生物行业中心的宏伟计划。但与此同时,政府也积极鼓励本地工程师出国深造以提高技能。例如,政府每年向100名科学和工程学专业的学生提供奖学金,资助他们攻读国外著名大学的博士学位。从2000年开始,新加坡政府就推出了投资额达6.5亿美元的培训计划,到现在为止,这项人才培训计划已经开始见效,学成归来的博士已经在政府研究实验室或当地大学就职,为国家效力。

毋庸讳言,在文化领域中的诸多议题,如文化资源的分配、文化参与的管道、为少数或弱势团体提供文化服务等,都是在导引文化生活的公平性,但这些文化议题和文化服务很可能会因追求效率的缘故而被忽略。④

---

① 周殊钦:《李总理:华文教学方式需更新,让不同学生达各自高峰》,《联合早报》,2009年12月4日。
② 罗纳德·佛莱尔(Roland. G. Fryer)著,宾建成译:《文化资本》,见薛晓源、曹荣湘主编:《全球化与文化资本》(北京:社会科学文献出版社,2005年4月),第217~218页。
③ 《商业周刊》编:《全球最具创新能力的30个国家》,请浏览新加坡文献馆网页 http://www.sginsight.com/xjp/index.php?id=2409,2009年3月17日。
④ 参见大卫·索罗斯比著,张维伦等译:《文化经济学》(台北:典藏艺术家庭股份有限公司,2009年3月),第83页。

不过，从以上的讨论可知，新加坡政府在追求国家发展效率的同时，并没有忽略与国家发展和社会进步有关的文化议题和文化服务的导引。政府借由文化政策，成功地保有了国家主导处理文化变迁的权力，同时也维护和提升了国民的经济利益和文化收益。这也在很大程度上体现了新加坡的文化与政治、经济之间的关系，美国社会学家兼政治家丹尼尔·帕特里克·莫伊尼汉有两句话很耐人寻味："保守地说，真理的中心在于，对一个社会的成功起决定作用的是文化，而不是政治。开明地说，真理的中心在于，政治可以改变文化，使文化免于沉沦。"[1]无论文化与政治之间的关系应该如何，从以上新加坡政府为建构国家经济发展场域以及文化教育场域所制定政策的各个层面可以看出，新加坡执政党的确利用政治改变了文化，或者更确切地说应该是引导和调适了文化，从而使国家文化以及各种族文化免于沉沦。新加坡也因此而获得了成功，这种成功令世人瞩目，也被世人称道。

三、新加坡政联公司对中小企业的文化的带动作用

新加坡在1965年建国之初时，经济水平相当落后，产业结构单一，主要以转口贸易为主，其失业率高达14%左右，同时还面临住房严重短缺以及创业资本、创业精神都严重缺乏等问题，可谓百废待举，百业待兴。为了迅速提高国民的生活水平，创造就业机会，新加坡选择了走工业化的道路。但当时的新加坡严重缺乏发展现代工业所必需的资本投入、技术力量和工业企业家，于是，政府决定通过制定优惠政策，大力鼓励外国企业、跨国公司在新加坡投资设厂，以促进新加坡的经济发展。随着新加坡国力的快速增强，这一举措也成为如今常被世人津津乐道的新加坡经济发展的主要特色之一。但外国企业、跨国公司在新加坡的经营所反映出的主要还是其自身利益的最大化以及服务于其自身在全球的产业布局，他们不会主动为新加坡的长远发展、经济转型及产业升级着想。因此，新加坡政府认为，必须同时还要发展自己的经济体系，才能引领本国的产业升级顺利进行。但这项重任还无法由当时的私人部门来承担。因为那个时期新加坡的私人经济领域主要由一些以贸易为核心的中小型公司组成，他们资金分散，技术和管理水平与现代制造业所需要的标准相距甚远。为了加快本国工业化的步伐，弥补经济结构和国家发展的产业空白以及基础设施的不足，新加坡政府在建国之初也组建了一些由国家投资、由政府

---

[1] 亨廷顿、哈里森主编，程克雄译：《文化的重要作用——价值观如何影响人类进步》（北京：新华出版社，2002年），第3页。

委托政府官员负责经营和运作的公共企业,不过,这些公共企业虽然解决了当时经济发展过程中的部分瓶颈问题,但在整体上仍缺乏明晰的战略目标和有效的协调能力。于是,新加坡又陆续成立了几家国有资产控股公司来统领公共企业的发展,其中1974年成立的淡马锡控股公司(Temasek Holdings)至今仍具有巨大的影响力,其意义也最为重要和深远。

淡马锡控股公司在成立之初仅有3.54亿新元的资产,所投资的企业仅30多家。但随着投资范围的迅速扩张,淡马锡的商业触角很快便深入到了新加坡的大部分产业领域。由于其具有政府背景,因此,它们所投资的公司或企业被称为"政府相关联公司",简称"政联公司"(GLCs:Government-Linked Companies)。政联公司可谓新加坡的一种独特的公司组织,是一种具有新加坡特色的国有企业,它们与政府在股权方面相关联。一般来说,若政府在某公司或企业所持股权在20%以上,该公司或企业便称为"政联公司"。

淡马锡及其所属的政联公司,虽然在建立之初便被定义为以"国有民营"的模式运作,即,国家通过淡马锡控股对政联公司进行股权投资。但这些企业又不同于一般的国有企业,因为它们既没有政府赋予的多重目标和任务,也没有沉重的社会负担,而是完全按公司法成立的私人有限公司,有严格的破产制度,也完全按照市场经济中的私人企业进行纯商业化运作,政府不给予特殊支持。即在市场准入、融资和产品销售等各个方面都与私人企业一视同仁,公平竞争。同时,由于新加坡国内市场狭窄,这些政联公司在后来也不得不到国际市场上参与竞争,并受到国际市场的纪律约束。①

但由于政联公司不少是从法定机构分离出来的,所涉足的领域也具有一定的垄断性,再加上投资方的政府背景,使得它在客观上还是带有了相当浓厚的"政府关联"特征。与此同时,淡马锡和政联公司的"财大气粗",使得其在经济资源的获取上具有优势。因此,他们一方面的确弥补了新加坡在经济和产业发展方面的一些空白,提升了国家的整体产业水平,在管理水平和经营业绩上甚至可以和外国企业、跨国公司分庭抗礼,也的确是推动新加坡工业化快速发展的主力军;但另一方面,淡马锡和政联公司的迅速扩张,使得其在客观上压缩和挤占了私人企业的发展空间,亦导致国内私人企业比较难以获得稀缺的经济资源,这似乎或多或少地违背了政府组建公共企业的初衷,即:淡马锡和政联公司的建立原本是为了弥补私人企业的不足,而非排挤私人企业。

---

① 参见严崇涛著,陈抗编选《新加坡发展的经验与教训》(新加坡:汤姆森学习出版集团,2007年10月),第8~9、70~73页。

到了1980年代中期,上述问题变得更加突出。尤其是1985年,新加坡经历了一场由内外因素共同作用引发的经济危机。政府在对危机产生的内部原因进行深刻检讨后认为:政府通过淡马锡和政联公司对经济和产业的发展干预过大。私人企业才是市场经济中最具活力和生命力的部门,政联公司应该起到的作用是为私人企业树立典范,带动私人企业一起发展而不是替代他们。为了纠正这一偏失,新加坡政府随即展开了持续十余年之久的公共企业私有化和私营化的历程,他们在大多数的政联公司中大幅降低国有股份(表现为淡马锡的投资股份),鼓励政联公司上市,大量引入私人投资股份,从而将私人拥有和私人管理的成分更多地引入到政联公司,使政联公司受到更多的市场硬约束。

淡马锡不断从政联公司中减持股份的举措到2002年时又有了新的进展。在新任总裁何晶女士的引领下,其撤资行动更进一步延伸到从新加坡本国撤资。主要目的是从资本相对充裕的本国市场撤出,向外投资到新兴工业化国家或全球高增长的领域,为股东(即国家)谋求更高的投资回报。同时,将本国市场更多地让位于本国私人企业,留给私人企业更大的发展空间,尽量做到不与私人企业争利。至2013年3月,淡马锡在新加坡的投资份额已经下降到了不足30%,也即,淡马锡70%以上的股份都已完成了从新加坡撤资,转而投资到海外如中国、印度这些新兴经济体。

由此,从公司治理和获取股东回报两个方面来看,淡马锡和政联公司实施的私有化和投资海外的战略转型都是可圈可点的。自1985年之后的私有化和私营化战略降低了政府在政联公司的股权比重,加大了私人股东在公司治理中的作用,而政联公司上市更是加强了其市场监管的作用,促使政联公司的治理方式更加符合现代市场经济的要求。长期而言,这不但有利于政联公司的股东们(包括政府)的利润最大化,其投资布局于海外也更有利于淡马锡获取更大的投资回报率,因为一般情形下,新兴工业化国家的投资回报率会远高于像新加坡这样的成熟经济体的投资回报率。淡马锡2013年的财政年报显示:淡马锡的资产已经由1974年创立时的3.54亿新元增加到了2013年3月的2150亿新元。[1]

从促进私人企业发展的角度看,淡马锡和政联公司的私有化和转向海外投资的策略则更具重要意义。新加坡建国之初,由于私人企业的资本和技术不足,淡马锡和政联公司应运而生。但随着时间的推移,国力的提升,私人企

---

[1] http://www.temasek.com.sg

业也逐渐发展壮大,并具备了承接产业发展的潜力。淡马锡和政联公司的私有化和在国内市场的撤资行动无疑为私人企业的进一步发展留下了更广阔的空间。

从资本的转移与承接的角度看,淡马锡和政联公司的发展战略不仅将物质资本转移给了私人企业,大大调动了私人企业家的积极性,并逐步改善了本国私人企业规模偏小、产业结构僵化、产业层级偏低的状况。更重要的是,与物质资本相伴随的、更为先进的企业管理经验和企业文化也植入到了私人企业中,特别是那些为政联公司提供上下游服务的中小企业。这些私人企业主在利用自己的经济资本参与政联公司的运作和发展的同时,必须利用自身的文化能力来尽可能地承继和协调政联公司早已形成的一些制度、规范和文化习性,甚至商业网络,私人企业主也因此进一步扩大和提升了自身及其企业的文化资本和社会资本的规模和层次。双方之间一旦交接成功,私人企业主便完成了一次将经济资本有效且高效地转换为文化资本和社会资本的过程。

正如布迪厄有时会将"场域"小心地比作一种游戏,他认为:

在社会游戏中,无论什么时候,都是游戏者之间力量关系的状况在决定某个场域的结构;游戏者所采取的每一步行动,不论是不惜冒点风险还是多少有些小心谨慎、是颠覆还是守成,都取决于他所拥有的资本的数量和结构;在遵守游戏的默契规则和再生产游戏及其利害关键的先决条件的情况下,游戏者可以通过参与游戏来增加或维持他们的资本,例如,部分地或彻底地改变游戏的固有规则,并以此来改变他们所拥有的不同资本的相对价值,以及不同类型的资本之间的兑换比率。①

因此,已经具备有一定资本数量的企业家们就如同这游戏中的参与者,要想提高自身不同类型的资本之间的兑换比率就必须要打破或改变原有的游戏规则,去遵循相应的新的游戏规则。政府以及政联公司通过资本转移将自身形成的具有一定主体特征的文化很自然地植入到了私人企业,甚至公民社会中,这对个体行动者而言,企业家及其企业的原有资本,包括经济资本、社会资本和文化资本,其相对价值也随之提升。

四、新加坡华人社团、会馆对文化传播的影响

本书第一章以及本章第一节已经提到,新加坡曾是一个人口稀少的海岛,

---

① 皮埃尔·布迪厄、华康德著,李猛、李康译:《实践与反思:反思社会学导引》(北京:中央编译出版社,1998年),第135~137页。

自19世纪莱佛士登陆新加坡后,英国人对新加坡的殖民,也同时开启了大批华人移民进入新加坡的时代。当时最早进入新加坡的华人主要来自马来亚,并且大部分来自马六甲和槟城,由此逐渐形成了一个可以称之为海峡华人的社群。在这个社群里,不少商人和学者也相继崭露头角。未几,伴随着大批中国移民的南来,另一个主要由劳工组成的华人社群也在新加坡形成并扎根,其规模亦日渐庞大。以上两类人群所构成的当时的新加坡华社,带有鲜明的工人阶级属性;少量资本家和一些贸易商组成了商人阶层;而来自中国的少数官员和学者则形成了士绅阶层。[①]

也就是说,早期的华人移民大部分属于"劳工阶层",也即大都处于社会底层。他们在异域他乡,为了繁衍生息,为了开拓进取,就必须寻求外在的力量,于是各种华人社团、会馆便应运而生。许多研究表明,这些"社团、会馆"是长期以来新加坡华人社会内部的重要支柱。

在学界,不少学者从不同角度将海外华人社团划分为不同性质的团体。如西方学者麦尔福德·威斯(Melford Weiss)的三分系统论,将海外华人社团分为传统主义系统(宗亲会、会馆和中华公所等)、现代主义系统(文体俱乐部、同学会等)及激进主义系统(参加主流社会的团体);美国华人学者伯纳德·王(Bernard Wang)将海外华人社团分为传统华人社团、新式华人社团和社会服务机构三大类;中国学者李明欢则认为,可按不同标准做多种划分,如依联系纽带可分为血缘、地缘、文缘、神缘、情缘等团体。[②]

新加坡华人社团和会馆的形式和种类也不外乎如此,且其创立、生存和发展过程,以及与新加坡华校互动格局的变化等等,基本上是新加坡社会变革的一个缩影,"它既体现出鲜明的时代特征,也反映了华人传统的韧性"。[③]尤其是它对教育的关注和对华族文化的弘扬在二战前深入人心,在二战后仍然影响深远。因为作为新加坡华人社会的主要组织——

[①] Lee Guan Kin, "Singapore Chinese Society in Transition: Reflections on the Cultural Implications of Modern Education," in Michael W. Charney, Brenda S. A. Yeoh and Tong Chee Kiong, *Chinese Migrants Abroad: Cultural, Educational, and Social Dimensions of the Chinese Diaspora* (Singapore University Press & World Scientific Publishing Co. Pte. Ltd, 2003), pp. 229~251.

[②] 参见黄昆章:《海外华人社团功能演变的理论和实践》,载郝时远主编《海外华人研究论集》(北京:中国社会科学出版社,2002年11月),第396~409页。

[③] 刘宏:《论二战后新加坡华人社团与教育的互动关系》,《华侨华人历史研究》,2002年第1期,第40~48页。

会馆在华文教育的发展与演变中扮演了不可替代的重要角色。从纵向的发展来看,这种作用包括会馆在华校的重建与创办过程中的领导地位。从横向的联系来看,会馆对华教的贡献涉及众多层面——从为建校提供财政上的资助到试图确立有利于华校发展的政策。正是由于会馆不遗余力的努力,包括会馆学校在内的华文教育得以在战后十余年间经历迅速而蓬勃的发展。虽然这一趋势到 1950 年代中期之后有所改变,会馆学校的数量日渐减少,但是,1945—1954 年间会馆的努力不仅奠定了战后新加坡华文文化的基础,而且也促使会馆在独立后的新加坡华文教育中仍然占有一席之地(例如通过发放奖学金、助学金,传播中华文化等)。[1]

由于"无论在理论还是实际层面,华校都是最重要的文化传承之所在"。[2] 因此,社团和会馆对华校、对教育、对文化活动的支持,"不仅体现和承传了中华文化中注重教育这一优良传统,而且也有助于促进华人族群内部的凝聚力与认同感"。[3] 对于华商群体来说,这些社团和会馆的意义更为重大。尤其是在 20 世纪上半叶,由于"当时有关商业活动的法律和规定非常有限",1906 年成立的中华总商会以及其他会馆(如福建会馆)等则"扮演着准法律机构的角色",对华人的商业行为起着规制、监督作用,以引导华商在任何交易活动中自我克制、自尊自重、维护个人名誉和华人的名誉等等;倘若有人不守信用,譬如毁约,哪怕是口头协议,那么,这种违背商业道德的行为将会受到社团或会馆的严厉惩罚,如整个商业社区都将不再跟他做生意,他的商业网络就此搁浅、他的企业或商店也可能会因此不得不停业或关闭。[4]

直到现在,随着新加坡社会的变迁和不断发展,尽管"华人社团的影响力

---

[1] 刘宏:《论二战后新加坡华人社团与教育的互动关系》,《华侨华人历史研究》,2002 年第 1 期,第 40~48 页。

[2] Lee Guan Kin, "Singapore Chinese Society in Transition: Reflections on the Cultural Implications of Modern Education," in Michael W. Charney, Brenda S. A. Yeoh and Tong Chee Kiong, *Chinese Migrants Abroad: Cultural, Educational, and Social Dimensions of the Chinese Diaspora* (Singapore University Press & World Scientific Publishing Co. Pte. Ltd, 2003), pp. 229~251.

[3] 刘宏:《论二战后新加坡华人社团与教育的互动关系》,《华侨华人历史研究》,2002 年 3 月,第 1 期,第 40~48 页。

[4] 参见陈国贲著:《华商:族裔资源与商业谋略》(香港:中华书局,2010 年 10 月),第 67~70 页。

已经下降",但是,"经商"永远都无法与信用、关系和网络分道扬镳,所以,尤其是中小型企业的华商依然会适度利用社团和会馆的资源来为自己的企业编制网络。与此同时,新加坡的许多研究学会、商会、宗乡会馆,以及报业控股等社会机构仍然会经常性地主办或联办各种有关历史、文化、社会和商业发展等不同方面、不同层级的讲座和研讨会,以维持和提升华人社团和会馆的社会和文化影响力。新加坡人尤其是许多华人商人都很积极地参与,其主要目的不外乎是愿意抽出业余时间更广泛的去获取知识和讯息,同时通过相聚、相识、相互讨论来扩大社交网。久而久之,这些知识和讯息的吸收就会逐渐内化成为参与者个体的身体化形态的文化资本,而社交网的编制和积累则会成为参与者个体的社会资本。

那么,新加坡华人社团和会馆采取的这种集体行动能否产生有效的号召力?那些乐意去投资额外的文化资本的人们能否获得相应的收益回报?一位接受访谈的新加坡投资商G先生这样回答:

> 我认为,我之所以能很顺利地进军中国市场,首先是因为我的中英双语都还不错,所以,比较容易受到对方的认可和尊重,大家都知道,华人一向崇尚知识和文化(包括修养);第二,我平时比较关注国际局势的发展和变化,也很热爱中华传统文化,并经常组织和参与一些文化活动,因此比较了解中国的风土人情、风俗习惯和发展现状,所以更容易与潜在的合作伙伴交流和沟通,并达成共识。

G先生的经验表明,除了从学校获得知识外,他也很善于从社会活动和实践中去获取信息,这使他在处理事务时更从容,也更容易如愿以偿。正如布迪厄在其《区隔:趣味判断的社会批判》一书中所言:"获得文化的方式取决于使用文化的方式。要理解这些方式的重要性,就必须看到,正是文化实践的难以估量的作用区分了种种不同的、有高低之别的文化习得(acquisition)模式。"①因此,对新加坡来说,英国殖民地的经历带来了英语以及西方文化的渗透;华人移民的多数比例使华语成为重要语言之一,以及中华传统文化的适当保留,这些都是影响新加坡经济和社会发展的文化因素。而对于处在新加坡这个宏观场域中的个体行动者而言,他们已经有意无意地将这些社会外在规则、社会

---

① 皮埃尔·布迪厄著,朱国华译:《区隔:趣味判断的社会批判》引言,刊载于《文化研究》第四辑,第8~14页(译自:P. Bourdieu, *Distinction*: *A Social Critique of the Judgement of Taste*, London Routledg and Kegan Paul, 1984)。

结构图式内化进自身的性情、习惯之中,从而形成调节自身和生存场域之间关系的习性。在这样的场域中,个体行动者的机会和权力均等,但只有那些拥有了文化能力,可以"有意识或无意识地将或隐或显的感知图式和欣赏图式付诸实施"①的行动者个体,才能构建个体自身独特的文化资本。

全球化进程的快速演进,社会的巨大转型带来了经济、文化等不同场域的重新定位与划界,也使人们更加关注场域之间的沟通与交流,希望能突破场域之间的藩篱,以寻找其共通性与可约定性,同时又能保持各自的自主性与独特性。尽管经济场域中更多的是金钱和物质的利益,但并不是所有的利益与资源都是物质性的,尤其是现在这个知识经济时代,文化资本的多寡便是获得经济资本不可或缺的、必要的条件。尽管不同场域中的利益与资源不同,关注点也不同,如经济场域关注的是经济资本的获得、社会地位的提高,而艺术场域中更关注的则是艺术学界的肯定和认可,但是,场域中个体之间的竞争却是场域不变的特点。那么,如何参与竞争、怎样争夺经济资本和社会资本?就需要个体行动者将那些非物质性的资源置入市场化之中,这种"非物质性的资源"就是个体行动者的——一种靠有意识或无意识地积累的或隐或显的文化资本(身体化、客观化、体制化的文化资本)。由此可见,全球化的拉力(多元文化)、政府的推力(综合文化,具有主导特征的文化),便构成了新加坡社会主体文化的特征;而个体行动者的文化能力的应用便促使新加坡华商有了一个独特的建构文化资本的平台。

第三节　外来文化对本土文化的冲击

一、跨国公司的引进——资源流动与资源分享

综上所述,为了发展本国经济,新加坡政府一贯的政策是大力引进高科技、低污染、资本密集型工业之外来投资。因此,许多跨国公司纷纷落户新加坡的原因不只是在于其天然的地理位置、优越的自然条件、便捷的交通枢纽、完善的基础设施,更重要的是在于其长期奉行的对外资实施平等开放的政策。正如古典经济学家亚当·斯密在其《国民财富的性质和原因的研究》一书中所

---

① 皮埃尔·布迪厄著,朱国华译:《区隔:趣味判断的社会批判》引言,刊载于《文化研究》第四辑,第 8~14 页。

指出的:"只有通过自由的普遍的竞争,才能普遍确立良好的管理;因为自由的普遍的竞争迫使人人为了自由去搞好管理。"①新加坡政府也坚信,只有推行对外开放的自由资本制度,才能最大限度地调动本国国民创业的积极性,人尽其才,物尽其用,国家才会发展和发达。但是,新加坡政府也很清楚地意识到,自由资本市场、外来的跨国企业对于本国对外贸易的发展和经济增长其实是一把双刃剑。跨国企业的引进,除了可以产生积极作用之外,同时也会产生很多负面的影响:其一,伴随跨国资本的发展壮大,国际金融市场的波动会使本国生存的国际环境变得捉摸不定,风险增大;其二,跨国资本难免有以利润最大化为唯一追逐目标的投机理念,其经营活动与本国经济和社会发展的整体战略未必能协调一致;其三,对跨国资本的过度依赖,也可能损害本国经济的独立自主性与可持续发展等等。尽管如此,新加坡政府还是得大刀阔斧地引进跨国企业,因为建国初期的新加坡,其"赛马场上根本就没有一匹马是属于新加坡的。在没有'新加坡马'的情况下,只能选择一个次优方案,就是进口'外国马'来帮助新加坡跑赢这场比赛"。②

由此可见,新加坡是非常主动而积极地跨进了全球化行列。然而,罗兰·罗伯森在其所著的《全球化:社会理论和全球文化》一书中指出:

> 本土化的趋势已经得到国际组织或者说关心本土化运动的跨国性联盟的鼓励,从这种意义上说,争取各种各样社会实践在世界范围内本土化的运动已经在全球和谐地结合起来……这些运动承认,促进地方性,只有在越来越具有全球性的基础上才有可能,因此对"从全球着想,从本地着手"(think globally, act locally)这一格言的智慧和准确性提出质疑。③

也就是说,虽然全球化势不可挡,但是本土化也势在必行。从新加坡的成功案例来看,似乎"从全球着手,为本地着想"的描述应该更符合新加坡这个国家未来的发展和现实的需要。也正因为如此,新加坡政府在建构国家场域的过程中,既没有像某些依附论者所主张的那样排斥外国资本,也没有无原则地让跨国资本放任自流,而是试图把跨国公司纳入其国内经济发展的总体战略,

---

① 亚当·斯密著,郭大力、王亚南等译:《国民财富的性质和原因的研究》(下卷)(北京:商务印书馆,1972年),第58页。
② 严崇涛著,陈抗编选:《新加坡发展的经验与教训》(新加坡:汤姆森学习出版集团,2007年10月),第9、54~56页。
③ 罗兰·罗伯森著,梁光严译:《全球化:社会理论和全球文化》(上海:上海人民出版社,2000年3月),第246~247页。

从而积极驾驭跨国资本。在实际操作上,政府也会根据各个时期经济发展的需要,制定不同行业、不同领域具体的投资鼓励政策,引导和调控跨国公司的资本投向,同时随市场需求的发展变化,政府会适时修改投资法案,把鼓励和引导跨国公司投资的重点转向资本密集型与技术密集型工业部门,以提高其产品质量档次和国际竞争能力。

与此同时,新加坡政府所推行的"总部经济"策略,以"鼓励跨国公司把新加坡当成国内基地,而不只是当成一个既方便又在短期内获利的生意场所"。从而促使这些日益增多的跨国企业出于全球战略以及降低经营成本的考虑,也日渐将研发、管理和采购本地化,这使得其先进技术和管理思想也越来越深地融入到新加坡的整体经济之中,有力地推动了新加坡的管理改革的进程,以及生产效率的提高,促进了产业结构的调整与升级。跨国企业不仅深度地配合并支持了新加坡外向型经济发展战略的顺利实施,同时还帮助提高了本地员工的就业素质及其与国际人才市场接轨的能力,更带动了本土企业的进一步发展和快速成长,使其在治理结构、文化理念、管理机制和业务方向等诸多方面产生了根本性变化。如本书第五章所探讨的案例中的林爱莲、沈望傅等都曾在跨国公司工作,他们非常成功地将其所获得和积累的文化理念、知识技能、经验和经历内化而成为自身非常重要的身体化形态的文化资本(相关探讨详见第五章)。

事实证明,跨国公司的引进对新加坡的经济发展与社会进步产生了重要影响,到目前为止,外国跨国公司在新加坡设立的子公司和联营公司已超过3000家;外国对新加坡的投资累计额已达196.5亿新元,外资占新加坡国内总投资的比重也大体维持在75%以上的高水平上。正因为如此,新加坡开国总理李光耀一直以来都很肯定地指出:如果没有跨国公司,新加坡就会像泄了气的汽车轮胎那样动弹不得。[①]这也是新加坡政府的明智之处:聘请跨国公司的主管当国际经济发展局的顾问,在进口"外国马"的同时向"外国骑师"学骑术;[②]通过制定政策与制度规程来对国民和企业进行文化资本的投资,它以政府的那只"看得见的手"来引导了市场上的那只"看不见的手",从而最大限度地发掘了那只"看不见的手"的功能,也最大限度地规避了"看不见的手"可能

---

① 贺晓琴:《新加坡经济的腾飞与跨国公司》,《世界经济研究》,1996年第5期,第52~56页。
② 陈抗:《序,最常任常任秘书眼里的新加坡经验》,载严崇涛著,陈抗编选《新加坡发展的经验与教训》(新加坡:汤姆森学习出版集团,2007年10月),第10页。

导致的"市场失灵"的窘迫。或者说,是政府利用权力带有强制性地创造了一种客观环境,使得个体行动者可以穿越社会场域的轨道去获取那些已经进行重新分配了的各种资源,然后进行再生产。其原因存在于行动者的行动及反作用之中,这些行动者除非将自己排除在这个游戏之外,否则没有别的选择,只能通过斗争以维持和提高自己在这个场域的位置……① 而政府就是在引导这些个体进行再生产的过程中使国家经济和本地企业得到了良好而快速的发展和增长。

二、西方的制度化与华人的家族式——传统与现代的较量

许多研究表明,任何一种管理方式的产生和发展必然根植于一种文化、一种价值体系和社会信念之中。不同的文化底蕴决定了迥然不同的企业经营理念和管理方式。就东西方文化而言,东方文化属人文文化,倾向于重人性、轻器物;价值取向则是以道德为本位;崇尚群体意识、强调同一性;把人与大自然看成一体,追求天地与人的和谐。西方文化则属科学文化,倾向于重物质、轻人伦;价值取向以功利为本位;崇尚个人英雄主义,强调人权、自由和法律;主张人与自然是对立的,以及人对自然的索取。这种东方人文文化与西方科学文化的差别也反映在东方商人和西方商人在管理企业时的决策方式、管理理念、治理结构上的不同。

海外华商尤其是东南亚华商很自然地把中华传统文化中的"齐家"原理扩展到他们自己创建的企业组织的行为之中,其企业的组织和管理方式大多是家族式的,并以"父义、母慈、兄友、弟恭、子孝"作为经纬,从纵、横两个方面把血缘关系与管理组织中的等级制度相互联系。这种伦理关系在各种管理行为之中既有着调节机制的功能,又能够帮助组织者规避一定的风险,而且企业的凝聚力比较强,员工有较强的能动性和合作精神,自觉自愿地竭尽全力为企业的发展和成长奋斗,尤其是当家长是一位出类拔萃、德高望重的人才时,其管理效率更高,也能更有效地进行调度,使企业更灵活地去适应变幻莫测的市场。

不过,尽管家族企业所有权与经营权的结合有扁平化组织的优势,但这种家族式企业也有其致命的局限性:其一是人才选拔渠道的封闭性。由于重血缘重亲情关系,因此容易造成重要部门的高层管理人才的选拔无法对外开放,

---

① 参见皮埃尔·布迪厄著,包亚明编译:《文化资本与社会炼金术——布迪厄访谈录》(上海:上海人民出版社,1997年1月),第83～86页。

也无从引进社会上更优秀的人才来进行经营;其二是管理方式的单一化,"家长"掌管一切,家长的意愿就是命令,导致员工的依赖性过重,企业制度不够完善,甚至无章可循,一旦"家长"指挥失误或不称职时,企业就很容易陷入难于摆脱的困境;其三是资金来源渠道的狭窄性,容易导致产业低端选择,企业规模也很难发展壮大。也正因为如此,"家族企业"曾一度成为"落后企业"的代名词,用家族的规则来管理企业也是一种无法登上大雅之堂的落伍的管理方法,对家族企业的研究自然也就被看成是一个不具有现代意义的课题而被忽略了。著名管理学家德鲁克曾指出:有关管理的书籍和课程几乎完全是针对公共的和专业管理的企业——它们难得提到家族经营的企业。但事实却是,大部分企业——包括美国的和所有其他发达国家的——都是由家族控制和管理的。①

究其原因,如果用布迪厄理论中的相关术语来说,这种"家族企业"的形态也许就是创业者的"习性"使然。所谓"习性"(habitus),即"条件制约与特定的一类生存条件相结合,便生成习性",是一组特定的生存条件所特有的结构,通过相对独立的家庭经济和家庭关系施加不可避免的经济和社会影响,更确切地说,通过这一外部必然性(男女分工形式、物质世界、消费方式、亲属关系等等)在家庭中的特有表现,产生了各种习性结构,而这些习性结构反过来又成为感知和评价任何未来经验的依据。②

布迪厄指出:集团或阶级习性的客观一致源于生存条件的一致性,致使实践活动能在客观上趋于一致,而无须任何策略考虑和有意识地参照某种规范,而且使它们在没有任何直接的相互作用,特别是没有任何明确协商的情况下能够相互调整——相互作用自身的形式来自于客观结构,后者产生了处在相互作用中的行为人的潜在行为倾向,并通过行为倾向规定了行为人在相互作用中与在其他场合的相对位置。

对于新加坡华商(抑或海外华商)而言,"修身、齐家、治国、平天下"是他们一生的追求,但由于他们当时的生存条件十分恶劣,所以,"治国、平天下"只能是他们的一个无法实现的理想和梦想,唯有"修身、齐家"是他们当下的责任。因此,创建家族企业成为新加坡华商或者说海外华商"无须任何策略考虑和有

---

① 彼得·德鲁克著,赵干城译:《大变革时代的管理》(上海:上海译文出版社,1999年1月),第13~25页。
② 皮埃尔·布迪厄著,蒋梓骅译:《实践感》(南京:译林出版社,2003年12月),第80、82页。

意识地参照某种规范"的"一致性"的行动。而且"这种没有乐队指挥的协调,即使少了任何个人计划所起的自发或强加的组织作用,也能赋予实践活动以规律性、统一性和系统性"。①

其实,就如德鲁克所言,无论是发达国家还是发展中国家,家族企业一直遍布在世界的各个角落,且具有顽强的生命力。据克林·盖尔西克等人的研究,最保守的估计也认为由家庭所有或经营的企业在全世界企业中占65%至80%之间。世界500强企业中有40%由家庭所有或经营。在美国公开上市的最大型企业中,有40%的企业仍为家族所控制。家族企业创造了美国生产总值的一半,雇佣的劳动力也占一半。在欧洲,家庭公司支配着中小规模的公司,并在一些国家里占较大公司的大多数,例如在英国有70%的企业为家族企业。在亚洲各国,家庭公司大都居主导地位。②据世界银行1998、1999年报告,东亚地区由家族控制的企业超过半数。③其他调查也显示,东亚各国和地区以及东南亚部分国家最大的15个家族控制上市公司市值占所在国GDP的百分比分别为:香港:84.2%,马来西亚:76.2%,新加坡:48.3%,菲律宾:46.7%,泰国:39.3%,印尼:31.5%,台北:17%,韩国:12.9%,日本:2.1%;在菲律宾和印尼,两国最大的10个家族控制了市价总值的一半;在泰国和香港,5家最大的家族控制了市价总值的26%以上;可以说大部分东亚地区和东南亚国家的经济都是由家族所垄断的。在拉美,由家族建立和控制的大型企业在绝大多数产业部门中都占主导地位。④

尽管"习性是一种无穷的生成能力,能完全自由地(有所限制)生成产品——思想、感知、表述、行为","但这些产品总是受限于习性生成所处的历史和社会条件。"⑤正因为如此,虽然东西方商人同样都习惯于倾向建立"家族企

---

① 皮埃尔·布迪厄著,蒋梓骅译:《实践感》(南京:译林出版社,2003年12月),第89~90页。

② 参见克林·盖尔西克等著,贺敏译:《家族企业的繁衍——家族企业的生命周期》(北京:经济日报出版社,1998年),引言,第2~3页。

③ Tan Wee-Liang, Siew Tong Fock, "Coping with Growth Transitions: The Case of Chinese Family Businesses in Singapore", *Family Business Review*, Vol. 14, No. 2 (June 2001), pp. 123~139.

④ 余楠主编:《家族企业:承传与发展》,《长江》增刊,2009年第3期;康荣平:《为家族企业正名》,《东方企业文化》,2005年第10期。

⑤ 皮埃尔·布迪厄著,蒋梓骅译:《实践感》(南京:译林出版社,2003年12月),第84页。

业",但是,由于东西方商人所处的"历史和社会条件"不同,所以,无论是家族企业还是公共管理企业,西方商人所建立的企业组织及其管理方式却有很大的不同。西方商人基本上是采取契约制和科层制,这是因为西方的管理形态是在商品经济的社会中发展起来的,它始终围绕着如何使工商业者和资本家获得更大的利润而展开,因而与东方管理文化形态有明显的区别。例如:企业的所有权与管理权是分开的;企业高层管理者的聘用完全对外开放;企业管理采取分工明确、分层负责、各司其职、按绩付酬、制度完善、依章行事;员工与企业的关系用契约关系来加以维持,最重要的是其经济利益相依相存。这显然避免了许多东方家族企业管理方式的弊端。

不过,这样的管理方式在市场景气时,自然是皆大欢喜,但其不足之处就是:由于员工与企业的关系只是以利益关系为转移,因此很不稳定;尤其是当市场不景气时,企业就会理所当然地靠大量裁减员工来降低支出成本;而员工一旦找到更好的工作和职位或更高的薪水就会立刻转换战场;另外,企业内部过于严密的分工,使得当运营机制中的某一环节发生问题时,员工的合作程度偏低,容易造成不同部门和层级间的脱轨,整体运行受阻,这与调度极为灵活的家长式企业相比,这种制度严谨、结构理性、操作容易的组织形式就很难适应市场的突变。在这一点上,华商的家族企业便能发挥出西方企业无法或难以发挥的作用。而且由于西方大企业往往注重于追求生产率和效率的提高,其复杂的管理技术也一味地追求管理的数字化、模型化和自动化,从而无视人的心理和精神需求以及情感因素,因此,更容易导致员工和企业的相互外在,并总是处在相互分离的状态,由于员工东南西北的流动过于频繁而使得员工的忠诚度趋低,以及员工的构成具有不稳定性。

西方学者佐治哈利(George T. Haley)、乌莎哈利(Usha C. V. Haley)和陈振忠(Chin Tiong Tan)于2009年出版的《新亚洲王者:海外华人的商业策略》(New Asian Emperors: The Business Strategies of the Overseas Chinese)一书就特别强调:保守和谨慎的传统管理模式,以及应对危机时的快速反应,是华人企业的两个不容忽视的特点。书中以东南亚的40个华人家族企业的成长和发展过程作为案例进行深入剖析之后指出:近数十年来,全球经济遭遇多番风浪,东南亚华商更是在无法免受冲击的同时,还深陷亚洲金融风暴以及SARS流感的多重危机之中,尽管有不少华商企业遭受重创,但也有不少华商企业依旧傲然挺立,其中最重要的原因除了华商固有的谨慎个性外,就是他们应对危机时的迅速和果断。书中还指出:相较于一般的西方企业而言,由于其制度化、系统化程度高,西方企业在面对困境时,通常都会先要求有关人员立即根据市场环境做出统计和分析,等待结果出来之后再寻求适当的应对方式。这种方法当然符合科学,但却往往比较容易错过应对危机的最佳时刻。而华人企业的策略刚好相反,他们在做决定时不需要等待所谓的市场分析、精确的统计数据,而是直接依据市场和企业内部所得到的资讯,即时做出反应和采取措施;其基本的出发点是以保全企业的核心业务,以及损失最小化;其余的即使壮士断臂,也在所不惜,这样至少还能给企业的未来或者说企业家自身的未来留下一个东山再起的机会。这些学者也指出,尽管华商的这种善用资讯,迅速应对危机的企业家精神,并不是其独有的优势,但华商的表现的确显得特别果断和有力量。①

霍夫斯泰德历经十几年的那项研究也显示:诸如像英国、西班牙、新西兰、美国和加拿大等国家的职员其文化比较倾向于短期导向(Short-Term Orientation),即,他们偏好于及时享乐,储蓄观念薄弱,注重短期目标的实现,尊重传统,也比较执着于传统;而中国大陆、香港、台湾、日本、越南和新加坡这些受儒家文化影响较强的区域则倾向于长期导向(Long-Term Orientation),即,人们对于其工作、生活比较有长期的规划,因而比较节俭,有较强的储蓄观念,同时既重视过去的传统,又善于根据现实对之进行适度调整。②

这进一步说明,华人文化与其他种族的文化是存在着较大差异的;海外华商与西方商人或其他种族的商人在管理企业时的经营理念、管理手段以及组织形式等也同样存在着较大的差异,且各有利弊,但尽管如此,大家共同的目标都是实现企业的经济效益最大化,从而实现企业成员的经济效益最大化和自身价值的最优体现。海外华商的商业行为显示,他们"在习性和场的关系中——习性多多少少会根据场进行适当调节,它们或多或少是其产物——产生了构成功利的所有等级基础的东西";与此同时,"先前经验具有特殊的影响,这从本质上讲,是因为习性需要保证自身的稳定,抵御它在新的信息之间进行选择的过程中出现的变化;习性在新的信息之间进行选择,在受到意外或必然威胁时就会排斥那些危及累积信息的信息。……借助选择,习性倾向于

---

① George T. Haley, Usha C. V. Haley and Tan Chin Tiong, *New Asian Emperors: The BusinessStrategies of the Overseas Chinese* (John Wiley & Sons (ASIA) Pte Ltd, 2009).

② Geert Hofstede, *Culture's Consequences: International Differences in Work-Related Values*, Beverly Hills, Calif.: Sage Publications, 1980. Geert Hofstede & Gert Jan Hofstede, *Cultures and Organizations: software of the mind*, NY: McGraw Hill, 2005, pp. 29~31, 168~169.

偏袒那些能使之得到强化的经验(如同这样一个经验事实:人们总倾向于与具有相同观点的人谈论政治)。习性在能与之交往的处所之间、事件之间、人与人之间进行选择,通过这种选择,使自己躲过危机和免遭质疑,确保自己有一个尽可能预先适应的环境,也就是说,一个相对稳定的、能强化其倾向的情境域,并提供最有利于它之产品的市场"。①

例如,一位接受访谈的 R 女士(新移民,某集团子公司总经理)在谈到她所任职的公司时说:这家公司于 1950 年代初成立,主要从事国际贸易、产业投资、专业培训、百货公司、生物科技医药保健产品生产及销售、国际会议与展览服务等。这是一家典型的华人家族公司,其创业者(父亲,老一辈华人)已经去世,现已由第二代掌管。由于其创业者虽然具有很深厚的中华传统文化情结,但依然认为西方的管理文化和制度的确值得学习和借鉴,所以,他的下一代接受的是东西两种文化的熏陶。尽管第二代管理者受过西方的高等教育,也拥有家族企业全盘的自主权,但这家公司仍然充满浓郁的华人家族气氛,例如:经营管理方面的许多原则大都会"父规子随";此外,由于其母亲还健在,所以,第二代仍然会十分尊重母亲的经验、智慧和指挥等等。不过,这家公司最令人感觉不同的是,他们招聘员工时似乎对华人应聘者情有独钟。这种习惯是从第一代创业者开始的,老人家认为,华人勤劳肯干肯学习,而且重情重义、配合程度高,这样管理起来比较方便,工作效率也会大大提高。

案例 2 太平船务集团是一个庞大的集装箱航运公司,是张允中先生(1918 年——)于 1967 年 3 月独资创办,创业初期主要以经营散杂货船运为主,同时开辟中国航线。历经 40 多年风风雨雨,如今这家公司已成为全球海运排名第十九,拥有 133 艘货柜船队、75 艘集装船舶,在全球营运的港口超过 100 个的船务集团公司。张允中也因此被誉为新加坡船王。但船王终究会老,偌大个公司,自然有选择接班人的问题,其四子张松声(新加坡太平船务集团的董事经理,太平船务胜狮货柜企业有限公司总裁兼首席行政总监)说:"我们兄弟比较多,父亲当然也很希望我们对航运有兴趣,但是父亲从来没有强迫我们一定要进公司,而是强调一切看个人兴趣,一切由我们自己决定。"张允中先生也坦言:"我对所有子女一视同仁,哪一个有兴趣也有本事就提携哪一个。"

很幸运的是,张先生的子女都在其公司工作,"而且各有所长,大家分工合

---

① 皮埃尔·布迪厄著,蒋梓骅译:《实践感》(南京:译林出版社,2003 年 12 月),第 93 页。

作,分管不同部门,配合得很好"。张松声认为他父亲之所以有这样辉煌的成功应该得益于其一生所坚持的原则:管人时"要以德服人,不要以'威慑力'(权威)来管人,否则人家可能怕你,但不一定服你";处事时,则要"稳健保守"。尽管他父亲也深知"保守有好有坏",但无论如何"发展太快,危机来时恐无法及时应付,这和跑得太快一样,跌倒了既摔得重又很难一下子爬起来,而慢慢走,上坡下坡都可以走得很好很稳……"这其实是张先生一生的经验积累,睿智的张先生将这种积累转换成了一种他个体独特的文化资本,张松声说:这是他最想从父亲那儿学到却又很难学到的东西。不过,他们家的第二代还是在父亲的潜移默化之下继续实践和传承着这种文化。所以,张允中先生很欣慰的表示,他的公司"船承"顺利,连第三代都已开始在公司上班。

尽管"公司已经开始企业化,有些重要职位也聘请外人出任,副董事经理就是外人,最近提升的一名董事也是外人",但张松声也不讳言:"正如父亲所说,如果条件一样,机会当然会给自己人,但主要还是看表现。到了下一代,公司必须企业化管理,必须把'拥有'和'管理'分得很清楚,这样一来,公司所提升的人才会是有能力的,不仅同事心服口服,股东也乐见这样的结果。"[①]到目前为止,这家典型的家族企业仍然运行良好,张允中先生所积累的财富在2010年《福布斯》公布的新加坡40大富豪中排名第15位,净身家估计值6亿7000万新元。[②]

还有许多其他的案例都表明,尤其是老一辈华商建立起来的家族企业,其情形人都如此:在吸收西方管理体制的架构下允分保留自身的东方文化特色。正如布迪厄所指出的:

> 习性是历史的产物,按照历史产生的图式,产生个人的和集体的、因而是历史的实践活动;它确保既往经验的有效存在,这些既往经验以感知、思维和行为图式的形式储存于每个人身上,与各种形式规则和明确的规范相比,能更加可靠地保证实践活动的一致性和它们历时而不变的特性。[③]

但习性是一个性情的体系,这一体系既客观又主观。这样,被构成的习性

---

① 许丽卿:《顺境逆境,父子同舟》,《联合早报》财经人物版,2009年6月21日。
② www.businesschina.org.sg/businesschinawards:2011年新加坡通商中国奖。
③ 皮埃尔·布迪厄著,蒋梓骅译:《实践感》(南京:译林出版社,2003年12月),第83页。

就是结构与行为、社会与个人之间的动力学的交叉点。运用这样一个习性的概念使得布迪厄能够从两个方面来分析行动者的行为:一方面行动者的行为是客观上同等的、有规律的东西,然而它却又不是规则的产物;另一方面,行动者的行为又可以通过有意识的理性来分析。[1]

这也许就是为什么海外华商尤其是东南亚华商或者说新加坡华商,尽管处在东西文化交汇、东西商业高度流通的国家,也能更直接、更深入地体验到东西方两种不同的管理方式,对吸取东西方文化精髓、实践东西方企业先进的管理方式和管理技术等方面有着得天独厚、天时地利人和的平台和优势,但却依然保持着东方文化特色的重要原因吧。

第四节 全球化的演进以及中国的崛起所产生的文化辐射

毋庸置疑,各个国家和民族都有自己的文化传统和特征。这些文化传统和特征,沉积在这些国家和民族的骨髓和血液中,因而导致了不同的国家、民族和地域不同的政治和经济体制、生产和发展方式、教育和文化特性以及不同的民族习性。在古希腊、以色列、印度和中国几乎同时出现了伟大的思想家,古希腊的苏格拉底、柏拉图;以色列的犹太教先知摩西、阿摩司;印度的释迦牟尼;中国的老子、孔子,等等,他们都对人类关切的问题提出了自己独到的看法,从而形成了各国不同的文化传统。这些文化传统经过两三千年的发展,已经成为人类不同的民族、不同的国家具有独特风格的精神财富。

而随着全球化的快速演进,它所带来的全球科学技术的迅猛发展和生产力的极大提高,"资本的高度流动、通讯技术的不断革新,以及全球市场经济结构下国家经济之间相互依赖关系日益增强,这些都在文化上产生了深切且复杂的影响。"[2]这一方面可能会导致各国的政治体制、经济体制以及生产方式在某种程度上的趋同,另一方面也可能会带来不同文化传统的国家、民族之间的冲突升级。因此,每一个国家或民族在卷入全球化的巨大洪流之中时,也都无一例外地无法避开经济利益板块的强力碰撞,但竭尽全力维护国家和民族的利益又是无可厚非和理所当然的。其中"全球化"和"本土化"这种实质使普

---

① 包亚明:《布迪厄文化社会学初探》,《社会科学》,1997年第4期,第70~73页。
② 参见大卫·索罗斯比著,张维伦等译:《文化经济学》(台北:典藏艺术家庭股份有限公司,2009年3月),第185页。

遍性与独特性的关系在社会领域中的反映显得格外引人瞩目。

　　亨廷顿的文明冲突论就有这样的暗示：西方文明不同于其他文明；西方过去是独特的，现在是独特的，永远是独特的；因此，世界趋同论是"误导的、自负的、虚假的、危险的"；各种文明不会趋同。所以，全球化可能会导致文明的冲突。①罗兰·罗伯森则指出："全球资本主义既促进文化同质性，又促进文化异质性，而且既受到文化同质性制约，又受到文化异质性制约。差别和多样性的形成和巩固，是当代资本主义的一种本质要素。"②如果说西方文明是独特的，那么其他不同民族、国家、地域的本土文明也应该是独特的。亨廷顿在他的另一篇文章中也明确指出："西方文明：独特，但并不普遍。"③罗伯森就认为：全球化（globalization）与本土化（localization）是分不开的，应该合为一词，称为"全球兼本土化"（glocalization）；全球化与本土化是并进的，而且可以结合，形成新的文化。④

　　杜维明也认为：global 和 local 之间的关系是一种错综复杂的、互动的现象；不少研究全球化的学人已认识到，尤其在全球化面临危机时，本土化更应该得到重视；一般的跨国公司固然是全球化的，但成功的跨国公司却是能够以全球化的理念，在不同的文化环境，不同的地域里面，真正地生根，就是说，全球化公司的地方化（the localization of global company）才是它成功的秘诀。⑤

　　因此，寻找全球与本土的结合，已成为国际社会和国家以及不同民族之间高度关注的热点问题。

　　全球化掀起了一股创造性和创意的浪潮，催生了一种"文化（/观念）"的全面转型。全球化与本土化、普遍性与独特性这种多对一、共性与个性的矛盾促使人们必须面对文化价值、行为价值的重新选择。但是，这种适合全球化的价

---

① 亨廷顿著，周琪、刘绯等译：《文明的冲突与世界秩序的重建》（译自：*The Clash of Civilizations and the Remaking of World Order*）（北京：新华出版社，1998年）。

② 罗兰·罗伯森著，梁光严译：《全球化：社会理论和全球文化》（上海：上海人民出版社，2000年），第249页。

③ 亨廷顿著，徐漪译：《西方文明：独特，但并不普遍》（译自美国《外交》杂志，1996年第11～12期），载《国外社会科学文摘》，1997年第6期，第14～20页。

④ 罗兰·罗伯森著，梁光严译：《全球化：社会理论和全球文化》（上海：上海人民出版社，2000年），页249页。

⑤ 杜维明：《全球化与本土化冲击下的儒家人文精神》，载杜维明：《十年机缘待儒学——东亚价值再评价》（香港：牛津出版社，1999年）；或参见《联合早报》言论版，1998年9月27日。

值选择往往是两难的。文化需要尊重个人的自由,强调个性。如果都是单一的、普遍化的东西,那么特殊的、独创性的东西就难以发展了。正如法国学者魏明德认为:

> 在文化方面,全球化既可以产生最好的结果,也可以产生最坏的结果,它可能加速每个文化对自身源头的忘却,那样,我们就只有一大盆共同的"汤",一种建立在最平庸的参照和产品上的普遍的伪文化。或者,我们可以重新发现我们的根源,通过与外部的接触经感应而再度发现,不是靠重复过去的文化形式,人类可以藉由这些文化形式的相互作用踏上追寻自然天性的种种潜能之旅,从而进行创造。我们必须挖掘个性才能达到普遍,但是,只有在我们学会尊重和欣赏他人的个性时,才能表达出自我个性的精华。①

由此可见,人们只有在充分了解"和能生物,同则不继"这个原则的前提下,才能实现人类的"差别共存",亦即:在承认差异的基础上彼此互相认同,以建构一个包容性更为广泛的文化系统,这才是"文化全球化"的真正含义。任何一个国家和民族,哪怕是文化权力相对弱势的国家或民族,如果放弃自己的文化特性,放弃以文化的差异来作为开拓国际生存空间的武器,那么,它们就只能被动地接受强势文化的入侵,进而成为全球化进程中的牺牲品。因此,反对文化霸权、消除文化冲突、追求文化共存、保持文化传统和民族/种族特性也相应成为人们密切关注的问题。由此可见,现在的世界仍是一个战场,人们仍需要在这个战场上进行争夺,但与以往的全球化不同的是,今天的手段,无需刀光剑影和血雨腥风,争夺的也不是疆域、财产和武器,而是布迪厄所指出的资本,各种不同形态的资本,所谓战场也就是布迪厄理论中的"场域"。

布迪厄认为:与传统社会和工业社会所不同的是,在被视为后工业时代的当代社会,文化已渗透到社会的所有领域,并取代政治和经济等传统因素跃居社会生活的首位。也就是说,现代政治已无法仅凭政治手段解决问题,而现代经济也无法只依靠自身的力量而活跃。假如没有文化的大规模介入,那么无论是政治还是经济都是缺乏活力的。②

因此,对新加坡这样的多种族社会而言,充分挖掘多文化的本源,才是使

---

① 魏明德(Benoit Vermander,法)著,沈秀贞等译:《全球化与中国》(北京:商务印书馆,2002年9月),第7页。

② 高宣扬:《布迪厄的社会理论》(上海:同济大学出版社,2004年),第14~15页。

国家、社会和个人持续发展的共同源泉。因此,新加坡独立以后,其政府所实施的导向型的经济发展政策、国际化的教育政策等等,无一例外的都是将西方的竞争性与东方的伦理加勤奋结合在一起,这是一种为迎接西方文化的东渐所带来的广泛而严峻的挑战所必须要采取的应对策略。正因为新加坡是主动跨入全球化行列,而不是被全球"化"了,所以,新加坡的华商及其企业,在成长过程中虽然早已历经东西文化的传承→冲突→调和→融合(相互结合/整合)这样一个辩证的过程,但依然保持了比较完整的华人传统文化,其中东西方文化在其企业及经营管理方法上的交融是新加坡华商最为突出的文化景观。

与此同时,随着中国1978年的改革开放和大步迈进新一轮的全球化行列,中国的崛起以及中国经济的快速发展已使全世界的人们有目共睹,更使海外华人的地位显著提升,如果说过去海外华商是推动中国经济发展的动力,那么现在的中国则成为海外华商进一步发展其产业的基地。世界华商组织联盟执行主席丁楷恩在"2008年世界华商发展报告"中指出:华商和中国经济的崛起密不可分,中国的崛起在文化上对全球华人产生一种辐射源的作用,使海外华人保持传统文化的客观环境得以改善。新加坡总理李显龙2010年10月20日在美国有线电视新闻网CNN庆祝30周年活动上也指出:30年前韩国、香港、台湾和新加坡这亚洲四小龙的经济朝气蓬勃,印尼、马来西亚和越南也在之后迅速起飞,但过去30年亚洲最重大的发展还是中国的改革开放。他认为中国经济起飞是过去30年来对新加坡影响最重大的事件,而这个影响深远的发展,也将改变全世界。①

中国这个潜力巨大的市场所蕴涵的无限商机,吸引了世界各地的华商,使海外华商与中国的联系更加紧密,尽管有研究者质疑海外华商投资中国的动机,诸如"资本膨胀说"、"资本逃避说"、"分散风险说",还有"故乡投资说"等等,②莫衷一是。但正如日本学者岩崎育夫所认为的:影响华商决定向海外投资的原因应该是多种因素的结合,而且在现在和将来"资本因素"都应被视为更具决定性的因素。也就是说,驱使他们到海外投资的动机是"资本的逻辑",

---

① 郭丽娟、周殊钦、游润恬:《李显龙总理:一个能干廉洁的政府 才能继续带动新加坡发展》,《联合早报》人物面对面专题版,2010年10月21日。
② 曾少聪:《全球化背景下的东南亚华人社会》,《世界民族》,2003年第6期,第53页。

而不是"种族的逻辑"。①其实,布迪厄也曾指出:

> 人们通常倾向于认为在经济场域中,个人追求金钱物质利益,而在非经济场域中,每个人的行为都是非功利性的,与经济行为大相径庭,这是一种虚构的神话,实际的情形是行动者在不同的场域追逐着不同的符号资本。在这一方面,所谓非利益的或者超功利的公正并不存在。②

因此,正如本书在第一章已经分析过的,无论海外华商是出于哪一种动机并不重要,也无可厚非,重要的是,这种资源流动带来的资源的最佳配置,以及所产生的中国大陆经济的腾飞和海外华资实力的迅速增长的双赢局面。③此外,在全球化的推动之下,中资公司大举进军海外,大批的新一代中国公民也随之通过各种途径移居海外,尤其是从1990年10月中国和新加坡正式建立外交关系之后,来新加坡的中国新移民就有30万左右,④其中不乏各种专业的优秀人才,他们活跃在媒体、商贸、制造、建筑、旅游、物流、医药、美容保健、教育、文化、高科技、等不同领域,既分享了新加坡的繁荣和发达,也为新加坡做出了不小的贡献。

由此可见,全球化不但带来了经济发展过程中所需要的各种稀缺资源和生产要素如资金、人才、技术、商品、服务、信息等在全球范围内大规模地快速流动和高效、优化的配置,也带来了不同文化在跨国间流动与交融,使得国家文化、族群文化受到冲击和影响,甚至导致结构性的变化;而中国的崛起以及新一波移民浪潮的出现,将会促使海外华人尤其是海外华商进一步的文化觉醒,以及对文化认同、文化选择的重新审视,也会对中国内地的商业文化产生重大影响。这种互动的结果与趋势对海外华人的文化以及华商文化的提升有着极大的推动作用,而且,这种文化绝不只是知识性、技能性的。新加坡嘉德置地集团总裁廖文良在一次座谈会上谈到他依据什么条件来甄选集团高级经理人员时说:

---

① 岩崎育夫著,刘晓民译:《新加坡华人企业集团》(厦门:厦门大学出版社,2001年9月),第137页。
② 皮埃尔·布迪厄著,武锡申译:《资本的形式》,参见薛晓源、曹荣湘主编:《全球化与文化资本》/全球化论丛(北京:社会科学文献出版社,2005年4月),第4~5页。
③ 庄国土:《东亚华商网络的发展趋势》,《当代亚太》,2006年第1期,第33页。
④ 关于在新加坡的华人新移民数据,2004年4月25日的《亚洲周刊》对此有过专题报道;此外,吴前进也对此有过估算,认为说新加坡有30万华人新移民并不为过。参见吴前进《新华侨华人与民间关系发展——以中国—新加坡民间关系为例》,《华侨华人历史研究》,2007年第2期,第7~22页。

由于全球化带来了资源包括人力资源的高度流通,也由于科技和教育的高度普及和发达,那些怀揣世界名牌大学文凭的精英人才多不胜数,对他们所掌握的知识与技能,我全然不担心,所以,我在任用他们时最关注的是这些精英待人处事的态度如何,以及是否诚实可靠。

正如布迪厄所认为的:

在商场这个市场经济场域中,人们利用文化资本,而非经济资本,这项文化资本大抵就是人们社会阶级的源头和他们教育经验的结果。在这个市场中,人们通过不断的竞争累积起或多或少的资本,然后如果不是将这些资本用于改进他们的位置,就是失去资本,造成他们经济位置的恶化。[1]

所以,很显然,廖总裁选拔人才的观点所发出的一个市场信号就是:在知识经济时代,在资源高度流动性时代,文化资本的具备是必要条件;但是,当制度化形态的文化资本不再是那么稀缺时,个体行动者要想凸显自身的比较优势,就必须依赖其雄厚的身体化形态的文化资本(如态度、诚实可靠等等),这样,个体行动者才能在市场中找到其文化资本的转换平台。这也是全球化给各个场域内的竞争者带来的严峻挑战。

第五节　本章小结

根据布迪厄的观点,场的历史就是为推行合法化认识和评价的垄断地位而进行斗争的历史还是不够的;是斗争本身构成了场的历史;斗争才使得场有了时间性。[2]

场是力量关系的场所(不仅仅是那些决定意义的力量),而且也是针对改变这些力量而展开的斗争的场所,因而也是无止境的变化的场所。

---

[1] 皮埃尔·布迪厄著,包亚明编译:《文化资本与社会炼金术——布迪厄访谈录》(上海:上海人民出版社,1997年1月),第142~148页。

[2] 皮埃尔·布迪厄著,刘晖译:《艺术的法则:文学场的生成和结构》(北京:中央编译出版社,2001年3月),第193页。因为布迪厄指出"对艺术场适用的东西也同样适用于其他的场"。参见皮埃尔·布迪厄著,包亚明编译:《文化资本与社会炼金术——布迪厄访谈录》(上海:上海人民出版社,1997年1月),第151页。

能够在场的一个特定的状态下被观察到的连贯性,以及明显地朝向一个共同功能的方向性,是由冲突和竞争产生的,而不是由结构的某种内在的自我发展引发的。①

纵观新加坡从独立前到独立后的发展历史,新加坡"场域"的建构过程是一个"斗争"的过程,也是一个"动态"过程,从而使得新加坡华商的文化资本的形成和积累也充满着"动态"性。新加坡的一切都在改变,包括多元种族所带来的多元文化格局。毋庸置疑,历史和文化给人类提供了一种判断标准和价值系统,不管是出于本能还是出于自尊,每个民族或种族即使是在离散状态下也都有一种自觉追寻话语权力、自觉保留本族文化的现象应该是一个不争的事实,但每一次这样的"追寻"抑或称之为"斗争"都会使人类获得进步,获得更优化的价值系统。这当然也使得新加坡这个移民岛国长期处于各民族既定的原有的文化体系和文化传统无法消失,新兴的西方文化也无法完全被确立为单一的主流文化,因而使得各种文化都有机会纷纷登场,竞相展示出自己的立世原则和主张,导致了一直维持到现在的众声沸腾的话语思潮多边状态,也导致了新加坡独特的文化场域的形成。

在这样的历史契机之下,由于占居主导地位的官方政府其主要目的和中心话题乃是如何实现各种族和睦共处、趋向大同;如何实现治国兴国、促进繁荣的理想,因此,传播已有的传统文化和建构新型的当下或未来文化,已不仅仅是上层或中层人士的专利和谋生之道,而是全体国民百姓都应该自觉承担起的国家意识、国族建构的使命。新加坡政府所秉承的教育理念可说是"天下一致而百虑,同归而殊途",②并由此试图通过构建一套适合本国国情的新型的思想价值体系、知识技术系统和话语秩序,来对整个国家机体的发展施加影响,从而实现其对国家文化(或说国族文化,已经超越了民族或种族文化)乃至国家政治和经济的整体规范。政府的这种文化传播与再生产,为国民创生和积累以及转换各种形态的文化资本提供了一种基本可能以及合法途径。因为教育和培训所提供的不仅仅是同种族文化的纵向延承与不同文化以及科学技术的横向扩散,同时还是把人们社会化、以让其适应变幻莫测的环境的一种工具。

---

① 皮埃尔·布迪厄著,包亚明编译:《文化资本与社会炼金术——布迪厄访谈录》(上海人民出版社,1997年1月),第149页。

② "天下一致而百虑,同归而殊途"这段话的原意是指,先秦诸子百家虽然各自的具体思想观点不尽相同,但其学说的目的都是一致的。参见《周易·系辞下》。

例如：1960年代前后，由于新加坡主要作为加工制造业基地，华商们的创业模式大都局限在中小型的家族式企业，其文化资本积累也基本局限于华族文化，社会资本的积累则局限于中小型华商企业之间的内部流通；因此，进入1970年代，新加坡经济发展局（EDB）在引进跨国企业时，便积极鼓励跨国企业为新加坡上下游企业进行员工和管理人才的培训，这带来了西方的科学技术以及管理文化的逐渐渗透；1980年代以后，政府推行的"总部经济"策略，旨在将新加坡从制造基地转变成为跨国公司的"总部"基地，而由此所吸引的七千余家高素质、高科技含量的跨国企业更是大大充实和提升了新加坡华商企业的文化资本，从而实现了布迪厄理论意义上的场域的最优化构建，并带动其将文化资本顺利地转换成强劲的经济生产力。由此可见，新加坡政府所扮演的是一个"划时代"的引导者角色，这种"划时代是与超越既定位置，促使一个在既定位置前面处于先锋地位的新位置得以存在密切相关的，而且通过引入差别开创时代"。[①]因此，如果我们可以把新加坡政府政策和制度方面的因素看作是华商经济成功的"硬件"的话，那么其文化因素便可看作是华商经济成功的"软件"。"软件、硬件"相辅相成，相互作用，便不难理解新加坡华商为何能获得经济上的成功的事实。所以，从政策和制度两方面来探讨新加坡华商成功的外在原因与从文化资本的角度来探讨其内在的原因是有益且具有现实意义的。

总括而言，无论是国家场域的建构还是族群场域的重建，新加坡政府的政策制定都竭力在经济、文化、环境和国家发展、种族和谐等各个客观因素之间求得一种平衡，同时又在全球化的世界经济中强调新加坡文化的本土性以及与其他文化的差异性。新加坡每一个阶段的发展经验都显示出：不同的场域有不同的利益，不同的场域也提供了不同的社会和文化资源，场域中的行动者个体必须对这些资源进行投资或者改造才能将其转换成一种资本。因此，对于新加坡的华商而言，其文化资本的个体性、无意识性、独特性以及符号性无一不与其国家的经济发展历史、政治制度变迁，以及多元化的文化环境（即：中华文化、西方文化和其本土华、巫、印等不同文化的相互撞击和影响）等息息相关，由此所形成的文化系统就如同一个受力系统：当物体同时受到不同方向、不同大小的推力或拉力的作用时，影响物体运动状态的是各种分力所产生的综合效应。所以，新加坡华商文化资本的内生结构呈现出多元化特点，这种特

[①] 皮埃尔·布迪厄著，刘晖译：《艺术的法则：文学场的生成和结构》（北京：中央编译出版社，2001年3月），第193页。

点在1980年代随着又一轮全球化浪潮滚滚而来,以及1990年中新建交以后显得更为突出;这种动态的生成过程也进一步以实践的形式印证了"文化并不是一劳永逸地发生影响,而是一个持续运转的过程,是在互动中被建构和重构起来的;文化不仅塑造了它的成员,而且也部分地由于其成员的策略理性而为这些成员所塑造"[①]——这一格兰诺维特所认为的精辟的论点。

正是由于这种具有不同传统、不同价值观并存、交融的文化场域,以及高度外向型、国际化的经济场域,不仅为场域中的行动者个体提供了更多的选择,准备了更充分的积累文化资本的条件,还为场域中的行动者个体提供了一个可以进行各种资本相互转换的国际平台。正如"现在的产品不再是一个厂、一个国家来生产,它是很多地方、很多厂来生产,最后我们把它组装到一起,这整个过程应是非常高效的",这虽然是香港利丰集团主席冯国经对"产品供应链"的阐释,但却给人们带来一个启示:在当今的全球化时代,无论个体处在何种场域之中,其文化资本的形成和积累,将不再局限于一个民族/种族、一个国家的传统和文化特色,它是很多民族/种族、很多国家的不同传统和文化的相互适应和融合,当行动者个体能在跨越地理疆界的同时也能跨越文化传统的疆界,适时调适自身的文化心理系统,把不同场域中优良的传统和文化有机地融合到一起时,其文化资本才具有独特性,这种独特性的文化资本才能发挥高效的作用,才能获得高收益。也如伊万·塞勒尼等在其《无须资本家打造资本主义》一书的序言中所指出的:

> 社会界本就存在着各种各样的"关联性事物"(package deals)。从各种主要的世界观,以及世界上的不同宗教中"选取"不同的元素,然后把它们一起打包成一个新的成套组件(package),再用这个新的组件来适应不同的社会情境和各种社会行动的需要;这种对历史,尤其是对理念与社会经济制度和利益之间的关系的诠释,提供了一个与"文明的冲突"命题不

---

① Mark Granovetter, "Economic Action and social Structure: The Problem of Embededness", in *American Journal of Sociology*, Vol. 91, No. 3, November 1985, pp. 483~487. 格兰诺维特指出,这是 Fine and Kleinman 的研究观点,很精辟,而且避免了过度社会化。格兰诺维特认为:社会化不足(或低度社会化),忽视社会因素对个人的影响——主流经济学家大都持这一观点,他们长期以来都将社会因素排除在外;过度社会化则强调社会因素对个人的影响,强调社会因素完全内化于个人头脑和身体之中,因此行动者只会机械地自动地遵循习惯、规则,而不管行动是否理性,到头来社会关系只起到边缘的作用,所以过度社会化的结果同样是不见了社会因素。

同的精彩观点,亦即这种"新的成套的组件"所形成的文化并不会抵触现代性要求,因为每一种主要的文明都可以从"关联性事物"中抽取足够的资源,然后把它们组装起来,或者使现代化变得具体明确,或者阻碍现代性的进程,但无论哪种结果,显而易见的是它可以为现代性增添一些特殊的风味,成为现代性的来源。①

因此,未来的竞争将不只是国家之间的经济竞争、企业之间的产品竞争或价格竞争,而是国家之间的文化的竞争、企业之间的文化的竞争,也是个体行动者的文化资本的竞争。

与此同时,"处于一个特定的场的行动者(知识分子、艺术家、政客或建筑公司,理应也包括商人、企业家)从来都不是直接承受来自外部的决定的,外部决定只有在被重新构造以后,通过场的特殊形式和力量的特殊调解以后,才会影响到行动者身上。"②因此,对经济发展的不同阶段而言,随着社会的不断变迁,人们对社会的认识也在改变;随着市场机制的不断完善,市场对行动者个体的需求也在不断提高。那么,新加坡华商在不同时期、不同发展阶段,以及不同的社会结构中如何积累各种不同的资本?为求收益最大化,他们在这个充满"动态"的发展场域中如何配置自身的各种资本?新老华商的不同形态的文化资本的特色有何不同?文化资本与其他资本的转换又有何不同?等等。这些问题都将在本书接下来的章节中一一讨论和分析。

---

① 吉尔·伊亚尔、伊万·塞勒尼、艾莉诺·汤斯利著,吕鹏、吕佳龄译:《无须资本家打造资本主义》(北京:社会科学文献出版社,2008年7月),第11~13页。
② 皮埃尔·布迪厄著,包亚明编译:《文化资本与社会炼金术——布迪厄访谈录》(上海人民出版社,1997年1月),第151页。

第四章

社会资本嵌入的商业行为

——新加坡老一辈华商

本章将主要关注新加坡独立前创业的老一辈华商的经济行为,探讨他们在商业实践中的文化表现特征,以及如何利用关系网络来建构社会资本,如何从仅仅握有微弱资本的小商小贩变成拥有雄厚资本(包括经济资本、社会资本和文化资本)的大资本家,并因此而充分改善和提升了其在社会空间中的占位?

纵览各种研究文献,其中不乏从文化视角和社会结构视角来探讨有关海外华商(包括新加坡老一辈华商)的商业特征的研究,陈国贲对此所做的概括十分全面而精辟,他指出:

文化视角关注企业的"供应面",即群体内部固有的族裔资源。外来文化或植入文化的价值观及信仰可以被检视、依循、产生和繁殖,从而创立和维持族裔商业。对追求创业以达至经济成就及社会流动的移民来说,族裔特性就是一种有用的文化。

结构视角则重视对族裔企业发展和成长的结构性解释,主要关注社会情境力量或外部力量、限制和机会,以及族裔企业的"需求面"。尤其当社会流动的管道受到封锁时,华人转而寻找和利用机会结构中的其他可能性。所谓"机会结构"包括市场条件以及与移民额、税收和族裔商业发展相关的政策。因为进行任何商业活动,前提都必须是其商品和服务存在市场需求,所以,问题的关键是,人们能否看到市场中的"空缺"。

此外,也有学者试图超越这种文化与结构相对立的辩论,认为:无论社会经济成果的轨道是由文化或是结构支配,这一非此即彼、二选其一的框架实属矫揉造作。因为从历史的角度来看,供应与需求、文化与结构处在持续的辩证转换关系中,将二者截然分开毫无价值,历史已清晰地展现出文化与结构之间的辩证关系。因此,也有学者(Hirschman,1982)从文化与结构相融合的角度探讨相关问题,认为:移民及其文化是"通过发掘结构中的有利条件,适应结构的约束而繁殖、生产、解构和建构的";Light(1977)称这种移民文化为"反应性的移民文化,是适应后的文化,是绝妙地'与结构相融合的文化'"。①

本书倾向于支持 Hirschman 和 Light 等学者的观点。不过,以上这些研究都是社会学专家学者在社会学范畴内进行,旨在试图突破以往经济学家对经济和商业发展的研究视域。因为以经济学为视角的研究首先是基于"经济人"的假定,即:每个人都追求自己的最大化利益;市场这只"看不见的手"会把个人的这种行为自然而然的导向整个社会福利的增进。但是,随着时代的变迁以及世界经济的起伏跌宕,人们开始质疑:市场这只"看不见的手"真是"万能"的吗?经济学视野中的"经济人"是不是只生活在"真空"之中,而非纷杂的现实世界?经济学是不是过于单纯,总是在"假设其他条件不变"的情形下分析问题,从而忽视了社会与经济的关系?于是,经济学家们为了突破原有的研究框架,也衍生出了一门新的学科"经济社会学"(economic sociology)。

一般认为,经济社会学这一领域的重要奠基者之一应首推马克斯·韦伯,他成功地开拓了经济与社会之间的关系视域,把从经济学中借鉴来的无数思想模式转移到了宗教领域;②他认为经济力量与社会力量之间的关系是非固定的,且互为条件。曾获诺贝尔经济学奖的冯·哈耶克也早在 60 多年前指出:

> 若干迹象表明,经济学家越来越清楚地意识到,他们一直在"竞争"(Competition)之名下所探讨和研究的问题与人们在日常生活中成为竞争的东西实际上并不是一回事……所谓竞争,从本质上讲,乃是一个动态的过程,但是构成静态分析之基础的那些假设却把这种动态过程的竞争所具有的基本特征给切割掉了……完全竞争理论以一种明确且彻底的方式把市场当事人之间所存在的所有的人际关系都从它的视域中排除了出去。③

所以,经济社会学家认为:经济行为既是一种与配置稀缺资源相关的行

---

① 参见陈国贲著:《华商:族裔资源与商业谋略》(香港:中华书局,2010 年 10 月),第 4~8 页。
② 皮埃尔·布迪厄著,包亚明编译:《文化资本与社会炼金术——布迪厄访谈录》(上海:上海人民出版社,1997 年 1 月),第 126~127 页。
③ 参见 F. A. Hayek, *Individualism and Economic Order* (London: George Routledge & Sons, 1948)。

为,但同时也是一种社会行为,无法与社会赞许与地位、社会结构与权力等因素分离开来。

事实也的确如此,从本书的上一章对新加坡华商所处的经济场域和社会结构所进行的分析可知,新加坡的成功以及新加坡华商的成功为经济社会学提供了一个绝佳的实证案例:由于生存法则是新加坡华商(尤其是老一辈华商)成就企业的主要根源,因而导致新加坡华商的创业模式和发展模式其实就是新加坡社会结构和国家发展战略的产物,与此同时,新加坡华商的成功也大大促进了国家经济的繁荣和发展。由此可见,经济与社会无法区隔,个体、企业、国家、社会,以及个体行为、企业策略、国家体制、社会环境构成一个大系统,相互依存,相辅相成。

由于理论和实践的结合不断深化,20世纪70年代又进一步发展出了一门"新经济社会学"(new economic sociology),与经济社会学不同的是:新经济社会学主要是从"嵌入"(embeddedness)的角度研究经济与社会的关系问题。相关学者认为:经济行为除了是理性的之外,还有两个前提:第一,经济行为是嵌入在社会结构之中,而不是游离于社会结构之外;第二,经济行为不能仅用个人的动机来加以解释,而是被社会定位的(就如同制度不能自动生成,而是被社会地构成的)。

新经济社会学的代表人物之一 Granovetter(1985)的经典思想是:经济行为是嵌入在社会网络中的。[1]他将新经济社会学的研究对象归纳为嵌入于经济行为、行为结果和经济制度三者之间的关系,这种"嵌入"存在两种类型:一是关系性嵌入,指的是经济行为、行为结果与经济制度受行为主体之间的个人关系的影响;二是结构性嵌入,是指经济行为、行为结果与经济制度受全体网络关系的结构性影响。[2]

表 4-1 也许能比较清晰地呈现出新经济社会学与主流经济学在研究对象、范围、方法等各方面的不同。

---

[1] M. Granovetter, "Economic action and Social Structure: the problem of Embeddedness", *American Journal of Sociology*, Vol. 91, 1985, pp. 481~510.

[2] M. Granovetter, "Economic Institutions as Social Constructions: A Framework for Analysis", *Acta Sociologica*, Vol. 35, 1992, pp. 3~11.

表 4-1　新经济社会学与主流经济学的比较

	主流经济学	新经济社会学
个体行为特征	不受他人影响	受他人影响,是群体与社会的一部分
经济行为特征	行为是有理性的,假定行为人是"理性经济人"	有很多经济行为,包括理性行为,但理性只是其中一个变量
受约束因素	经济行为受资源稀缺、偏好、技术的限制	经济行为受资源稀缺、社会结构、意义结构等的限制
经济与社会的关系	市场与经济是基本框架,社会是既定的	经济是社会的一部分,社会是基本框架
分析的目的	预测和解释,很少进行描述	描述和解释,很少进行预测
研究方法的特点	模型化,特别是数学模型的建立,重视数据的意义,尤其是官方数据	很多不同的方法,如历史的、比较的方法,数据由社会学家或是官方产生出来
对知识的传授	古典属于古代,强调现代理论及其发展	古典的不断解释、传授,强调社会历史以及传统的嵌入性特征

资料来源:Neil Smelser and Richard Swedberg eds., *Handbook of Economic Sociology* (Princeton University Russell Sage Foundation, 1994), p. 4. M. Granovetter, "Economic Institutions as Social Constructions: A Framework for Analysis", *Acta Sociologica*, Vol. 35, 1992, pp. 3~11.

本书正是受益于以上各种研究的点拨和启示,而将视野主要聚焦于新加坡华商的经济行为,因为他们的创业和发展过程无不深受他人、群体以及社会的影响,也深受不同时代的资源稀缺以及社会结构和传统文化的制约。回顾历史,移民海外的华人一方面几乎都有一个共同愿望:安分守己,努力赚钱,积蓄钱财,然后汇回家乡,赡养家眷,惠泽故里,进而光宗耀祖。所以,他们在选择将踏足何种行业时十分注重其成本—收益的比较。尤其是老一辈华商,对他们而言,在当时那种物质匮乏的年代,投资商业这一行相对比较容易为投资者提供高收益,且无需太多资金和相关技术的投入,因此,经商便成了海外华人在 19 世纪末 20 世纪初最明智的行业选择和最理想的活动领域。[①]另一方面,尤其是新加坡华人,他们所面对的社会完全是一个移民集聚地:不同种族、

---

① 岩崎育夫著,刘晓民译:《新加坡华人企业集团》(厦门:厦门大学出版社,2001 年 9 月),第 132 页;吴凤斌主编:《东南亚华侨通史》(福州:福建人民出版社,1994 年),第 343、361 页;郑学益:《20 世纪海外华人风采录》(青岛:青岛出版社,1992 年),第 108 页。

不同文化、不同政府的不同治理方式等等。因此,新加坡华商从19世纪末发展至今,其创业模式、经营范围、管理理念,以及资源利用和商业策略的制定等等,无一不与新加坡的社会发展和社会结构,以及权力、制度的更迭等等息息相关。其发展过程、成败利钝正好就是这种"关系性嵌入"、"结构性嵌入"的最佳实证。本章将着重探讨新加坡老一辈华商是如何在新加坡这个独特的社会场域中创业、经营和发展壮大的。

第一节 资源的稀缺性与资源的有效利用
——社会资本的建构

众所周知,新加坡从19世纪末至20世纪60年代国家独立之前,各种资源严重匮乏,唯一拥有的就是劳动力资源,而这些劳动力资源并非全部都属学者意义上的人力资源,但仍然都是国家资源。那么,对于劳动力个体而言,除了劳动力之外是否还具有其他资源呢?这些个体又如何来利用自身有限的资源?

访谈1的黄先生(1921—)在分享他的从商经历时说道(经过整理):

> 我是福建莆田人,只读过几年小学。1935年跟随邻居到马来西亚(沙峇)谋生,当时才14岁,可以说是一无所有,要什么没什么,所以只能靠卖苦力为生。不过,卖苦力虽然辛苦,但也算是一个体验生活和积累人生经验的过程。二战后,也就是1946年,我来到新加坡。两年后,因受同乡的影响,也尝试着用自己微薄的积蓄开了一家脚踏车修理行,同时通过同乡关系与沙峇那边的相关小公司做一些脚踏车、机车、缝纫机等的零件贸易。……这些同乡大都是以前一起做过苦力的朋友,相互之间的信任度很高,所以,生意做得还挺顺的。我的不少朋友大都像这样开一家小公司,做一些小生意,要么自己和家人一起做,要么和朋友老乡一起做,因为成本低,加之那个年代交通不发达,所以,生意也做得下去,虽然一时半刻赚不了什么大钱,但养家糊口没问题。

又如案例1中丰隆集团(Hong Leong Group)的创始人郭芳枫(Kwek Hong Png)(1913—1994),祖籍福州,读过三年私塾,16岁只身来到新加坡,一开始就在一位亲戚家开的五金商店当学徒。他白天上班,晚上进夜校学文化知识。由于他勤劳好学,他的职位也逐步从五金店杂工、文员、经理而升至总经理。数年后,他有了一定的积蓄,也有了相当深厚的经营经验,便于1940年离开了他亲戚家的五金店,和他的另外三位兄弟以7000元资金起家,创办了丰隆公司,主要经营五金、轮船用具、漆料、橡胶园的用品和器材等贸易业务。如今这家公司虽然仍以家族企业为主体,但已成为以经营金融、地产、酒店业为主的多元化发展的跨国性企业集团,在全球拥有超过300亿新元的各类优质资产,以及在全球七个证券市场挂牌上市,并拥有无以比拟的专业管理技能。该集团的核心业务为房地产、酒店、金融、贸易与工业,以及酒店业集成解决方案,在全球拥有4万多名员工。也是新加坡最大的华人企业集团之一。[1]

案例3 陈六使(1897—1972),[2]祖籍福建同安,小学文化程度。1916年与兄弟一起来新加坡谋生,时年19岁。因其堂叔陈嘉庚早已是新加坡成功的大企业家,于是,陈六使及其兄弟有幸进入陈嘉庚的胶园工作,虽然月薪微薄,但他们非常节俭,同时也非常注意观察和体验胶园工人割胶和制作胶片的过程,以及胶园的各种管理制度。经过数年的亲历亲为,他们对于橡胶业从生产、加工到营业的每一个环节都已了然于胸。1925年前后,世界胶市大好,不少胶园工人趁机自立门户开始创业,陈六使兄弟因积蓄不多,对自行创业信心也不足,但难掩跃跃欲试之心,所以,他们采取了"进可攻、退可守"的谨慎态度:不辞职,但也不放弃创业机会。于是,兄弟联手创设了他们的第一家"联和树胶店",还请了一位颇有经验的外人来主持和管理业务。不过,遗憾的是,就算是胶市市场繁荣,可那年事已高的经理人似乎力不从心,他不但没能帮陈六使兄弟赚到钱反而连连亏损。出于无奈,不久之后,陈六使和其三哥先后辞职,专心经营自己的树胶店。年富力强的陈六使兄弟果然出手不凡,不出多少时日(1928年),陈家兄弟的树胶生意就有了相当的基础,而且他们很快又携手创办了另一家橡胶公司,取名为"益和",以感念堂叔陈嘉庚的栽培。

---

[1] 资料来源于丰隆集团网页 http://www.hongleong.com.sg/;以及岩崎育夫著,刘晓民译:《新加坡华人企业集团》(厦门:厦门大学出版社,2001年9月),第35~41、139~173页。

[2] 有关陈六使的资料主要来源于:林孝胜《新加坡华社与华商》(新加坡亚洲研究学会,1999年1月),第227~231页。林水檺:《功垂竹帛:马来西亚的华裔儒商》,载林水檺主编《创业与护根:马来西亚华人历史与人物儒商篇》(吉隆坡:华社研究中心,2003年)。胡兴荣著《记忆南洋大学》(桂林:广西师范大学出版社,2006年)。以及《陈六使简史》,请浏览 http://www.cclc.hss.ntu.edu.sg/mediareports/NewsArchived/Pages/news_tan-larksye_c.aspx。

以上案例便是那个年代的新加坡老一辈华商创业模式和经营范围的缩影。无论是访谈1中黄先生的脚踏车修理行，还是如今已成为以经营金融、地产、酒店业为主的多元化发展的跨国性企业集团，也是新加坡最大的华人企业集团之一的丰隆集团，抑或是曾经辉煌过、也有过鼎盛时期、现在却早已销声匿迹的陈六使的企业世界，他们在创业时期所能利用的资源：第一是刻苦耐劳的精神和勤俭节约的生活态度；第二是微薄的积蓄；第三是家人、亲戚、同乡或朋友的帮助、支持和合作；第四，人生的历练和工作的经验；第五，追求成功的强烈愿望。以上的每种资源缺一不可，正如科尔曼在其代表性著作《社会理论的基础》一书中所指出的：每个人与生俱来拥有三种资本：一是由遗传和天赋形成的人力资本（第一种资源）；二是由物质性先天条件，如土地、货币等构成的物质资本（第二种资源）；三是社会资本（第三种资源）。科尔曼进一步指出：

> 社会资本是个人拥有的，表现为社会结构资源的资本财产。所有的社会资本有两个共同的特征：一是由构成社会结构的各个要素所组成；二是它可以为结构内部的个体行动提供便利。和其他形式的资本一样，社会资本是生产性的；但和其他资本不同的是，社会资本的产生并不总是有目的的。①

他同时也认为，是否拥有社会资本，决定了人们是否可能实现某些既定的目标。的确如此，对于新加坡老一辈华商而言，在当时的社会场域之中，面对物质的匮乏，面对知识技术的有限，要想改变自己和家族的社会位置的一个选择就是获取和使用社会资本。因此，他们在与亲戚、朋友、同乡等的互动中积极地获取社会资本，可以说，如果没有那些最为基本的社会资本，其创业就容易失去基点，经营也会因为缺少信息渠道而要支付更多的交易成本（如原料、产品价格等）。

不过，以上案例中所提到的第三种资源（亲戚关系、朋友关系、业务经营中的私人关系等）仅是布迪厄"社会资本"概念中的一种人与人之间的关系资本。比较布迪厄与科尔曼的社会资本定义，他们还同时强调了网络的作用，只是布迪厄注重的是"体制化"的网络，也即：人们在生产和再生产社会资本时，（要把）诸如邻里、工作场所的关系甚至亲属关系，转变成既必需又有选择性的关

---

① 詹姆斯·S.科尔曼著，邓方译：《社会理论的基础（上）》（北京：社会科学文献出版社，1999年，译自：*Foundations of Social Theory*, The Belknap Press of Harvard University Press, 1990)，第351~366页。

系,转变成从主观上感到有必要长久维持其存在(如感激的心情、尊敬、友谊等等)的关系,转变成在体制上得到保障的(权力)关系。①

而科尔曼强调的则是网络的"结构性"特征,也即地位和结构性功能的作用。但无论是"体制化"网络的建立,还是"结构性"网络的利用,对老一辈华商来说都是十分重要的。

访谈1中的黄先生对此感触良多,他说:

> 办企业做生意,人人都想赚钱,但方法各不相同。其中建立良好的社会关系和商业网络不管在哪个年代都非常重要。我个人的做法是,尽量保证我的经销商、客户都永远是我的经销商和客户,我希望跟他们成为莫逆之交,而不只是萍水相逢式的、"一次性"的交往。当然,这并不容易。但是,作为企业主,你必须想办法做到。我读的书并不多,但我的经验告诉我,要想在商场立住脚跟,我应该做到"员工满意、客户满意、经销商也满意"才行。
>
> 所谓"员工满意",就是让员工不必忌讳地对公司提意见以改进公司的工作;给员工提供的福利包括工资不比同业公司低。所谓"客户满意",就是必须提供质量好的产品,其价格虽然不必比市场同类产品低,但也决不比同类产品贵,这样客户就满意了。所谓"经销商满意",就是我们不要贪心,自己要赚钱,别人也得赚钱,必须让每个经销商都有钱赚。否则的话,你总是想占更多的便宜,那么,他下次就很有可能不再来找你了。
>
> 如果你认为,世界这么大,少了这一个,还会有那一个,那你就大错特错了。因为这是你经营指导思想的失误,你的不良口碑也会因此一传一、再传十、再传百,以致影响到其他经销商对你的评价。声誉坏了,还谈什么社会关系、社会地位呢?这样,起初你想多赚点钱的愿望就成为泡影。而我的"三满意"原则一旦落实到经营行为上,表面上看来我们赚的钱少了,利薄了嘛,但经销商多了、客户多了、销路也广了,所以最终赚的钱并不是少,而是更多了,即所谓薄利多销。这样一来,我的社会关系稳定了,商业网络也铺开了,相互之间形成了一个良性循环。
>
> 我的公司从一个小小脚踏车修理行(1948年),到1950年代成为新加坡丰隆五金公司的合作商,1954成为日本山洋电器代理商,到现在成

---

① 皮埃尔·布迪厄著,包亚明编译:《文化资本与社会炼金术——布迪厄访谈录》(上海:上海人民出版社,1997年1月),第203页。

为一个大型的包括汽车、摩托车、缝纫机、电器产品等的跨国贸易公司;并成功开拓了中国市场,与中国某纺织有限公司合资建立了一家从缝纫机零件——缝纫机——制衣厂生产销售一体化的大企业。这60多年来,我的公司在生产经营方面几乎未遭遇过大的挫折,我认为,我最大的获益应该来自于我的这个信念:"你的满意就是我的生意。"

案例1中丰隆集团的郭芳枫建立商业网络的方式与访谈1中的黄先生有所不同,最大的原因应该是,郭氏兄弟1941年创立公司时正值战争时期,他们所经营的五金、轮船用具、漆料、橡胶园的用品和器材等销路非常好。尤其是战后初期,由于欧、美、日等国家大力发展航运业,而新加坡港口贸易繁荣,许多船只途经新加坡时,都会购买大量用品和设备,郭氏兄弟抓住时机,在当地和附近地区大量廉价收购相关产品和用品,然后转售给过往船只。仅短短几年的时间,郭氏兄弟就积累起了相当数量的资本。拥有了雄厚的经济资本,郭氏兄弟开始大刀阔斧地开拓自己的商业网络,于1948年成立了丰隆有限公司,旗下拥有6家附属公司,集种植、地产和贸易于一身;1950年代初期,进军马来西亚,并大量投资兴建橡胶园;1957年,随着新加坡建筑业的蓬勃发展,丰隆公司与日本的三井、黑龙洋灰公司合资创办了洋灰制造厂,之后又在马来西亚设立了大石洋灰制造厂,大量生产水泥。

1960年代,丰隆集团开始进军金融业,以604万新元的实缴资本,创立丰隆金融。2001年,丰隆的上市金融子公司与Singapore Finance合并,现已成为全岛最大的金融公司,拥有28间分行。多年来,丰隆金融不断拓展其产品和服务,以满足市场(个人和商业界)需求。由于其客户基础扎实稳固,所以它在其所服务的市场中一直保持着强劲的竞争力。与此同时,丰隆集团开始大量投资房地产业。

自1968年成立了丰隆实业有限公司后,他们利用早年购买的土地,大力兴建办公大楼、商业大厦、高级住宅、购物中心及酒店。1971年,丰隆实业与母公司(Hong Leong Investment Holdings Pte Ltd)收购了城市发展有限公司(城市发展)的大部分股权。1972年,丰隆实业与日本最大的一体化房地产开发商之一 Mitsui Fudosan Co. Ltd.一起成为TID Pte. Ltd. 的股东,并与TID合作成功地发展了The Oceanfront@Sentosa Cove项目。到目前为止,丰隆实业完成了超过130项住宅物业,从普通住宅到超豪华住宅一应俱全;该集团还凭借自身丰富的经验和广阔的网络,已将业务拓展到本区域的其他地方,如北京、香港、马来西亚等;此外,该集团还完成了100多项商业物业项目,包括可出租的办公楼建造、工业区建造,以及零售店铺、度假村、豪华酒店等。

至于酒店业方面,该集团于 1970 年在新加坡开设 King's Hotel(现称为国敦统酒店),开始从事酒店发展和经营,但当时这项业务并不起眼,直到 1980 年代末,发展了台北君悦大饭店,并且有了较好的业绩之后(1989 年,该集团的酒店资产为 6.50 亿美元),丰隆集团才开始积极发展酒店业,主要通过收购、兴建以及与德国(2001 年)最大的酒店公司之一的 Maritim Hotels 建立全球战略商业联盟等方式。目前在全球 18 个国家拥有及经营 120 间酒店,2008 年底总资产达到 43.23 亿美元,成为最大的亚洲控股酒店集团(在中国之外),并跻身世界最大国际酒店集团之列。其所建造的物业都成为当地地标性建筑,其中由城市发展、丰隆实业和 TID Pte Ltd. 联合发展建造的新加坡的瑞吉酒店和瑞吉雅居于 2009 年荣获国际房地产联介会著名奖项世界最佳房地产奖(酒店类)。尤其是展现高雅时尚生活精髓的瑞吉酒店在东南亚绝无仅有,也是东南亚引进的第一家瑞吉酒店。

经过半个多世纪的发展,郭芳枫及其家族的财富于 2004 年时就以 28 亿美元身家首次被《福布斯》财富排行榜列为新加坡第一、东南亚第三。而今其经营范围早已涉及金融、房地产、酒店、保险、制造业、贸易等不同行业,商业网络遍及马来西亚、菲律宾、印尼、新西兰、美国、英国、香港、台湾、中国大陆等地。

很显然,丰隆集团的成功很大程度上取决于郭芳枫的远见卓识。譬如:二战结束,他预计物资必然会遭遇短缺,于是以极低的价格大量收购军需剩余物资,这些物资很快便成了紧俏商品,给丰隆带来了巨额利润;与此同时,他也预见遭遇战争肆虐的国家到处满目疮痍,其经济重建势在必行,必然需要大量地皮、建筑材料等,于是,他当机立断,从 1947 年开始便廉价买进大片土地,这使得他们拥有超过 5 百万平方英尺的土地储备,这些土地从 1970 年代开始已身价百倍。郭芳枫也因此成为在土地资源稀缺的新加坡拥有最大土地储备的私人发展商之一,被称为"土地王";他所领导的集团也理所当然地在新加坡竞争激烈的房地产市场中拥有非同一般的优越地位。[①]

丰隆集团强大的商业网络就是这样编织而成的。郭芳枫对自己的商业生涯的总结十分全面而贴切,他说:

> 做生意要有远大眼光,要配合时代需要。顺应形势的要求,把握时代

---

① 相关信息请浏览丰隆集团网页:http://www.hongleong.com.sg/;以及参阅岩崎育夫著,刘晓民译:《新加坡华人企业集团》(厦门:厦门大学出版社,2001 年 9 月),第 35~41、139~173 页。

的趋势和脉搏,从而因势利导,采取适当的经营对策。

案例 3 中的陈六使尽管受教育不多,甚至有时还有一点聚众赌博的不良嗜好,但仍然不失为一个勤奋进取、乐观向上、勇于挑战、知恩图报、为人处事义字当先、做事果断而有魄力,并富有冒险精神的人。也因为他的这些性格特点,使得他在陈嘉庚的谦益公司工作的 9 年时间里,一方面受谦益公司各种严格的规章制度的熏陶和影响,另一方面也学习和掌握了东南亚树胶市场的运作和经营过程,他的能力也因此得到了极大的锻炼和发挥,更重要的是他的义气使他在工商业界积累了一定的人脉关系,为他后来自行创业打下了良好的根基。1929 年时,由于世界性经济危机殃及东南亚,陈嘉庚和林义顺等大胶商因为"企业大、生意面广",其业务难免遭受重创;而陈六使的益和却因为"企业小、生意涉及面窄",其业务虽然也难免受到波及,但挑战与机遇同在,陈六使充分利用过去与工商界交往的良好关系,反而利用了这次的危机使自己的企业逐渐在业务上取得了突破;到了 1930 年代末,益和已跻身新加坡及马来亚的大企业之列,并摆脱洋行钳制,成为当时直销橡胶到欧美的少数华资胶商之一。陈六使乘胜追击,不断增购胶园,将业务和商业网络从新加坡扩展至马来亚、印尼、泰国及越南等地。①

综观以上案例中的个体编制商业网络的实践过程,恰好符合了布迪厄社会资本的建构和再生产理论,布迪厄认为:

> 社会资本的形成是一种有意识或无意识的投资策略的产物。这些策略可以是个人的,也可以是集体的,它们有意识或无意识地针对某些社会关系的确立或再生产,而这些关系则是在短时间内或很长一段时间内直接用得着的、能保证提供物质利润和象征性利润的社会关系。
>
> 为了积累和维护这些社会关系,个体必须不间断地努力,包括时间和精力的花费,以及直接或间接的经济资本的花费,甚至还包括可能要在其中投资一种特别的能力(如:家谱关系的知识、对真正联系的了解,以及运用这些联系的技巧,等等)和一种后天获得的性情。
>
> 只有这样,积累和维护社会资本的这一劳动的有利性,才会与资本的大小成比例增长,才能使那些简单的、偶然的社会关系成为一种相互交换或相互的"义务"(obligation),才能使行动者以自己的权力所占有的资本

---

① 林孝胜:《新加坡华社与华商》(新加坡亚洲研究学会,1999 年 1 月),第 227~231 页。

产生收益增值效应。①

布迪厄所指出的这种时间上的特性和社会交换就如同经济学中的一种所谓的"跨期投资",从而使得社会资本的运用具有了一种"微妙"性。

由此可见,拥有社会资本的企业家可以在特定的情境中,为企业获得更有利的信息、接触更多资源,从而带来更多优势。布迪厄进一步指出:

> 积累和维护社会资本的这一劳动的有利性,会与资本的大小成比例增长。因为从一种关系中自然增长出来的社会资本,在程度上要远远超过作为资本对象的个人所拥有的资本(主要是社会资本,也有文化资本,甚至还有经济资本)。②

林南也认为:社会资本可以通过自我的直接和间接的关系网络来获取,这些社会资本的获取范围,取决于行动者可以支配的资源数量、其社会关系以及关系的性质与范围。当这些关系扩展成为包括直接和间接关系的网络时,社会资本的积累就会呈指数增长,③也就是说,一个行动者个体占有社会资本的多少取决于两个因素:一是可以有效地加以运用的关系网络的规模;二是关系网络中每个成员所占有的各种形式的资本数量。尤其对处在当时社会场域中位置相对弱势的老一辈华商来说,关系网络及其规模是非常重要的。因为一般而言,社会资本的重要作用之一是它促进了信息的流动。当市场尚不完善时,市场中的大部分信息并不能像新古典经济学所假设的那样是完全流动且同质的。一方面,市场信息可以是有形的,也称为"硬信息",譬如:市场反应、通往权力机构的正式渠道、个人分析等,这类信息都可以文本形式等被明确表达出来。但这类信息大都是同质的(大家都知道和拥有),掌握和利用这类信息对企业有帮助,只是力度不大,因为这种信息无法让个体行动者及其企业具有比较优势,也无法提高个体和企业的竞争力。

因此,人们需要关注的是市场中另一方面的信息,也就是那些无形的信息,或可称为"软信息",这种信息通常存在于朋友关系、业务伙伴关系、与政府

---

① 皮埃尔·布迪厄著,包亚明编译:《文化资本与社会炼金术——布迪厄访谈录》(上海:上海人民出版社,1997年1月),第202~205页。
② 皮埃尔·布迪厄著,包亚明编译:《文化资本与社会炼金术——布迪厄访谈录》(上海:上海人民出版社,1997年1月),第205页。
③ 林南著,张磊译:《社会资本:关于社会结构与行动的理论》(上海:上海人民出版社,2005年),第137页。

官员的关系、参加宗乡社团或行业协会商会等的网络关系之中。这类信息往往以非正式的形式流动,譬如口口相传,仅在朋友之间、关系网络中的成员之间私下传播,非网络成员则很难获得。显然,这种软信息传递的边界十分明确;而且倘若未经启动,这种软信息就可能无法明确表述出来,也不能像"硬信息"那样可以被编码或文本化。但这类信息对个体行动者及其企业的决策而言,是异质性的(异于市场其他信息),它在提高个体行动者和企业的决策效率的同时,既能给个体和企业带来比较优势,又能提高行动者及其企业的市场竞争力。所以,充分发掘和利用"软信息"才符合经济学中"资源稀缺"的原理:市场不完善时,信息是不完全的,所以,信息也是稀缺的;只有稀缺资源才能带来竞争优势和超额利润。因此,个体行动者及其企业需要面对的问题是如何选择行动和如何配置资源。这也是新加坡老一辈华商全力利用社会资源、关系网络的主要原因所在。

以上案例中的黄先生、郭芳枫、陈六使等无一不是充分利用了所处场域中的商业机会、移民社会资源以及移民群体特征之间的互动。例如:对访谈1中的黄先生而言,员工、客户和经销商就是他的宝贵资源,也是他的社会资本,所以,他必须有意识或无意识地采取一些策略来积累和维护他的那些可以为他产生更多利润的社会资本,并以此来扩展他的社会资本。在黄先生的公司里,资金收益也十分重要,但是他作为企业主却大胆地将资金优化变成了人员优化的补充,反过来又促成了资金优化。在现实中,有很多案例表明,许多公司的失败,源于管理的指导思想、经营理念,以及指挥信号过于狭隘地建立在经济学所流行的"追求利润最大化"的语言和思想之上。也就是说,公司之所以衰亡是由于他们的管理者或企业主陷入到了"单一地追求利润最大化"的误区里,因此过分强调生产效率和赢利偏好,却完全忽视了他们所创建的公司或企业组织的真正本质是"社会人"的集合体。

案例2中的郭芳枫则是通过合理、合时且高效地利用经济资本的投资方式来建立企业的商业网络,从他对自己的商业生涯的总结可以看出,他似乎早已很深刻地意识到:作为一个追求利润最大化的决策者,企业不能只是被动地对外部环境的变化做出反应,而是应该全心全力去考察和研究环境变化的原因以及可能会带来的影响及其辐射范围,从而采取相应的策略行为去最小化成本或损失,最大化利益和效用。

而案例3中的陈六使则得益于其处事大胆果断、为人仁义为先的个性特质,从而将个人的关系网络顺利而有效地转化成为企业运营过程中的商业网络。可以说,这些老一辈华商的商业行为嵌入了典型的社会资本特征,而这些社会资本在他们的商业行为中很明显扮演着网络建构、信息传递、降低社会风险和调节不确定性的角色。

但正如陈国贲对华商族裔资源与商业谋略的研究所指出的：

> 族裔资源与特定的文化和群体特征有关，这些特征预先设定、指导或有助于族群成员在主流社会中从事各种商业活动。有关族裔企业的文献证实，族裔社区中有几种关键的族裔资源，包括族裔价值观、家庭、社区联系、亲属关系、集体族群性（ethnicity）以及某程度上完整的制度。①

的确如此，在新加坡的发展过程中，新加坡华商的成长及其企业的创立和壮大，让人们看到的并不是一个个只追求利润最大化的抽象企业，而是一个个活生生的个人以及社会规范和文化传统的存在。本章的下一节便着重探讨新加坡老一辈华商的文化习性，以及这种习性对其商业行为的影响，对其文化资本形成和积累的影响等等。

第二节　文化习性与老华商的文化资本特色

本书在第三章中已经讨论过海外华商大都偏好创建家族企业是一种文化习性使然，这种文化习性可以理解为是一种群体性的文化习性，这种习性可帮助华商确定其创业模式、商业类型和企业规模，以及启动资金的获取。而在本章上一节所探讨的新加坡华商在其商业活动中很善于将社会资源转化为社会资本，其中"社会关系、社会网络"的建构尤为重要，本书认为，这一特征应该也可以归结为是华人的文化习性，而且是个体性文化习性的体现。

一、生存理念与文化习性

美国国家科学院社会心理学院士、耶鲁大学及密歇根大学教授尼斯贝特（Richard Nisbett，2002年当选院士）在其《思维的版图》一书中指出："华人把世界看成是由连续不断的相互作用的物质构成的，因此，华人看问题习惯于关注整个'领域'的复杂性。也就是说，把背景、环境作为整体来看待，且认为事

---

① 陈国贲著：《华商：族裔资源与商业谋略》（香港：中华书局，2010年10月），第19页。

件总是在各种力量的综合作用下产生的。"①换言之,一般华人认为,行动者个体并不是在各种社会环境中保持着个体特征的独立单元,尼斯贝特说,这就如哲学家罗思文(Henry Rosemont)所言:

> ……对于早期的儒家学派来说,没有孤立的我存在。概括地说:我是与特定的他人相关的生活角色的总和——从集体的角度来说,集体为我们每个人编制了个体认同的独特模式,因此,如果我的一些角色发生改变,其他人的角色也会改变,这就会使我成为另外一个不同的人。

尼斯贝特进一步比较了西方人与东方人之间的差异,他指出:西方人比东方人更倾向于对物体进行归类;善于发现把有关各种属性的规则运用到具体的事例中;也惯于对范畴进行更多的归纳,即,从某个范畴的具体事件概括其他事件或者是对范畴进行整体概括。而东方人坚信每一个事实与所有其他事实之间的潜在相关性;东方人比西方人更会从感知到的各种关系及相似性方面来组织这个世界。②

为此,他还提供了一个极为生动活泼又值得深入思考的例子:心理学家给受试儿童看三幅图画——"青草"、"公鸡"、"牛",然后要求受试儿童把这三幅画分成两类。其结果是:大部分中国儿童把青草和牛归为一类,把公鸡放在另一类;大部分西方儿童则把牛和公鸡归为一类,把青草放在另一类。

为什么会有这样的结果?尼斯贝特对此的分析是:因为中国儿童习惯于按照事物之间的关系划分事物的类别,而西方儿童习惯于把事物归入到它们作为"实体"各自所属的范畴里面去。按照"关系",牛吃草,所以,牛和草被视为一个类别。按照"范畴",牛和鸡都是动物,而草是植物。汪丁丁在《思维的版图》一书的序言中指出:儿童们在这里所表现出来的思维差异在于:前者首先看到的是关系,其次才有被关系连接在一起的实体;后者则首先看到了实体,然后建构起实体之间的关系。受试者都是儿童,他们不知道有关动物与植物这类范畴内部的细节知识,也不知道"牛吃草"这类关系的科学道理,他们只是在已往的社会交往中习惯了特定社会的思维方式,并基于这种思维习惯来

---

① 理查德·尼斯贝特(Richard Nisbett)著,李秀霞译:《思维的版图——西方人见木,东方人见森》(北京:中信出版社,2006年2月,原书名:*The Geography of Thought*),第14、4页。

② 理查德·尼斯贝特(Richard Nisbett)著,李秀霞译:《思维的版图——西方人见木,东方人见森》(北京:中信出版社,2006年2月),第87~102页。

完成实验者提出的要求。①也就是说,西方人习惯于强调物体,但脱离背景;东方人则习惯于关注整体和各种关系,从而产生了不同的推理方式。②

为了进一步证实这样的分析,尼斯贝特和他的学生对来自欧美和来自亚洲的大学生也进行了一些类似的心理学实验。其中一项实验是:让受试者指出"熊猫"、"猴子"、"香蕉"三个物体中哪两个的关系最为密切。结果是:来自西方的参与者们明显地表现出根据共同范畴中物体所具备的特征进行分类的倾向,把熊猫和猴子归为一类,因为都属于动物;来自亚洲的参与者表现出了根据主题关系进行分组的倾向,把猴子和香蕉归为一类,因为猴子吃香蕉。这些实验表明:儿童时期形成的思维方式足以延续到成年时期。

针对东西方思维方式的差异,尼斯贝特在《思维的版图》这本书的开篇中用了一位他认为非常优秀的中国学生的谈话做了概括,这位学生对尼斯贝特说:

> 你知道吗,你和我之间的差异就是:我认为世界是一个圆,而你认为世界是一条直线。因为中国人相信事物处于变化当中,而事物总是回到它们的某些初始状态。故而他们关注更加广阔的事件群组;他们寻找的是事物之间的关系;他们认为不理解整体就不可能理解局部。而西方人则生活在简单得多和更加确定性的世界里,他们关注的是恒久不变的事或人,而不是更广阔的图景;他们认为只要知道了事物运行的规则就可以控制事件。③

尼斯贝特虽然没有对这些话做出肯定的评价,但他指出:"有充分的证据证明,相对于西方人来说,东方人更多的是从各种关系的角度来看这个世界的,西方人则更倾向于从可以归入各个范畴的静止物体来看这个世界。"④所以,"对西方人来说,行为的实施者是自己,对东方人来说,行为是与他人有关

---

① 理查德·尼斯贝特(Richard Nisbett)著,李秀霞译:《思维的版图——西方人见木,东方人见森》(北京:中信出版社,2006年2月),第14页。
② 理查德·尼斯贝特(Richard Nisbett)著,李秀霞译:《思维的版图——西方人见木,东方人见森》(北京:中信出版社,2006年2月),第102页。
③ 理查德·尼斯贝特著,李秀霞译:《思维的版图——西方人见木,东方人见森》(北京:中信出版社,2006年2月),第13页。
④ 理查德·尼斯贝特著,李秀霞译:《思维的版图——西方人见木,东方人见森》(北京:中信出版社,2006年2月),第102页。

的东西或者是各种力量斗争抗衡的结果。"①由此看来,尼斯贝特的研究给了我们两个启示:其一,东西方人的思维和行为习惯的确有很大的差异;其二,尽管差异大,但有一点却是相同的,那就是东西方人的身上都被深深地打下了各自的历史和传统的烙印,就算你想回避,甚至厌恶这历史这传统的腐朽味,但你也无法清除掉它在你身上撒下的基因,所以这种烙印不可磨灭。因此,不管你是东方人还是西方人,也许大家唯一能做的就是如何激发自己身上的好基因,抑制那些已经有腐朽味的坏基因(成功的海外华商便是这一方面最好的实践者)。

尼斯贝特从心理学角度探讨了华人的"重视群体、关注关系"等思维方式早已深深镶嵌于华人的行为当中,并内化成为个人的一种文化习性。很显然,这也凸显在新加坡华商的商业行为之中。如果采用布迪厄的相关概念来进行描述的话,尼斯贝特所强调的"华人看问题关注整个领域的复杂性";"华人更多地是从各种关系的角度来看世界"等等,其中所谓"整个领域"可以归结为布迪厄理论中的"场域",而华人那种"特定社会的思维方式"、"重视事物之间的潜在关系"以及"在不同背景和环境中改变自己"等等,便可归结为布迪厄意义下的"习性"。这些在新加坡华商身上都有十分明显的体现,新加坡华商就是在充分利用自身所处的"场域"(第三章所探讨的),并将自身的"习性"适当嵌入商业行为之中,从而取得相应的成功。而这种所谓的"习性"就属于布迪厄理论下的身体化形态的"文化资本"概念的范畴。

也就是说,尽管上一节的探讨已经明确了尤其是在国家发展的初级阶段、市场也不尽完善时期,社会资本对华商个体及其企业发展的重要性,但这并不意味着其他类型的资本就会"退居二线",因为无论是个体还是企业其实都是一个社会资本与非社会资本的动态结合体,行动者必须知道并加以判断:随着时代的不断演进,随着社会的不断变化,哪一种资本在什么社会条件下会占主导位置。但由于个体或企业所拥有资源的有限和场域的制约,促使人们的这种"判断力"就如同布迪厄曾指出的:

> 并不是有意识的理智活动,确切地说,并不是以在按照某一计划建构起来的若干可能性中进行果断选择为目的的某种意识的理智活动,而是习性的实践活动。……人们通过确认自己在环境面前的自主性(而不是

---

① 理查德·尼斯贝特著,李秀霞译:《思维的版图——西方人见木,东方人见森》(北京:中信出版社,2006年2月),第99页。

屈从于环境的外在确定性,比如说,物质的外在确定性),并且根据自己的内在确定性,即自然倾向(conatus),习性使自己得以永存的倾向就是使某一特殊的身份得以永存的倾向。……在竞技中的投入,都是在习性和习性与之对应的场域的关系之中滋生起来的。①

换言之:理性习性只是特殊经济条件下的产物,而该特殊的经济条件取决于个体是否拥有能够真正抓住那些社会场域所提供的"潜在机会"而必需的经济资本和文化资本(这些"潜在机会"是社会向所有人提供的)。②因此,本节将试图通过案例说明,作为个体行动者的新加坡老一辈华商是如何在相应的社会和经济条件下运用所积累的文化资本来对社会资本进行运作,以及如何在所处的场域之中根据自身的习性将社会资本与非社会资本进行配置,以及时抓住那些"潜在机会"。

案例 4 大华银行的黄祖耀。③作为新加坡一位家喻户晓的人物,不仅活跃在银行界和工商界,也曾荣获过"新加坡最佳商人"殊荣的银行业巨子,同时,还是多年来致力于华人社会活动的杰出社团领袖、大华银行前总裁黄祖耀强调:一个人的成长离不开环境的影响。1929 年,黄祖耀出生于金门,儿时跟外祖父一起生活,备受外祖父的疼爱,不过这样的快乐生活到他 8 岁时便随着中日战争的全面爆发而结束。为了避难,黄祖耀不得不随父母逃到了马来西亚的古晋。由于黄祖耀的父亲黄庆昌出生于马来西亚沙捞越州的古晋,是一名白手起家的成功商人,也是沙捞越州的华社领袖,于 1935 年创办大华银行。因为大华银行的业务在不断扩展,因此黄庆昌基本无暇管教孩子,但对孩子的

---

① 布迪厄著,杨亚平译:《国家精英:名牌大学与群体精神》(北京:商务印书馆,2004年),第 3~4、7 页。
② 皮埃尔·布迪厄著,蒋梓骅译:《实践感》(南京:译林出版社,2003 年 12 月),第 98 页。
③ 有关黄祖耀的资料主要来源于:王苍柏《黄祖耀:银业巨子,社会贤达》,载庄炎林编《世界华人精英传略:新加坡与马来西亚卷》(南昌:百花洲文艺出版社,1994 年)。岩崎育夫著,刘晓民译:《新加坡华人企业集团》(厦门:厦门大学出版社,2001 年 9 月),第 26~32、98~115 页。林婉诗:《大华银行主席黄祖耀:家族控制配合精英管理 可实现企业长远目标》(《联合早报》,2006 年 10 月 23 日)。龚慧婷:《大华银行总裁易主 黄一宗接替老爸》,《联合早报》,2007 年 5 月 8 日。李明、李伟峰:《黄祖耀:协助社会进步繁荣是商人的根本利益》,载《管理世界》杂志社主编《华人金融家——80 位华人金融领袖访谈录》(北京:中华工商联合出版社,2008 年 1 月)。郑мыш杉:《大华银行第三代传人黄一宗:大华代代相传,理念没变》(《联合早报》财经人物版,2011 年 9 月 11 日)。

学习及言行举止的要求却极为严格,且颇为专断。不过,黄祖耀的母亲则善良慈爱,每当孩子们在父亲那儿经受了如同暴风骤雨般的训斥之后,母亲总会很及时地用极大的耐心和爱心去安抚他们,帮助他们了解父亲的良苦用心,这让黄祖耀倍感温暖,在学会了忍耐的同时也感受到了自己未来的责任。1941年底,日本将战火延烧到了新加坡。由于黄庆昌积极参与抗日募捐活动,而被日军定为可以格杀勿论的重点抓捕对象。因此,新加坡沦陷时,黄庆昌不得不带领全家避居到一个名叫吉里汶(Karimun,今属印尼)的小岛。尽管是在避难,但是,黄祖耀的父亲仍然没有放松对孩子们的严加管教,很快便安排黄祖耀在一家私塾学习中华传统文化,如古文古诗、四书五经以及书法等等。尽管只有短短的三年时间(1942—1945年),但聪明好学的黄祖耀已具备了良好的中华传统文化的修养。

直到战后黄祖耀才又重新回到学校,不过当时的新加坡正处于英国殖民地时代,学校经常有学潮、工潮,黄祖耀也是其中的一位活跃分子,父亲因担心他年轻气盛,为避免他与学校发生争端,还曾一度把他从中正中学转到了一所纯英文学校——圣安德鲁学院(St. Andrew College)就读,黄祖耀也因此接受了一段时间的新加坡英式教育,这使得本来就思维开阔的黄祖耀变得更加活跃和敢作敢为。1949年,正值黄祖耀准备考大学的时期,但由于学潮不断,社会仍处于很不稳定的状态,父亲十分担心思想活跃的黄祖耀会不慎卷入某种事端,便严令黄祖耀就此辍学从商,帮助打理家族的庆隆土产交易公司。尽管黄祖耀很不情愿,但父命难违。为了不放弃读书,他只好通过自修和夜间参加补习班,加以弥补。这正如布迪厄所指出的:

> 事实上,个体行动者与未来保持的并支配其现时行为倾向的实践关系,是在两个方面的关系中得到规定的:一方面是其习性,尤其是时间结构和对未来的潜在行为倾向,而这种行为倾向是在与一个特定的可能性域的特有关系的持续过程中形成的,而另一方面是社会世界客观上给予该行动者的机会之特定状况。[①]

黄祖耀当时的辍学从商也许就是社会世界客观上给予他的机会之特定状况吧。又如,访谈1中的黄先生与黄祖耀富裕而显赫的家境完全不同,他出生于福建莆田一清贫之家,连小学都没有毕业就得开始自谋生路。为了改变个

---

① 皮埃尔·布迪厄著,蒋梓骅译:《实践感》(南京:译林出版社,2003年12月),第99页。

人和家族的命运,黄先生才于1935年选择跟随同乡下南洋做苦力挣钱的,自1946年来到新加坡,由于受同乡纷纷从商的影响,黄先生也开始重新思考自己的人生:"与其没日没夜、流血流汗地为他人打工,却依旧前途渺茫,还不如也尝试一下依靠自己的力量做点小生意,也许还能闯出另一番天地。"主意一定,27岁的黄先生利用微薄的积蓄开了一个脚踏车修理行,经过60多年的不懈努力,当年的那个小小的脚踏车修理行现在已经成为一个大型的包括汽车、摩托车、缝纫机、电器等产品的跨国贸易公司;并成功开拓了中国市场,在中国建立了一家从缝纫机零件——缝纫机——制衣厂以及生产销售一体化的大企业。黄先生说,他虽然上学的机会不多,父母的文化也少,但是他从小从父母亲身上所看到的和感受到的那种刻苦耐劳、勤俭持家的做事方式,以及诚恳而谦恭地对待亲人和他人的善言善行给他的影响十分深刻。他甚至认为,他的公司之所以能持续经营60多年,并发展壮大到现在的规模,靠的就是父母教育他的"推己及人"的处事作风,以及"仁义、诚信"的生活和经商态度。正所谓:人无诚信不立,家无诚信不睦,商无诚信不富,业无诚信不旺,政无诚信不威,国无诚信不稳,世无诚信不宁。这也是布迪厄所认为的,家庭会传递他基本的"习性",而所谓的"习性"是由"一套普遍化的思想、观念、评价和行为规范"组成,正是这些在家庭获得的习性成为一个人接受和吸收课堂(社会实践中的)信息的基础,提供了他基本的概念范畴和行为框架。①

案例5 李光前曾是世界十大华人富商之一,也是整个东南亚地区最杰出的华人企业家、教育家和慈善家之一。② 但李光前同样也是一个在苦水中泡大的农家孩子,1893年出生于中国福建省南安县梅山芙蓉乡,尽管家境贫寒,李光前的父亲却非常重视子女的教育,宁可自己节衣缩食,也要想方设法供孩子读书。所以,李光前从小就能很幸运地在私塾接受启蒙教育。不过,李

---

① Pierre Bourdieu and J. C. Passeron, *Reproduction in Education, Society and Culture* (London, Sage Publications, 1977). pp. 43~44.
② 有关李光前的资料主要来源于:郑炳山《李光前传》(北京:中国华侨出版社,1997年9月);沉浮:《陈嘉庚女婿李光前传奇:橡胶大王的成功之道》,《海内与海外特刊》,1996年第8期,第48—1—48~6页。林孝胜:《新加坡华社与华商》(新加坡亚洲研究学会,1999年1月),第183~226页。岩崎育夫著,刘晓民译:《新加坡华人企业集团》(厦门:厦门大学出版社,2001年9月),第17~25、71~86、98~115页。胡兴荣:《李光前:以商养儒兴学之典范》;林水檺:《功垂竹帛:马来西亚的华裔儒商》,载林水檺主编《创业与护根:马来西亚华人历史与人物儒商篇》(吉隆坡:华社研究中心,2003年)。李天锡:《试述多元文化对李光前企业经营管理的影响》,《八桂侨刊》,2008年第1期,第30~33页。

光前每天放学回家,得帮人放牛,挣钱贴补家用。

1903年,10岁的李光前随父亲举家南来新加坡谋生,就在他们离乡背井的途中,年幼的李光前出人意料地谱写了一段佳话。当时,他们同在一条船上的还有一大批福建难民,不幸的是,天气骤变,寒冷的海风狂吹不已,轮船在汹涌的海浪中颠簸前行,船舱内简直成了冰窖,船上褴衫单薄的难民虽然相互拥挤在一起,却怎么也无法抵御那刺骨寒风的侵袭。庆幸的是,当时在东南亚一带已颇有名气的爱国华侨、富商陈嘉庚也在船上,他发现自己的同胞正在挨冻,便毫不迟疑地吩咐船上管事的人说:"你通知全船的人,凡是姓陈的,每人发一条毛毯。"结果,难民们几乎个个都领到了一条毛毯,至于他们是不是真的都姓陈就很难说了,但在当时的情形只要不被冻死,姓什么已经不重要了。毛毯分发完后,陈嘉庚顺便到各个船舱察看,竟然发现只有一个小男孩没有毛毯,正躲在一个角落瑟瑟发抖。陈嘉庚问小男孩,冻成这样为什么没去领毛毯?小男孩回答:我姓李不姓陈,不敢冒领。这小男孩就是李光前。陈嘉庚听了这位年纪小小却既诚实又有骨气的李光前的回答,不禁对自己的考虑不周深感自责,便立即命人拿来毛毯为李光前披上,并通知船上所有的人凡是需要毛毯的都可以领取。这件事令这位成功奋战商场多年的侨领深受感动,也印象深刻,更为日后的李光前成就了一段美满姻缘(他成为陈嘉庚的女婿),也为其一生的辉煌事业埋下伏笔。

由于李光前的父亲对自己的儿子寄予厚望,因此,到达新加坡后,他便选中一所英文程度颇高,但收费低廉的英印学堂,并竭尽所能将李光前送进了这所学校。也正是这所学校使李光前从小就既通晓英文又学会了印度语,同时,受父亲的告诫不可数典忘祖,所以,李光前还得坚持每个周末都去崇正学堂攻读华文。

很显然,李光前来自于家庭的文化资本的传承包括两个方面:第一,是文化意识的传递,因为在他父亲的那个年代,只有家庭富裕的人家才能有足够的经济资本送子女上学,他的父亲虽然无法接受到足够的教育,但是却能充分认识到教育的重要性,以及人格培养的重要性——即文化资本的潜在价值,这种信念和价值观念一旦传递给了李光前,李光前便以极大的努力和兴趣去吸收和累积相应的文化资本。这种诚实和骨气就是李光前的人格,也是布迪厄多次阐释过的"习性",即"是持久的可转移的禀性系统"。法国社会学家菲利普·柯尔库夫(Philippe Corcuff)对布迪厄的这一定义做了很贴切的解释:

> 禀性,也就是说以某种方式进行感知、感觉、行动和思考的倾向,这种倾向是每个个人由于其生存的客观条件和社会经历而通常以无意识的方

式内化并纳入自身的。持久的,这是因为即使这些禀性在我们的经历中可以改变,那它们也深深扎根在我们身上,并倾向于抗拒变化,这样就在人的生命中显示某种连续性。可转移的,这是因为在某种经验的过程中获得的禀性(例如家庭的经验)在经验的其他领域(如职业)也会产生效果;这是人作为统一体的首要因素。最后,系统,这是因为这些禀性倾向于在它们之间形成一致性。[1]

李光前的这种"习性"已成为他个人拥有的一种身体化的文化资本,这种文化资本不是靠学历来培养,而是靠他个人的一种感受和家庭的潜移默化,更重要的是这也是一种稀缺性的文化资本。与此同时,陈嘉庚的善举也极大地刺激了李光前,所以,来自于家庭的文化资本的传承的第二个方面就是成就动机的传承。李光前贫困的童年家庭生活经历使他具有一种物质上的匮乏感,这种匮乏感是他坚持读书求学、追求成功的动力之源。而从陈嘉庚这位长辈的身上他看到的是:成功之后不但可以成就自己,还可以帮助甚至成就他人。

如果说在中国历史上,那些处于社会高层的士大夫所掌握的"仁义礼智信"早已经历了政治化和学术化的洗礼;那么,像上面的黄先生以及李光前这一类出身于穷困地区、远离高尚的政治文化中心的早期移民海外的华人所承载的"仁义礼智信"却具有一种"原生态性"和纯朴性,而且这种"原生态性"和"纯朴性"已经深深镶嵌于他们的身心之中,成为布迪厄意义上的个体"习性",也即身体化形态的文化资本。尽管这种身体化形态的文化资本无法通过馈赠、买卖和交换的方式进行当下的传承,但它可以通过家庭教育来传承并积累。布迪厄也深入分析了身体化的文化资本的传承和积累规律,他认为:

其一,这种文化资本的传承和积累主要取决于家庭所拥有的文化资本。文化资本的最初积累以及文化资本快速积累的先决条件,都是在一出生就开始了的,因此那些拥有丰富的文化资本的家庭后代理所当然地有先天之利。

其二,某个个体能否延长其获取文化资本的时间长度,依赖于他的家庭能够给他提供的自由时间的长度,后者指的是从经济束缚中摆脱出来的时间,这是最初积累的前提条件。

以上两点隐含着一个值得探讨的问题,即不同阶级出身的个体在获

---

[1] 菲利普·柯尔库夫(Philippe Corcuff)著,钱翰译:《新社会学》(北京:社会科学文献出版社,2000年12月),第36页。

取文化资本方面是不一样的,因为经济宽裕的家庭能够使父母在教育孩子,以及孩子在积累文化资本时能提供更多的自由时间。

其三,个体的能力在这种文化资本的传承和积累过程中起了重要作用。"因为获取资本需要一个延长过程,而能力就是这一延长过程所需要的特别的文化上的要求。"因此,在家庭教育中,培养个体的能力比传授其知识更加重要。①

布迪厄也进一步强调:

习性是一整套持久的性情,这些性情并不是有意识地被谈论到的,人们不需要真正意识到它们的影响,它们就会简单地显现在个人的行为之中,换言之,习性能够或者知道在任何特定的遭遇中应该怎样"继续"发挥功效。因而,习性是一种认识性的和激发性的机制,它使个人的社会语境的影响得以具体化,它提供了一种渠道或媒质,正是通过这一渠道或媒质,信息和资源才被传导到它们所告知的行动中。②

简而言之,人们文化习性的获得,一方面是外在文化场域在人们内心投射与自我内化的结果;另一方面则是个体行动者与家庭、社区、学校以及国家这个大社会互动的结果。因为家庭、社区、学校以及国家在不同时空中的各种文化元素以及这些文化元素之间的相互作用组成了一个有一定向心力的、动态的、有机的综合场域。这个场域包括了从古至今积淀下来的信仰(宗教或非宗教)、价值取向及生活方式、生活习俗等,它所产生的动力深刻地影响着人们文化习性的获得,也不断地调节着人们的文化观念、思维特征和行为规范。正如美国的本尼迪克特于1930年代在其《文化模式》一书中从人类学的角度所阐明的:

个人的文化背景给他提供了谋生的原料,原料是贫乏的,个人就要受苦;原料是丰富的,个人就有了实现自己愿望的机会。每个人的个人兴趣取决于其文明世代的积累是否丰富。③

---

① 薛晓源、曹荣湘主编:《全球化与文化资本》(北京:社会科学文献出版社,2005年4月),第5~6页。

② 皮埃尔·布迪厄著,包亚明编译:《文化资本与社会炼金术——布迪厄访谈录》(上海:上海人民出版社,1997年1月),第217页。

③ 露丝·本尼迪克特著,何锡章、黄欢译:《文化模式》(北京:华夏出版社,1987年9月,译自:Ruth Benedict, *Patterns of Culture*),第196页。

而且,本尼迪克特认为:人们面对自身所处的社会的模铸力量,有着一种与生俱来的巨大的可塑性(malleability),因此,"降生在任何社会的绝大多数个体,无论其所属社会的习俗有什么特质,正如我们已见到的,他们总是采取那个社会所需要的行为。"① 由此可见,人们所独具的文化习性,一方面凸显了个体发展的可塑性,同时也表明了个体发展与外在场域的双向互动性;行动者个体文化习性所带有的族群和国家环境的鲜明特征因其不同的价值取向和所处的群体文化形态而异。尤其是移民中出身于穷困家庭的子女,譬如:访谈1中的黄先生、案例1中的郭芳枫、案例3中的陈六使、案例5中的李光前等,常常需要完全依靠自己的能力,在一个日益复杂的世界中寻找出路,较之那些出身富裕、家庭文化资本殷实的个体,他们需要更专心、更懂得如何适时地将其身体化的文化资本,以及适度地将有限的社会资本投入到市场竞争当中,也即,他们需要更懂得如何去"采取那个社会所需要的行为"才能建立自身的竞争优势。

布迪厄在探讨1960年代法国小店主、小手工艺者以及小农业工人等社会底层人士时曾指出:

> 这些社会底层人原本很少利用教育制度来进行自身的再生产,而是由于经济变化引起的强加于他们的劳动力的重新部署,他们才开始设法利用教育制度,也就是说,当他们不得不面临如下前景,即面临离开他们有能力完全控制的社会再生产环境的处境时,他们才开始设法利用教育制度。②

但是,华人的情形似乎有所不同,他们从古至今都极为重视对教育的利用,尤其是海外华人更是竭尽全力为争取获得教育资格和权利而不惜与当地政府(不论它是殖民地政府还是当地的民族主义政权)顽强抗争。也许正因为如此,海外华人或者说海外华商才能在"以资本争夺资本"的游戏中获得收益,只是海外华商是以自身"身体化"形态的文化资本为基础来争夺其他资本。因为他们深知"由文化资本和其他资本共同组成的资本总量的多少直接决定了行动者地位的高低"。而他们所拥有的这种文化"习性",其实也"是一种知识,

---

① 露丝·本尼迪克特著,何锡章、黄欢译:《文化模式》(北京:华夏出版社,1987年9月,译自:Ruth Benedict, *Patterns of Culture*),第197页。
② 皮埃尔·布迪厄著,包亚明编译:《文化资本与社会炼金术——布迪厄访谈录》(上海:上海人民出版社,1997年1月),第123~124页。

同样是一份财产,在某种情况下,能够像资本一样发挥作用"。①

针对新加坡华人所具有的文化习性,新加坡开国元勋、前副总理吴庆瑞曾指出:

> 华人很早以来就开始向海外移居,他们把孔子学说及儒家思想所发展出来的精神,带到所移居的社会。华人的勤奋、节俭、讲求信用,对法律的尊重,对社会的关怀,对家庭的爱护,以及对子女教育的重视,使他们不但在海外打开新的世界,同时也保持了祖先所遗留下来的美德和传统。总之,移居海外的华人能够有今天,能够为他们的后代创立下繁荣、文明的社会,同孔子及儒家的潜移默化的影响有密切的关系。②

不过,历史学家王赓武对此的分析则更具有一种历史发展观,他认为:海外华商是背负着他们的文化外出的,他们尽可能保持了那些他们相信对他们最有帮助的价值观念——勤奋、节俭、正直、忠诚、勇敢以及适应能力、冒险精神和创业精神等;虽然在国外存在歧视,但也存在着许多可以互相竞争的利益,而且没有保守的政府官吏对他们进行抑制和阻挠,因此,这些华商一方面本身就已经具备了许多能帮助他们建立商业帝国应有的文化成分,另一方面,他们也懂得利用外国文化的有利部分来帮助自己;正由于具备这种文化的应变能力,他们在这个远离家乡故里的多元世界里,学会了如何克服歧视性的法律,以适应新的经营方法,并使自身更富创新精神;以致不少华商企业历经两次世界大战和历次中国内战,以及外国的歧视和其他骚扰而依然屹立不倒。③

新加坡开国总理李光耀也曾强调:

> 文化不会一成不变,因为一个社会维持人民的生活、发展和进步的运作方式会随着时间的流逝以及环境的不同和新科技的发现而改变,从游牧到农业社会,从农商业到工业社会,再从后工业社会到今天的知识型社

---

① 皮埃尔·布迪厄著,刘晖译:《艺术的法则:文学场的生成和结构》(北京:中央编译出版社,2001年3月),第221页。因为布迪厄指出"对艺术场适用的东西也同样适用于其他的场"。参见皮埃尔·布迪厄著,包亚明编译:《文化资本与社会炼金术——布迪厄访谈录》(上海:上海人民出版社,1997年1月),第151页。

② 参见《孔子诞辰2540周年纪念与学术讨论会论文集》(上海:三联书店,1992年),第7页。

③ 王赓武著,天津编译中心译:《中国与海外华人》(香港:商务印书馆,1994年),第224~232页。

会,社会价值观和人际关系已经起了变化。①

显然,这一番话同时也道出了新加坡华商文化资本的形成和积累所必然经历的变迁以及辩证的过程:传统习性的供给予现实社会的需求之间的纠结所带来的(传统的)传承➡(传统与现实的)冲突➡(习性与场域的适应)调和➡整合(文化重塑,直至文化资本的提升)。而且在这样的变迁过程中,人们的文化习性所起到的作用不容忽视。

二、文化能力的造就和文化资本的积累

尽管布迪厄指出"那些拥有丰富的文化资本的家庭后代理所当然地有先天之利",以及"经济宽裕的家庭能够使父母在教育孩子,以及孩子在积累文化资本时能提供更多的自由时间",但他仍然强调了个体行动者的"能力"——可以理解为一种"学习能力或者是从环境中获取信息的能力"——的重要性。所谓"文化能力"可分解为三个基本的部分:关于合法文化资本储备的知识、掌握与文化资本的消费和使用相关的知识技能和社会技能、有效地利用这些知识和技能以获取社会地位的能力。②上面的案例中无论是出身于富裕家庭的黄祖耀,还是出身贫寒之家的访谈1中的黄先生、陈六使和李光前,他们无一例外的都属于不甘示弱的一类,他们通过自身的良好"习性",以及过人的学习能力和善于从环境中获取信息的能力,从而积累了雄厚的身体化的文化资本。

案例4中的黄祖耀,自从1949年开始进入父亲的商业领域,到1958年短短9年的时间,他在商业贸易方面就已经驾轻就熟、游刃有余了,但年事已高的父亲黄庆昌却毅然决定把黄祖耀调入大华银行当董事。金融领域对黄祖耀而言是陌生的,尽管已有很丰富的商场经验,但黄祖耀对这样的任命仍不敢盲目乐观,可依然是父命难违,黄祖耀不得不再一次从头开始,潜心从金融实践中去学习银行业务知识,为此,他还特地到英国伦敦的一家银行学习考察了好几个月。父亲黄庆昌的眼光果然精准独到,黄祖耀在新的工作环境中再次显示出了他杰出的商业才干,很快就获得父亲和银行董事会的好评与信赖。在提到家庭教育方面,如今已大获成功的黄祖耀感触良多,他说,他的父亲从

---

① 新加坡资政李光耀在2004年4月20—22日召开的中国科学家人文论坛第三次会议上的讲话。请浏览新浪网:http://tech.sina.com.cn,2004-04-21。
② 格雷厄姆·默克多著,陈金英译:《阶级分层与文化消费——皮埃尔·布迪厄(1977)著作中的某些问题》,参见薛晓源、曹荣湘主编:《全球化与文化资本》(北京:社会科学文献出版社,2005年4月),第98页。

1935年至1974年一直都担任大华银行主席,位高权重,虽然十分严厉,甚至严苛,但父亲的言传身教对他的成长和事业发展产生了极大的影响,首先,父亲教会他怎样去博闻强识、广结良缘。黄祖耀说:

> 我父亲是一个白手起家的商人,他在沙捞越的古晋开始创业,过后将生意扩展到新加坡。我20岁(1949年)开始在"庆隆"工作时,还和父母住在一起。有一个时期每天早上我搭父亲的车到公司去。路上他会和我讨论对当天新闻的看法。每天工作结束时,我会将当天的交易记录和公司在银行的账目拿给父亲看,听取他的意见。而且,父亲每个星期天都在住家举办午餐会,总有二三十位朋友和商界同道到来。我尽量多接触参加午餐会的客人,认真倾听他们对一周形势的讨论,希望能从中获益。这不仅使我增加了对时事和商业发展的了解,也让我结识了很多银行日后的客户。

其次,父亲对孩子的要求虽然过于严厉,但也十分懂得鼓励。无论黄祖耀对问题的看法是幼稚甚至是错误,父亲都不会直面斥责,而是给予充分的时间和空间,让黄祖耀逐渐懂得如何独自面对问题和思考问题。

再次,父亲所提供的事业平台以及所传授的商业知识、管理经验令他受益终身,其中有两点最重要,那就是人们耳熟能详的"商业诚信"和"资金管理"。任何人要在商场取得成功,商业伙伴和客户对你的信任和信心是必不可少的,所以诚信是非常重要的。你也要密切留意自己的资本负债情况。黄祖耀说:"作为银行家,我见过太多商人因业务扩张过快、资金投入过量而遭遇滑铁卢。"

很显然,父亲在生活和学习上的严苛要求,在事业上的谆谆教诲和循循善诱,培养了黄祖耀处事的独立能力和稳健作风,这种能力和作风既帮助他规避了许多风险也度过了不少难关,更帮助他把父亲的事业推向了辉煌。

访谈1中的黄先生也很坦诚地说:"如果有机会进入正规学校读书、接受教育当然是一件好事,但遗憾的是,我的那个年代,以及我的家庭背景无法让我通过学校教育来吸收和积累知识,以实现理想。"所以,黄先生只好在社会实践中去寻找打开和掌握相关文化密码所需要的知识和观念的钥匙。不过,黄先生强调:

> 新加坡政府的引导和开放性经济政策让我和我的公司获益良多,我也才有机会成为日本某电器品牌的代理商以及顺利地进军中国市场。说实话,我的许多对中华传统文化、日本文化和西方文化的了解,以及公司

管理的知识、经商的知识等等都是来自于管理实践和经商实践。

在访谈时,黄先生对这些不同文化的特点,以及不同的管理方式都可以讲得头头是道。可以说,黄先生的故事无法不让人很深刻地体会到这样一个事实,那就是:社会是一个大熔炉,也是一所大学校,关键是你懂不懂得如何去接受这种社会大学校的"馈赠"。

对此,出生于富裕家庭的黄祖耀也有同感,他说:

> 虽然我对自己提早退学,以致失去考取大学学位的机会,一直感到遗憾,甚至埋怨父亲,但经过一段时期的商业实践之后,便发现父亲的教诲和传授的知识,却不是通过大学教育都能学到的。现在常听人们说要培养企业家,但我并不认同企业家精神是可以教出来的。

而他对于自己辍学经商的得失,以及一个人的学历、知识与其事业成就的关系这些问题,黄祖耀则表示:

> 我做土产交易时,并没有特别感到这方面的不足。1960年到银行工作后,才开始感受到教育程度不够带来的影响。因此,我常常需要用比其他同事多一倍的时间看一份文件。不过,事情也有另一面,由于我花的时间多,记忆就会比较牢。

他同时也强调:

> 毫无疑问,接受高等教育的人具备更好的条件应对我们面前的许多问题。但是我也见过一些大学毕业生,他们掌握大量的知识和信息,在处理问题时却显得犹豫不决,不能适应商场快速多变的要求。像福建话所谓的"冷怕冷、烧怕烧、又怕水不滚"。

换句话说,也就是:在学校里获得的某些习性可能会在某种程度上影响甚至限制个体对由市场制造和传播的信息的接收水平和吸收程度,因为冒险的机会成本太高。这似乎也是布迪厄为什么非常重视把家庭作为文化传承的基本结构的根本原因,尽管他并没有对家庭社会化进行过经验性研究。

而案例5中的李光前15岁时(1908年),恰逢清朝政府派官员前来新加坡和印尼(荷属)招收40余名华侨学生赴南京暨南学堂(现暨南大学前身)学习,一向学习勤奋、成绩优异的李光前就是其中一位被录取的学生。之后,1911年他继续升入北京清华高等学堂,后转入唐山路矿专门学堂(现西南交通大学前身)就读。在南京和北京念书的四年期间里,李光前较为系统地接受了中国的儒家思想和中华传统文化的教育,以及数理化等理科方面的严格训练,同时适逢西方学术思潮风行中国,这使年轻的李光前增长了不少见识。1912年,李光前返回新加坡后,先后任教于道南学校与养正学校,并兼任华文报纸《叻报》的电讯翻译员。但由于他当时的志向是成为一名工程师,所以,不久后他考入新加坡(英国殖民地)政府测量局主办的三年制的测绘学校,半工半读,与此同时,他还修读了美国某大学的函授土木工程。很显然,李光前的家庭也属于劳动者阶层,但他比访谈1中的黄先生幸运的是,他有机会接受到中西文化和科学技术等各方面的教育和熏陶,而且,他在学校里获得的习性(常会带来"过于谨慎"之嫌)并没有阻碍他对社会和商场信息的接收水平和吸收程度,反而使他投身商界后更能得心应手地驾驭商场风云。

例如,1927年时,已经成为陈嘉庚女婿的李光前,也已在陈嘉庚的谦益公司任职了11年,自然累积了许多的商场实战经验,于是,也开始决定创立属于自己的事业,期望能成为像岳父陈嘉庚那样成功而有影响力的商界巨子。①正当他因为没有足够的启动资金而一筹莫展时,恰巧获得了一则消息:一位英国商人要回英国,急着想把位于马来西亚麻坡一带的一千亩橡胶园低价卖出,但因早有传言说那块橡胶园常有猛虎出入,因此没人敢买。当时就连叱咤商场多年的岳父陈嘉庚也极不赞成李光前买,认为是一笔赔本的买卖。但是,其行事作风较之陈嘉庚更为谨慎的李光前却还是做出了令人惊诧的决定,他当机立断,仅用10万元买下了那块橡胶园。周遭人都认定,他实在是"明知山有虎,偏向虎山行",太冒险了。

但事实上,李光前绝非盲目冒险之辈,他是经过了一番仔细分析和推敲之后才做出的决定。因为李光前曾在英文报刊上看过一则新闻,政府有意在那一片胶园旁边修建公路,以发展当地的工业,于是他推测,公路的开通会带动那一带地价的高倍上涨。果不其然,事隔不久,李光前的推测得到证实,他也再一次当机立断将那片低价买进的麻坡胶园以40万元的高价卖出,短期内净赚30万元,因为此举,连陈嘉庚也不得不从心底佩服李光前的胆识和眼光。李光前则正好以此作为创业启动资金顺利开办了自己的第一家公司,取名为"南益橡胶公司",其中的"益"也来源于陈嘉庚的"谦益"(公司之名),以感念陈嘉庚对他的赏识和栽培。这件事足以证明,李光前敢于冒险,但是他冒的是有准备之险,而不是无谓之险;另一方面,也得益于他的英文能力以及他善于获

---

① 郑炳山:《李光前传》(北京:中国华侨出版社,1997年9月),第39~40页;沉浮:《陈嘉庚女婿李光前传奇:橡胶大王的成功之道》,《海内与海外特刊》,1996年第8期,第48~1—48~6页。

取信息的能力,因为在那个年代,能像他这么精通中英双语、拥有高学历,又富有冒险精神的人才可说是凤毛麟角。

根据布迪厄的文化资本理论,文化资本的占有本身就预设了对技能与能力的占有,从名义上来看,每一个人获得合法文化资本储备的机会都是均等的,但实际上这种机会只属于那些有办法占有它们的人,或者换句话说,只属于那些有办法解读它们的人①——也就是那些有文化能力的人。尽管布迪厄的这种说法主要是针对非体力劳动者阶层,但从以上的实例来看,在体力劳动者阶层也同样适用。

从以上三位老华商的文化资本的形成来看,他们有以下几个方面的共同之处:首先,家庭对他们的影响是非常重要和难以去除的,正如一位经历过美国 1929—1930 年代经济大萧条的过来人说:"你以为你的生活是你自己的,但是每一个人的生活都会影响下一个人的生活,每一代的生活都会影响下一代的生活。"②的确如此,这三位华商无论他们出生于富裕家庭还是贫穷家庭,他们都从父母身上和家庭环境中获得了属于他们个人的习性,譬如:黄祖耀的敢作敢为、稳健作风;访谈 1 中的黄先生的仁义诚信、推己及人;李光前的勤奋好学、诚实稳重等等。第二,个人的学习能力以及对环境、对实践的感受力非常重要,正因为有很强的"学习能力和感受力",所以,他们能从"亲历亲为"的实践中获取知识、讯息和技能,他们也因此都拥有一种独特的、超强的市场敏感度,这种"敏感"是一种稀缺性资源,这种稀缺资源蕴藏着巨大的资本潜力。第三,把追求成功当成自己的责任。这三位老华商所追求的并不仅仅是自己个人的成功,而是家族甚至社会的成功。正如黄祖耀所说的:

> 我在做土产贸易时的感觉是,一个土产交易商其实也是一个冒险家,他要敏锐地观察市场的情况,他的决定对错代表着是赚钱还是亏钱,但他终究是在用自己的钱冒险。但是,一个银行家则不同,他是在管理别人的钱,因此必须倍加小心。

换言之,用自己的资本冒险也许无可厚非,但是用别人的资本冒险,一旦失败,其后果不堪设想,这就是银行家的责任。其实,一旦个体选择成为企业

---

① Pierre Bourdieu, "Outline of a Sociological Theory of Art Perception", *International Social Science Journal*, Vol. 20 (4), 1968, pp. 589~612.
② G. H. 埃尔德著,田禾、马春华译:《大萧条的孩子们》(南京:译林出版社,2002 年 4 月),第 467 页。

家,那么,他多多少少都在利用"别人的资本"(包括文化资本、社会资本和经济资本),也即,他就有责任让"别人的资本"产生增值效应。以上案例中的个体已经将这种企业家的社会责任内化而成为自己的责任(关于这一点,将在下一节详细讨论)。

由此可见,个体文化资本拥有的可能性并不是均衡分布,人人皆可的,但可以借助于不同的教育行动而传递。这是一个文化传承的问题,也是一个个人习得的问题。由于新加坡老一辈华商所处的时代是属于社会和国家都处在"欠发达"或"发展中"时期,国家和社会以至家庭赋予个体行动者接受制度化教育的机会不多。但也正是在国家发展的初级阶段亦属短缺经济时期却也为个体行动者提供了不少商业发展的机会,因为进入市场的门槛不高,对启动资金、劳动力素质(诸如知识、技术或培训)的要求也不高,这使得个体行动者的机会成本相对不高,因此,最重要的就是个体行动者要善于发现和把握进场机会。

譬如案例3中的陈六使,其情形与黄先生、李光前等又有很大不同。陈六使不仅家境贫寒,而且幼年便丧失父母(早逝),家里只剩下大大小小七个兄弟,陈六使排行第六,七兄弟全靠打鱼、砍柴为生,相互照顾,相依为命。直到15岁时,因受其堂叔陈嘉庚于1913年在家乡办集美小学的恩惠,他和七弟得以免费接受小学教育。但终因世道不济,1916年,他小学尚未毕业便不得不随兄长过番南来谋生。显然,他所受的教育,无论是家庭的还是学校的都极为有限,但是,他南来新加坡后也一样成为新马一带颇具影响力的企业家和慈善家,下面这段话便是陈六使的个人特质以及一生成就的高度概括:"经济则成大业,教育则立大功,生可谓荣,死无憾也。果断乃出天资,刚直乃本天性,动而得谤,名亦随之。"①

陈六使之所以能功成名就,究其原因:其一,他虽然经济资本贫乏却拥有厚实的文化个性:勤奋进取、乐观向上、乐于挑战、意志顽强、知恩图报、为人处事义字当先、做事果断而有魄力,并富有冒险精神;其二,他没有太多的社会资源(创业之前)却善于抓住市场或者说是人生的机会:利用同乡关系进入陈嘉庚的树胶公司打工,利用工作关系学习和了解有关树胶行业的知识技能和市场运作,一旦时机成熟(个人能力与市场机会),便自立门户,自创树胶公司;其三,虽然缺少从学校正规渠道习得的专业知识和技术却有意识地积累了足够

---

① 王如明主编:《陈六使——陈六使百年诞纪念文集》(新加坡:八方文化企业公司,1997年12月),第6页。

的实践经验和生存技巧。

因此,在一切资源都属稀缺的新加坡发展时期和发展场域之中,个体行动者能否发现和把握机会,主要依赖的是:能否准确地理解整个社会和国家的经济、政治和文化的需求?是否懂得利用和发展机会结构中的各种可能性?正由于这种时代和场域的特征,便造就了这一时期新加坡华商的文化资本特色,也即:他们虽然缺少制度化形态的文化资本(除李光前外),却拥有雄厚的身体化形态的文化资本(包括文化能力),而且这种身体化的文化资本具有很明显的"文化习性"特征;这种文化习性帮助他们在多元文化场域中充分展现出了超强的文化适应能力,使他们更懂得如何"遵循自己的规则","却又与他人相协调";[1]这种习性虽然受到所处社会结构的规则的制约,但新加坡华商也享有在新加坡这个特定场域的约束范围内,自如运用规则的即兴自由,从而可以驾驭被身体化了的社会规则去创造出既是社会需要也是个人追求的"游戏行为";他们也因此更懂得当知识、技能性的文化资本(制度化形态的文化资本)稀缺时,社会资本的多寡尤为重要,但要恰当运作这些社会资本的首要前提则是其是否拥有同样属于稀缺资源的、优良的"文化习性"——这种个体所拥有的身体化形态的文化资本就如同一只看不见的手,它在无时无刻地影响和调整着个体行动者的思维方式和行为习惯,发挥着无可替代的、潜能巨大的资本作用。

第三节 文化资本的提升与社会资本的扩张
——资本转换的理性基础

布迪厄认为:

> 一方面,社会是由资本的不同分配构成的,另一方面,个人又要竭力扩大他们的资本。个人能够积累的资本,界定了他们的社会轨迹,也就是说,资本界定了他们的生活的可能性或机遇,更主要的是,资本也被用来再产生阶级区分。[2]

---

① 皮埃尔·布迪厄著,蒋梓骅译:《实践感》(南京:译林出版社,2003年12月),第90页。

② 皮埃尔·布迪厄著,包亚明编译:《文化资本与社会炼金术——布迪厄访谈录》(上海:上海人民出版社,1997年1月),第218页。

就华人的传统而言,无论哪个阶层的父母对子女的教育都十分重视,这是众所周知的事实。因此,他们对子女在文化方面的传承以及文化资本的获取和积累方面都会不遗余力,其主要目的是为了实现文化资本向社会资本和经济资本的转换,以创造一个更好的前程或者让他们至少能维持家庭的社会阶层位置和利益。然而父母对子女的这种较高的期望值,往往带有一种隐蔽性的功能,那就是这种期望会有意识或无意识地投射在日常的言语和行为当中,在子女的感觉和知觉上起着一种强化和刺激作用,从而使一代又一代的华人在这种潜移默化之中形成了一种共识:受教育程度较低的家庭其子女可以借用文化资本来改善和提升他们的阶级地位和社会空间占位,受教育程度高的家庭其子女可以利用文化资本来巩固甚至再提升他们的阶级地位和社会空间占位。这正是布迪厄所认为的,文化资本既是继承性财产,又是获得性财产(获得性财产是指那些由个人增加到世袭财产上的那些财产),尽管文化资本的传递和获取的社会条件,比经济资本具有更多的隐蔽性,但文化资本的传承能成功地把固有财产的继承与获取连接在一起。①

一、文化理念的传承与家庭文化资本的提升

正因为华人自古以来对待文化和教育的执著信念,新加坡许多老一辈华商也都有一个共同的特点,那就是他们对下一代的教育都非常重视,因为他们一直在把追求文化资本质与量的积累当成是追求成功的一种很重要的途径,正如布迪厄的文化资本理论所概括的一个事实:每个人必须在社会场域中追逐特定的文化资本,因为个体所拥有的文化资本的数量和结构如同其他资本一样决定他在社会场域中的位置,这就使得文化资本与个体在社会中所能取得的成就密切相关。因此,老一辈华商的一切经济行为都有一个很重要的目的:让家族及其继承人的社会环境、文化教育环境、经济环境,以及空间占位变得更好。

例如:案例4中的黄祖耀,他虽然不像自己的父亲黄庆昌那样对孩子们要求过于严苛专断,但他既然深刻地领略过其父赋予他的教育经历,自然也决不会轻易放松对自己孩子的要求,这从他给予其继承人黄一宗的教育和培养过程便可窥见一斑。黄一宗1953年出生,早年就读于新加坡华侨中学,后来负笈美国,1978年获美国大学实用经济学硕士学位,1979年正式加入大华银行。

---

① 皮埃尔·布迪厄著,包亚明编译:《文化资本与社会炼金术——布迪厄访谈录》(上海:上海人民出版社,1997年1月),第196页。

但尽管是大华太子,按总裁父亲黄祖耀的原则,"王子"与"庶民"同工同酬,因此,黄一宗和其他普通员工一样,一切从头做起,父亲要求他必须通过亲力亲为的实践来学习、感受和体会大华银行的管理程序和方式。庆幸的是,几年下来,黄一宗不但未负父亲厚望,而且还再现了父亲黄祖耀当年的稳健作风和出类拔萃的管理才华,深获大华上下的好评;1983年被提升为经理,不久又升为首席经理;1990年成为董事;并在2000年受委为副主席及行长(President)要职,在大华银行中仅次于父亲黄祖耀和行长黄源荣,稳坐第三把交椅。舆论界对黄一宗评价颇佳,称他"做生意的手法相当灵活,颇有乃父之风"。

尽管黄祖耀很少公开表扬黄一宗,但会时常鼓励他要再接再厉。黄祖耀表示:大华银行是上市公司,经营者要对得起股东们的信任,必须尽量避免任何的行差踏错。再说,既然是上市公司,父亲的职位就并不一定要传给儿子,关键是看儿子的能力和表现如何。直到2007年5月8日,新加坡《联合早报》头版刊登了一则重要消息:"大华银行总裁易主——黄一宗接替老爸"。这意味着从那一日起,54岁的黄一宗正式接替其父黄祖耀,出任大华银行总裁(CEO)的职位。到目前为止,大华仍在稳步前进,大华上下也给予了黄一宗极高的信任度,相信他在其严父的言传身教之下,一定会不负众望,把大华这份家业继承下来,并发扬光大。正如黄一宗在2011年9月11日最新一次的记者访谈中所提到的:

> 经常有人问我的一个问题是"你的经营理念是什么?"我的回答则是:首先,无论是作为个人、公司,还是一个国家,我们都要信守我们的核心价值观。我不会忘记多年前父亲给我的建议——也就是,经商与做人一样,重要的是真诚相待、坚持原则和互相信任。只有这样握手言欢才有意义。信任和信用是关键,近年来市场危机的经历更凸显其重要性,这就像古话说的"言必信,行必果"。①

再如:本书第三章中的案例2,提到了被誉为新加坡船王的张允中。② 一般来说,对于管教孩子,大家常听说的是"严父慈母",但在张允中家里却恰好相反,是"慈父严母"。张允中在新加坡早已声名显赫,却有一副相当好的脾气,

---

① 郑明杉:《大华银行第三代传人黄一宗:大华代代相传,理念没变》,《联合早报》财经人物版,2011年9月11日。
② 黄秀苿编辑:《中华总商会新会长张松声:眼前经济风暴是艰巨挑战》,《联合早报》财经人物版,2009年2月1日。崔东红《华商焦点:笑迎风雨聚人心》,《华商》(新加坡:中华总商会),2009年第2期。

也就是其接班人张松声所说的：这是他最想学习父亲却又最难学得到的地方。张允中则笑言："其实，有时我也很生气，但都吞进肚子里。觉得发脾气对自己没好处，所以，凡事都要学会忍耐。"这就是张允中对孩子的言传身教。但大凡华人在对孩子进行教育时，总习惯于"严"与"慈"相配合，张允中已经这么慈祥了，所以，张允中的太太就扮演了"严母"的角色。

张太太是马来西亚霹雳州怡保客家人，出身清寒，尽管教育程度不高，但对华族的传统和礼教却十分坚持，她对孩子要求甚高，若不好好念书、无礼、耍性子，一律以藤条伺候，所谓"不打不成材"。张松声回忆道："我妈妈买藤条，一买就是半打，家里到处放，随时随地都可以抽出藤条，把不听话的孩子教训一顿。"就算是孩子们长大以后，张太太对他们的教育仍然严格。张松声至今还记得：他初院毕业后去苏格兰留学时寄回来的第一封家书是用英文写的，结果被母亲责骂。母亲虽然没受过什么正规教育，但还是看得懂英文，只是母亲始终认为做人绝不可以数典忘祖，母族的文化和语言不可以随意放弃，用母亲的话来说就是"华人孩子用英文写家书，不伦不类"。此言也许过激，但张松声认为，也正是母亲的这种执著和坚持，这么多年来，他都一直保持着一定水准的华文华语程度。而每当孩子们遇到挫折时，母亲则常常会以粤语俚语"马死落地行"（意即"遇到困境也要继续奋斗"）来鼓励孩子们"做事要不屈不挠，不轻言放弃"。张松声颇为感叹地说：无论是父亲的仁慈教育，还是母亲的严格教育，这一切对他的成长和他日后的行事作风都影响至深。

至于孩子们是否有兴趣继承张允中的庞大家业，张允中的态度十分民主，正如张松声所说的："父亲当然很希望我们对航运有兴趣，但是父亲从来没有强迫我们一定要进公司，而是强调一切看个人兴趣，一切由我们自己决定。"也许正因为如此，张松声从小就很自然而然地对船运产生了兴趣。张松声六年小学和四年中学都是在华校（海星中学）度过。直到现在，他都不曾忘记当时的校训"勤勉忠勇"，且一直身体力行。从中三开始，15岁的张松声等学校考试一结束他就主动到船上帮忙做理货员；1970年12月，中四会考过后，年仅16岁的张松声征得父亲同意，以实习生身份登上了一艘从香港到广州的杂货轮，第一次感受了航运的艰辛和乐趣。他说："我还记得那艘货轮叫'长城轮'（M.V Kota Panjang），辗转航行了10天才来到广州黄埔；虽然饱受晕船之苦，我还是为当时新奇的见闻兴奋不已。"当时的中国还没有对外开放，政策规定只允许55岁以上的外国人入境，张松声还小，就只好坐在码头看着工人忙上忙下，装卸棉花、缸装咸菜和北京鸭等食品，心里充满好奇。短暂的假期实习结束后，张松声由于成绩优异，顺利进入了以英文为主的莱佛士书院就读，之后再继续远赴苏格兰留学,成为张允中家里第一个接受过完整的华英双语教育的孩子。

1977年,张松声读大学二年级时,他又趁学校假期,乘货轮到广州,那时的中国正经历着一场大变革,张松声也很明显地感觉到,当地人们的言谈举止较之七年前开放许多,这个庞大的国家已经不一样了。这些有趣的体验,曾一度使张松声想要到新加坡工艺学院(现新加坡理工学院)修读航海课程。不过,他后来还是听从家人的劝告,选择到苏格兰的格拉斯哥大学念船舶设计与海洋工程学,并考获一等荣誉学位。他一直认为,自己从事航运业是选对了行,因为他打从心底热爱这个行业,他说:"如果不敬业乐业,没有热忱,做什么都很难长久。"张松声也强调,他之所以能在船运业发展顺利,其父亲张允中的民主态度既助长了他对船运业的兴趣,又给了他自由发挥的空间。张允中自己也坦言:

> 我对所有子女一视同仁,哪一个有兴趣也有本事就提携哪一个。松声恰巧从小就喜欢这个行业,对船运很有兴趣,也很注意积累有关船运的实践经验,如学校放假时到船上当实习生等,而且他也是修读海事的……因此,选择他挑大梁是理所当然的。其实我的其他几个孩子也在公司工作,而且各有所长,兄弟几个分管不同部门,大家分工合作,配合得很好。

不过,张松声强调:"这当然要经过严格的考验。我1979年从外国毕业回来,就到公司从低层做起,直到1994年才出任公司的董事经理。"

如今58岁的张松声同时也是新加坡中华总商会会长(2009年上任),但他仍然铭记着父亲的教诲:"做人要谦虚、低调、脚踏实地;做事要居安思危,不能唐突冒进,就算危机来了,也要临危不乱。"张松声指出:父亲自1967年3月创办太平船务以来,就一直伴随着整个船运业的起起落落而成长和发展,曾历经1973—1974年一场因中东战争而起的被称为震惊世界的全球史上第一次石油危机,苏伊士运河关闭,1979—1980年因伊朗和伊拉克开战所引发的第二次石油危机,以及1990年因海湾战争所引发的第三次石油危机,1997年的亚洲金融危机等等。这一系列危机都足以令太平船务举步维艰,但他父亲始终抱着一个信念:面对惊涛骇浪,只要懂得乘风破浪,无须惧怕浪高风险。正是这种气魄和胆识,父亲才能带领其太平船务度过了一个又一个的难关,稳步地走向今天的辉煌。张松声感受到了父亲成功所带来的荣耀和自豪,但更深刻地感受到了父亲的艰难经历所带来的宝贵经验和智慧,这种感受也是深远且历久弥新的,这就是潜移默化的作用,其父"沉着、冷静、乐观、谨慎、毫无畏惧"的行事作风和品质特征也已内化成为张松声的精神气质。由于全球经济局势的起伏不定,他所带领的太平船务和中华总商会也一次又一次地遭遇危机,但他依然充满战斗力,用他自己的话说:"只有沉着应付,才能够挨得过风暴,重见天日。"又一个颇有"乃父之风"的继承人。

再如案例 5 中的李光前,①对传统文化的传承以及家庭文化资本的积累更是不遗余力,他因此在新马华人社会一直被誉为"模范家长",他对其三男三女的教育和培养方式也成为人们实施家庭教育的典范。他对待孩子既严又慈,但严而不苛,慈而不软,要求孩子在生活上养成勤俭节约的好习惯,就算家境富裕亦不可养尊处优、娇生惯养,譬如,孩子上、下学须自己骑脚踏车,而不可动用公司的车;此外,他深知言传身教、潜移默化的重要性,因此,为了让孩子们远离吸烟、嗜酒、赌博等这些不良行为,他也一直以身作则,所以,他的孩子对烟、酒、赌等不良行为避而远之;由于他对待孩子的态度一向温和有加,所以,他和孩子之间不仅没有代沟,而且亲密、融洽。同时,他对孩子的教育既注重保持和发扬华族文化中的优良传统,又注重吸收西方文化中的精髓。

尽管他在生活上要求孩子克勤克俭,但在学习上所需费用从来不计本钱,所以,他的子女全都拥有本科或以上的学历和文凭:长子李成义 1946 年毕业于美国费城大学工商管理系,次子李成智毕业于美国华盛顿金融商学院,幼子李成伟则获加拿大西安大略大学工商管理硕士,所谓"克绍箕裘",他们学成归国后,在父亲的旗下,同样也是从基层做起,但由于父亲开放型的培养方式,给足他们发挥才能的空间,所以,他们很快便展现出了"乃父之商才伟略"。1954年,李光前退休时,李成义便成为南益集团的总裁和李氏基金主席,之后,李成智、李成伟也先后进入董事部。

李氏兄弟三人分工合作,齐心协力,不仅秉承了其父"用人唯贤;用人不疑,疑人不用"的用人宗旨,同时也承继了其父"谦恭、诚恳、亲切、有礼"的管理作风,以及那套"揉合中外、融汇古今"的经营方式(即:溯源于华人传统的经商

---

① 参见郑炳山:《李光前传》(北京:中国华侨出版社,1997 年 9 月),第 200~204 页;林孝胜:《新加坡华社与华商》(新加坡亚洲研究学会,1999 年 1 月再版)第 183~226 页。

美德,再加上西方的管理实务,①也就是,把企业的拥有权与管理权分开,形成一种法、理、情合而为一的家族企业管理方法),从而更进一步地发展和壮大了父亲所创下的基业,这三兄弟也因此分别成为享誉新马的"橡胶大王"、"黄梨大王"和"金融大王",被誉为"一门三杰"。而李光前的三个女儿则随着自己的兴趣分别选择了攻读医学、教育和美术等不同于兄弟们的专业,而且她们在各自的领域也一样发挥出色。

很显然,相较于老一辈华商来说,其后代以及继承人获取文化资本的途径要广阔得多,因为他们的经济资本雄厚了、社会阶层改变了、文化场域不同了。因此,他们的文化资本的获得除了家庭这一文化资本传递的最隐秘的场所之外,还有更重要的、可充分利用的体制化的教育系统。按照布迪厄的观点:人们认知社会的过程,实际上是对于社会世界的一种破译与解码的过程。而个体破译与解码能力的高低与他的家庭背景以及所受过的正规教育(这是个体文化资本的两个主要来源)密切相关,其中又以家庭出身的影响最为强大,学校的正规教育则在一定程度上可以弥补家庭背景的不足。

从以上案例亦可看出:继承者们的文化资本首先来自于继承,即,长辈有意识的传递,晚辈在无意识中承继。譬如,黄祖耀严谨的家庭教育,张允中、李光前民主开放式的家庭教育,尽管黄祖耀、张允中自身所受的教育尤其是制度化的正规教育并不完整,但其所拥有的教育理念和文化价值观对其后代的影响却十分重要和深远,这也是为什么布迪厄将家庭视为文化传承的关键机构,因为家庭会传递所谓的基本"习性"——一套普遍化的思想、观念、评价和行为规范。而行动者个体则"可以在不同程度上、不同阶段里通过社会和社会中的阶级来获得文化资本。这种获得并不需要经过精心的策划,因此,人们是在无意识中获得文化资本的"。②(这也是布迪厄的身体化文化资本的一大特

---

① 这是李成枫先生对李光前的管理和经营方式的评价。李成枫是南益集团的元老,出于对李光前的忠诚和钦佩,在南益总行做了五十年的总经理,他在任内曾倡议和规划"李氏基金",为南益集团贡献良多。其本身亦是大马著名之殷商和实业家,也曾任《南洋商报》的董事主席,并且出任吉隆坡南益小学、中华中学董事长职多年。他之所以开创自己的家族事业"连成企业",主要是为了让其弟有一个安身立命之处,而另一企业"南风"则是为其内弟而设立的。参见胡兴荣《李光前:以商养儒兴学之典范》;龚宜君《李成枫:马来西亚华教之光》,载林水檺主编《创业与护根:马来西亚华人历史与人物儒商篇》(吉隆坡:华社研究中心,2003年)。

② 皮埃尔·布迪厄著,武锡申译:《资本的形式》,参见薛晓源、曹荣湘主编:《全球化与文化资本》(北京:社会科学文献出版社,2005年4月),第9页。

征——"无意性"。)

其次,文化资本也来自通过自身努力而获得,这种努力的回报则依赖于布迪厄所强调的"文化能力"——这种个体通过早期的习得所拥有的对文化编码的破译能力,可外化为不同的性情倾向。这种性情倾向具体运用到工作实践中时就表现为不同的工作态度、工作方式和工作能力,它依照行动者的策略及其应用领域而改变。如黄一宗、张松声以及李光前的子女并没有因为家庭的富有、父亲的声名显赫而成为纨绔子弟,相反,他们既秉承了父母的优良习性和品格,又拥有了制度化形态的文化资本(均接受了中西文化的教育,怀揣本科或硕士文凭,属于双语精英),更在其各自的工作岗位上表现出了非凡的能力和魄力。常言道"富不过三代",[①]这似乎是许多华人家族企业的魔咒,但他们至少到目前为止似乎已经累积了可以让其逃过此劫的各种资本。这也印证了布迪厄的观点,"任何特定的文化能力都会依靠它在文化资本的分布中所在的位置,获得一种超常的价值,并给它的拥有者带来可见的利益。"[②]

第三,文化资本的形成和积累还受到市场、权力和教育三重机制的影响,不同的经济体制、文化场域和政治环境将造就文化资本持有者不同的性情倾向和价值取向。譬如:黄一宗、张松声的成长时期和企业实践时期正好处在新加坡的经济发展阶段:市场开放、教育至上、政治稳定、政策亲商等等。因此,他们的"文化资本"是在与明确的客观机遇分布的长期共处关系中建构的,不仅是其阶级状况及其继承的内化形式(无意识的),是其个体生活、学习经历以及工作经验的积累所致(内化为身体化形态),更是他们根据各自的资本状况,经由有意识地培养和塑造得以形成的。

第四,长辈权力的适度释放,让晚辈在合适的位置做合适的事,并给予他

[①] 中国的俗话"富不过三代"不是没有道理,但它并不是中国的"特色"。在美国,家族企业在第二代能够存在的只有30%;到第三代还存在的只有12%;到第四代及四代以后依然存在的只剩3%。与"富不过三代"有同样意义的俗语在其他国家也有,如:葡萄牙有"富裕农民—贵族儿子—穷孙子"的说法;西班牙也有"酒店老板,儿子富人,孙子讨饭"的说法;德国则用三个词"创造,继承,毁灭"(Erwerben, Vererben, Verderben)来代表三代人的命运。因此,不少相关研究者认为,家族企业能不能够在漫长的岁月中历尽磨难生存下来,最重要的是他们家族的价值观能否得到传承。新浪财经《全球最古老家族企业百强出炉,无一中国企业》,浏览新浪网页 http://finance.sina.com.cn/leadership/mqywh/20060607/14022632327.shtml,2006年6月7日。

[②] 皮埃尔·布迪厄著,武锡申译:《资本的形式》,参见薛晓源、曹荣湘主编:《全球化与文化资本》(北京:社会科学文献出版社,2005年4月),第10页。

们充分、自由的发挥空间,他们才能有机会从成败利钝的实践中积累经验和增长智慧,也才能有机会积累更雄厚的身体化的文化资本。正如布迪厄对文化资本的个体性特征的描述,他认为:

> 文化资本的基本形式是与身体有关的,并预先假定了某种实体性和具体性。文化资本的积累是在具体形式当中进行的,也就是说,采取了我们所谓的文化、教育、修养的形式,它预设了一个具体化和实体化的过程。这一具体化和实体化的过程无疑包含了劳动力的变化和同化,因此该过程耗时十分漫长,而且必须由投资者身体力行。①

因此,黄庆昌对黄祖耀严苛、黄祖耀对黄一宗严格、李光前以及张允中对子女慈爱宽厚等等管教方式,以及他们特别注重适当放手和放权,目的就是让后辈们在商业实践中去"身体力行",受到熏陶和磨炼,以帮助他们脚踏实地地成长,更广泛地积累经世济事的人生资本。也就是因为这些老一辈华商很明智地为下一代家族成员以及关键的非家族经理都留下了足够的发挥空间,同时他们自己仍继续承担着企业的类似于外交使节的公众形象,继续为企业树立品牌和扩大影响力,以致最后继承者们能顺利地承担起管理公司的重任。所以,他们的公司至今依然能保持强劲的生命力和市场竞争力。

不过,与此相对照的案例三中陈六使的做法却似有不同之处,尽管其白手起家、辛苦创立的家族企业王国于1972年在他以及其他几位第一代创业基祖相继辞世后便迅速分化、弱化直至最后没落的原因错综复杂,②诸如历史的、时代的、经营管理的,甚至政治的等等原因纵横交织,但是否还有更深层的原因仍值得深入探讨,譬如:陈六使本人在其一生的创业和经营过程中的确不乏一种"豪气"或者说有一种"王者风范",但他却执着于"事无巨细,事必躬亲",直到现在,人们还津津乐道的一件事就是,陈六使的办公桌上摆放着数部电话机,他这个大老板也因此几乎成为老板办公室的接线生。他的这种做法从正面来诠释,即万事"亲历亲为",试图为下属树立好榜样,但似乎也带来了出乎

---

① Pierre Bourdieu, "The Forms of Capital", in A. H. Halsey, H. Lauder, P. Brown & A. Stuart-Wells(eds.), *Education: Culture, Economy and Society* (New York: Oxford University Press1989), pp. 46~58. 皮埃尔·布迪厄著,武锡申译:《资本的形式》,参见薛晓源、曹荣湘主编:《全球化与文化资本》(北京:社会科学文献出版社,2005年4月),第8页。

② 参见林孝胜:《陈六使的企业世界》,载林孝胜著:《新加坡华社与华商》(新加坡:新加坡亚洲研究学会,1999年1月),第227~263页。

意料的,而且严重而深远的负面影响。

再如,如果说前面案例中的黄庆昌、黄祖耀、李光前、张允中可以称之为"大使型"的老板,那么,陈六使则更像一位"君主型"的老板,所体现出的是一种"对自己的生活、亲属的生活,以及员工的生活,甚至企业的运作都有一种强烈的控制欲",所以,他在他的同事和下属以及亲属心目中是一个"独断、专权、不信任他人"的老板,他就连对经自己一手提拔起来的内定接班人、也是其陈家第二代中受教育最高(美国麻省理工工程学硕士)的侄儿陈永裕也难以给予高度信任以及适当的发展空间。陈永裕曾直言,其叔父(陈六使)不关心益和继续维持在树胶业的领导地位问题;且固执地认为,一人包办的管理法已经造就了他的成功,就应该继续沿用下去等等;此外,陈六使的"豪气"使得他的企业里"上上下下布满子弟兵",但"陈六使式的管理思想"又使得他"用人却不重用人、重用人却不信任人",这导致他的子弟兵甚至包括他的接班人陈永裕就算想要"克绍箕裘"也没有机会和空间,而被迫不得不另想办法谋求发展之路。子弟兵、接班人尚且如此,其他职员和管理者就更加如同一盘散沙。所以,当陈六使倒下时却无得力的承继者站起来,他的企业王国也就如同一艘失去舵手的大船瞬间失去控制,其命运必然是渐沉渐没。正如学者 Wee-Liang Tan 和 Siew Tong Fock 的相关研究所指出的:华人家族企业能否持续发展并不完全在于其所有权和管理权是否一定要分开,而在于其上一辈与下一代继承者之间有关企业的领导层的转接能否顺利实现,这应该比是否要引进专业化管理更为重要。[①]那么,是否可以说,陈六使在进行企业的权力交接过程中似乎"棋逊一着"?

此外,根据布迪厄的理论:一方面,社会是由资本的不同分配构成的,另一方面,个人又要竭力扩大他们的资本。个人所能够积累的资本总量,界定了他们的社会轨迹,也就是说,资本界定了他们的生活的可能性或机遇。[②] 很显然,陈六使非常适时地积累和扩大了他个人的文化资本、社会资本和经济资本;与此同时,他也尽心竭力地捐资、募资倡议创办南洋大学,为众多的南洋华人子弟创建了一个合适的文化资本再生产场域,以帮助年轻一辈积累和扩大

---

① Wee-Liang Tan, Siew Tong Fock, "Coping with Growth Transitions: The Case of Chinese Family Businesses in Singapore", *Family Business Review*, Vol. XIV, No. 2 (June 2001), pp. 123~139.

② 皮埃尔·布迪厄著,包亚明编译:《文化资本与社会炼金术——布迪厄访谈录》(上海:上海人民出版社,1997年1月),第218页。

文化资本。因此,他在商业上的成功和热心教育事业的壮举使得他自身的"社会轨迹"得以界定(成为名震南洋的商业巨子、华侨领袖和慈善家)。不过,他虽然成就了许许多多的年轻学子,帮助他们也有了一个可以界定自身"社会轨迹"的可能性或机遇。但遗憾的是,他似乎忽视了他的企业、他的大家庭其实也是一个文化资本再生产场所,忽视了他在企业和家族中的文化传递权力,也忽视了要为继承人创造一个可以更好地运用能力、积累资本尤其是积累文化资本的场域,最终导致其企业王国失去控制而崩塌。尽管从这样的角度来分析陈六使的管理行为,可能会有过于功利之嫌,①尽管陈六使的盛名并没有因此而失色,即所谓"瑕不掩瑜",但陈六使的这种"疏忽"不能不说是一件令人惋惜的事。当然,若从另一个角度来看,陈六使宁可把大量金钱和精力放在办教育上而忽视了企业的巩固和发展,也许可以说,陈六使更注重的是实现自身价值以及声名威望等符号资本的建构和积累,而非经济资本。也足以见得,"立

---

① 根据专门从事新加坡社会历史和新马华人企业研究的新加坡学者林孝胜的有关著作和论文可以了解到:陈六使与陈嘉庚的个性和行事作风非常相近,如:为国为乡为民,不计个人得失,办事有魄力,但固执、独裁等;再如:陈嘉庚认为救国救乡之道在于振兴实业与发展教育,因此,他一生的理想就是朝着这两大目标前进,也因此,他在很大程度上把创立企业、获取利润只是作为实现这两大目标的手段。陈嘉庚的这种想法和做法(大力兴办学校)对陈六使有很大的影响,这使得两陈虽在不同的年代起步、不同的年代发展,但其人生轨迹却有很多相似之处:下南洋——创业——成功建立企业王国——大力捐资办学——功成名就时涉足政治,同时企业分化、崩塌。只不过陈六使的个性似乎更强烈一些,如:重义气却过于重感情,其重感情的程度已经到了只要他喜欢你,他就会无条件帮你,不管你是对还是错;有魄力却过于冒险,其冒险的程度已经到了只要他认为应该做的事,即使违法,他也要争取到底等等。总的来看,陈嘉庚尽管其企业于1934年就已倒闭,但他"落叶归根"的选择使得他后来的政治生涯和声望地位等应该都符合了他一生的理想和追求。而陈六使选择的是"落地生根",由于时代的不同、局势的变幻莫测,他的发展道路的确充满坎坷和辛酸,如:1970年代前后,他尽心竭力所倡议和创办的南洋大学(新加坡南洋理工大学的前身)在诸多方面受到质疑;同时也因为政治倾向问题被新加坡政府吊销公民资格;而当他1972年去世后不久,其企业王国也随之迅速分化瓦解等等。不过,依陈六使的个性、理想和信念来看,最可能令他痛心的事也许就是南洋大学于1980年被迫与当时的新加坡大学合并(有人认为其实就是被迫关闭);而最令他欣慰的事也许就是尽管有这样的结局,他的盛名却不曾减弱,他的壮举也至今仍被人们怀念和崇敬(参见林孝胜《陈嘉庚的经营理念与企业管理》、《陈六使的企业世界》,载林孝胜著《新加坡华社与华商》,第148~182页,第227~263页。)。本书在此仅从陈六使的管理方式的角度进行分析,也许会有功利主义之嫌,但只是期望从不同角度窥探一下其企业王国逐渐瓦解崩塌的可能原因。

德、立功"对华人来说多么重要(关于这一问题将在接下来的部分"文化事业的拓展与社会资本的扩张"中详细分析和探讨)。

第五,由上可知,资本的创建和积累依赖于可以运用能力的场域的存在。但是,创业不易,守业更难,这些怀揣高文凭的家族继承人能否将自身的文化资本与其他资本顺利转换,还取决于个体行动者的资本"转换能力"以及有没有这样的"转换意愿"?以上案例中的黄一宗"做生意的手法相当灵活",对经营和管理实践的积极参与;张松声从小就注意积累实践经验,对船运事业充满热忱等等,也就是说,他们并不只是满足于将经济资本转换为制度化形态的文化资本(大学或以上的文凭),而是积极主动地通过自己的"转换能力"和强烈的"转换意愿",使他们所拥有的资本得以真正生成"一种权力",这种权力可用来"控制那些界定场域的普通功能的规律性和规则",并且能"控制在场域中产生的利润"。①

这也正是布迪厄所强调的:

> 一个参与"游戏"的行动者的策略,以及界定他的"游戏"的一切,不仅仅取决于他所占的资本的数量和结构所起的作用,也不仅仅取决于保证他的游戏的胜算率(它来自游戏,指某种客观的可能性)所起的作用,而且还取决于他的资本的数量和结构在时间演变中所起的作用,还取决于他的社会轨迹和习性在时间演变中所起的作用。②

布迪厄强调的这种习性是一种由行动者所属阶级的社会位置,以及与其他阶级的位置关系所产生的性情倾向,它以"身体化"的形态存在。由此所获得的文化资本完全是属于个体的,也即是布迪厄最为重视的身体化的文化资本的特征之一,即:个体性,"这种具体的资本是转换成个人有机组成的外来财富,是转换成个人习性的外来财富,和金钱、产权以及贵族头衔不一样的是,它无法通过馈赠、买卖和交换进行当下的传承。"③正因为黄一宗、张松声,以及李光前的接班人李成义、李成智、李成伟等等都具备了这种具有个体性特征的

---

① 皮埃尔·布迪厄著,包亚明编译:《文化资本与社会炼金术——布迪厄访谈录》(上海人民出版社,1997年1月),第147页。
② 皮埃尔·布迪厄著,包亚明编译:《文化资本与社会炼金术——布迪厄访谈录》(上海人民出版社,1997年1月),第144页。布迪厄经常用"游戏"作类比,以便人们对他所提出的"场域"有一个直观的了解。
③ 皮埃尔·布迪厄著,武锡申译:《资本的形式》,参见薛晓源、曹荣湘主编《全球化与文化资本》(北京:社会科学文献出版社,2005年4月),第8~9页。

文化资本,所以,他们才能将父辈的精神,以及父辈创下的基业发扬光大,并不断地攀登新的高峰。

综上所述,由于文化资本的所有权直接转化为经济地位的唯一领域就是在教育体系内部,因此,新加坡老一辈华商一旦拥有了经济资本之后,一般都会设法充分利用"教育体系",试图减轻"资产阶级与知识精英之间的分化",并突破"经济资本积累与文化资本流通之间的复杂和不平行的关系"。[①]这无疑也是他们为维持或提升其得来不易的财富和社会占位的一种策略。

二、文化事业的拓展与社会资本的扩张

本书第三章中已经提到,华人从古至今都有一个共同的特点就是,希望通过"立德、立功或立言"来维护自己和家族的声望和地位。

> 所谓"立德"是指创制垂法,遗德泽于无穷,亦指道德上的成就;"立功"是指拯厄除难,功济于时,亦指建立政治上、军事上的功劳;"立言"是指树立精要不朽之言论、学说,亦指学术上的成就。在儒家看来,立德是最高等的成就价值,其次是立功,再次是立言。"立德、立功、立言"构成了儒家思想的三不朽论。[②]

作为新加坡老一辈华商来说,若从通过仕途来立德、通过政治或军事途径来立功、通过学术途径来立言似乎都不那么容易。但随着新加坡经济的发展和繁荣,华商的经济地位明显提高了,不过,华人虽然已经逐渐摆脱了历史上"士贵商贱"的传统观念,但这种地位依然需要获得社会的确认和普遍承认才能变成一种力量和权威,才能使他们真正感受到自己和家族的成功。但就一般而言,人们在做决策时通常都会考虑到自身的品格气质和比较优势以及潜在的社会和环境问题,以期能带来利益。因此,新加坡老一辈华商所拥有的那种追求成功的"习性"使得他们很自然,也很明智地在新加坡这个特定的场域中选择了一种"曲径通幽——先积累财富再创立声望和地位"的方式来成就自己和家族。具体来说可分为四个阶段来进行:勤奋工作阶段;积累财富阶段;社会参与阶段;功成名就阶段。以上案例中的老一辈华商历经数十年的艰苦

[①] 格雷厄姆·默克多著,陈金英译:《阶级分层与文化消费——皮埃尔·布迪厄(1977)著作中的某些问题》,参见薛晓源、曹荣湘主编:《全球化与文化资本》(北京:社会科学文献出版社,2005年4月),第104页。

[②] 余安邦:《成就动机与成就观念:华人文化心理的探索》,载杨国枢、黄国光等主编:《华人本土心理学》(重庆:重庆大学出版社,2008年6月),第659页。

奋斗之后,不但积累了相当的财富资本,还建立起了受市场信赖、受政府赞誉的商业品牌,最后都无一例外地承担起了他们认为可以惠及千秋万代的社会责任,例如涉足慈善;创办小学、中学和大学;兴建医院、图书馆、科学馆等等。正所谓"穷则独善其身,达则兼济天下",这些成功的华商无疑是这一传统理念杰出的实践者。

所谓"取之社会,用之社会",这是许多成功商人喜欢用也善于用的一句话,这一方面体现了他们"多资善贾,长袖善舞";另一方面则是因为发财致富也许只是一种手段而并非每一个商人的最终目的,因为对许许多多的华人来说"光耀门楣"、"立功立德"才是最高境界。"取之、用之"是一种必然,也是一种必要。"必要"是因为他们在履行这些社会责任的过程中也进一步巩固了他们的商业帝国,譬如"慈善家"的美誉使得他们的商业品牌更加出众。因此,这种社会责任的履行和承担反过来也为他们提供了"持续经营"的执照,也就是布迪厄所说的"通过由一个伟大的名字构成的象征手段,可以把所有的联系转变成长期联系";①也更进一步成为其员工为其企业奉献力量的催化剂,并且在竞争激烈的人才招聘市场上也会更有竞争优势,即更有能力招聘到那些出类拔萃的优秀人才,从而让企业在未来的市场中保持更好的社会道德意识和声望。而这些所谓的社会责任、美誉、道德意识、声望等等也顺理成章地成为商人们的另类"投资策略",所带来的是其"社会资本(美誉、声望)"的积累和扩充。

格兰诺维特指出:人存在非经济动机。他认为:

> 社会性(sociability)、赞同、地位和权力是人类的中心动机;所有这些动机的实现都离不开社会关系网络,都离不开他人;经济行为是行动者所有社会行为集合中的一个部分,很难设想它能在独立的空间中发生作用;经济行为不仅是满足个人自然物质需要的工具,而且是自我实现的工具,工作、财富是地位、权力、身份等的重要来源,所有这些只有在社会背景下才能实现。②

因此,个体行动者也才能在此过程中确立自身的"占位"。布迪厄也指出:

---

① 皮埃尔·布迪厄著,武锡申译:《资本的形式》,参见薛晓源、曹荣湘主编:《全球化与文化资本》(北京:社会科学文献出版社,2005年4月),第17页。
② M. Granovetter, "Economic Action and Social Structure: The Problem of Embededness", in *American Journal of Sociology*, Vol. 91, No. 3, November 1985, pp. 483~487.

个体行动者如何根据自身的位置来对社会资源进行配置会导致其社会"占位"的不同,"这些占位依场的状况不同而不同,占位是根据场的状况来决定的。"①可见,"曲径通幽"是新加坡老一辈华商在新加坡这个场域中所表现出的生存逻辑和发展轨迹,而在"占位"过程中其"社会资本"扮演着非常重要的"中介"或"桥梁"的作用。按照葛鲁塔特(Grootaert)有关社会资本的分类,像老一辈华商通过投身教育和慈善事业所建立起来的这种类型的社会资本,可称之为"连接型社会资本":

> 它主要是垂直型的(vertical),是关于如何与那些掌握关键政治资源和经济制度的人建立关系的能力,因为这些人分布在不同的权力轮盘(power differential)上。更重要的,不是那些机构(如银行、学校等)本身的出现构建了个体的社会资本,而是那些需求者与提供者之间社会连带(social ties)的性质和程度在发挥真正的作用,这些才真正是传递服务的内在性中介。②

此外,另一种"主要连接那些在社会地位方面大致相当的人"所形成的社会资本称之为"桥型社会资本",它主要是"横向型的(horizontal)"。很显然,老一辈华商对这两种类型"社会资本"的建立都非常重视,譬如华商都乐于加入各种社团或商会等组织。上面的案例也足以让人们感受到老一辈华商的确既"善贾"又"善舞"。

根据布迪厄的资本理论,"那些能够把自我利益转化为超功利的并从中获益的个体或群体,就获得了所谓的'符号资本'(symbolic capital,又译'象征资本')。"③因此,华商所建立起来的这种与声望名誉有关的资本也可称为"符号资本"。换言之,行动者的行为在群体中获得认可、在社会中被反复认同尤其是被官方认同"是一种在社会中甚至在法律中得到保障的符号资本",④也即:

---

① 皮埃尔·布迪厄著,刘晖译:《艺术的法则:文学场的生成和结构》(北京:中央编译出版社,2001年3月),第310~313页。
② Christiaan Grootaert et al, "Measuring social capital: An integrated questionnaire", World Bank Working Paper No. 18 (Washington DC: World Bank, 2004).
③ 戴维·斯沃茨著,陶东风译:《文化与权力:布迪厄的社会学》(上海:上海译文出版社,2006年5月,译自:*Culture and Power: The Sociology of Pierre Bourdieu*),第104页。
④ 皮埃尔·布迪厄著,李艳丽译:《文化权力》,参见薛晓源、曹荣湘主编《全球化与文化资本》(北京:社会科学文献出版社,2005年4月),第23~32页。

符号资本是各种资本被感知且认知为正当的时候所展现出来的样子。它是一种由物质资本转换成其本身能够再转换成物质资本的资本。①因此也可以说，这种资本是有形的"经济资本"被转换和被伪装的形式，它既是行动者实践的产物，同时也塑造和雕刻行动者的社会身份；此外，符号资本是一种合法的积累形式，通过这种积累形式，行动者保证了一种"信誉"资本。②

为此，符号资本能产生一种强大的效应，亦即"信任、权力和威望"，这种效应"能够使已经获得足够声望的人进一步将其影响加诸于社会，并使这种影响合法化"。③所以，布迪厄把这种"符号资本"形容为一种是被套上的一层合法的外衣；呈现出一副亲近和蔼、符合大众利益的面目；而把符号资本所产生的强大效应则称之为"符号暴力"——一种温和的、隐蔽的，即由信任、义务、个人忠诚、馈赠、感激、恭敬带来的暴力。④但"暴力"也好，"伪装"也罢，这种"符号资本"的合法化效应却自有一种魔力，使得社会空间就像被施了魔法，社会中所有行动者在这种魔法的作用下形成"集体信仰（collective belief）"，认同自身在社会结构中不同位置所存在的身份差异的自然合理性，并竭其一生精力在"积累经济资本的同时积累符号资本"，⑤同时生产和再生产社会结构，这在以往以及现在不同的社会阶段和社会结构中都已成为自然而然、顺理成章的游戏。

尽管获取这种符号暴力需要资本拥有者身体力行、温和支配，而且"温和支配对于支配者来说非常昂贵，首先是经济上非常昂贵"，但由于"社会机制把符号资本的积累变成唯一被接受的积累形式"，这促使"经济资本拥有者必须考虑集体的评价。因为他们的权力，尤其是他们调动集团以支持或反对某些

---

① 皮埃尔·布迪厄著，蒋梓骅译：《实践感》（南京：译林出版社，2003年12月），第187页。

② 戴维·斯沃茨著，陶东风译：《文化与权力：布迪厄的社会学》（上海：上海译文出版社，2006年5月），第106页。

③ Pierre Bourdieu, "Social Space and Symbolic Power", *Sociological Theory*, Vol. 1, No. 1, 1989, pp. 22.

④ 皮埃尔·布迪厄著，蒋梓骅译：《实践感》（南京：译林出版社，2003年12月），第202～203页。

⑤ 戴维·斯沃茨著，陶东风译：《文化与权力：布迪厄的社会学》（上海：上海译文出版社，2006年5月），第106页。

个人或集团的权力,都来自于集体的评价"。①

与此同时,确保支配关系再生产的机制所产生的意识形态和实践效应的公开化,导致人们回到以经济资本转化为符号资本为基础的积累方式,比如一切形式的促合法化再分配——不管是公共的("社会"政治),还是私人的("非功利性"基金会投资,向医院、学校、文化机构的捐赠,等等),这类再分配形式确保支配者获得一种看上去丝毫不受惠于剥削逻辑的"信用"资本,或者确保奢华财产储存以证明其所有人之趣味和高雅。②

因此,一般来说,资本拥有者决不会放弃符号资本的积累,更不会错过任何显示符号资本的机会。③

如果说在布迪厄的理论中,"文化资本"所体现的是社会结构和心智结构之间的对应关系,那么"符号资本"则凸显了社会结构和符号体系(或者说象征体系)之间的联系,且凝聚了如何使各种资本的权力获得合法性甚至垄断权的问题。因此,用布迪厄的"符号资本"理论能很好地解释华商的这种"用之社会"的行为之目的所在。因为:

在建立持久的支配关系并使其永存化过程中,习性及其策略的作用尤为重要,这仍然是场结构(structure du champ)的一种效应:该经济秩序('赤裸裸的利益'经济)无法提供符号资本或文化资本积累的制度条件,迫使人们求助于经委婉化的权力和暴力,由此造成的结果是,在这种情况下,见于一切社会组织的、趋向于符号资本积累的策略最合乎理性,因为在社会宇宙(univers social)固有的约束范围内,这些策略最为有效。④

而"那种直言不讳的现实主义——生意就是生意(business is busi-

---

① 皮埃尔·布迪厄著,蒋梓骅译:《实践感》(南京:译林出版社,2003年12月),第188、204~206页。
② 皮埃尔·布迪厄著,蒋梓骅译:《实践感》(南京:译林出版社,2003年12月),第214~215页。
③ 皮埃尔·布迪厄著,蒋梓骅译:《实践感》(南京:译林出版社,2003年12月),第188页。
④ 皮埃尔·布迪厄著,蒋梓骅译:《实践感》(南京:译林出版社,2003年12月),第208页。

ness)——如果不借助冠冕堂皇的正当性证明很难成功"。① 也如新加坡开国总理李光耀所强调的:人是包含着"经济人"和"社会人"等正反两面的"复杂人"。对"经济人"的一面,李光耀认为"这是个很简单的人性问题",因为每个人都有欲望和需求;至于"社会人"则强调修身、正己、君子品格等等。② 当然,尤其是对华人而言,就更包括被社会所认可和称道的个人和家族身份以及地位的提升,这种"符号资本"既是华人的最高追求,如"光耀门楣"、"立功立德",也是华人的传统习性,这种习性是"通过游戏经验获得的"一种"游戏的感觉";也是"资本拥有者喜欢利用资本类型的可转换性来采用的那些传承性伪装得好的再生产策略"。③ 而这种"把任何既定的资本转化为符号资本,即建立在所有人的本质的基础上的合法化占有,就是社会炼金术的基本运作。"④ 正如早已享有盛名的成功华商代表黄祖耀所秉持的商业信念:作为商人,之所以要"取之社会,用之社会",是因为"社会是家庭的延伸,国不强,民不富,商业也不能繁荣。所以,协助社会取得进步和繁荣才是商人的根本利益",⑤ 也才是真正的"社会炼金术",也才能真正地"将一些基本金属转变为金子"。

第四节 本章小结

本书的第一章曾概述:古典经济学家的研究充分揭示了土地、资本(物质的)和劳动这三个生产要素的重要作用;但随着经济的不断发展和科技的进

---

① 戴维·斯沃茨著,陶东风译:《文化与权力:布迪厄的社会学》(上海:上海译文出版社,2006年5月),第106页。

② 新加坡联合早报编,李光耀著:《李光耀40年政论选》(北京:现代出版社,1996年10月),第484页。

③ 皮埃尔·布迪厄著,武锡申译:《资本的形式》,参见薛晓源、曹荣湘主编《全球化与文化资本》(北京:社会科学文献出版社,2005年4月),第22页。

④ "炼金术(alchemy)"是布迪厄常用的一术语,他把海德格尔思想称为"哲学炼金术",而"社会炼金术"则是他对自己思想的一个形象概括,他在《实践的逻辑》中这样解释"社会炼金术","把任何既定的资本转化为象征资本,即建立在所有人的本质的基础上的合法化占有,就是社会炼金术的基本运作。"参见皮埃尔·布迪厄著,包亚明编译:《文化资本与社会炼金术——布迪厄访谈录》(上海:上海人民出版社,1997年1月),第83页。

⑤ 李明、李伟峰:《黄祖耀:协助社会进步繁荣是商人的根本利益》,载《管理世界》杂志社主编《华人金融家——80位华人金融领袖访谈录》(北京:中华工商联合出版社,2008年1月)。

步,美国经济学家舒尔茨和贝克尔于1960年代把人力资本——这个非物质的生产要素引入到经济分析之中,认为社会拥有的受过教育和训练的健康工人决定了古典生产要素(土地、资本、劳动)的利用率,从而扩大了古典"资本"的含义;布迪厄则于1989年在其"资本的形式"一文中,首次提出了"文化资本"理论以描述文化与资本(包括社会资本、经济资本)之间的关系及其可转换性,强调的是人类劳动成果的积累性,包括人的文化能力与文化习性,以及社会的场域结构、文化产品与文化制度所产生的文化资源的总和。这就使得人们对"拥有资本的人才可以成为资本家"这句俗语有了新的诠释,也就是说这里的"资本"已经不再局限于传统意义上的经济资本或财富资本。"尽管社会场域结构每时每刻都受到资本分配结构以及不同特殊场域的利益特征的限定","每一个场域或多或少是为本场域划分的合法原则的定义进行公然斗争的舞台",但每个个体行动者为改变或保存这些场中的力量都必须参与其中,而且"卷入这种斗争的各方的象征(符号)的强制力跟他们在这场游戏中的地位从来都不是完全无关的",行动者"为了强制推行他们自己对这个世界的幻象(vision)或者他们自身在这个世界的地位的幻象(即他们的社会身份)而不断地努力";[①]他们追逐策略的选择"是更加心照不宣的、更加实践性与倾向性的——这种倾向产生于过去的经验、现在的机遇以及行动者活动于其中的场域的制约的相遇"。[②]

新加坡华商从创业到成功的艰苦历程印证了布迪厄的观点,也如格兰诺维特所指出的:

> 行动者既不可能脱离社会背景采取行动、做出决策,也不可能是规则的奴隶,变成社会的编码,相反,个体行动者乃是一个积极主动的实体,他能够为自己、为他人构造角色,在建构个人关系网时享有行动的自由,并能在具体的、动态的社会关系制度中追求目标的实现。[③]

显而易见,新加坡华商的文化资本特色就是在当时的社会背景下炼成的,

[①] 皮埃尔·布迪厄著,李艳丽译:《文化权力》,参见薛晓源、曹荣湘主编:《全球化与文化资本》(北京:社会科学文献出版社,2005年4月),第31、23页。

[②] 戴维·斯沃茨著,陶东风译:《文化与权力:布迪厄的社会学》(上海:上海译文出版社,2006年5月),第90页。

[③] M. Granovetter, "Economic Action and social Structure: The Problem of Embededness", in *American Journal of Sociology*, Vol. 91, No. 3, November 1985, pp. 483~487.

他们既没有成为规则的奴隶、社会的编码,也没有淹没于社会结构以及种种关系之中,而是与社会结构二者之间有机融合、积极互动。

就像印度的圣雄甘地(Mahatma Gandhi)在 20 世纪初曾经说过一段意味深长的话:"我不想把我的房子四周用墙围住,也不想把我的窗子全部堵上。我想让世界各地的文化之风尽可能自由地吹进我的房子。但我拒绝任何文化之风吹掉我的双脚。"①这应该也是每个有文化个性的行动者个体的心理诉求和文化自尊,同时也提醒人们:无论全球化遍布到哪个角落,人类的共同未来不可能因为需要多样化而没有协调,也不可能为了追求统一而失去多样性。因为如果人们忘记了自己的文化根源,最终可能会既失去了自身的文化精髓,又无法真正融入当地民族或国家的文化之中。因此,新加坡华商(或者说海外华商)就是在保有了他们身上所携带的一种传统的伦理道德规范与价值体系的前提下,在所处社会中有机地进行文化调适,从而形成了他们的文化资本特色,这种特色具体表现在:

第一,有历史的嵌入。在漫长的历史演化过程中,构成文化的基本要素是那些历经岁月的检验和代代相传的文化精髓。新加坡老一辈华商其文化资本的构成也如同任何一个社会中的个体行动者一样无疑会被"嵌入"在其成长的历史文化传统、社会经济变迁之中。譬如,在第三章以及本章的前面部分都已经分析议论过的老华商"家文化"的选择逻辑以及重视伦理关系的思维模式都体现出了这种"历史的嵌入"特征。

第二,有习性的嵌入。尽管老一辈华商受那个时代的局限,欠缺制度化形态的文化资本,因此,他们中的大多数所具备的都只是低技能或单一技能,但他们却非常善于充分发掘自身所拥有的身体化形态的文化资本,如:勤劳、诚信、内敛、刻苦耐劳、敢于冒险的精神、追求成功的强烈意识,以及重视教育、重视传统的传承等等,而这些都是老一辈华商富有个性化的文化习性特征;从商业行为来看,他们创建企业的模式(偏好家族企业,重视血缘、亲缘、地缘、神缘等)以及管理模式(亲力亲为、以情理为先)等,也都体现出了华人所独有的传统价值理念。

第三,有社会资本的嵌入。新加坡老一辈华商的商业行为是嵌入在社会关系网络之中的,血缘、地缘等对他们创业以及管理都非常重要。这种社会关系对他们的商业行为和实践能力的发挥有着巨大的影响和作用。他们不仅从

---

① 联合国开发计划署《1999 年人类发展报告:富于人性的全球化》(北京:中国财政经济出版社,2002 年),第 33 页。

其家族、朋友、同学、老乡等构成的庞大关系网络中获得经济资源、人力资源以及信息资源,同时也从这样的关系网络中获得知识、技能等文化资本。

第四,有社会结构的嵌入。一个社会的结构性特征,对身处其中的个体行动者的影响是无形的,却很有可能是巨大的。譬如,个体行动者不可以超越所处社会的法制条件去实现个人愿望;与此同时,由于社会阶层的存在,个体行动者的身份和地位都有可能被所处社会"先入为主"地打上印记或贴上标签。譬如,华商(尤其是东南亚华商)常被认为是"非我族类其心必异",他们"为追逐财富可以不惜剥削当地民族",以及他们大都是"垄断者、寻租者①和投机者"等等。因此,要想抹掉这样的印记或撕去这样的标签,新加坡华商就必须将个体以及家庭文化资本的提升与社会资本的扩张作为资本转换的理性基础,同时设法建立个体以及企业的符号资本,以寻求社会的认可和确立自身的社会"占位",并竭尽全力提升其"占位"。

第五,有国家发展策略的嵌入。从深层的社会结构角度来看,政府在企业的社会关系网络中一直占据中心位置,也一直是各种权威的核心。因为政府是权力拥有者,可以设定一些标准来控制某些状态下的商业规则,亦可制定政策来引导或限制一些商业行为,这种规则或政策来自于权力,自然也会产生一种"暴力"效应,会导致企业的生产成本、交易成本等发生或高或低的变化,从而影响企业的盈利和效益水平,甚至生死存亡。尤其是在英殖民时期,老一辈华商在政治上是被边缘化的,因此,"适者生存,优胜劣汰"就成为他们不二法门的生存之道,因为"当你不能改变某些事情时,你就应该选择去适应它"。而这种"适应"的过程,由于殖民政府所带来的具有西方特色的政治、经济、文化等思想和策略,也让华商们在不知不觉中开阔了视野、更新了思维,并磨炼了意志。而在新加坡独立后,由于新加坡华商在新加坡这个特定的发展场域中

---

① "寻租"(rent-seeking)一词最早出现在安妮·克鲁格(Anne Krueger)于 1974 年在《美国经济评论》(*American Economic Review*,Vol. 64,June,1974.)上发表的《寻租社会的政治经济学》(*The Political Economy of The Rent-Seeking Society*)一文中。克鲁格将"寻租"定义为"那种利用资源通过政治过程获得特权,从而构成对他人利益的损害大于租金获得者收益的行为",是行为人"为了取得许可证和配额以获得额外收益而进行的疏通活动",但这种行为和活动实际上并没有提高社会生产率,甚至反而降低了社会生产率,但却给行为人带来了一种特殊的地位或垄断权力,进而提高了行为人的收入。"寻租"一词便由此风靡起来,之后很多年人们都将克鲁格视为寻租创始人。参见戈登·图洛克(G. Tullock)著,王永钦、丁菊红译:《特权和寻租的经济学》(原书名:*The Economics of Special Privilege and Rent Seeking*)(上海:上海人民出版社,2008 年),第 6~7 页。

所能控制的资源仍然非常有限,所以,他们依旧很自然地,以及最大限度地利用和追随了政府制定的发展政策(包括经济的、教育的、文化的政策)。他们在受惠于这一系列政策(参见第三章)的同时,也优化了自身文化资本的构成,如知识技能的提升、管理理念的再更新等等。

第六,有现代西方管理理念的嵌入。由于新加坡一直以来是一个高度外向型、高度国际化的经济体,这样的场域不仅为活跃在场域中的个体行动者提供了更多的选择、准备了更充分的积累文化资本的条件,还为场域中的个体行动者提供了一个可以进行各种资本相互转换的国际平台。跨国企业的引进、政联公司的创立都给新加坡私人企业带来了不小的冲击,同时也让那些具有足够"文化能力"的个体行动者在改革企业的管理体制、提升生产效率方面获益匪浅。

由此可见,新加坡老一辈华商的商业行为印证了布迪厄的一个观点,即:人们"并不只是对外在的决定性结构的机械反应,不管这种结构是经济的、政治的、社会的或文化的。那些文化习性、传统风俗和信仰等,都已渗透到人们对于现在与未来的个体的或集体的反应之中,并调节着外在的结构对行为产生的影响"。[①]正如新加坡前新闻与艺术部部长、前外交部长杨荣文在接受《联合早报》采访时所说的:

> 这是一种历史进程,可分成两部分;作为个人,你不断挣扎,但与此同时,你认识到当中有"道",有一股洪流。顺着洪流,你的努力便有价值,你最终会成功;逆着这股洪流,便前功尽弃,徒劳无功。作为国家,新加坡在一定的传统范畴内运作,尊重传统,同时又很清楚不能被传统套牢,受困其中,否则会失去创意。因此,我们必须在两者间(传统和现代化)寻求某种平衡。为了求取平衡,新加坡一直在不断尝试、不断实践。[②]

的确如此,作为个体的老一辈华商也一直在不断尝试、不断实践,以求取平衡和发掘创意;他们也一直在保存自身优良的文化习性的前提下,尽其所能"顺着洪流",终于获得巨大成功。

因此,如何有效地利用各种资源为自己和家族、为企业和基业保驾护航?

---

① 戴维·斯沃茨著,陶东风译:《文化与权力:布迪厄的社会学》(上海:上海译文出版社,2006年5月),第80页。
② 谢燕燕、林妙娜:《杨荣文谈中华文化和本地华社在传统和创意间求平衡》,《联合早报》(人物面对面专题版),2008年11月16日。

从以上案例的分析和探讨中可以看出,在不同的社会条件、不同的市场条件下,会需要除经济资本以外的文化资本、社会资本等等。而个体行动者是否能在所处场域中获得最佳的竞争优势,重要的不是个体对哪一种资本更加依赖,而是对这些不同种类资本之间配置关系的恰当把握,过于倚重或倚轻任何单一资本的行动者个体,注定会遭遇瓶颈、遭遇失败。因为在实践中,各种不同的资本之间是存在着一种替代效应的,譬如:如果对社会资本投资过多,由于资源有限,就必然会减少对其他资本的投资(可参见陈六使案例),久而久之,企业或者个体行动者对资源利用的总体效率也会逐渐减弱,最终无法实现效用最大化的理性目标。与此相同的,如果企业或个体对文化资本或物质资本投资过多,却轻视了对社会资本的投资,这种做法一样是不明智的(可参见本书第五章中的 A 先生案例)。不过,目前相关理论研究的瓶颈是,对各种资本究竟如何合理配置,很难量化,因此,企业或个体行动者如何依据经济资本、文化资本和社会资本的边际产量与其所使用成本的比例来进行资源的合理配置,以期实现资源配置效率最大化的目标的问题还有待另辟蹊径和深入探讨。

总之,面对信息全球化、科技普及化的当今时代,单靠继承经济财富和权力来求得企业的持续发展已经变得越来越困难。因为现代的企业既是一个社会资本与非社会资本的动态结合体,也是一个文化资本和社会资本的特别合约。以上的案例分析所带来的启示是:

第一,在一个不规范的经济体系中(譬如,在新加坡建国之前创业,尤其是二战前后创业的老一辈华商所处的社会环境),个体或企业能获得的软信息越多,对企业利润的贡献率就越大,企业主若要试图放弃社会资本的话,其"机会成本"也会很大。不过,尽管这个时期的社会资本的建立和巩固显得非常重要,但它依然要以个体行动者"身体化"形态的文化资本(譬如诚信、态度等)为基础。

第二,在一个规范的经济体系中,譬如,新加坡建国之后,尤其是 1980 年代以后的社会和经济环境,由于科学技术的进步和发展,许多企业都必须经历一个由古典型企业向现代化企业的转型,这时,企业家也必须逐渐摆脱传统资本的影子,去积累更多的"身体化"和"制度化"形态的文化资本,方能大步迈向经济舞台的中心。在这个时期,纯粹的经济资本或物质资本的重要性已面临相对下降的趋势。而只有那些拥有厚实的文化资本的个体才有可能拥有治理企业的能力和威望。

但无论在哪个时期,要将文化资本最大化地转换为经济资本,还需要社会资本作为中介才能实现(譬如老一辈华商的接班人;以及本书的第五、第六章也将对此进行深入探讨)。由此可见,当一个经济体从不规范走向规范的转变过程中,社会资本的建立和使用都很重要,但是,随着时代特征的不同,它在为个体或企业建立竞争优势的过程中的相对位置会有所改变,譬如,文化资本(身体化的、制度化的)的位置会逐渐趋前且日趋重要。这就好像扑克牌的相对价值会随每一场游戏的不同而有所改变一样,(经济的、社会的、文化的、符号的/象征的)资本的不同种类的等级也随着场域的不同而有所改变。换言之,有些牌在所有的场域中都是有效的、灵验的(都能发挥作用)——这些就是各种基本类型的资本——但它们作为王牌的相对价值是由每个具体的场域,甚至是由同一场域前后不同的阶段所决定的。[①]

众所周知,21世纪的世界,各个场域都充满着文化气息,教育已普及到各个角落,因此,拥有文化资本,尤其是拥有制度化文化资本的个体将会越来越多,甚至也会逐渐遍布到各个角落,那么,人们将如何在世界的各大竞技舞台上展示自身的比较优势?与此同时,在越来越规范的各个经济体系中,哪些牌(资本)才是有效的、灵验的、相对价值高的?本书将在接下来的第五章、第六章深入探讨新加坡1980年代以后成长起来的新本土华商和1990年代以后的新移民华商,看看他们在知识经济时代,以及在平的世界里如何积累资本?如何参与竞争?

---

① 皮埃尔·布迪厄、华康德著,李猛、李康译:《实践与反思:反思社会学导引》(北京:编译出版社,1998年),第135页;皮埃尔·布迪厄著,包亚明编译:《文化资本与社会炼金术——布迪厄访谈录》(上海:上海人民出版社,1997年1月),第143页。

第五章

比较优势与文化资本的积累和转换

——新加坡新本土华商

如上一章所述,对于新加坡老一辈华商而言,社会资本的启动和运作十分重要,然而,正如"变化是唯一不变的东西"的哲学原理一样,社会资本固然重要,但是,第一,从上一章的分析可知,它的运作依然依赖于个体行动者所具备的身体化的文化资本,譬如诚实可靠、刻苦耐劳、敢于拼搏等等;第二,它在个体行动者,以及社会和经济发展过程中的不同发展阶段其重要程度也在不断改变。尤其是从1959年至1980年新加坡处于自治、独立和建设时期,为尽快把国家发展推向工业化发展的正轨,新加坡政府大刀阔斧地推行"两条腿"政策,亦即将跨国公司和国有企业(政联公司)直接纳入政府的工业化发展过程,从而曾一度忽视了华人企业的进一步发展,又由于当时的华人企业大都属于中小型,且主要集中在批发零售业、轻工制造业和酒店餐饮业等传统行业,其经济影响力远在跨国公司和政联公司之后,因此,在这段时期,华人企业只能在国家主流经济的边缘徘徊,其发展并不尽如人意。[①]这也意味着,当国家正在大步向前迈进时,老一辈华商企业的发展反而受到了抑制,而年轻一代的华人虽然受教育程度高了,但创业的兴趣却大大降低。

为此,有学者指出,这段时期是新加坡华人的企业家精神日渐衰落时期,究其原因主要是:首先,是跨国公司和政联公司提供的薪水更高、福利更好,职业选择机会也更多;其次,对年轻的大学毕业生来说,在跨国公司和国营企业

---

① 陈国贲著:《华商:族裔资源与商业谋略》(香港:中华书局,2010年10月),第53~75页。日本学者岩崎育夫认为:在这段时期,东南亚一些主要国家的不少成功的华人企业虽然也实现了从商业资本到工业资本的转化,并同时向海外扩张而形成了有实力的企业集团,但他们并不是受到政府政策的影响和恩惠,而是受到其影响(被排挤、被冷落)所产生的结果。参见岩崎育夫著,乔云译:《新加坡华人企业的特点》,《南洋资料译丛》,1997年第3期,第72~78页。

工作遭遇的文凭障碍和"受阻机会"更少;第三,是"怕输心理",即不愿意承担风险、不想失败;第四,是当时不少受英文教育的政府官员通常对华商持否定态度,认为华商是"Chinamen",其商业模式落后、风格传统、任人唯亲、经济作假(保留两套账目,一套自用,一套用来应付征税)等负面形象,这对企业的生存很不利;最后,通过学术连接系统以及金融资源(比如高中央公积金缴交率)的局限等问题,因而导致人力资源向公共部门或跨国公司分流。[1]

很显然,前两个因素意味着当时的新加坡宏观环境并不利于企业的生存或企业家的成长,这也意味着想要成为企业家其"机会成本"很高;而第三个因素指的是微观个体的心态,由于新加坡的发展已步入正轨,老一辈新加坡人的拼搏奋斗已见成效,人们的生活较之以前富裕、幸福,所以,年轻一代的新加坡人已不太具有老一辈华商那种敢于拼搏和冒险的精神;第四、第五个因素则可归纳为宏观环境与微观个体的互动,那个时期,西方国家的繁荣促使西方文化的发达和对世界各国的渗透,英语也随之成为令人自豪的语言,这一方面造成了大多数受英文教育的政府公务员与传统华商(其受教育程度大都偏低)之间的文化差距,以及"商人"地位的社会界定和自我认同的趋低,另一方面也使得一些华校(包括当时的南洋大学,主要以华文华语为教学媒介)毕业生在就业时受到差别待遇甚至歧视,这种大环境也连带影响了新一代年轻华人(无论是受英文教育还是受华人教育,其受教育程度已普遍提高)的思想和观念。

这种创业精神的低迷状态一直持续到1970年代末。直到1980年代,由于西方世界科学技术的日渐发达,以及新加坡自身的开放式经济体系,迫使新加坡进入到要想实现经济持续发展就必须进行产业升级的阶段。就在"要放弃原有的、低效率的劳动密集型生产方式,取之以技术密集型或资本密集型的、高效率的生产方式"的经济转型过程中,新加坡经济也一度陷入发展困境。庆幸的是,新加坡政府很快意识到,"无论是出于政治考量还是经济考量,都需要将中小企业(尤其是华人资本)重新整合到主流经济之中。"[2]为此,政府特别为中小型企业(大多数为华商所有)提供了各种相应的技术扶持和金融扶持政策,这一方面使得新加坡经济很快摆脱衰退而重振雄风,另一方面也因此涌

---

[1] Lee T. Y. and Linda Low, *Local Entrepreneurship in Singapore: Private and State* (Singapore Institute of Policy Studies and Times Academic Press, 1990). 参见陈国贲著:《华商:族裔资源与商业谋略》(香港:中华书局,2010年10月),第71～72页。

[2] 陈国贲著:《华商:族裔资源与商业谋略》(香港:中华书局,2010年10月),第54、64页。

现了一批年轻的新一代本土华商。①

Chew(1996)的研究指出,这新一代华人企业家之所以会出现有以下五个原因:

> 第一,大学毕业生的数量显著增长;第二,大学毕业生的求职竞争日益激烈,因此,成为企业家的机会成本降低;第三,新加坡的技术进步减少了企业家遭遇的技术壁垒,从而企业家得到的回报越来越高;第四,新加坡开始出现有助于本地私人企业家成长的商业环境,尊重企业家的文化有望形成;第五,新加坡人越来越富裕,整个东南亚地区的经济也在快速发展。②

具体来说,前两个原因表明,大学毕业生人数的增加以及他们在跨国公司和政联公司求职的竞争日益加剧,其实是另外一种"机会受阻"(blocked opportunity),这意味着众多合格者去竞争有限的管理职位,也即,需求职位的人数多,而所能供给的职位少,则必然会导致工资价格的相对降低,从而间接导致人们选择创业的机会成本降低了,这便成为年轻人走上创业之路的刺激因素之一。第三个原因则是随着跨国公司的大举进军以及政联公司的快速发展,促使新加坡的技术水准大大提高,这无疑也为新企业提供了高新科技人才,使新一代企业家有机会投身以知识为本的相关行业,而在这些行业或领域中那些拥有创新观点的人——尤其是那些曾在跨国公司工作过的人——所得到的回报将会更高(例如,本章接下来将要探讨的林爱莲、沈望傅等案例)。第四个原因是政府所提供的有利于发展商业的宏观环境,这有助于减少商业交易中的不确定因素,降低创业风险(例如:某电子技术公司的创办人,新加坡本地大学毕业,学士学位,任职于政府某公共部门十余年后,也就是21世纪初时受政府政策的鼓励,同时也得到其上司的支持而自行创办了一个专为客户设计电子定位系统及其装置的颇具高技术含量的公司。直到现在,她依旧可以得到原公司在技术方面的支持和援助)。最后一个原因是新加坡人的富裕程度越来越高,这一方面会促进市场繁荣(购买力强,需求随之增加),另一方面则促使商业的回报率上升。因此,在此天时、地利、人和之际,新一代企业家应

---

① Chan K. B. and Ng B. K.,"Myths and Misperceptions of Ethnic Chinese Capitalism"(2000). 参见陈国贲著《华商:族裔资源与商业谋略》(香港:中华书局,2010年10月),第71页。

② Chew R.,"Safety Nets for Entrepreneurship in Singapore"(1996). 参见陈国贲著:《华商:族裔资源与商业谋略》(香港:中华书局,2010年10月),第71~72页。

运而生。

  不过,本研究在与企业家的访谈过程中发现其实还有第六个原因,也就是前面已经提到的,在1980年代前后,有一些华文学校的毕业生因为受到政府和市场的差别待遇甚至歧视的刺激,为了自尊自强,转而走上了自力更生、自己创业的道路(如:某实业私营有限公司创建人、董事长;某五金有限公司董事主席兼董事经理等)。这就是布迪厄所提到的"学位贬值"所生发出的不同寻常的创造性策略,其目的就是要维护自身的利益、提升自身的地位。因此,布迪厄强调:这种抱负与现实之间的差距的确是一个颠覆性因素,也是一个不可或缺的革新因素。①从而导致了那些不甘自暴自弃的华校毕业生采取了这种"致力于改变所处的状况"而自行创业、自己做自己的主人的"创造性策略"。

  其实,无论是1980年以前新加坡华人企业家精神的衰退,还是之后华人企业家精神的重新被唤醒,这都符合了布迪厄所强调的"个体和群体的确试图(哪怕在无意识的水平上)做到(把自己的利益)最优化——这样做既是为了提高自己的地位,也是出于经济的考量。"②而理性的个体行动者"最能获利的策略,常常是那些通过一种客观的适应客观结构的习性产生出来的"③——也就是说,1980年代前后成长起来的新一代新加坡华人无论选择不创业或是选择创业都是对当时所处场域(客观存在的社会结构)的一种策略性的回应,是"他们对于不同的环境所提供的机会与制约倾向性地做出的反应"。④不过,因为新加坡客观环境的改变,新一代企业家虽然也是自力更生、白手起家,但与老一辈的传统华商相比,他们无论是自身的条件还是经营领域或经营手法都有很大的不同,譬如:他们的商业交易大都不是嵌入在社会关系、家庭关系和信用的传统网络中展开的;他们受教育程度高,拥有先进技术,善于将技术转化

---

  ① 皮埃尔·布迪厄著,包亚明编译:《文化资本与社会炼金术——布迪厄访谈录》(上海:上海人民出版社,1997年1月),第125页。
  ② 戴维·斯沃茨著,陶东风译:《文化与权力:布迪厄的社会学》(上海:上海译文出版社,2006年5月),第82页。
  ③ 戴维·斯沃茨著,陶东风译:《文化与权力:布迪厄的社会学》(上海:上海译文出版社,2006年5月),第82页。
  ④ 戴维·斯沃茨著,陶东风译:《文化与权力:布迪厄的社会学》(上海:上海译文出版社,2006年5月),第116页。

为商业产品和服务,因此,他们不是一般意义上的普通企业家,而是技术企业家。①

的确如此,相较于老一辈华商,这批1980年代后闯荡商场的年轻华商所拥有的制度化形态的文化资本显然要充实得多,那么,他们是如何与老一辈华商较量,而在新加坡这块有限的"经济场域"中占有一席之位?既然他们的商业交易并不依赖于社会关系、家庭关系等传统网络,那么,社会资本对他们而言处在何种位置?如何建立和扩充?与老一辈华商相比,他们又是如何积累和利用自身的各种资本,从创业意识、市场需求等各个纬度入手来为自身发展和企业发展提供充足的动力?这就是本章将要以案例分析的形式来进行深入探讨的重点内容。

第一节 内在与外在的契合
——比较优势的形成

第三章曾经提到,布迪厄把社会经过高度分化后所出现的大量的具有相对自主性的社会小世界称之为场域,他认为,每一个场域都拥有其自身的逻辑和规律,并且不可以超越界限而化约为其他领域的决定因素。而任何一个场域都会受到权力、政治、经济、文化等的制约。新加坡也不例外,由于历史的原因,新加坡的文化环境非常特别,主要受到中华文化,西方文化和其本土华、巫、印等不同文化的相互撞击和影响,所以,新加坡文化的内生结构呈现出多元化特点,这种特点在1980年代又一轮全球化浪潮滚滚而来时显得更为突出。又由于新加坡政府长期以来一贯的经济政策是引进外资,以外国企业、跨国企业、政联公司来带动本地私人企业的发展,因此,其经济环境具有高度的开放性和外向性,也最先受到全球化的洗礼。本章所要探讨的新一代本土华商就是在新加坡双语、双文化,甚至是多语多文化的环境下成长起来的。

个案一 新加坡世界科技出版公司(World Scientific Publishing Co.)董事主席、陈嘉庚基金会主席、南洋理工大学高等研究所所长、新加坡新中友好协会会长潘国驹(Phua Kok Khoo)教授,1942年出生于新加坡一个清贫的文

---

① Lee R., Chan Y. L., and Tang K. F., *The Making of a Technopreneur* (Singapore: ITE Alumni Association, 1999). 参见陈国贲著:《华商:族裔资源与商业谋略》(香港:中华书局,2010年10月),第71页。

人家庭。其父潘醒农(1904—1987)为20世纪20年代新马文艺工作者暨出版人,1932年创立南洋出版社,后易名"南岛出版社",遗憾的是,该出版社在二战期间受战争影响被迫关闭;潘醒农先生出版和编撰过多种书刊,同时多次担任同乡社团、公会会馆秘书、董事等要职;一生致力于新马华族社团会馆的组建工作以及发展华文出版业,他为新马华人历史资料的收集、整理与研究所做出的努力和贡献不可磨灭。由于家学渊源,潘国驹自幼好读经书、小说,深受中华传统文化的熏陶和濡染。1950年代中期,他毕业于养正小学,1961年毕业于华侨中学,随即赴香港大学修读数学物理;1965年大学毕业后赴英国继续深造,并先后获得英国伦敦大学帝国理工学院理学硕士及伯明翰大学物理学博士学位;1972—1973年曾赴美国纽约州立大学做博士后研究,并得到杨振宁教授(诺贝尔奖获得者)的指导。之后,潘国驹返回新加坡,在新加坡国立大学从事物理学教学和研究工作。[1]

如此全面而又深刻的东西方文化的教育和熏陶使得潘国驹成为一个善于观察、适时把握、敢闯敢干,却又时时保持冷静和稳重的学者型企业家。

由于受父亲对出版业的热忱的影响,一直从事教学和学术研究工作的潘国驹对科技出版业市场也给予了高度的关注。他发现,直到20世纪70年代末80年代初,国际高科技出版物由北美和欧洲垄断,亚洲的英文科技出版几乎一片空白。于是,西方的视野和亚洲的价值观促使他向世界很多一流科学家征询意见,"这些专家学者一方面同意我们亚洲有必要在这方面做出努力,但另一方面又觉得我要与欧美跨国高科技出版集团竞争,简直是不可能的事。"不过,潘国驹当时并没有气馁,因为他认为"如果不跨出这第一步,亚洲要拥有高水平的科技出版社,将遥遥无期"。就在1980年代新加坡政府为实施产业转型,鼓励发展"知识型服务业"的政策前提下(参见第三章),潘国驹于1981年郑重决定创业,他偕太太在新加坡厦门街创办了亚洲地区第一家以英

---

[1] 有关潘国驹的故事除引用本研究与潘先生及其主要员工的访谈内容之外,还参考了以下资料:潘醒农(Phua Chay Long,1904—1987)(http://www.lib.nus.edu.sg/chz/chineseoverseas/oc_pxn.htm,新加坡国立大学图书馆中文图书馆,海外华人研究);潘星华:《追逐科技世界出版大梦》,《联合早报》,2006年7月9日;徐伏钢:《东华尔街大鳄贪婪,高薪不一定就能养廉》,《联合早报》,2009年4月13日;《世界科技出版公司简报2009》,世界科技出版公司编;《走访杰出企业奖得主:潘国驹教授》(http://www.networkchinese.com/);潘星华:《获美国物理学会推选为会士,潘国驹担心科研人才不足》,《联合早报》,2010年1月17日;潘国驹:《中国成为世界科技强国所面临的挑战》,《联合早报》,2011年4月11日。

文为媒介、从事高科技出版的公司——"世界科技出版社",同时决定,从小做起,期待能改变欧美与亚洲在高科技出版行业中的不平衡局面。

创业30年后的今天,潘国驹真的成功了,他创办的"世界科技出版社"不但填补了亚洲英文科技出版业的空白,还跻身成为世界最大五家科技出版公司之一。诺贝尔奖金获得者杨振宁在2007年接受联合早报记者潘星华的采访时曾说:"做什么事,都要有眼光、本领和机会才行。潘国驹的成功,就是把眼光、本领和机会都集中起来了。"潘国驹对此则十分感慨地说:自己之所以孜孜不倦地追求知识是因为受父亲热爱中华传统文化和毕生传扬中华传统文化的影响,使他从小就懂得了知识和文化的积累对人生的重要性;而致力于创立和发展"世界科技出版社",除了他本身对出版行业的极大兴趣外,更重要的仍然是受父亲为推动社会文化向前发展,为促进乡谊精诚团结而对出版和编撰书籍、报刊的执著情怀的影响。这些都使他深刻地认识到,待人应该像父亲那样广交良友、精诚相待;处事也应该像父亲那样看准目标、一丝不苟、坚韧拼搏、永不言弃。这也是为什么潘国驹会坚持认为,他虽然在英国、美国学习和工作的时间不算短,但让他在这些西方国家获益良多的主要是知识、技能的提高和视野、见识的扩充,而对他的人生观、价值观、创业理念以至经营理念的形成,影响最大的仍然是他从小所受到的家庭教育,以及传统家庭生活环境的耳濡目染。因此,他语重心长地告诫年轻一代的创业者:

> 在以知识经济为主导、科技日趋发达的今天,华商们要做成功的商人,就要做有文化的商人。拥有深厚文化底蕴的商人,天地才能更宽广,事业才能做大做强。相信勤劳智慧的华商们能够在新时代拥有一番作为。

个案二 新加坡凯发集团(Hyflux)首席执行官、总裁兼董事经理林爱莲(Olivia Lum)的成长有着与众不同的艰苦经历。从出身来说,她至今不知自己的亲生父母是何人、在何处,因为她一出生就被遗弃。所幸的是她被一位贫困年迈却充满善心的寡妇婆婆收养,这位婆婆一共收养了四个像林爱莲这样的孤儿,她们一起居住在马来西亚霹雳州(Perak State)的金宝甘榜。但不幸的是,这位婆婆嗜赌,为抵赌债被迫卖了房子,她们只好栖身于一间破旧的小木屋里,而且这间小木屋连让人正常生活的基础设施都严重缺乏,尤其是缺水,他们老少全靠储藏雨水来供日常饮用。这样的困境让林爱莲从小就深知水的重要,这对她后来致力于水资源的研发利用产生了巨大的影响。林爱莲说:"正因为小时候生活环境不好,我自小就告诉自己:一定要做大事。那时虽然不知道什么才算大事,但这样的信念一直埋藏在心中。"这也使得她幼年时的第一个志愿就是:"将来我一定要让婆婆住上舒适的大房子。"由此可见,贫穷和困苦的生活不但没有消磨林爱莲的梦想,反而助长了她追求梦想的斗志;同时也自然而然地形成了林爱莲从小就"不轻易服输、不容易受挫"的坚韧性格;除此之外,林爱莲也认为,小镇生活朴实平静,却让她练就了一种"亲切随和"的待人处事之道。直到现在,她已成为拥有1000多名员工的集团总裁,却依然保持着这种"小镇性格",无论对方是高层或竞争对手或下属,她都从不摆架子,因为她坚信"要得到别人的尊重,首先要尊重别人"。林爱莲戏称自己的这种"小镇性格"是一种"贫民习性"。[1]

其实,布迪厄曾指出:"我们必须把习性看作一种需要刺激物的弹簧,根据场的刺激和结构,同样的习性将会引发出不同的、甚至相反的结果。"[2]林爱莲幼时生活的环境充满平庸、琐碎和贫穷,当时的社会也呈现出很明显的阶层结构,但是,林爱莲却没有在平庸、琐碎和贫穷中随波逐流甚至沉沦,而是反其道而行之,充分摆脱了那种无益于自身的"平庸习性",却又保留了一些有益的"朴实习性"。

从求学经历来看,虽然林爱莲连自己的父母是谁都不知道,但她还是存有华人追求良好教育的文化习性。在那个年代,因为新加坡的教育系统似乎更显完善也更具开放性(以英语为第一语言),所以,林爱莲16岁时(1977年)从马来西亚以全优成绩考进了新加坡的一间初级学院。1982年,她考进新加坡国立大学化学系。由于家境贫寒,求学期间,她靠帮人补习功课、推销保险和代写书信赚取学费。在谈到这些赚钱的经历时,林爱莲从来不会忘记从4岁

---

[1] 有关林爱莲的故事资料来源主要是:www.hyflux.com;www.hyflux.cn;周殊钦编辑《凯发总裁林爱莲获杰出商人奖》,《联合早报》,2005年3月31日;《世界商业》报道《华商:东亚财富引擎》,2005年10月12日;《华尔街电讯》报道《新加坡水王国的女王》(www.wswire.com),2005年12月7日;金所以《东南亚第一女富豪林爱莲》,请浏览网页http://chinese.people.com.cn/,2005年12月28日;暴剑光《林爱莲:从孤儿到新加坡女首富的创业奇迹》,《全球商业》2006年1月号;林婉诗《林爱莲:凯发看风使舵》,《联合早报》,2006年8月4日;陈良榕"水女皇"这样"化危机为商机"》,台湾《天下》杂志,2007年11月;胡渊文《凯发获6亿元合约:在北非建世界最大海水淡化厂》,《联合早报》,2008年4月23日;李气虹《凯发在天津投资建设:亚洲最大海水淡化厂》,《联合早报》,2008年9月30日。

[2] 皮埃尔·布迪厄著,包亚明编译:《文化资本与社会炼金术——布迪厄访谈录》(上海:上海人民出版社,1997年1月),第182页。

第五章 比较优势与文化资本的积累和转换

开始,她就懂得把大人送给她的玩具卖给邻居家的小伙伴,然后把赚来的钱存进储蓄罐,存满一罐后,便拿给贫穷的婆婆补贴家用。直到现在提起这些事她依然会引以为荣地笑道:"哈哈,完全不需要成本就可以有收益,还真算是聪明之举。"此外,为了生计,她常常帮婆婆沿街叫卖自制的冰棒;上了小学后,则为了赚学费,还学会了卖三明治和编制藤器。这一连串过早涉足商场的经历,决非一般人所能体验。多次小试牛刀之后更让林爱莲懂得:知识才是摆脱贫穷的最佳途径。所以,对她而言,校外打工是社会经验的积累,课堂学习是专业知识的提升,这两者齐头并进则是对她意志力的考验。有了正确的目标和理念,这就不难理解林爱莲尽管打工辛苦又费时间,却依然能保持学业成绩每年特优。

1986年,林爱莲大学毕业后,受聘到Glaxo——一家荷兰药剂公司(全球最大的制药公司葛兰素史克的前身)当药剂师,年薪4万美元,这对当时的大学毕业生来说是相当不错的待遇。由于工作稳定,林爱莲很快就实现了有自己的房子和车子的儿时梦想。但这并非林爱莲的终极目标。为此,她在工作当中特别注意如何才能更有效地将自己在大学里学习到的理论知识运用于实践之中。功夫不负有心人,她在工作的过程中发现:化工行业在生产过程中,不可避免地会产生大量废水,而直接排放废水将会造成很大的污染,因此,制药公司每年都得花一大笔经费来做废水处理。之后,她有幸被安排参与为该公司开发一套废水处理系统的研究,从此,她对水处理产生了浓厚的兴趣。从小就要做大事的信念以及多次涉足商场的经验,似乎让她的商业眼光变得十分敏锐和独到,很善于发现商机:"既然Glaxo这么大的公司在处理废水方面都有这么大的困难,那么东南亚以及本地公司面临的困难就更多了,包括其他的跨国公司一定都希望能以最低成本来处理废水。"林爱莲这么思考着,很快就意识到"这是一个朝阳产业"。

1989年,也就是新加坡政府推出"中小型企业发展计划"(SME Master Plan),鼓励发展高科技产业的时期(参见第三章),29岁的林爱莲也借此东风,毅然放弃高薪和稳定的工作,离开Glaxo公司,变卖了自己的房子和车子,以1.2万美元的资金,和另外两个朋友合作创建了属于自己的"凯能(Hydrochem)"公司(凯发集团的前身),真正开始"做大事"。林爱莲说:"尽管我当时并没有什么商业计划,但我知道水是一个好生意"。于是,她充分利用自己的化学专业知识以及三年工作所获得的实践经验,终于研发出了一种运用薄膜净化污水的技术。尽管起初的"凯能"只是一家在新加坡、马来西亚、印尼和后来在中国等地销售自己公司的废水过滤器和水处理柔化剂的贸易公司,但林爱莲一直在不断地改进这项薄膜过滤技术。经过多年的努力之后，这项独特的"高效膜"技术成为凯发专有的"商业秘密武器"，它不单可用来过滤及净化废水，还有其他功能，譬如在制药过程中隔离某些药物或养分的成分等。也是这项技术使得原本只有三个人的"凯能"小公司跃身成为现在拥有超过 1000 名员工、利润率年平均增长速度为 30%、总资产达 2.4 亿美元的国际著名的"新加坡凯发集团"。不仅如此，凯发强大的研发能力已使其跻身于国际先进行列，并保持着世界领先地位。就算在现在这个已经得到高度发展的水处理市场上，凯发的"薄膜净化污水"的技术仍具有强而有力的竞争优势，其中"超滤膜系统"的专利技术更是受到多家国际大公司的垂青，而希望高价购买。

如今 2.4 亿美元的身家使林爱莲被 2007 年的《福布斯》评为东南亚第一女富豪，成为有史以来第一位跻身《福布斯》排行榜前 40 名的女性，同时，她还是该榜单历史上最年轻的富豪，被《福布斯》称为新加坡的"水之女皇"。从一贫如洗到东南亚女首富，身为孤儿的林爱莲感慨地说：

  孤儿性格，也许的确与完整家庭有些不一样，但是并不会完全像人们想象的会自卑、自闭。……从小的一无所有，反倒让我做事不会顾虑重重，你想想，做失败了也不过还是一无所有。

而当她面对失败时，她就会告诉自己：

  每天都要带着一个新的希望，不要让沮丧跟随。凡事只要拿得起，放得下，看得开，日子也就不会过得那么辛苦。因为失败不等于失望，只有坚持不懈才能带来成功的机会。

林爱莲认为，这种意志和信念便是她获取成功的密码。她说：

  我也会常常问自己，到底要的是什么？我总觉得我的兴趣就是做生意，每一桩成功的生意都能给我带来最大的满足感。既然这样，那就要轰轰烈烈地做，把它做到最大。……不过，尽管如此，我自认为我还是属于把名和利看得很淡的人，我从不刻意去求名、求利。

淡泊名利的林爱莲如今已经名利双收，甚至被媒体认为是"林爱莲已成为新加坡——这个经济由外国跨国公司和本地国有企业主宰的小型城市国家——企业家精神的典范"。林爱莲个人则认为：

  凯发最大的贡献就在于打破新加坡在企业家精神方面的文化障碍。……当我开始创业的时候，人们会说我之所以这样做是因为我可能学习成绩不好或者没人愿意雇用我。当时的整个文化并不利于企业家精神的发挥。但现在人们的态度正在转变,文化障碍正在消失。政府也懂得了必须鼓励和推动企业家以及企业家精神的成长,让私人企业也能持续地发展和壮大,因为新加坡不能再依赖跨国公司和政府关联企业了。

个案三 1955年出生于新加坡武吉镇,父亲是工人,母亲是目不识丁的家庭妇女,家境贫寒的沈望傅(Sim Wong Hoo)[①],三岁开始就帮妈妈喂鸡养鸭,却偏偏从小酷爱音乐,幻想着能拥有一架自己的钢琴。1960年代末,进入中学时代的沈望傅在学校电脑室里第一次接触电脑时便倍感新奇,从而有机会让音乐和电脑同时在脑海中擦出火花,于是,在他的幻想里又增加了要发明一台像钢琴那样能演奏乐曲的电脑。带着这样的幻想,沈望傅进了义安工艺学院电子系。1970年代末毕业后,他应聘到一家法国人开的小公司设计电脑化探油勘测仪器。沈望傅说:

> 其实我是不合格的,因为我既没有大学文凭,也没有电脑经验,而跟我一起做设计的是一位电脑博士。老板要求我们设计两套仪器,第一套是我和那个博士一起设计的,第二套则完全是我一个人设计的。由于我设计的第二套,其技术水准已经很高,我的法国老板还常常跟其他同行炫耀说,这是目前世界上最先进的探油勘测仪器,同行们也点头称是。可是,当我的老板说这是一位新加坡年轻人设计的,同行们却不以为然,完全不相信我老板的话。因为那个时候根本没人会相信,20世纪70年代末的新加坡会有什么电脑技术,更甭说是世界最先进的了。

但事实是,这先进的探油勘测仪器的确是这位还没有拿到大学文凭的沈望傅的杰作,可见沈望傅的智力商数实在不可小觑。由于探油勘测仪需要用声波来分析一些地质的数据,跟声效很有关系。为了更进一步地研究探油勘测仪器,老板专门给沈望傅买了一台微型电脑,这台电脑可能是当时新加坡前

[①] 有关沈望傅的故事其资料来源主要是:http://www.creative.com.sg/;http://cn.creative.com/;李兢《敞怀笑纳DVD——新加坡Creative公司董事长沈望傅先生访谈》,《计算机世界周》1997年第42期;王阳发《沈望傅跨世纪创业演讲会摘录》,《科技创业月刊》2003年第5期,第47~48页;《多媒体奠基人沈望傅:超前微软10年的'创新'》,《国际金融报》2005年10月11日;徐财星《沈望傅:创新是被声卡宠坏的孩子》(http://www.pconline.com.cn/)(2004年3月25日);李宽宽《创新沈望傅:我是MP3战争发动者》《南方都市报》,2007年1月25日;毕亚军、李伟峰《沈望傅:一有挑战,我就跳进去,去做,去冲》,载《管理世界》杂志社主编《华人金融家——80位华人金融领袖访谈录》(北京:中华工商联合出版社,2008年1月)。

10 台微型电脑之一,十分珍贵。沈望傅特别喜欢,他一方面用这台电脑开发电脑声效技术,另一方面也常常用这台电脑做自己感兴趣的事,如接硬件、写程序、用键盘弹电子琴等等来开发那些大家还没来得及想到的电脑音乐。

不久之后,也就是 1980 年,沈望傅认为自己已经掌握了很好的电脑声效技术了,于是向老板报告。没想到老板一听吓一跳:居然拿着我的电脑却不务正业。沈望傅连忙解释说:电脑音乐也是声波,对研究探油仪器有很大的用处。后来,那法国老板看到苹果电脑很成功,就希望沈望傅能设计一台像苹果那样的电脑,沈望傅满口答应,并信誓旦旦地说:我们的技术会比苹果电脑的更复杂,只是用在探油上罢了。可惜的是,那老板最终还是退缩了,不敢花钱投资,电脑开发也仅停留在口头上而已。

虽然失去了一个在探油勘测上可能会大获成功的机会,但沈望傅却为自己开辟了另一个大展宏图的舞台。由于 1980 年代新加坡经济遭遇不景气,那家法国老板的公司很快被别家工厂兼并了。沈望傅为了不要浪费自己那可贵的"满脑子的鬼主意",他决定与另外两位拥有共同理想和兴趣的儿时好伙伴一起创办自己的公司。他与个案一中的潘国驹一样,受到了 1980 年代新加坡政府为实施产业转型,鼓励发展"资本和技术密集型产业"政策的鼓舞(参见第三章),于 1981 年 7 月,这三位年轻人掏出了各自的全部积蓄,再东挪西借,总共筹集了 1 万新元作为起始资金,并租了一间仅有 10 平方米大小的屋子,创建了属于他们自己的"创新科技有限公司(Creative Technology Ltd)"。之所以取名"创新科技",沈望傅说:

> 这是由于当时的新加坡比较注重通过外国投资者来发展本国工业,他们需要的是,能把外国的东西搬来执行就成,至于执行的人,有没有创新不要紧。因此,创新、创意不受重视,也没什么价值。正因为这样,我就越觉得创新很有意思。

沈望傅一向认为自己是一个"一有挑战,就会跳进去,去做、去冲、去拼搏"的人。沈望傅大专毕业后便在电脑行业闯荡。尽管一个人智商的高低并不完全取决于学位的高低,但学位的高低在现代社会有着重要的象征作用。就像布迪厄所指出的:在现代高度分化的社会中,处于劳动力市场中的个体其收入资源的获取依赖于以文凭为形式的文化资本,以及以网络为形式的社会资本。① 这表明,在社会场域中的个体只有获得了相应的文化资本——尤其是文凭形式的,或者说是制度化形态的文化资本,以及社会资本(关系网络),才能获得更多的、更具有独立性和自主性的经济资本。因为"经由教育获得头衔——它是晋升到私人企业与政府机构高层地位的先决条件——在其深层意义上则标志着一种新的统治形式的巩固,以及一种相应的社会策略的转变"。②

这的确是一个社会现实。因此,为了提升自身的知识水平,同时也提升自身的社会地位,沈望傅经过努力,也终于获得了一个学士学位,他说:"刚拿到这个学位时跟其他年轻人一样感到很兴奋很自豪,还很得意地把学位(Bsc.)印在名片上。开始时的确有一些用处,人家看你是大学毕业生,态度也不一样了。"不过,随着时间的推移,随着他不断为"创新科技"拼搏奋斗的经历累积,他越来越深刻地认识到:其实学历只能代表过去,而学习力和能力才能代表现在和未来;拿到学位也许是实现人生目标的一个基础,是一块敲门砖,一块敲开社会大门的砖,但在竞争激烈的现实当中除了要有这块砖之外,更重要的还必须是"3Q兼具方能成就大事"。

所谓"3Q",沈望傅认为:

> 首先,要有高 IQ(Intelligent Quotient,智力商数)。如果没有足够的智商,就无法发现机会、无法准确选择战略性地点、无法决定产品的市场定位等等,也就失去了"地利"优势。
>
> 第二,要有高 EQ(Emotional Quotient,情绪商数)。这是一个人自我情绪管理以及管理他人情绪的能力指数。也就是"人和",譬如找创业伙伴、投资伙伴、商业伙伴(如分销商)等,都要靠它。一个人要做到荣辱不惊,只要你不偷不抢、不骗人,而且说到做到,那么不管别人如何羞辱和嘲笑都不要轻言妥协和放弃。
>
> 第三,AQ(Adversity Quotient,逆境商数)不可少,它决定你是否可以在逆境中冲破压力,战胜困难,逢凶化吉,否则就算智商、情商再高也会随着意志力的衰减而失去继续向前的冲劲。由于逆境的出现往往无法预测和控制,所以,必须要有足够的斗志、意志和忍耐力,以等待转机的到

---

① 戴维·斯沃茨著,陶东风译:《文化与权力:布尔迪厄的社会学》(上海:上海译文出版社,2006年),第87页。

② 罗克·华康德著,郭持华、赵志义译:《解读皮埃尔·布迪厄的资本:〈国家精英〉英译本引言》,载陶东风等主编:《文化研究》第4辑(北京:中央编译出版社,2003年8月)。

来。这就好比"天时",要把握天时是需要有足够的能力和耐性的。

这就是沈望傅的生存哲学,就是这 3Q 使得他已经成为当今被公认的 IT 业界领导者之一,也是他成为在全球拥有超过 5000 名员工的创新科技董事主席兼总裁。之所以能走到今天,沈望傅认为:从小贫寒的家境以及社会的困境培养了他一种敢想敢做、敢吃苦敢拼搏的性格,认为没有什么困难是不能克服的,从而使他具备了足够的 AQ。用他自己的话来说:

> 我是越辛苦的路越要走,专门挑难走的路走。看到两条路,我一定选难走的,就是想要看到别人看不到的东西。如果要我跟在人家后面,比如说一个规格出来了,大家跟着走,不用创新,只拼价钱,那不会是我所追求的方向。所以,别人的不相信只会增加我的斗志,迫使我加倍努力做出更多的东西。越是困难越要向前走,越是困难越让我觉得兴奋。因为我欣赏的是艰苦的过程,并不是灿烂的终点。

而从小好读书、善幻想,以及对"创新"始终抱有极大兴趣则使他具备了足够的 IQ。就算是儿时平凡朴实的生活对他也是一种非常有益的经历,让他接触到了更广阔的社会层面,以及形形色色的人情世故,这无疑练就了他的高 EQ,使得他总能抱着一颗平和却又好奇的心去欣赏和思考周遭不同人和事的不同特质。因此,他很有感触地说:

> 文化的平衡和融合非常重要,欧美人比较有冒险、创新的精神,华人则是能吃苦耐劳和拼搏。而我欣赏的是中西合璧,既要严谨又要创新,既要有纪律又要有创意,还要刻苦和拼搏。

沈望傅所谓的"文化的平衡和融合"其实也就是指个体行动者必须要有较高的"文化商数"①(CQ:Culture Quotient),应学会适时将外来的、好的文化内在化。也许正因为有这样的认识和积累,他才得已成为全球电脑及网络数字娱乐产品的领导厂商,在电脑业——这一颇具高科技含量的行业里创下一个又一个的世界第一,譬如:1984 年推出全世界第一台会讲中文的电脑,从此让电脑不但会演奏音乐还会讲中文;1986 年做出了全世界第一台多媒体电脑;1989 年推出全球第一张声霸卡;1992 年,创新 SoundBlaster 声卡成为全球计算机音频工业标准;1999 年 4 月,创新科技率先在全球推出 MP3 播放机

---

① P. Christophe Earley, *CQ: Developing Cultural Iintelligence at Work* (Stanford Business Books, 2006).

NOMAD I,并第一个将 MP3 播放机引进中国等等。因为对世界电脑的发展做出了革命性的贡献,沈望傅被业界誉为"声卡之父"、"多媒体教父",并两次获得"新加坡最佳商人奖",也先后获得《财富》杂志评选的"亚洲经济年度人物"、"亚洲新经济财富三杰"等荣誉。就是这一系列巨大的成功一次又一次地巩固和奠定了沈望傅"3Q 兼具方能成就大事"、"逆水行舟不进则退"的生存理念。

案例分析：

如果从制度化的文化资本积累的角度来看,由于社会的不断进步,以及新加坡政府所实施的治国策略和教育方针所带来的场域的改变,使得案例中的三位成功者虽出身贫寒,却仍然都有机会获得大学本科或以上的学术文凭,而这些个体行动者的"学术资格和文化能力的证书起了很大的作用,它给了其拥有者一种文化的、约定俗成的、经久不变的、具有合法保障的价值。可以说正是社会炼金术生产了这种文化资本,这种文化资本相对于其承担者而言,甚至相对该承担者在一定时间内有效占有的文化资本而言,均具有一种相对的独立性和自主性"。①

如果从文化资本与个人成长环境以及事业发展的关系,如教育背景、家庭背景、个人性情对个人事业的影响这个角度来看,尽管布迪厄的理论认为,在社会场域里,那些家庭经济资本丰厚的个体感受到的日常生存压力相对较小,也就更有能力将一部分经济资本转化为文化资本(但这种文化资本在某种程度上来说大多属于知识类的文化资本);而那些家庭文化资本丰富的个体则能够通过长辈们所持有的文化资本的传递,在相对不利于发展文化资本的环境中继续保持自身的文化资本和社会资本的优势(如潘国驹)。② 但以上的个案却显示,那些来自于文化资本相对较少、经济资本也十分薄弱的家庭中的个体(如林爱莲、沈望傅),则会因贫困艰苦的生活经历使其具有一种物质上的匮乏感,一旦这种匮乏感成为个体自身的一种求知上进以求改变命运的动力之源的话,这些个体就会通过自身的成就动机去努力奋斗,通过自我改善、自我实现等因素的激励来让自己积累更多的"身体化"的文化资本,例如:潘国驹对传播文化和知识的热忱,以及誓言要填补亚洲高科技出版业空白的理想;林爱莲

---

① 皮埃尔·布迪厄著,武锡申译:《资本的形式》,参见薛晓源、曹荣湘主编:《全球化与文化资本》/全球化论丛(北京:社会科学文献出版社,2005 年 4 月),第 13 页。
② 皮埃尔·布迪厄著,包亚明编译:《布迪厄访谈录——文化资本与社会炼金术》(上海:上海人民出版社,1997 年),第 197~198 页。

试图改变恶劣环境的坚强毅力,敏锐独到的商业眼光以及淡泊名利、坦然豁达的小镇性格;沈望傅的幻想力、创新欲以及敢想敢做的拼搏精神等等,这些都成为专属于他们各自的内在的,也即"身体化"的文化资本;尤其是当社会相对进步和发达所带来的场域变化给予了这些个体平等受教育的机会时,他们便可能会更懂得去充分接受、吸收、珍惜、积累各种社会性的文化资本,如:知识、技术、品位等等,进而内化为个体的文化习性,并提升其文化资本的层次;而他们跨国的学习经历(潘国驹)或在跨国公司的工作经历(林爱莲、沈望傅)则使他们深受西方的知识、技术、文化价值观念的浸染,从而使得这些个体甚至比一般人更有能力将其所拥有的文化资本转换为社会资本和经济资本。由此可见,社会场域中的每一个个体其文化资本的形成和积累途径除了有家庭的"先赋因素"、学校的"教育因素"等外在因素外,还有更为重要的个体内在的"自致因素"。

一般而言,在社会场域中,个体所具有的文化资本往往可以通过持有者的能力、气质、受教育程度及其素质、生活理念及其方式等等来展现。而当文化资本持有者具有很高的文化能力,就能获得更多的经济收益和社会收益。但事实是并非每个人都能获得这些收益(如本章第四节的A先生案例)。究其原因,关键就在于文化资本持有者是否有意愿,也有能力来合理配置各种文化资源,以获得一个最适合持有者个体的、理想的文化系统;以及文化资本持有者是否有意愿,也有能力来进行资本转换。这就涉及第四章中曾提到的行动者的资本"转换意愿"和资本"转换能力"。

以上个案中的三位成功者都出身于贫寒之家,在他们的成长阶段其长辈们所持有的文化资本尤其是知识类的文化资本基本属于弱势(个案一的潘国驹除外),尽管他们通过家庭的经济资本来积累和提高自身的知识类的文化资本很有限,但他们却非常善于从个人所遭遇的苦难和曲折中,以及小学、中学、大学的体制化教育中,还有不同的工作和社会场域的经历和经验中(外在的)提炼出、并内化为自身的一种获得性资源,也就是这些个体通过忍受某种匮乏,行使某种自我的克制和牺牲而获得的"准确的自我意识(定位),明确的奋斗目标,不易服输、不轻言败的顽强斗志和坚韧意志"等等内在的、"身体化"的文化资本。这样的资本尤其是在现代这个社会相对安定、知识全面普及、信息高度流通、经济日益全球化的环境里更显得稀缺而能够成为个体行动者的比较优势,也因此更具独特价值,从而才能产生利润效应。

布迪厄曾指出:判断人们在社会结构中所处的位置与属性,只有从个人对经济资本、社会资本和文化资本的构成及其轨迹方面来分析,才能准确地加以区分。在个体所拥有的经济资本、社会资本的差异并不足以说明其在社会空间的位置时,文化资本的多寡便决定了他在社会结构中所拥有的地位与声望。①也就是说,各种资本所拥有的数量和质量决定了个体在场域中的地位,因此,任何人群、阶级和阶层都在为追求最好的占位、最大的利益而极力获取场域中的特定资源——资本。而整个职业市场就如布迪厄早已观察到的事实一样,制度化的文凭对于行动者想要获得理想占位已经变得越来越重要,也即,"文化资本正在变成越来越重要的新的社会分层的基础。"②换言之,通过对文化资本的汲取和占有,个体行动者可以获得较高的地位。

而以上案例中的个体所选择的创业模式也与他们的文化资本的形成和积累高度相关。譬如:潘国驹之所以选择出版业,其一是他受父亲影响所产生的个人兴趣;其二,他本身经历了从香港到英国、从美国到新加坡等不同国家的不同大学和研究机构的读书、教学与研究的过程,由于学习和工作的关系使他更有机会了解亚洲与欧美在出版行业的共同点和不同点;其三,世界科技出版公司刚创业时,潘国驹并没有辞去国立大学的教职,仅由其夫人与另一名职员两人打理公司事务,由此可以看出,潘国驹行事谨慎的风格,就像他个人所说的"先尝试",因为他若马上辞去高薪稳定的大学教职,结果公司却无法成功的话,那么机会成本就太大了,"贸然行事"不是潘国驹的性格;其四,潘国驹虽然不坐镇公司,但他却在尽心尽力规划公司的进程,充分利用他在国外留学时的社会网络来为公司打开局面。

至于林爱莲、沈望傅对创业模式的选择也很明显展现了他们所拥有的独特的"身体化"形态的文化资本特色。正如林爱莲所说的"做失败了也不过还是一无所有",因为林爱莲从小就是孤儿、沈望傅也出身于清贫之家,虽然创业前都已经有一份相当不错的工作,但还是会有"轻装上阵"的感觉,尤其在他们自己看来,就算创业不成功,机会成本也不高,有技术在手,再回头找一份同样相当不错的工作并非难事,所以,他们可以毫无负担地去闯荡。而他们之所以选择相应的行业(水处理行业、IT行业)则显然与他们的专业知识,以及在跨国公司的工作经历和经验密切相关。他们之所以能取得巨大的成功,这与他们所特有的、内在的"自致因素"高度相关,他们的高文化能力使得他们很善于

---

① Pierre Bourdieu, *Distinction: A Social Critique of the Judgement of Taste* (Cambridge, Mass.: Harvard University Press, 1984).
② 戴维·斯沃茨著,陶东风译:《文化与权力:布迪厄的社会学》(上海:上海译文出版社,2006年5月),第89页。

将外来文化、知识、技术(如在跨国公司所获得的)等"据为己有",并内化为个体"身体化"形态的文化资本。

事实上,社会场域中的每一个个体都是不同层次的文化人,都有自己的文化特色,因此,文化特色的社会价值就是一种文化资本优势所赋予的,也就是当个体所拥有的文化资本具有优势且相对稀缺时,才能获取文化资本的价值利润;而当个体所拥有的文化资本的稀缺性降低时,文化资本的价值就会随之降低。也许正因为文化资本的形成和积累对个体的成功与否作用重大,个案一中的潘国驹才特别感慨,他强调:

要做有文化的商人,不做庸俗的商人,成功的商人应该好学、上进、有知识、有文化。……既然我有兴趣并选择了从事文化事业就一定要有传承文化、传播知识的使命感,担负起推动世界文化发展的重任。赚钱不是唯一目的,商人尤其是出版商不能唯利是图。

第二节 文化资本的提升与管理模式的选择

个案一中的学者型企业家潘国驹深受东西方文化的教育和熏陶,他在畅谈东西管理文化之间的差异时指出:

西方现代管理的特点是,拥有现代企业的高效率管理模式,依靠科学技术推动企业发展,有国际化的企业管理制度和任人唯贤的用人制度,强调通过激发个人的原动力来创新和自我更新,这些也都是西方现代管理的优势。但是,2007年金融海啸的爆发也暴露出了西方资本主义金融制度存在的严重问题,例如,美国的金融市场及西方的金融制度非常放任,有许多赌博性的投资、贷款和收购等,而政府对金融业的监管既不严、也不当,导致了华尔街的肥猫们把银行的钱大笔亏空后,还能厚颜无耻地中饱私囊。华尔街的高薪不但没能养廉,反而滋生出了更大的贪欲。此外,西方在道德标准,以及思想价值观上的极度个人主义也是导致危机爆发的一个重要原因。

反观东方5000年的传统文化,由于受到儒家思想和道家思想的浸润,许多华商企业家之所以成功,就是因为他们固守着一种勤奋、节俭和守信的精神,以及对义与利保持着一种平衡的心态,因此,在投资管理上追求的是稳中求进。

潘国驹更以世界华人首富李嘉诚为范例,说:由于生长年代不同,李嘉诚过早失去了接受学校正规教育的机会,但他从未放弃过自我进修和提升,从而成为一名有文化的成功商人。①如果借用布迪厄文化资本的概念来描述的话,也就是,李嘉诚虽然缺少了一些"制度化形态"的文化资本,但他却拥有了远远超过常人所能拥有的,也是市场相对稀缺的"身体化形态"的文化资本。

潘国驹同时也以新加坡新一代的年轻创业者为例指出:现在的年轻创业者一般都具备了相应的专业知识("制度化形态"的文化资本),但却缺乏冒险、创新,以及遇到逆境时应该具备的、足够的心理承受能力(AQ,"身体化形态"的文化资本)。为此,潘国驹劝诫新一代的年轻创业者除了要学会敢于面对市场的挑战,还要有"自我更新、自我学习"的进取精神,这样才能成为真正的有文化的商人。

具有这种文化理念的潘国驹在管理自己的世界科技出版公司时,其风格也的确颇具特色:他一方面具有中华文化中传统的管理思想,如善于调节人际关系,强调对内和谐而立足于向外进取,同时保持着"义以生利"的价值准则;另一方面也吸取了西方先进的管理文化,很讲究管理的规范化和制度化。到目前为止,世界科技出版公司仍属于家族企业模式,潘国驹是公司的董事主席,自然要主持全局,但主要负责公司向外的发展和扩张;夫人廖雪娜任董事经理,主要负责公司的财务监管和内部行政;儿子潘大扬是执行总裁,主要负责北美地区的营运和发展;其女儿则负责英国分公司的营运和发展。也就是说世界科技出版公司的核心部门均由潘国驹最亲近的家族成员掌管。目前该公司除了在新加坡的总部外,已在美国的新泽西、英国的伦敦、中国的上海和北京、香港、台湾、印度的真奈等地开设分公司,近年又分别在天津和悉尼设立了办事处,在全球拥有13个经销网点,其中欧美市场占了总体业务的71%,亚太地区占29%。公司员工已从创业初期的2人增加到现在的近300人,其中新加坡总部约有170~180名员工。公司的资产也从创业时的2万元起始资金,增加到现在的3600万元(2006年),公司的年营业额一直保持着10%左右的年增长率,即使是处于全球性的金融危机阶段,也仍然保持着这样强劲的增长速度。

---

① 《李嘉诚全传》(武汉:华中科技大学出版社,2010年)一书中提到:李嘉诚信奉的格言是"书山有路勤为径,学海无涯苦作舟",他从小广读诗书,涉猎甚广,如《诗经》、《论语》、《离骚》,以及唐诗、宋词、元曲等等。李嘉诚在其自传中也说:"我从不间断读新科技、新知识的书籍,不至于因为不了解新讯息而和时代潮流脱节。"

有这样的辉煌业绩,董事主席潘国驹既欣慰又感慨连连,他指出:

> 作为一个企业家,在危机面前应该抱持的态度是,处变不惊,及时调整心态,以创新来应变;同时,要保持敏锐的市场观察力,利用危机来检讨企业本身可能存在的缺陷和漏洞,找出可改进的空间;在不断提高自身的领导能力的同时,要及时巩固员工的敬业精神,进而提高员工的生产力,当然万万不可忘记关注员工的福利。

这就是潘国驹修已正心、以人为本的管理方式。他的新加坡总部总经理和秘书对他的管理风格也有这样的描述:

> 潘董给我们员工的印象是稳重、有魄力,但也平易近人,对员工采取的基本上还是属于以人为本的管理方式,但对事却有相应的规章制度;他要求各部门经理在处理任何事情时,能在各自的能力和权力范围内可以拍板的一律按公司制度及时处理;但是,如果遇到重大事情尤其是当制度和情理可能会发生冲突、部门经理无法定夺的便交由潘董处理。

当被问到"潘董一般会如何处理这些棘手的事情"时,这两位负责人都表示:从过往的经历来看,潘董处理这类事情的方式通常会依据他个人在权衡了制度和情理孰轻孰重、所付出的成本是否值得之后,再做出相应的取舍,应该说还是有一定的灵活性的。不过,秘书补充说:

> 潘董似乎比较偏重于情理。至于公司的另一位关键人物潘夫人虽然主要接受的是西方教育,但在许多事情上仍然会遵循华人传统的"夫唱妇随"的原则,充分尊重潘董的决策。

由此可见,潘国驹其实是将东西方管理文化融合在一起了。一般而言,西方管理中过分注重刚性的制度这一环节很容易造成管理者和被管理者、管理者与外部利益相关者之间的矛盾,而东方传统的人本管理会因过分注重人际和谐而容易忽略制度和原则,由此带来了管理上的随意性和不确定性。很显然,潘国驹的这种具有"一定的灵活性"的东西合璧的管理方式则既避免了西方制度化管理的刚性所带来的弊端,也弥补了东方传统管理可能导致的效率不足。

也许是华人传统的"文化习性"在潘国驹身上留下的烙印较为深刻,所以,他至今仍认为这种独立的家族企业经营模式很不错。他说:

> 由于我们公司的财务状况一直保持良好状态,连续多年维持年营业额10%的增长率,所以,最近几年几乎每年都有人捧着上亿资金来敲门,

希望能够收购我们公司,可是我们不会考虑。因为我们最初创立公司的理念是"同心协力发展文化产业,推动科技教育",如果我们一旦引进了外资,无疑就多了一把不同的声音,我担忧的不是声音的不同,而是担忧我们的创业理念会在不知不觉中偏离方向,这不是我们想要的。应该说,作为商人,我希望广大的商人尤其是华商财运亨通,能为亚洲甚至世界的经济繁荣做出贡献;但作为学者,则希望科教兴国,希望新加坡、中国,以及其他华人世界的知识与科技能与时俱进,能跟上全球化的步伐,达到世界先进水平,还希望能尽力将我们亚洲的科学家和他们的发明创造介绍给全世界。我始终认为,我们经营的是文化产业,就必须要有使命感,要担负起推动文化发展的重任,出版商不能唯利是图,赚钱不是我们的唯一目的,也不是我们的终极目标。

潘国驹的儿子——执行总裁潘大扬也表示:

既然我们公司的财务状况良好,那么也就不需要上市融资,因此我们已经没有挂牌上市的计划。至于收购计划,我们则认为,收购小公司,意义不大;如果要收购大公司,则希望能和政府或政联公司合作,这样的意义才会更深远。

真可谓"父规子随"。"夫唱妇随、父规子随、中西合璧、义利并举",这应该就是潘国驹家族企业管理的主要特色和文化了。毫无疑问,有这样的管理文化特色,企业应该会减少许多诸如谈判、沟通、交易等等之类的成本。

个案二中凯发集团的首席执行官兼总裁林爱莲由于是孤儿出身,想要创业自然是单枪匹马,尽管有两个朋友帮她,不能算是孤军奋战,但要打开局面、维持一个公司的正常运作却也遭遇到了非同一般的艰辛。不少事情林爱莲至今都记忆犹新,譬如:创业初期,由于资金有限,她请不起专业焊工,于是就利用空余时间,自己去上焊接工培训课程学习焊接技术,考试合格之后,便自己动手完成了所有设备的焊接工作。她颇为自豪地说:"如果你去看我们公司的那些早期工程,就会发现,那些焊接活都是我的杰作。"又如:林爱莲在1989年创建公司的时候,新加坡同行业的公司已有了大大小小20家,她说:

当时的我一无所有,没有资金,没有关系网,而且作为一家刚起步的小公司在市场上也很难获得信誉。但我特别希望事业成功,这种对成功的渴望便成了我要一直向前走的驱动力。

她回忆说:由于卖掉了车子,为了推销自己公司的废水过滤器和水处理柔化剂,她便骑着摩托车,顶着炎炎烈日,奔波于新加坡、马来西亚、印尼的各大小工厂之间。因为她很清楚地知道,每家工厂都有可能是潜在的客户,所以,她必须不辞劳苦、挨家挨户、逐个工厂一一登门拜访。有志者事竟成,她终于获得了一些订单,尽管这只是一些小型工业项目的订单,但毕竟迈出了第一步。到了 1992 年,仅三年的时光,凯发在新加坡水处理领域的市场占有率就已达到 35%。

由于新加坡的市场始终是有限的,林爱莲很清醒地意识到:"必须走出新加坡,在 1993 年的时候,我们首先选择了中国作为海外扩张的第一步。"1994 年,凯发在上海浦东建立了中国总部——凯能高科技工程(上海)有限公司,并设有数十人的研发中心,专门研究印染、造纸、半导体、光电等行业的生产流程,以便"对症下药",希望能够为客户量身打造最合适的清洁生产、资源综合利用、水循环利用的综合解决方案以及先进的水处理技术、设备与运行管理服务。正因为有充足的资金、先进的技术和人力资源的配备,林爱莲信誓旦旦地向客户保证:"我可以改善你的生产技术,帮你省大钱!"但是,每一步的成功都不是那么轻而易举。正如负责中国工业客户的凯发高级副总裁葛文越所说的:

> 做我们这行,如果没有和别人不一样的技术和观念,就只能和人家去拼价钱;就算我们已经拥有了先进的技术,人们也不一定很快能认同和接受这些新技术,刚开始时,有些企业还把我们当骗子。

的确令人啼笑皆非。葛文越还说,他加入凯发后,便随林爱莲四处奔波,跟凯发其他的推销员一样,他们也经常碰壁。最无奈的是,甚至有客户拿着筛沙子的筛子和凯发的高技术产品进行比较,问一平方米要卖多少钱?尽管如此,市场推销仍得继续。总算是功夫不负苦心人,上海三维制药厂与凯发的合作,是凯发在中国做成的第一笔生意,而且是一笔大生意,凯发也信守承诺,利用薄膜过滤技术帮助该厂多回收了 5% 至 10% 的药剂,大幅降低了该厂的生产成本,也大幅提高了该厂的生产效率。[①]这次合作的成功为凯发开拓中国市场打开了局面。

随着全球对环境保护的关注程度日益提高,市场对于净水的需求也大幅增加,中国政府对在各城市建设水处理厂更是日趋重视,"水污染防治"成为中国各地的热门话题。凯发的生意也因此日益兴隆,来自中国地方政府和企业

---

① 陈良榕:《"水女皇"这样"化危机为商机"》,台湾《天下》杂志,2007 年 11 月。

的水生意让凯发应接不暇。到1999年时,在中国的业务对凯发集团总营业额的贡献达到60%,2006年达到74%,2007年是81%,尽管近两年由于发展战略的改变(扩张到中东和北非地区,其业务占总营收的40%~49%),但来自中国的业务仍占总营收的50%~58%,仍然是凯发集团利润增长最强劲的推动因素。

就在凯发打赢了一个又一个的工程战役之时,林爱莲说:"很多人说我在拿工程方面就好像是神话一样,想拿就能拿得到。其实背后有很多辛酸的故事。"她举例说,当初凯发为了扩展事业需要有强劲的资金作后盾,因此希望能与国外大公司进行合作来提升凯发的实力。通过多方努力,她终于找到了美国Mirant公司,双方合作的第一个项目就是为印尼一家造纸厂提供净化废水系统。但意想不到的是项目进展却一波三折,迟迟无法起步。首先是工厂的选址问题,公司的举措遭到了当地居民的抵制,理由是废水不利于他们的健康。由于矛盾一时无法解决,美国Mirant公司竟然中途变卦,提出终止合作并撤出资金。对于美国公司这种出尔反尔的做法,凯发的员工们非常气愤,林爱莲也深感失望,但她一方面用理解的语气说服员工:"强扭的瓜不甜,他们看到了风险,又是在他们不熟悉的地方,当然要保证资金的安全。"另一方面她以同样豁达的态度应对美国投资方,这不仅出乎对方意料,也让对方深受感动,便主动询问她能不能想出其他变通的办法,于是林爱莲顺势提出,可否把合作关系改为借贷关系,也即让美方充当凯发的债主。美方也许是很欣赏林爱莲敏捷的思维和诚恳的态度,他们很爽快地答应了林爱莲的条件。

资金的难题解决以后,接下来便是想办法做(印尼)当地人的工作,为此,林爱莲带领手下特地把一台废水处理机器搬到现场,耐心地向当地人讲解并演示水系统处理的全过程,最后,她拿起一个杯子,舀了一杯处理过的水,当着众人的面一口一口喝了下去。她的举动终于打消了当地人的疑虑,工厂的选址问题也终于得到解决。这就是林爱莲的行事风格!也正符合了欧洲达克斯大学杜克管理学院的里约纳德·格林赫弗对成功的谈判需要哪些素质所做出的研究结果:

> 女性和男性在谈判风格和把握对手的方法上很不相同。男性往往抱着"背水一战"的心态,朝着"只赢不输"的宏伟目标去冲锋陷阵,与对手较量;女性则表现出进退自如、委婉求全、耐心等待、期盼双赢的态度,因此,女性反而更容易与对手建立友好合作的关系。

同样是女性企业家的西欧产业合同协会的创始人巴巴拉·格罗甘说:"如

果你能成功地协调家里6岁和4岁的两个孩子为抢一个玩具而发生的纠纷,那你就有能力参加世界上任何一项合同的谈判。"林爱莲应该就属于这种能协调纠纷的"水一样"的女性。尤其在当今这个注重人际关系与交流沟通的时代,柔性风格似乎更受推崇,就连美国管理学大师彼得·德鲁克也不得不说:"这种时代的转变,正好符合女性的特质。"

林爱莲的故事表明:"身体力行"就是林爱莲的管理风格。无论是公司的创业阶段,还是公司发展壮大阶段,她都充分表现出了领导行为方式的"感化"特征。她非常注重作为领导者的人格化影响和伦理化约束,她在下属心目中的威望是通过展现自身的品德修养和个人才能来树立的。所谓"桃李不言,下自成蹊"、"其身正,不令而行",林爱莲的这种身体力行、豁达大度、不轻言放弃的精神对员工、对合作者、对客户,甚至其他利益相关者都有着非常大的感染力。正如彼得·德鲁克所言:"归根到底,管理是一种实践,其本质不在于'知'而在于'行',其验证不在于逻辑,而在于成果;其唯一权威就是成就。"[①]这似乎就是林爱莲在管理中的实践行为,太贴切了。林爱莲自己则认为:

> 凯发能有今天的成就,以及要保持住今天这样良好的发展势头,除了要有领先世界的科技外,还必须要有优秀的人才。因此,一直以来,我们除了非常重视研发之外,也十分注重员工的选拔和培训。具体来说,凯发选拔人才所遵循的原则是"不惟学历重能力,不惟资历重业绩"。

因此,对林爱莲来说,凡是有真才实学、有专业技能的优秀人才都是凯发欢迎的人。而对员工来说,一旦成为凯发的员工,就如同得到"一个没有天花板的舞台",可以尽情展示个人的知识与才干,同时有足够的机会脱颖而出。为此,公司也为员工设计了"管理序列"和"专业序列"双重职业发展路径,从而为各类专业技术人才提供更多的选择机会和发展空间;还为员工提供国内外交流和轮岗的机会,以促进全球各个研发、职能、运作等部门人员的相互交流和共同成长。由于平台广阔,身为凯发的员工只要努力工作、发挥所长、业绩出色,就一定有成长的空间。此外,凯发非常注重团队建设,认为"队伍建设优于业务建设"。因此凯发坚持以自己的文化缔造自己的队伍,他们的目标是,要缔造一支激情焕发、斗志旺盛、能力高强、坚韧不拔的队伍,一支拖不垮、打不散、敢打硬仗、能打胜仗的队伍,这样的队伍才能在市场上所向披靡,无往

[①] 彼得·德鲁克著,王永贵译:《管理:使命、责任、实务》(北京:机械工业出版社,2008年4月),第3页。

不胜。

　　这显然是非常典型的一种"团队本位"的思想。正如荀子所言:"力不若牛,走不若马,而牛马为用,何也?曰:人能群。"也就是说:人,其力量比不上牛,跑的速度也不及马,但是,人却可以"穿牛鼻,络马首",靠的就是群体的力量。因此,林爱莲深知,一个企业若要取得成功,就必须具有强大的凝聚力。

　　与此同时,凯发也致力于持之以恒地建设学习型组织,希望能把员工培育塑造成有悟性和韧性、有责任心和上进心、有敬业精神和创新精神的优秀人才,在不断提升员工的能力和竞争力时,还要让员工成为既会工作也会生活的人。凯发坚信,造就最有价值的行业专家队伍,就是造就员工一生的竞争优势。关注员工的生产生活的同时,也关注员工的精神生活和社会生活,这是凯发对员工的承诺,也是林爱莲选人、用人、育人的战略。在此基础上,"疑人不用,用人不疑"也是她的一大管理原则,她举例说:"上海公司总经理是我在中国招的第一个员工,从第一天起我就相信他能做好,所以他的表现甚至超过我的预期。"的确如此,美籍日本管理学教授威廉·大内曾指出:"提高劳动生产率的关键在于建立一种信任、微妙和亲密的人际关系。"①林爱莲也颇为感慨地说,"如果你选择他来做这件事,但是又不相信他,那他最后没做好责任就在于你,所以我不会做这种糊涂事。"

　　由此可见,无论是对人才的选拔和任用、对员工的管理和培训、对市场的开发和把握、对公司发展方向的选择和确定,似乎都打上了林爱莲成长的背景和经历、人生的体验和经验,以及她所具备的文化知识和品位的烙印。尽管生意越做越大,但是林爱莲并不满足于自己的表现,她说:"我不觉得自己是好的管理者。我一直认为,会创业的人不一定是好的管理者,所以,我很希望能请到更聪明的人来管理公司。"不过,到目前为止,林爱莲仍是集团的首席执行官、总裁兼董事经理,她解释说:"还在其位实属不得已,因为我对公司的运营和发展最清楚,尽管公司已经上市,业务遍及多个国家,但仍属于创业型公司,一下子撒手不管也不行。我要求自己现在主要起一个龙头的作用,做一个指引者,下面的管理就尽量交给那些有能力的人去做。"看来,林爱莲一直非常重视人员的选拔、任用和培训,其目的非常明确。另外,林爱莲出生于马来西亚,但早已是新加坡公民,她一直认为自己能有今天这样的成就,应该感激新加坡给她的发展空间和机会。也就是说,林爱莲强烈的资本"转换意愿"使她很好

---

①　威廉·大内著,孙耀君、王祖融译校:《Z理论——美国企业怎样迎接日本的挑战》(北京:中国社会科学出版社,1984年3月)。

地利用了新加坡这个场域所提供的"转换平台",并成功地实现了她的"资本转换",这种成功依赖的是她的文化资本的积累和超强的资本"转换能力"。所以,她说:"我应该为新加坡创造一些东西。既然我对水处理行业那么有信心,就应该让凯发能一代一代延续下去。"这应该也是林爱莲对选择接班人特别慎重的一个重要原因。

个案三中创新科技的董事主席沈望傅一直认为:文化的平衡和融合非常重要,欧美人比较有冒险、创新的精神,华人则能吃苦耐劳、敢于拼搏。所以,他说:"我要求我的员工中西合璧,既要严谨又要创新,既要有纪律又要有创意,还要刻苦和拼搏。"也许是因为沈望傅要求高也要求严格,他带领的创新科技在短短三年的时间里,也就是在1984年,做出了世界上第一台会讲中文的电脑。然而,创业之路并不平坦,首先是财务上的压力,由于公司起始资金少,所以,每次都是发了这个月的薪水,就得担心下个月薪水怎么发。不过,沈望傅说:"我们从没停过员工的薪水,也没去跟人借钱。完全靠自己,赶紧出产品赶紧卖产品,有的时候是到最后一刻才收到足够的钱来发薪水。这样的情形一直到那第一台会讲中文的电脑开发出来后才得以改善。"其次是他们肩负着要设计和生产出与众不同的产品这种高标准的追求带来的压力。沈望傅说:

> 要想创新就得要有好点子,这对我来说并不难。我从小就满脑子的鬼主意。但是要把想法变成产品,而且既要新,又要好,还要节省就难上加难了。当创新的热潮席卷全球时,一些公司喜欢搞创新的噱头,把办公室弄得五颜六色、奇形怪状,我认为这只能叫乱花钱、叫画蛇添足,根本不能叫创新。但是,一般来说,员工因为经验、见识都不够多,其创新、创意就会有局限。譬如曾经有人提议去做游戏机,听说很多人做游戏机赚了大钱,但他们并不知道,其实微软在这一方面亏了38亿,索尼也是几十亿抛下去就如石沉大海。我们哪有那么多钱?千万不要误以为有技术就能赢得市场,更不要以为做出了现在没有的产品就是创新,事实上不那么容易。但尽管如此,作为公司的领导者,我还是得鼓励员工去多看、多想、多实践。为此,我还设立了一个"惊牌奖",能让我感到惊喜的奖,是用一盎司特制的纯金做成的金牌,专门颁给那些为公司产品创出新意的员工。但我是一个很难被惊喜的人,所以员工要获得这个奖并不容易。

也就是说,创新科技的员工想要创出令老板沈望傅也感到惊喜的新意是需要付出非一般的努力的。沈望傅说:

> 我们的员工为了做出更新更好的产品,常常是今天赶这个,明天赶那

个,赶出来之后,我还要去批评、挑毛病,甚至吹毛求疵,说这个设计丑,那个设计没新意,整天都在催、催、催,改、改、改,有时改到最后一分钟才罢休。没办法,要拼才会赢嘛。

沈望傅很坦诚地说,他对员工要求非常严格,但他自己也一贯以身作则、很拼,所以员工也跟着拼,创新的业务发展也因此突飞猛进。1987年创新做了一张电脑卡,取名为"创新音乐系统",这只是一张音乐卡,不是声效卡。很巧的是,当时市场上出现了一种能接到电视机上的游戏机,这就给做PC游戏软件的公司带来了压力,因为一定要把音乐做进去,才可以跟那些能接电视的游戏机较高低。沈望傅说:"我马上意识到,电脑音乐技术的大众化时代即将来临。"于是,1988年,沈望傅带着创新科技的音乐卡独闯美国市场。因为去美国开拓市场是一种尝试,也是一种冒险,为了谨慎经营和节省资源,沈望傅说:"这种事就我一个人去就行了。"他只要求暂时由弟弟负责的新加坡公司每个月给他准备一万美金,以支付所有包括吃、住、交通、公关、营销,以及他和员工的薪水等等全部费用。他在旧金山租了一间两卧室的公寓,客厅就成了他的办公室,车库做货仓,就这样,一万美金一个月坚持了相当长的时间,但所获得的收益则是成功地将创新科技的音乐卡打进了美国市场。对此,沈望傅还非常感慨地谈到另一件令他难以忘怀的事:

1989年经一位美国的合作伙伴介绍,美国一间很大的连锁店为圣诞节的促销活动准备买创新科技2万片音乐卡(Game Blaster)的货。这实在是一个大好机会。沈望傅和对方5月开谈,但是6月底还没拿到订单。沈望傅开始担心:要完成2万片音乐卡的制作,不但要用掉整间公司的钱,还得向原料商赊账,如果不把订单拿在手里,沈望傅就没办法决定要不要做那2万片卡;但是圣诞节的货一般在9月份就得交,如果现在还不开工,到时就交不了货。美国那边的合作伙伴也一直在那家连锁店管理高层之间周旋,沈望傅说:"我们一直等呀等呀等呀,实在不能再等了,我就问合作伙伴到底有多大的把握?他说,估计有9成的把握能拿到这张订单,要不要冒险边做声霸卡边等最后消息,你自己决定吧。"为慎重起见,沈望傅只好从美国跑回新加坡跟大家讨论是否要为这个天大的机会去冒一个莫大的风险?

经过反复思考和商量,沈望傅他们最后决定:拼了!可万万没想到的是,8月份,沈望傅的员工们已经完成了一半的生产制作任务了,合作伙伴也终于找到了连锁店的最高层、也是最有决策权的人物——总裁,可总裁却说:什么Game Blaster? 没听说过,不要不要! 其态度几近毅然决然。但同样没有回转空间的沈望傅其"倔犟"程度似乎更胜一筹,他岂肯就此罢休? 辛辛苦苦创立的公司又岂能就此倒闭?沈望傅决定亲自去谈判,他的信念是:机会要靠自己去争取,决不能轻言放弃。沈望傅想了各种办法,也给了对方各种优惠条件和承诺,甚至包括让对方先卖创新的产品,之后再付钱等等,无奈对方依旧无动于衷。沈望傅说:

> 最后,我终于想出了另一招,找两个游戏软件捆绑,软件价值100元,只卖99元还送一张创新的产品——音乐卡。对方终于同意了我的建议。我回头立刻去找那间跟我合作过的游戏公司,请他们以最便宜的价格卖给我两个软件。就这样一切事情终于谈妥,但新的问题又来了,因为已经没有时间将买来的软件从美国运回新加坡、包装、再运回美国了。

不轻言放弃的沈望傅当机立断,在美国买了包装机,仅派两名新加坡员工飞去美国跟沈望傅一起把音乐卡和软件打包,20天要包两万盒,每天要包一千,包不完不睡觉,常常包到深更半夜。直到限时的最后一分钟,他们终于准时并如数出货给了连锁店。用沈望傅的话来说:"那是绝对的孤注一掷。"也正是有了这次大笔的、成功的交易,创新科技才有了足够的资金,也有了足够的信心。创新再接再厉,在此基础上成功地推出了享誉世界,并成为全球计算机业音频标准的"声霸卡(Sound Blaster)"(1989年)。有了这些不一般的经历和经验,沈望傅满怀诚意地告诫那些立志要从商的年轻人必须"要学会用最少的资源也能生存"的生存之道。

曾经有人问管理大师彼得·德鲁克是否认为"同时存在着管理人员和企业家两种不同的人",德鲁克的回答是:

> 既是也不是。工作有企业家与管理者之分。如果你不懂管理,那么你就不可能成为一位成功的企业家;反过来,如果你只懂得管理而不具备企业家精神,那么,你就有可能变成一个官僚主义者。[①]

以上三个案例中的个体之所以获得成功,一方面,就是因为他们既具备了良好的管理才能,又具备了令人为之称道的企业家精神。另一方面,就是著名经济学家盖尔·布瑞斯(John Kenneth Galbraith)博士所说的:

> 工业社会的动力是金钱,资讯社会的动力却是知识。人们将会看到一个拥有资讯却不为无知所挟的新阶级出现;这些人会拥有权力——但

---

① 彼得·德鲁克著,蔡文燕译:《创新与企业家精神》(北京:机械工业出版社,2007年6月),第25页。

这权力并非来自金钱、土地，而是来自知识。①

按照布迪厄的文化资本理论，尤其当个体行动者所掌握的知识、技能予以某种权威性的确认后，这种被确认就赋予文化资本一种社会价值和社会权力。所以，毋庸置疑，以上案例中的个体就是属于这种拥有权力的新阶级，他们是将象征知识的制度化的文化资本与其他类型的诸如智慧、勇气和动力等身体化的文化资本进行最完美配置的典范，因此，他们所产生的社会价值和社会权力也更具影响力。

第三节　诚信、创新与品牌
——社会资本的建构

前面的章节都已经讨论过，根据布迪厄的观点，社会资本是嵌入在社会关系网络中的资源总和，是和个体的社会身份、社会地位以及社会义务联系在一起的。个体可以利用其在"特殊"网络中的身份，并从这种网络中获益。而"特定行为者占有的社会资本的大小，取决于它可以有效加以运用的网络规模的大小，或者与他有联系的每个人依靠自身的权力所占有的（经济的、文化的和符号的）资本的大小。"②也就是说，社会资本的多寡体现了个体获取资源的方式与能力。布迪厄还指出，如果把社会资本和文化资本结合在一起可称之为"符号资本"（或象征资本），它一方面与经济资本一样，可以构成社会阶级与阶层分隔的结构性因素，但另一方面它又与经济资本不同，因为它是一种无形的、不可触摸但却实际存在并随时都可以发生作用的资本形式。正因为如此，这种所谓的"符号资本"甚至能够掩盖经济资本的本质，使社会阶层、等级序列自然化、合法化，因而也是一种"暴力资本"。

尽管本章开篇也已提到，有学者的研究指出，新加坡的这些新本土华商他们的商业交易并不依赖于普通的社会关系、家庭关系等传统网络，但从某种意义上说，企业家的工作其本质就是要编织、运营和发展企业内部以及企业外部的各种人际关系网络。也如弗兰西斯·福山所指出的："这些资源对提高行动

---

① 石淑慧：《资讯社会的挑战》，《网络社会学通讯期刊》第20期（台北：南华大学社会学研究所，2002年1月），请浏览网页：www.nhu.edu.tw。

② 皮埃尔·布迪厄著，武锡申译：《资本的形式》，参见薛晓源、曹荣湘主编：《全球化与文化资本》/全球化论丛（北京：社会科学文献出版社，2005年4月），第15页。

结果的价值产生着重要影响,如促进信息交流、强化共识行动、降低交易费用和协调利益关系等,以提高回报率。"[1]因此,作为商人或企业家无论处在哪个年代、哪种社会结构中,要想持续经营自己的企业就一定得要大量积累社会资本。本节将在上一节的基础上进一步探讨三个案例中的个体究竟是如何来建立和积累自身的社会资本,及其社会资本的建立如何影响其商业战略的制定等相关问题。

个案一中的潘国驹毫不讳言地说,他当初创建世界科技出版公司时虽然起始资金少,但却有一个其他人不一定有的优势,那就是:因为他曾先后在香港、英国、美国、新加坡等多所大学读书或从事教学和研究工作,所以与外界的接触和联系甚广,加之他一向很注重人际关系的处理,善于广交良师益友,因此结识了不少世界级的华裔和亚裔尤其是科学类的专家学者。由于交情甚好,这些科学大家都很乐意把自己的著作交给他出版,其中,上海复旦大学校长苏步青的《微分几何》和美国麻省理工学院黄克孙编写的英文物理教科书的顺利出版,就帮助潘国驹的世界科技出版公司成功地打响了第一炮。由此可见,潘国驹利用社会资源把"关系网络"转化为"社会资本"的主动性和能力是非同一般的。与此同时,他也做到了"通过由一个伟大的名字构成的符号手段,而把所有的联系转变成长期的联系"。[2]到目前为止,世界科技出版公司已有超过 500 位的顶尖教授做学术顾问,除欧美许多著名学者外,与中国科学界和全球华裔学者都(曾)有密切的合作,如:诺贝尔奖获得者杨振宁、李政道、李远哲;数学大师苏步青、陈省身、华罗庚、吴文俊;物理学家赵忠尧、谢希德、郝柏林、黄昆;遗传学家谈家桢等等,不一而足。同时,潘国驹的发展战略眼光既高且远,这主要体现在:

其一,国际视野。潘国驹很注意与国际同行如:Wiley、Elsevier、Princeton University Press 等建立良好的合作关系。

其二,抢占先机。潘国驹认为,众所周知,中国商机处处。但中国要想科技兴国,就得想办法使科学普及读物真正普及化,尽管中国的出版市场有一定的进入壁垒,但中国的需求市场无论是英文书籍还是华文书籍都有很大的发展潜力和发展空间,因此,潘国驹也与中国科技出版界的同行如:科学出版社、

---

[1] 弗朗西斯·福山:《社会资本》,参见哈瑞森、亨廷顿编著,李振昌、林慈淑译:《为什么文化很重要》(台北:联经出版事业股份有限公司,2003 年 12 月),第 123~140 页。

[2] 皮埃尔·布迪厄著,武锡申译:《资本的形式》,参见薛晓源、曹荣湘主编:《全球化与文化资本》/全球化论丛(北京:社会科学文献出版社,2005 年 4 月),第 17 页。

高等教育出版社、清华大学出版社等有了密切的合作关系,冀望能借此管道突破中国不让外国出版社在中国出版刊物的重围,改善中国科普读物不普及的现象,从而为推动科学文化尽一份力。

其三,多元化经营战略。 世界科技出版公司平均每年出版约四百种高科技书籍,其中不少书籍已经被许多国际著名的大学选作教材,这些大学包括美国的普林斯顿大学、哈佛大学、斯坦福大学、耶鲁大学、麻省理工学院、加利福尼亚理工学院等;世界科技出版公司自1987年开始至今已编辑出版近七十种科技期刊;与此同时,潘国驹也早已敏锐地注意到新的电子出版技术给世界出版业带来的挑战,并认识到电子出版的潜力与前景,因此,公司在新加坡总公司设立了电子出版部,同时增加了搜索机等设备,并于1996年在新加坡经济发展局的资助下,专门设立工作小组,在技术专家的指导下,着力研究和发展唯读光碟和网络出版,到目前为止,公司许多重要出版物都分别以印刷和电子两种形式出版;此外,世界科技出版公司也出版多种不同语言的书籍和期刊,还与国外不同语种的出版公司有转让版权的合作关系,主要转让的语种包括日文、韩文、法文、德文、俄文、意大利文、西班牙文等等。

其四,成本比较优势战略。 世界科技出版公司将总部设在新加坡,可享受新加坡政府一贯亲商的税务优惠;将印刷工厂设在印度,可大幅降低员工成本;面向欧美文化市场销售质优价平的教材、期刊,可赢得价格优势。

潘国驹说:"正因为有许多杰出的科学家的大力支持,还有一些国际知名出版公司的通力合作,这让我们公司一路走来都很顺利,公司的发展状况也一直令人满意。"不过潘国驹也指出,他的这种良好的社会关系的确是他创业的一大优势,但是,要想在商场上立足,并获得更多的市场份额,作为企业家及其企业还需要有更多的与众不同的核心竞争力才行。因此,潘国驹认为,他的另一大优势就是世界科技出版公司的经营宗旨:讲究诚信、书籍质优价平、产品制作精益求精、生产周期快速,以及与作者保持密切联络。潘国驹郑重指出,这些原则绝不能只是作为高高挂在公司大楼和墙上的文化标语,而是处处都要切实做到。世界科技出版公司至今出版了6000种高科技书籍,其中有3000种是大学本科生至博士生用的有关物理、数学、医学、工程、化学等的教科书,由于都以平装印刷,价钱比欧美便宜一半,因此,对全世界的各大图书馆、大学以及大学生都很有吸引力。正因为世界出版公司恪守诚信经营、质优价平的经营原则,他们于1987年创办的 International Journal of Modern Physics B (IJMPB) 和 Modern Physics Letter B (MPLB) 等四份期刊都已名列世界最权威的物理期刊之中。

迄今为止，世界科技出版公司已经编辑出版近七十种科技期刊，内容涉及数学、物理、化学、生物学、计算机科学、工程学、材料科学、环境科学以及社会科学等多种学科领域，在世界相应学科的出版业中都扮演着十分重要的角色，其中多种期刊如《应用科学及工程中的分叉与混沌国际期刊》、《分形几何》、《表面科学评论与通讯》等，都获得专家们的高度评价，并被评选为世界上极少数最好的科学期刊之一；1991年世界科技出版公司获得瑞典诺贝尔基金会的授权，独家出版发行自1971年以来的诺贝尔奖获奖者生平和演讲文集以及撰著（英文版），涉及物理、化学、生物医学、经济、文学及和平在内的所有奖项。这是历史上首次由亚洲出版机构获得如此重大的合同，这在国际科学界看来，诺贝尔基金会的授权无疑是对世界科技出版公司世界级出版公司崇高地位的再次确认；1995年，公司以主要持股人的身份（51％的股权）与伦敦大学帝国学院共同创建了帝国学院出版社（英文简称"ICP"），从而把一所在理工医学上举世公认的名牌大学同一家世界著名的科技出版公司联结在一起，这一举措成为世界科技出版公司发展的又一个里程碑（至2006年，世界科技出版公司已拥有这家出版社100％的股权，而此时的帝国学院出版社已成为欧洲排名三甲的知名大学出版社）；近年来，该公司又相继与1976年创立于以色列的"沃尔夫奖"（旨在奖励那些在数学、物理、化学、医学及农业等领域做出杰出贡献的人士）和2002年创立于香港的"邵逸夫奖"（旨在表彰那些在数学、天文学、医学和生命科学等领域获得突破性成果并对人类产生深远影响的人士）签订了出版其获奖者作品的合同。

如此硕果累累，世界科技出版公司成为第一家荣获新加坡经济发展局授予"先锋企业"（Pioneer Status）资格的出版公司；自2000年以来，还先后两度获得新加坡"50家杰出企业奖"；同时，鉴于潘国驹为世界科技出版公司所付出的努力，新加坡物理研究学会于2006年7月，为潘国驹获颁发了首届"新加坡物理学会总统奖"，以表彰他为新加坡所做的杰出贡献，对世界热衷推广科学文化所取得的巨大成就。除此之外，潘国驹也非常热衷于公益事业，曾先后担任新加坡新中友好协会会长及20多个宗乡团体的副主席与名誉会长，并连任两届新加坡中国商会会长一职（2007年、2009年），在2009年6月26日潘国驹当选连任新加坡中国商会第25届理事会会长的就职典礼上，中国驻新加大使张小康在致词中表示，新加坡中国商会致力于推动新中经贸交往，积极引领新加坡企业与中国企业开展合作，其合作领域已由最初单一的商品贸易逐步发展到现在的制造业、房地产、物流、基础设施和旅游等多个行业的合作，为促进新中两国人民的了解和友谊、为新中两国的经济发展做出了很大的贡献。

很显然,能获得连任会长的潘国驹肯定功不可没。

面对这种种由成就和荣誉累积起来的"符号资本",潘国驹说:

> 世界科技出版公司自 1981 年创建以来,一直坚守诚信经营、质优价平、自创国际品牌的经营原则,直到 28 年后的今天(2009 年),世界科技出版公司终于能跻身世界主要的五大出版机构之列。如果世界科技出版公司没有足够的出版经验、没有日积月累的公司的"品牌和声望"做基础,世界科技不可能有这么大的发展空间。

由此可见,潘国驹是通过信任和承诺之间的良性互动来建立和维护公司与客户、公司与合作者之间和谐的关系网络,并依靠发展持续的业务合作和积累公司"声誉"来加强这种关系网络,而这一切就构成了潘国驹和他的世界科技出版公司最重要的社会资本(包括符号资本)。为此,潘国驹表示:

> 为了公司进一步的发展壮大和永续经营,今天的世界科技出版公司的战略目标仍将是:殚精竭虑向世界推广科学文化,并将进一步扩大出版范围和涉及更多的学术领域;极力追求所出版的书籍、期刊等内容和形式的尽善尽美,以期为世界科技的进步和国际间的科技交流做出更多、更大的贡献。

个案二中凯发集团的林爱莲在创业初期就如她自己所说的"一无所有,没有资金,没有关系网"。但一般而言,对于成长初期的中小型公司或企业来说,其创始人的社会关系网络就成为公司/企业的社会关系网络,是企业最重要的社会资本。一个企业与外部社会的横向联系越多越广,其可获得的有效信息就越多,可选择性越大,企业也就越有发展甚至超前发展的潜力和空间。反之,缺乏社会资本的企业将面临信息闭塞、机会有限、发展甚至生存都会受阻的困境。那么,林爱莲如何突破瓶颈,开发和建立属于自己的关系网络和社会资本,寻找适合公司发展的机会和空间呢?

首先,树立诚信是林爱莲建立社会资本的基础。本章第二节的探讨和分析中已经提到,林爱莲为了推销自己的水处理技术和产品,她逐个工厂一一登门拜访、耐心诚恳地详细讲解和演示,以期获得客户的信赖和支持。林爱莲说:

> 当我一次又一次失败的时候,我从来都不相信自己会永远这么失败,我坚信只要一直不懈地努力,就一定会有成功的机会。

从创业初期的一无所有,到东奔西跑获得一些小型工业项目的订单,再到

1992年仅三年时间,林爱莲的凯发在新加坡水处理领域的市场占有率上升到35%,林爱莲靠的就是这种坚韧不拔的意志和坚定不移的信念来支撑和帮助自己在商场上一步一个脚印地编织着关系网络,从而逐步建立起个体和公司的社会资本。

第二,采取先发优势战略以扩展商业网络。 长期以来,许多国家或地区都存在水资源短缺的问题,仅在亚洲就有7.85亿人口居住在水资源匮乏或水质欠佳的国家或地区,因此,污水处理、水资源开发等问题成为全球关注的焦点,其市场需求越来越强劲。这对林爱莲的凯发集团来说,无疑是一个发展良机。但这个行业的竞争十分激烈,如美国的通用公司、威望迪水务、西门子医疗工程集团和加拿大的泽能环保公司等都十分强大,因此,凯发要寻求更广大的发展空间,就必须既要有高技术含量,又要有恰当的营销策略。林爱莲仔细分析了全球同行业市场之后,认为:"如果把市场定位在亚洲,中国就是一个突破口。中国拥有世界20%的人口,却仅有8%的淡水资源,这意味着我们的事业有着无比庞大的市场。"

于是,林爱莲1993年毅然带领凯发开始进军中国,1994年在上海浦东成立凯能高科技工程(上海)有限公司,是最早以公司形式进入中国市场推广膜分离技术的跨国公司,这比美国的通用电气(General Electric)和苏伊士集团(Suez)等国际竞争对手更早一步进入中国市场,从而具备了先发优势;又由于林爱莲身为华人,也更了解中华文化,所以,她到中国之后,非常注意及时与地方政府以及相关官员进行沟通,并建立良好的互动关系,从而为凯发在中国的发展打开了一条绿色通道。到目前为止,凯发在中国共有25个水处理厂的规划,分布在辽宁、河北、江苏、山东等省,合计可日产水65万吨,其中的7个厂已经竣工。虽然那些强大的竞争对手也相继打进了中国这个巨大的市场,但来自中国地方政府和企业的水生意仍然让凯发应接不暇。因此,即使受到威胁,凯发也依旧安然无恙,这就是林爱莲慧眼夺先机所带来的优势。

一个又一个成功的项目使凯发名声大振,尤其是在2004年6月,中国天津市要在大港区建造一座价值1亿5500万元、能处理10万立方米的海水净化厂项目公开招标时,可谓举世瞩目,全球多家大型集团公司争先恐后竞相投标,但最后胜出的却是林爱莲的这家仅有600多名员工的新加坡小厂,让业界不得不对凯发刮目相看。而凯发之所以能胜出的关键原因就在于:凯发已于2003年1月,与新加坡公用事业局签署了一份总价为1610万美元、为期20年的关于"建造—拥有—运营"海水淡化的合约,这座被命名为"新泉海水淡化厂"将为公用事业局提供13.6万吨/天的淡化水,担负着为新加坡全国提供

10%的水需求量的重任;它是新加坡第一家海水淡化厂,也是世界上最大的反渗透膜海水淡化厂,具有世界最大处理能力的反渗透膜组和浮滤床系统,是世界最节能的海水淡化厂之一。该厂的顺利竣工将改写业界多项纪录,其中最重要的一项就是"世界产水成本最低"。凯发集团在这次国际招标项目中能从13名实力雄厚的投标人中脱颖而出,凭借的就是高新的技术、丰富的经验、优良的服务和低廉的价格。这无疑宣示了凯发已具备世界水平的水治理技术,并奠定了凯发作为全球性竞争者的地位。与此同时,凯发将与新加坡淡马锡控股(Temasek Holdings)合作管理新加坡这家海水淡化工厂,对此,林爱莲坦言:

> 淡马锡是一家新加坡国有投资公司,大量投资于亚洲企业。因此,与淡马锡的合作,为我们的业务增加了信誉。当你走出新加坡时,淡马锡的名字会使人们将你视作一家行事严谨的公司。

这就是"符号标签"所起的作用,也成为凯发的"符号资本"。由此可见,凯发在中国天津能中标是理所当然的。这个号称中国最大的海水淡化厂已于2005年10月在天津大港区举行了奠基仪式。凯发在中国乃至全球的声望和地位也因此更加稳固。

第三,海外扩张,适时进退的低风险战略。凯发于2004年11月与阿拉伯联合酋长国(UAE)的第二大酋长国迪拜(Dubai)政府属下的投资公司Istithmar PJSC建立合资关系,协议接下来的三年内在迪拜进行总值4亿美元、在迪拜发展、拥有和营运水处理与供应项目,包括海水淡化、废水处理和回收、食水供应等。凯发持合资公司49%的股权,Istithmar持51%的股权。林爱莲说:"这是凯发第一次涉足中东,这项战略性联盟将为凯发打开进入中东市场的门户,这也是凯发跨出亚太市场的第一步。"2005年2月,凯发再接再厉,又获得1亿300万新元合约,在迪拜的Palm Jumeriah设计、兴建和经营一座每日可处理3万立方米的海水淡化厂和为迪拜Metal & Commodities中心设计、兴建和经营一座每日可处理4万立方米的薄膜生物反应系统处理厂。

但到2006年3月时,林爱莲却宣布淡出与迪拜政府属下Istithmar公司的合资关系,转以服务供应商的形式来参与中东的工程,并全数脱售它在其中一家合资公司的股权,同时也把它在另一家合资公司Palm Water的股权减持到5%。林爱莲对此的解释是:

> 经过一年多的深度考察,迪拜的市场变化太快太大,几乎是瞬息万变,尤其是中东的建筑市场过热,建筑工程太多,导致建筑材料如钢铁和

其他原材料的价格不断上涨,加上当地的建筑承包商多数急功近利,不愿意签署长期的合约,因此对工程的进度和成本的控制难度大,所面临的风险也很大。而一向专注于科技的凯发如果在迪拜继续持有合资公司的多数股权,就必须不断投入大笔资金。

所以,林爱莲说:"我不想让公司承担那种风险。"但林爱莲也强调:凯发将继续保持与Istithmar的伙伴关系,Istithmar目前仍是凯发在迪拜的大股东之一;凯发也仍然重视中东市场,只是随着与Istithmar的伙伴协议修改后,凯发不再受到原来协议的限制,日后可比较自由地在中东的其他市场寻找机会以开拓新的业务。林爱莲说:

> 我们做的每一件事,都是为了公司的成长。无论市场如何变化,争取更多市场份额是公司的发展目标,但我必须保证公司的基础依旧强健而稳实。我认为,这样做,对凯发的短期或长期发展,都是有利的。

如此看来,林爱莲在国际商场中可谓进退自如,她既重视商业网络的建立,又非常注意保护已经建立起来的商业网络,无论进退都不要轻易了断任何一根网线。正如林爱莲所说的"凯发不会做'饥不择食'的事情"。

第四,随机应变,因地制宜的发展战略。 为开辟更广阔的发展空间,林爱莲带领凯发走出新加坡进军中国,走出亚太挥师中东,林爱莲在不同的国家和地区闯荡,也因此有了各种不同的体验、感受和应对经验。最令她印象深刻的是各国商人不同的文化特征,由于文化不同,你的应对方式就一定要有所区分,否则办事情就很难达到预期的效果。她说:

> 譬如,中国和中东在文化上的差异是两个极端。中国人比较传统,说话做事比较含蓄和谦恭,因此在中国做生意你也要谦虚一点,不能夸大其词。相比之下,习惯了讲究大排场的中东人就显得比较张扬一些,随时都会把你说的话折扣一半,所以要给他们留下印象,你不妨把话说大一点,最好是能有多大就说多大。

这也进一步说明,在经济全球化的环境中要想获得成功,个体的文化适应性和包容性必须很强,也即个体的文化商数(CQ)必须很高。

从林爱莲的海外扩张进程来看,她的商业网络已编织得越来越大,她所迈向的成功之路越来越宽广。又如:林爱莲2005年夏天曾去印度南方的一个城市考察,当地人告诉她,这个地方十年前还雨水充足,但是近年来雨水却越来越少,今年更是一场雨都没有下,这里已经无法再依靠雨水来获取水源了。这显然又是一个面临缺水危机的城市。依林爱莲这么多年的水处理经验来看，她认为，最可靠的水源还是海水淡化，因为到目前为止只有海水还能"取之不尽，用之不竭"。不过她也很了解，印度是个民主社会国家，但官僚气息相当严重，要做成一件事必须先突破层层关卡，这使得"要获得各级的批准是一个长期的过程"，也将导致过高的沟通成本、时间成本等等。一般而言，投资的根本目的就是为了赚取利润，哪个地区、哪个项目投资成本低且收益高，资本就一定流向哪个地区或项目。因此，林爱莲开拓印度市场的思路很明确，凯发目前应该主要关注印度的工业项目而非市政项目。于是，2006年10月，凯发终于获得 Karnataka Udyog Mitra 的核准，在班加罗尔的赫保尔市投资发展一座能每天处理15000立方米的高素质工业用水的厂房。林爱莲说，她相信，在凯发的拓展过程中，印度将变得与中国同等重要，她将继续开发印度市场，希望凯发能在3到5年内来自印度市场的营收能占公司总营收的20%。

这就是林爱莲驰骋国际商场的特色：随机应变、因地制宜。正如她自己所言："我不会一直朝一个没有结果的地方走。试过以后如果不行，我会找其他的机会，没有必要抓住不放。"她还举例说：凯发集团曾经尝试将生意版图扩张到中国西部和东北地区的油田，花了很多的时间、金钱和精力，但就是无法打进这个市场，因此，及时撤退应该是明智之举；此外，凯发刚创业时也曾想进入染料市场，期望能解决这个行业所带来的污染问题，但因为这个市场存在着一些社会问题，其经营文化和素质的不明朗，加之相互之间的沟通也有问题，使得合作一直无法进行。对于这些挫折，林爱莲说："我都不会耿耿于怀。虽然吃了一点亏，但我明白有些事情得看机遇，这边做不成，我就往别处去，不会因此而裹足不前。"

第五，建立品牌，以提高国际知名度。林爱莲从出生时的一无所有，到选择全身心地投入水处理行业，曾创造过连续8年(1999—2007年)年盈利增长55%的辉煌纪录，再到今天成为东南亚女首富，林爱莲坦言：由于自己是从一个身无分文的孤儿起家的，所以，为事业而奋斗的故事自然比较容易引人瞩目，这无形中也提高了相关媒体和投资者对凯发的关注度。因此，林爱莲有感而发地说：

> 我认为凯发从一个小公司成长到现在的规模，人们不可避免地会把公司和其创建者联系起来。如果你阅读了这个人的生平，那么你就会希望领略更多关于公司的信息，人们通常会受到人格魅力的吸引。我认为一个创业者的人格魅力也许不会提升股价，但它确实增加了公司的声望。不过，真正要想更进一步提升公司的声誉，我希望凯发能成为类似新加坡

航空这样的国际品牌公司。

为了达到这样的目标,林爱莲领导的凯发自 2002 年以来已先后获得 17 项国际大奖,如 2008 年凯发获得国际水务情报局颁发的年度水务信托最高表扬奖,能获此殊荣,是因为凯发推出的水务信托举措,被公认为是资助集团环球水务工程的一项创新策略;2007 年获海水淡化技术(亚太区域)Frost & Sullivan 科技创意奖,这是因为凯发研究出的 Kristal 系列膜产品的优质品质获得认可,因该产品在处理工业及市政污水和其他流体时都具有极佳的效果;同年,凯发还因为其 Aquavate"空气至水"的技术为家用水处理及净化市场设定了新的高标准,以及凯发的"dragon-fly"能将空气转换成新鲜干净的饮用水,而受到 Frost and Sullivan 的高度肯定,获得 2007 年家用水处理器材市场(东南亚)科技创意奖;2006 年获国际水处理创新奖;2005 年及 2006 年,凯发获得《福布斯》亚洲该年度(2005—2006)世界最佳小型企业奖,这个奖项是专门颁给亚太区域那些每年营业额少过 10 亿美元的成功公司;2002 年凯发也同样获得此项殊荣,这个奖项的获得无疑是在向世界宣告,凯发是当今世界财务实力最强的小型公司之一。

总之,凯发所获得的各种国际大奖不一而足。可见,凯发集团其实早已誉满全球,其公司所拥有的"符号资本"已十分丰厚。就林爱莲个人而言,2005 年除她的公司获多项大奖外,作为凯发的首席执行官兼总裁的林爱莲也获得《亚洲货币》评选出的新加坡最佳行政人员奖;同年,她还获得第 20 届"新加坡商业奖"(Singapore Business Awards)所颁发的"杰出商人奖",打破了过去 19 年来从未有女企业家得奖的纪录;2006 年,林爱莲获得由日本经济新闻(Nikkei Inc.)颁发的第 11 届日经亚洲区域经济发展奖(Nikkei Asia Prize),该奖设立于 1996 年,分区域发展、科学技术和文化三大领域,专门颁给那些对亚洲区域有重大贡献的人士。这项荣誉和西方的诺贝尔奖一样,在审核得奖人时,以增进人类福祉、对亚洲当地社会有卓越贡献和成就为基准,每年仅选三名,该奖也早已受到国际的关注和瞩目。林爱莲的成功所受到的高度肯定也由此可见一斑。2007 年,她以 2.4 亿美元的身家被《福布斯》评为东南亚第一女富豪,成为有史以来第一位跻身《福布斯》排行榜前 40 名的女性,同时,她还是该榜单历史上最年轻的富豪,被《福布斯》称为新加坡的"水之女皇"。不过,更令人感叹的是,尽管林爱莲已经从"赤贫"跃身到了"巨富"阶层,但她个人最大的开销却是在公益事业,只要是退休老人、儿童和教育方面的慈善事业,她从来都慷慨捐助;又如印度发生海啸,凯发立即捐赠了水源发电机以帮助灾区解决饮用水等民生问题。

尽管有学者经过研究后得出结论:"女性引领风骚的职业,某种程度上能比男人得到更好的评价和回报。"[①]但对林爱莲这位已经成功了的"水做的女强人"来说,其过程并不是那么轻而易举,林爱莲举例说:起初刚进中国的时候,因为个子小,面孔看起来也不成熟,当地人当我是黄毛丫头,对我没有太多的尊敬。而在中东,女性的地位本来就不高,所以需要靠公司的名义才能够打得进去。但这也更进一步证明了这位个子小小、没有强悍作风的女强人的成功凭借的是:与众不同的远见卓识和真才实学。

综上所述,林爱莲就是这样从一无所有开始,尽其所能树立个人和公司的诚信,以其敏锐而又独到的商业战略眼光为公司开拓市场。毋庸置疑,能够通过网络而摄取各种稀缺资源是企业家的一种能力,也是企业家及其企业的社会资本。林爱莲带领她的凯发从新加坡走向中国,从亚太走向中东和北非,她所跨出的每一步,所获得的每一个成功、每一份荣誉都最大化地利用了她自身的文化资本,也奠定和累积了她个人和公司雄厚的社会资本。这种社会资本的不断积累将有利于凯发获得更多的机会利益,也能够通过促进合作行动来提高社会的效率。因此,可以说,社会资本如果运用得当,将是高度生产性的,可以达到互惠互利的效果。

个案三中创新科技的沈望傅虽有父母兄弟的感情支持,但他在1981年创业时也跟个案二中的林爱莲一样是无名小卒,无经济后盾,也无任何关系网络。因此,要开辟"创新科技"之路还得靠他个人的聪明才智和刻苦努力,尤其是在当时那种没有创新的激励,科技也不那么发达的环境中,沈望傅说:"在那个时候,几乎没人相信新加坡也会有创新的公司,更不会有什么风险投资公司来支持你。所以,我们这样的小公司就只好选择走捷径。"沈望傅的所谓"走捷径"其实就是:他要看到别人看不到的东西,要想到别人还没想到的东西,要做出别人来不及做的东西。如果只是跟在大家后面走,按照一定的规格做,无需动脑筋,只需拼价钱,这就不是沈望傅的性格,也不是"创新科技"了。

譬如,1983年,创新科技刚创立不久,沈望傅和他的伙伴做了一张能让电脑说话,既可以讲英语也可以讲汉语的电脑卡,取名为"汉语卡",这是全世界第一张会讲汉语的卡。但是,汉语卡的硬件技术很简单,很容易被盗版或模仿,他们就用黑胶把零件全罩住,可是这样又给汉语卡的制作带来了困难,还会影响品质。如何解决这些矛盾呢?沈望傅灵机一动,干脆就直接设计电脑,

---

① Paul DiMaggio,"Cultural Capital and School Success", *American Sociological Review* 47,1982,pp. 189~201.

同时把设计汉语卡时的所有技术都融入到这台电脑中。就这样,1984年,沈望傅和他的伙伴推出了新加坡设计的第一台电脑,也是全世界第一台会讲中文的电脑。这在当时的新加坡实在是一项了不起的创新。但没想到,沈望傅去报社登广告却遇到了麻烦。沈望傅回忆道:

> 当时报馆问我怎么样证明这所谓的世界第一是真的,我说电脑就是证明。他又说,那你去让电脑制造商写封证明信来。我告诉他,我就是制造商。他听了以后,似乎满脸都还写着"不相信"三个字。我只好让一步,提议把"世界"两个字拿掉,叫做"第一部会讲中文的电脑",就这样才把广告登了出去。

由此可见,沈望傅和他的创新科技要想杀出重围、开拓市场,也一样并非易事。可沈望傅偏偏是一个专挑难走的路走、专找辛苦的事做的人;别人越是不相信,他想要获胜的斗志越高,也就越能想出和做出新的东西。正如他自己所说的:"我欣赏的是艰苦的过程,不是灿烂的终点。"沈望傅和他的创新科技就是靠着这种不屈不挠、不肯服输、不遗余力的创新精神来树立自己的品牌和声望,建立属于他们的商业网络和社会资本的。概括如下:

逆水行舟,不进则退的生存理念。 1988年,沈望傅为了把创新科技设计制作的"创新音乐系统"卡打进美国市场,经历了不少波折。当时的创新科技还只是一个五六十人的小公司,在美国也没有任何合作机构和销售市场,沈望傅跟他负责营销的弟弟以及公司全体员工许下承诺说:在美国卖不到2万片,我就不回来。但据他熟悉营销市场的弟弟说,当时的全世界连1万片的市场都没有,想在美国这一个市场就卖2万片,肯定不可能。可是沈望傅义无反顾,他要求弟弟和其他同事驻守新加坡的阵地,能够赚钱维持现状就好了,到美国去冒险的事由他一个人去面对。沈望傅决定拿着这张音乐卡的软件去和电脑游戏软件对接,然后再把音乐卡卖给玩电脑游戏的人。但他一到美国马上就碰到一个劲敌——一家加拿大公司几乎在同时也设计和制作了与创新科技类似的产品,而且对方进入美国市场已经一年了,还受到几家领先的游戏软件公司的主动支持和配合。而当时美国的许多公司对新加坡的了解微乎其微,甚至连新加坡在哪里都不知道,更何况是这位名不见经传的沈望傅。

但是,沈望傅不在意这种不信任,甚至瞧不起的眼光,他在意的是创新科技的这张音乐卡能否抢在圣诞节前夕找到销售市场,能否赶上这趟销售旺季的班车。他费尽心思和口舌,终于打动了一家电脑游戏公司的工程师;接下来苦口婆心地说服了该公司的小老板;再接着就是要争取该公司大老板的同意。

可没想到,这大老板正在日本出差,但更没想到的是沈望傅竟然从美国打电话到日本酒店找到了这位大老板,不巧的是,大老板接到这通电话时正好是日本当地半夜里的时间,也许是沈望傅的诚心和韧性打动了这位被吵醒的大老板,沈望傅终于如愿以偿,被允许进入该公司设立在深山里的美国总部,去和工程师洽谈创新科技的音乐卡如何和他们公司的游戏软件对接的有关细节。更令这家美国游戏公司感到惊讶的是,他们认为一般人需要3个月甚至半年时间才可能完成的软件设计和制作,沈望傅竟然可以率领其部下在两个星期内交货。就这样,沈望傅也真的兑现了他要在美国市场卖出2万片音乐卡的"大话"。

渐渐地,创新科技的音乐卡在游戏软件界逐渐有了知名度,愿意与其合作的美国软件公司也越来越多。直到后来有一家颇有名气的教育游戏软件公司提出,希望沈望傅帮他们做电脑声效,因为在游戏软件里声效比音乐更重要。这当然正中沈望傅的意,他可是在1986年就对电脑声效有了相当深入地研究。沈望傅带领员工在原有研究的基础上不断改进和完善,1989年,"声霸卡 Sound Blaster"终于面市,其特点是有音乐、有声效,又可录音、玩游戏,还能和先前那家加拿大公司的音乐卡兼容。由于创新科技的声霸卡功能齐全、价格也更便宜,因此,原本在美国占有一席之地的那家加拿大公司相形见绌,很快便黯然退出市场,创新科技的声霸卡继而成为全球计算机音频的工业标准,并占全球超过70%的市场。一直到今天,这个标准也还在全部的PC内使用着。创新科技也终于成为家喻户晓的世界级品牌。沈望傅就是这样从新加坡走出来,成功地在美国打出了一片天下,并成功地带领创新公司于1992年在美国NASDAQ上市,他也因此成为"亚洲电子工业最有权威人士之一"和"亚洲最杰出商业人士之一",创新科技公司也被《远东经济评论》评选为亚洲最具领导性地位的公司。

产品适时转型,强强合作,以实力树品牌。由于1990年代末全球电子科技的发展日新月异,电脑和消费电子的整合也一直是IT市场的热门话题。创新科技的招牌产品"声霸卡"也将逐渐失去昔日的辉煌而淡出人们的视野。但一贯敢于创新也善于创新的沈望傅一定不会就此停止创新。沈望傅说:"声卡行业有着自身的发展规律和演变过程,尽管有危机存在,但我并不对声卡行业抱悲观的态度。但是,创新科技不能仅靠一个声卡生存,我们必须要知道什么是自己的优势,什么是自己的劣势,而要有所准备。其实,创新的优势并不是声卡产品,而是声效技术,这种技术不仅仅体现在声卡上,它还有更多其他的体现方式,只是目前的声效技术体现得最深入的就是声卡了。"正因为有了这种危机意识,也就会思考应对危机的策略,1998年,创新科技开始转型,并设计和制作了第一个MP3产品。2000年,又推出了全世界第一台硬盘MP3播放器——Nomad Jukebox,获得同行和市场的赞许和好评,同时也发明了现在最普及的MP3用户界面——ZEN Patent用户界面。沈望傅说:"我们必须转型,研发转型,制造流程转型,销售转型,以前卖声卡好像是自己在印钞票,但现在做MP3却是和很多人抢钞票。"沈望傅之所以这样比喻,是由于MP3的技术在突飞猛进,全球的市场竞争十分激烈。

2003年,创新科技首次参加了消费电子领域的世界消费电子展CES,他们为此特别推出一款交互式音乐兼电脑键盘——小知音Prodikeys,由于其设计新颖独特,因而出奇制胜,一举获得展会大奖。2004年,创新科技和微软合作推出一款视频播放机——ZEN PMC参展CES,也获大奖。就这样,他们每年参展必推出一个全新产品,而且连续四年都获得"Best of CES"大奖。为了提高消费者对产品的满意度,创新科技还把MP3和X-Fi(Xtreme Fidelity)技术整合起来,因为X-Fi不但能把MP3的音乐还原到最初录制时24元位(24-bit)的效果甚至更好,可以令电脑拥有媲美专业音响的高保真音效,它还能把旧的内容更新,比如可以消除录音带、老唱片的噪声;其次,这项技术是一项新颖的、突破性的音效标准,采用了创新科技所创立的最新声卡标准,能够将MP3音乐、PC游戏声音和电影声音的音质提高到一个崭新的水平,能让消费者花很少的钱却能得到高于几万美元一套音响的听觉享受,可以说,至少到目前为止,它遥遥领先,无人争锋;第三,一般音乐是立体的,而X-Fi结合了环绕音技,能把原本的立体音乐变成环绕音乐;第四,这项技术支持最新的CMSS 3D耳机,能大大改善耳机技术。一般来说,直接用耳机听音乐,声音都在大脑里回旋并不好受,采用X-Fi技术能让人们用耳机听音乐时也能像听外置的音响一样很自然、很舒服,得到最好的享受;此外,创新科技还和微软合作,让MP3技术能支持各种完善的音乐歌曲下载服务等等。可想而知,当一个小小的MP3加入了这些新的技术和服务后,其市场竞争力应该势不可挡,这也正符合了创新科技一路走来都是靠产品的货真价实来树立品牌和攻占市场的经营原则,以及引领市场潮流的创新原则。

所以,现在的创新科技,已经不再是一个只有声卡的小公司了,它不但有MP3播放机、网络摄像头、袖珍摄像机、数码钢琴等高技术含量的产品,还有X-Fi音效技术、鼠标、音乐键盘、多媒体音箱、系列耳机等等。由于创新科技在音频和PDE产品方面屡有创新,以其出色的硬件、软件和服务,为PC和Internet用户提供全面而时尚化的高品质数字娱乐体验,因此,它已经被公认为是业界的全球领导者之一。新加坡前总理吴作栋在谈到创新科技公司时指出:"作为竞争世界中的一个小国,新加坡必须具有创新公司那种'绝不认输'的精神才能生存下去。沈望傅以自己的成功,向新加坡人证明了一种敢于创新和冒险的文化:创新则生,不创新则亡。"的确如此:刻苦＋创新＝创新模式。沈望傅如是说:

> 这就是创新科技最重要的竞争策略。我的公司能够发展到现在,最重要的是坚持创新的精神。无论开发产品、制定策略、开拓市场,还是简单地做一个贺年片,公司每做一样东西都要与众不同,否则就不叫创新公司了。但尽管我们坚持做实力派,尽量把钱花在做更好的产品上,而不太忍心去做广告,但以后还是要多做一些广告,以提高创新科技的知名度,让越来越多的人知道"创新",也知道"创新"就是 MP3 界面的发明者。

这就是"名声",也是个体和企业必须要累积的"社会资本"。沈望傅之所以有这样的思维转变,应该是受到全球化进程的不断加快、科技产品的竞争越来越激烈的影响。正如台湾宏碁集团创办人施振荣在 1992 年为"再造宏碁"提出的"微笑曲线"(Smiling Curve)理论所言:产业链就如同微笑嘴型的一条曲线,"微笑曲线"的中间是生产制造,其附加值较低;嘴角两端朝上,左边是研发,属于全球性的竞争;右边是营销,主要是当地性的竞争,其附加值较高。如图 5-1 所示。

很显然,"微笑曲线"所提出的两个要点是,第一,应该掌握产业的高附加价值在哪里? 第二,要了解产业竞争的形态。因此,产业发展应该朝微笑曲线的两端提升和迈进,也就是应该在左边加强创新研发,以积累知识资本;同时在右边应加强客户导向的营销与服务,以积累社会资本。

沈望傅也深刻地认识到,在新的经济模式下,商家不仅要卖产品给客户,还要和客户建立终身的合作关系。如果创新科技只注重创新研发和设计这些上游产业,而轻视营销服务、打响品牌等等下游产业的话,无异于自创品牌却又自降产品附加值,这对公司同样是一大损失。此外,无论是知识资本的建立和积累,还是社会资本的建立和积累,都必须在公司或企业具备了足够的文化资本的前提下才能达到目的。因此,创新科技每当起用新人的时候,沈望傅首先考察的就是,看被起用者是否具有一种能保证公司文化可以延续和发扬的精神。

由于沈望傅执著于"坚持创新、顽强拼搏、不轻言放弃,以及用最少资源获最大效益"的经营和管理原则使得创新科技在 1990 年至 1995 年的五年间,公

新加坡华商之文化资本的积累与转换

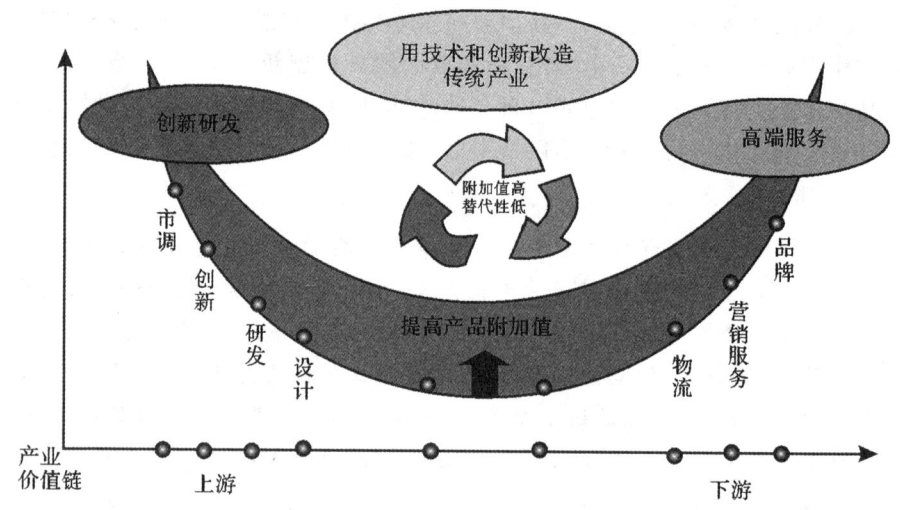

图 5-1 微笑曲线示意图

资料来源：施振荣：《再造宏碁：开创、成长与挑战》（台北：天下远见出版股份有限公司，2011年），第286～310页。

司的营业额、利润以及员工人数更是每年平均以三倍的高速度增长。尤其是在1991年时，微软为了推广多媒体电脑，请沈望傅帮忙和日本合作设计和制作声霸光驱。由于微软对光驱规格的要求很高，日本人说起码需要一年的时间才能完成，但微软只给一个月的时间，沈望傅思考再三，最后决定由自己来应对这个挑战。结果，还不到一个月的时间，沈望傅便将创新设计和制作的"声霸光驱"推出了市场，并一炮而红，创新的利润也因此连年大增。接着，1992年夏，创新在美国的纳斯达克（NASDAQ）证券交易所正式挂牌上市，成为新加坡第一家越洋上市的公司。直到1996年，光驱行业绝大部分的市场基本都被创新占据，大有一种"风景这边独好"之势。由于光驱的市场需求持续增长，用户规模不断扩大，因此，许多PC厂商相继进场以期分得一杯羹，与此同时，还推出了一个公开的光驱工业标准。而当一种商品的规格一旦成为标准买卖就很自由了，这对创新是个威胁。沈望傅说：

> 我只好也投资工厂去生产光驱来卖。结果市场上生产光驱的厂家越来越多，竞争很快进入白热化程度。1996年初由于生产过剩，就有人开始抛售，在同一标准下，所有的光驱完全同质，无法区分优劣，一家抛，大家都得抛。一个光驱成本81美元，抛到18元。全世界都一样，工厂做得越大，产量越高，损失越惨重。那家日本公司在全球排老二就亏第二多，

我老三就亏第三多,我一次性亏损将近一亿美元。

这一打击使得原本快要飘上云端的沈望傅轰然坠落,创新股票随即跌至历史最低点,他的个人财产净值也因此流失了近5亿美元,惨遭重创!好在这个人是沈望傅,他的3Q(应该说4Q,IQ+EQ+AQ+CQ)非常高,一般人很难比得上。他痛定思痛,认真寻找失误的原因。经过反复检讨之后,他认为,其一:"创新为了保持良好的发展势头,就不得不及时抢占市场,但是,公司快速发展的同时,新进员工太多也太新,管理却没有跟上,所以,员工们的团队精神没有建立起来。"这也就导致全公司上下一时之间只关注到了产品的生产,而忽略了产品的创新。所以,其二:"我应该更加坚定产品必须要创新的经营理念,决不能打价格战。"

在竞争激烈的市场中,恶性的价格战只会导致商家衰败、行业低迷,唯有不断创新,才能提升公司的核心竞争力,才能促使市场展开有效益的竞争。看清问题的症结之后,沈望傅镇定下来了,尽管当时公司上下人心惶惶,但沈望傅没有因为亏损太大而裁减员工,反而为了帮助投资者、合作者以及公司员工恢复对创新的信心,他很诚恳、很耐心地做起了游说工作,让大家充分了解公司的新战略、新前途;同时,他对创新进行了改组,准备集中公司的核心力量,重新投入计算机声卡的研制工作,以便尽快带领公司转危为安;为弥补公司管理方面的不足,沈望傅意识到:作为一家全球性公司,最重要的是要把不同文化的人结合到一起,铸就一种精神,形成一个团队。那么,要铸就什么精神,才能使员工形成一个团队呢?沈望傅经过一番深思之后,终于提炼出了一种具有"创新特色"的企业文化,即"6F精神(Family、Friendliness、Fortitude、Failure tolerance、Fast-paced、Fun)"。①

毋庸置疑,这种团队精神对于企业的持续发展和壮大至关重要。譬如:在创业阶段,它是员工开拓市场的动力;在守业时期,它是员工赖以继续努力的坚定信念。这种动力和信念一旦渗透到企业的每一个环节,并成为企业强大的文化力量时,即使创始人不在,它也会支撑和维持企业的正常运转。

---

① "创新科技"的"6F精神"即:(1)家庭气氛(Family)——公司是快乐大家庭,非常平等开放;(2)和谐友好(Friendliness)——内部和谐,对外友好,团结客户及供应商;(3)刻苦耐劳(Fortitude)——用最少的资源做最多的事情;(4)容忍失败(Failure tolerance)——要敢于面对失败,吸取教训;(5)快捷步伐(Fast-paced)——研发推广要快速;(6)轻松有趣(Fun)——公司很有趣,产品很好玩。资料来源:http://www.creative.com.sg/;http://cn.creative.com/

显然，沈望傅很清楚这种动力和信念的重要性，所以，他的"6F 精神"从员工到客户，从内部氛围的营造到外部环境的开创，从资源利用到产品创新等各个层面都关注到了。为了切实建立这种具有"创新特色"的"6F"文化，沈望傅和他的管理团队更加注重去发现人才、培养人才和重视人才，也专门为员工制定了一套全面而又系统的培训和薪酬福利计划，有关员工培训的内容包括：入职培训、在职培训、外部培训师提供的内训、内部培训师提供的内训、导师制、阅览室、外部公开课、境外培训等等，公司的每位员工都会获得全方位的辅导和支持，从而使员工的技能、知识得到充分的提高；有关薪酬福利则秉承公平的原则，根据员工的工作能力、工作态度，以及所创造的价值而给予每位员工合理的回馈，同时不断调节薪酬系统，以确保创新科技的薪酬福利具备竞争力，令表现优秀的员工得到相应的回报。除具有竞争力的薪酬外，创新科技为所有员工提供如下福利：绩效奖金、社会保险、住房公积金、长年服务奖、带薪假期、健康体检、工作午餐及下午茶点、团队建设费（公司常年举办各种有益员工身体健康、增进员工相互了解的各种团体活动）、年终福利费等等。

正是秉持着这种"6 F 精神"的管理理念，创新的每一位员工总是保持着健康积极的态度去面对每一次的危机、迎接每一次挑战。1998 年，创新终于走出低迷，强力推出了划时代的 Sound Blaster Live 系列声霸卡，为用户提供革命性的 PCI 音频解决方案。同时为拓展美洲的业务而在美国加州 Milpitas 建立了集销售、市场、培训、客户支持为一体的分公司 Creative Labs；1999 年，声霸卡的全球发货量突破亿件；2001 年，创新再接再厉，又在全球推出全新设计的 Sound Blaster Audigy 声霸卡。就算在 2008 年全球都陷入又一轮的金融危机之时，创新的年净销售额依然达到 7 亿多美元。创新从来不曾放弃过努力，创新的每一个产品都在向人们展示着"创新"本色——颠覆成规、个性至上、不断创新的特质，这种特质已经成为"创新"文化——植根于"声音"的文化——的核心价值观。而这种独具"创新"特色的核心价值观也正是其创始人沈望傅个人的一种企业家精神和文化价值理念，是他所积累的那些文化资本在他的管理行为中的充分体现。德国哲学家恩斯特·卡西尔认为：

> 真正的人性无非就是人的无限的创造行动。凡人和伟人之间、普通人和创造者之间，在创造潜力上并没有本质上的差异，只是后者的自我开发进行得更好一些，这关键在于前者没有认识到自己，后者比较充分地认识到了；前者只是偶尔为之，后者则是持之以恒；前者没有自己去尝试，后

者却大胆尝试。①

可以说,沈望傅就是这么一个能充分认识到自己,并持之以恒去大胆实践的创造者。

放眼全球,不断开拓新的营销网络。随着中国的快速崛起和中国经济的迅猛发展,国际上不少大型公司和企业都认为:重视中国市场未必成功,但不重视中国市场注定失败。这种说法是否准确我们可暂且不论,但是,中国巨大的消费市场、优质而又低成本的劳动力市场,以及中国巨大的生产和制造能力等等都是国际各大企业和公司十分青睐和看重的。沈望傅坦言曾经没有给予中国市场足够的支持和关注,很多产品也没有及时打入中国市场,但从 2004 年初开始,沈望傅决定大幅提高在中国的资金投入。为大力开发中国市场,沈望傅在上海成立了创新中国全球性研发中心,还从新加坡总部抽调了一员得力干将到中国主管技术、开发和市场行销等,同时把海外的很多业务以及技术研发中心都逐步地迁移到中国。之所以有这样的举动,沈望傅说:中国有 13 亿人口,聪明的人很多,所以有很强的人才储备,但是,他们缺乏与国际接轨的知识和机会,创新科技有能力给他们提供支持和发展平台。

不过,沈望傅也不讳言:把资源转移到中国,确实是一场赌博。到目前为止,创新科技在中国的发展布局是:在北京主要是以教育软件的研发和设计为主;把青岛作为生产中心,主要以声卡产品为主,以前是生产低端声卡,现在已经具备生产全线产品的能力,未来所有的声卡产品都会在青岛生产;上海则主要研发芯片技术和三维动画,这部分的研发原本是放在新加坡的;而鼠标、键盘、音箱等由于运输的关系,一直放在南方制造。很显然,沈望傅这样的运营策略正符合了他一贯坚持的"天时、地利、人和"的生存和发展理念。

从 1988 年创新科技在美国设立集销售、培训和客户支持于一体的"Creative Labs 美洲部(总部:Milpitas,加利福尼亚)"以来,又于 1993 年在爱尔兰首都都柏林成立了"Creative Labs 欧洲部",并在蕴藏巨大潜力的欧洲市场中占据了相当的份额,欧洲业务网络遍布丹麦、法国、德国、意大利、波兰、葡萄牙、俄国、西班牙、瑞典以及英国等地。1999 年 2 月,成立了作为销售和市场中心的"Creative Labs 亚洲部"(总部:新加坡),包括日本、中国大陆、香港、台湾、韩国、澳大利亚、新西兰、印度、马来西亚、泰国、越南、菲律宾以及中东地

---

① 恩斯特·卡西尔(德)著,甘阳译:《人论》(上海:上海译文出版社,1985 年 12 月),第 5、87、90 页。

区。亚洲办事处由不同的分部组成：商业发展、产品市场化、亚洲运作和客户服务等。彼得·德鲁克曾在其《管理：使命、责任、实务》一书中指出："一个供货者如果不坚持建立一种比长期合同更有保证的永久关系，那就非常愚蠢了。"因此，无论是面临技术上的"改朝换代"，还是在产品上的"转型"，创新科技的这些分部都在充分运用其专业领域的知识，在欧、美、亚各个不同的区域集中发挥着创新科技极具竞争力的"创新"优势，来建立属于创新的商业网络。

品牌与荣誉共进，慈善与声望共举。如今的创新科技已是全球电脑及网络数字娱乐产品的领导厂商，成为新加坡的骄傲。因为对世界计算机发展做出了革命性的贡献，从1992年开始直到现在，沈望傅先生所获得各种奖项和荣誉称号不计其数，如：被业界誉为是"声卡之父"、"多媒体教父"，并两次获得"新加坡最佳商人奖"（1992、1998年）；"东盟成就奖"（1993年）；先后获得《财富》杂志的"亚洲经济年度人物"、"亚洲新经济财富三杰"、"亚洲最杰出商业人士之一"（2001年）；欧洲DVD高峰会议颁发的"终生成就奖"（2000年）；被福布斯亚洲（Forbes Asia）列入其首次推出的"亚洲慈善英雄榜"；并因为他在1998—2008年的10年间为慈善活动捐出了3500万美元而赢得"新加坡比尔盖茨"的美誉；此外，他还为已故母亲成立了"沈陈玉枝基金"来延续母亲终生的善举，以进一步推动关于教育、艺术与造福老人、扶贫助困等相关的慈善活动。①

由此可见，树立"诚信"，无论是个人诚信，还是产品的信誉，都是新老华商创建和发展企业不变的主题，正如著名的德国企业家、工业时代的先驱者之一、博世集团的创始人罗伯特·博世先生于1918年在回顾他的创业历程（1886年创业）时说过的一句话：

> 我宁愿损失金钱也不愿失去诚信。努力保证产品的品质和信誉是我的原则，因为诚实守信所带来的长远利益远比眼前的利润更有价值。

也就是说，有了个体诚实守信才会有社会的信任。林南在研究这个问题

---

① 新加坡《联合早报》2008年3月5日报道：沈望傅连同另外三位慈善家黄麟、邱美玉以及吕俊旸医生，被福布斯亚洲（Forbes Asia）列入它首次推出的"亚洲慈善英雄榜"（Heroes of Philanthropy），入榜者共48位。福布斯英雄榜覆盖了亚洲12个国家，入榜者包括香港首富李嘉诚、影星李连杰、台湾富豪郭台铭等亚洲名人。但福布斯在每个国家只选出4位慈善家。入选的慈善家不一定是出钱最多的，因此名单没有包括一些大慈善家。福布斯在挑选时也希望确认一些虽然无法进入富豪榜，但却非常慷慨的善心人士。此外，它也努力避免包括用公司资金捐款的人。

时综合了许多学者的观点之后指出:

> 人类需要信任。信任可以定义为对他人在交换中考虑到自我利益的信心或期待。它代表着对一个事件或行动将会发生或不会发生的信念,这种信念是在重复的交换中被相互期待的。它是对道德的信念,它履行着作为习性而促进了社会的稳定;作为友谊而增强了社会凝聚力;作为回报而促成了相互的合作等三个功能。它的目的是维持一个群体或社区或企业的存在与持续,尽管这可能需要行动者在报酬的质量和/或数量上作出牺牲。但是,如果行动者不去接受、不相互作出牺牲、不彼此尽力维持这种信念,那么,所谓群体或社区或企业就无法持久生存。①

因此,"诚信"应该也是古今中外成功商人永恒的追求。这也许就是许多学者将"获得信任"作为积累社会资本的重要基础的主要原因之一。此外,新加坡新老华商为了企业的发展和壮大而建立和积累社会资本的热忱也极为相似,所充分展现出的是他们的那份责任动机(包括企业的、社会的)和名誉动机,以及由此累积起来的雄厚的"符号资本"。

不过,这些新本土华商的确善于将技术转化为商业产品和服务,也无愧于"技术企业家"的称号,由于社会场域、国家场域的改变,他们的创业大都出于其兴趣动机、能力实现动机、成就事业动机,也拥有了更多的行业选择的自主性,因而,他们建立和积累社会资本的方式是以其所拥有的新知识、高技术为基础,并带有更多地自创性以及自由闯荡的特点,譬如主要以产品的不断创新、服务的优质和完善等来与各自的上下游厂商、同行业厂商来建立本国的以及全球的商业合作网络等等,明显带有更多的"业缘"性特征(在商业活动中以共同的职业、共同的行业而形成的关系网络,其组织形式主要是同业公会、商会、协会等),的确已经突破了以往主要以血缘、地缘、神缘等为基础网络的传统架构。就这样,他们也昂首阔步地走上了向世界知名跨国企业发展的辉煌道路。很显然,他们的成长道路也意味着,社会进步了、经济繁荣了、科技发达了,但是,与文化资本一样,社会资本依然是行动者提高目的性行动成功的可能性的重要投资。就如布迪厄、科尔曼、林南等都曾指出的:

> 社会资本的拥有和多寡很大地影响了人们实现某些目标的可能;因为社会资本这种实际的或潜在的资源集合,为个体各类资本的获取提供

---

① 林南著,张磊译:《社会资本:关于社会结构与行动的理论》(上海:上海人民出版社,2005年),第149~150页。

了许多有利的条件。因此,尽管积累和使用社会资本的相对成本很高,但是这些成本会得到更多的补偿,并且会被社会资本的积累速度上的相对优势所超越。①

第四节 本章小结

综上所述,大凡不管在哪个时期要创建一个企业或公司所要经历的过程应该都大同小异:先投入一定数量的文化资本和经济资本,选定一个合适的行业进场;然后想方设法动用各种社会资源以确保企业或公司能正常运转,并在此同时积累社会资本和经济资本,提升文化资本;当经济资本积累到一定程度的时候,再"取之社会,用之社会"以积累足够的"符号资本"来一方面自觉自愿地承担了社会责任并造福了社会,一方面也进一步确认、巩固并加强了自身的社会占位。但随着社会的不断进步,随着行动者所处场域的不断改变,作为企业开创人要想做到能准确制定公司的发展目标,合理选择公司的发展战略模式,适时调整个体与企业、个体与社会、企业与社会之间的文化差异,个体行动者就必须拥有更加雄厚的文化资本。

与老一辈华商相比,新加坡新本土华商的文化资本的构成已经有了很大的不同。老一辈华商所具备的文化资本具有很典型的、很传统的"文化习性"特征,却缺少制度化形态的文化资本,因而更多地依赖于自身"身体化"形态的文化资本(如:勤劳、诚信、内敛、刻苦耐劳、敢于冒险的精神、追求成功的强烈意识,以及重视教育、重视传统的传承等等)来闯荡商场,以谋求生存之路。新本土华商则是由于国家场域的改变、成长环境的改变以及多语言多文化的影响,他们一般都是在拥有"制度化"形态的文化资本的同时,来培养自身的文化习性,以期获得更多的"身体化"的文化资本,也就是说,新本土华商有更多的机会和更好的条件,因而拥有更多文化资本的存量,尤其是制度化的。这也导致新本土华商所进入的行业,以及经营和管理的模式与老一辈华商的传统行业和传统模式都有很大的不同,前者更倾向于在技术含量高的行业里摸索锤炼,寻求发展。

---

① 林南著,张磊译:《社会资本:关于社会结构与行动的理论》(上海:上海人民出版社,2005年),第137页。

例如,除了以上典型的三个案例外,还有如某实业私营有限公司董事长、某会计师事务所所长、某房地产投资公司董事长等,他们都属于新加坡新本土华商,他们的父辈都是1920—1930年代前后来南洋谋生的,后来分别经营杂货店、汽车零配件销售店、塑料制品销售商等,不过这几位新本土华商都谈到:他们在上小学、中学和大学期间,因为经常去店里帮忙,所以,耳濡目染,也学到了不少与顾客相处应对的方式以及如何管理员工、如何推销产品等的实践知识。但他们走出学校大门后竟没有一个继承父业,原因是父业似乎很传统,而且大都只是中小型的"家庭生意"而已,家里也有兄弟姐妹,自然有人乐意继承,他们自己则希望要做就做自己更有兴趣的生意。

所以说,新本土华商创业带有更多的自主性,而且他们与前面三个案例中的行动者一样都是在走出校门之后先做了打工仔,各自经历了3—5年左右不等的社会实践之后才开始自立门户。不过,他们都认为,从小帮忙以及参与家庭生意的打理所积累的实践经验对他们后来创业的确有不少的帮助。可见,新本土华商积累文化资本的途径是很多的,他们普遍认为,他们获得文化资本最重要的来源依次是:家庭(身体化类型文化资本的获得,如价值观的熏陶、人生态度和人生追求的塑造等)、学校(主要是制度化形态文化资本的获得)、工作或商业场所(经历及经验的积累和内化、多种语言和多种文化的适应和吸收),以及社会(社会需求所带来的价值观念的调整或重塑)等各个场域。

此外,还有两位职业经理人的涉商经历也印证了这一点。其中一位C女士曾先后出任某集团总裁、集团总裁执行顾问等,现任某学院(属某集团公司的子公司)院长;C女士主要受华文教育,用她自己的话说:"身为华人,接受华文教育,深受中华文化及传统价值观的熏陶和影响,以此为基础,学会待人处事,并服务社会。"但同时她也表示,她知道与她同时代的不少受华文教育的人在求职过程或薪金待遇上都遭受过不公平的待遇,但她还算幸运,一直都还顺利,而且直到现在,不管在哪种场合,她从来没有因为自己是受华文教育的而感到过自卑,当然也很庆幸自己的英语能力不错,所以,才会有这一路走来的丰富经历以及今天的位置。显然,C女士属于突出的双语精英人才,不过,她很自谦,把成功归结为自己的幸运,但其实没那么简单。

首先,从她的谈吐来看,她说得一口非常标准的华语,表达非常流畅,遣词用句也非同一般,却又不失亲切自然;若从她发表在博客上的文章来看,她的文字表达功夫也属一流。第二,她虽然并不为自己只受华文教育而感自卑,但也从来不固步自封,她很清楚自己所处的时代及所处的场域还需要她具备哪些资本,譬如英语,以及对西方文化的了解等,她都必须尽其所能将其"据为己有"，因此，她也像潘国驹、林爱莲、沈望傅一样具有布迪厄理论意义上的"文化能力"以及从周遭环境中获取信息的能力，所以，她的制度化的文化资本虽然有所欠缺（因为当时看重英文），但她依赖自身的学习能力去再学习和不断补充，并将其内化成为自身"身体化"形态的文化资本，以至于她的文化资本存量同样是相当丰富的。她说："我必须、也应该这样，当时新加坡的现实就是这样。"这句话她说得风轻云淡，没有无奈，也不是妥协，所展现出的却是她不一般的包容度、适应度，以及奋发向上的进取心。

的确如此，当时的新加坡，华校生除了其市场价格明显低于英校生之外，找工作还倍受歧视（1980年前后）。可是现实终归是现实，无论这是统治者（政府）所实施的治国策略还是所施行的"权力暴力"（强制人们接受），那依然还是现实。该如何面对？作为那个特定场域中的行动者——C女士的认知则是：与其把这种尴尬和不平转化为"痛苦或愤怒"，不如把它当成"挑战和机会"，以扩大自身的资本积累。因此，C女士选择的就是这种积极的态度，所以，她才有了今天的成功。显然，这种成功绝不仅仅是幸运而已，而是她的明智，她的高"4Q"（IQ+EQ+AQ+CQ）——"身体化"形态的文化资本的存量。

另一位Z先生现任某集团公司总经理职位。Z先生主要受英文教育，欧洲学士文凭，不过，从访谈中可以感受得到，其华语的听说能力也是相当不错的。他很坦诚地说（经过整理）：

> 我虽然是华人，但是，从小一直到大学毕业几乎都生活在英语世界里，因为父母是基督教信仰者，尽管我本身并无宗教信仰，但那个时候，我了解得比较多的是西方文化。我大学毕业后的工作部门属于半公共部门，而我的上司却正好是一位双语精英，她给我特别深的印象就是她的管理方法，她穿梭于公司的制度、规则（因为具有半公共部门性质，所以公司具有较强的西方体制化管理特色）与员工的情和理之间，是那么地游刃有余。不过，感觉上她的华人文化特质比较浓厚，很有人情味，很注意人与人之间的和谐相处，这让我觉得很新鲜，也觉得很自然很舒服。
>
> 日子一长，我慢慢开始感到惭愧，我是华人，居然对华人的语言和文化都了解得那么少。于是，我就从那个时候开始一直到现在都在努力学习华文华语。可以说，我的这位上司对我的影响很大，我很感激她。以致于我后来因为某种机会成为现在（访谈时间是2008年）这家公司的总经理（已有五年），我的管理方法多多少少也受到了她的影响。当然，由于我现在的员工除新加坡本地人外，还有来自西方许多不同国家的，也有来自中国不同地区的，所以，我的管理方式也是属于综合性的——既有东方特

色,也有西方特色。

很显然,Z先生与潘国驹、林爱莲、沈望傅以及C女士等人最大的相同之处就是,善于从家庭、学校、社会和工作场所等不同的场域中获取能使自身获益的"正面"信息,来进一步扩充自身文化资本的存量,并提升文化资本的层次。

由此也印证了"行动者是否遵循规范或遵循规定的仪式,取决于他们的利益",因此,"行动者不是规则或规范的机械遵循者,而是'即席演奏家'(improviser),他们对于不同的环境所提供的机会与制约倾向性地做出反应"这些论点。① 布迪厄进一步指出:

> 行动者就是在这些竞争中施展他们的力量、收获他们的利益的。行动者的力量的大小、收获利益的大小,则与他们所拥有的制度化的文化资本以及身体化的文化资本的多少成正比。②

因此可以说,新本土华商对职业选择或进入经营行业的选择,其所拥有的"制度化"形态的文化资本的确起到了一个很有效的中介作用。正由于职业不同、涉商行业不同,所以,他们积累的"身体化"文化资本的途径更广、层次也更高。如果说老一辈华商的创业模式属于"传统型创业"的话,那么,新本土华商的创业模式显然属于"知识型创业",这就是新本土华商与老一辈华商的文化资本形态的不同以及所带来的创业模式的不同。同时也说明,在全球化背景下,在多元化的社会场域中,由单一文化所构成的文化资本并不足以帮助行动者获得成功,所以必须像个案中的行动者那样要善于从不同的场域中获取能使自身获益的"正面"信息(如不同的语言、不同的文化、不同的价值理念等),因为只有那些"掌握有价值的文化资源的个体"才有足够的能力"把这些资源转化为经济资本";而这种经济资本反过来又"更容易再转化为文化资本和社会资本"。③ 这是一种良性循环。

那么,对于新本土华商来说,拥有雄厚的"文化资本",就一定是经营企业

---

① 戴维·斯沃茨著,陶东风译:《文化与权力:布迪厄的社会学》(上海:上海译文出版社,2006年5月),第115~116页。
② 皮埃尔·布迪厄著,武锡申译:《资本的形式》,参见薛晓源、曹荣湘主编:《全球化与文化资本》(北京:社会科学文献出版社,2005年4月),第13页。
③ 戴维·斯沃茨著,陶东风译:《文化与权力:布迪厄的社会学》(上海:上海译文出版社,2006年5月),第95、93页。

的成功之道吗？本研究在与某实业私营有限公司董事长（以下简称投资商甲）进行访谈时了解到另一个案例：同样是一位新本土华商 A 先生，他拥有学士、硕士和欧美博士等学位，曾任职于某教育机构。他个人有很深厚的中华文化功底，当然也相当了解西方文化的特征，这与案例一中的潘国驹的情形有些类似。1990 年代中期，由于中国经济的迅速崛起，全球掀起了"华语热"，为使下一代华人的新生力量能更有效地认识、了解和掌握华文华语和中华文化，新加坡政府和教育部推出了"创意学华语"的教学理念。A 先生因此预见华文教育多媒体将会有很好的市场需求。于是，他毅然决定放弃学校教职，"下海"开拓华文教育多媒体市场。

A 先生的文化实力和创业理念以及开拓计划得到这位同样非常热爱中华文化并致力于推广中华文化的"投资商甲"的大加赞赏。甲找到另一投资商朋友，同时 A 先生也争取到了中国某著名大学的合作，经过双方多次研究、磋商，他们最终决定投资 800 万新元于 199X 年创立了一家华语多媒体公司。由于起始资金比较充裕，所以，公司创立的前三年内，无论是其以引发创意、传播知识为核心，以及以孕育强势文化为目标的经营理念，还是其人员招聘、产品设计、发展蓝图、市场推广，以及广告宣传等各方面都做得比较大张旗鼓，而且非常现代化。也因为如此，他们的多媒体产品很快就引起中、新两地的媒体和需求市场的高度关注；到了第四年，由于发展势头令人振奋，公司大举扩张中国市场，并开发了众多该产品的衍生品，诸如将多媒体产品中的卡通人物设计及故事情节编辑成图书系列、文具系列，甚至服装系列等等。公司的经营模式也由原来的多媒体产品开发和销售这种较为单一化的模式延伸到了诸如设立有关衍生品的卖场专卖店、网上专卖店、卡通造型授权使用等等的多元化经营模式，与其合作或被授权的厂商和机构在中国内地很快就达到数十家，公司规模随之迅速扩大。

也许正是由于公司向外发展得太快太猛，公司内部的管理制度和财务制度的完善一时跟不上步伐，使得公司虽然向外扩张了业务，却无法如愿回收到合理的款项，从而严重阻碍了公司财务方面的正常运作。于是内部选才用人、财务监督的矛盾；外部财务纠纷、产权纠纷等等接踵而来。其个中原因自然存在着市场机制不规范、合作以及不合作厂商知识产权观念薄弱、盗版泛滥等外部问题，但投资商甲及他的另一投资商朋友通过到 A 先生的公司以及当地市场进行深度考察之后发现，更重要的问题是：首先，A 先生对开发市场的难度估计不足；第二，有很好的开发理念，却缺乏足够的经营管理经验；第三，产品的设计有文化内涵，却容易被模仿，没有足够强势的核心竞争力；第四，需要利用媒体,却容易被媒体控制和利用,同时与媒体的关系处理不当;第五,对当地商业文化了解不足,与当地政府、合作伙伴以及供应商、授权厂商的关系沟通不良等等。所以,公司一旦发生问题时就处在了孤立无援的境地。到目前为止,A 先生的公司虽然还在运作,但规模已大大缩小,尤其与创业初期的那种浩大声势以及发展势头相比,实在是相去甚远。

尽管 A 先生的成败与否决不可早下定论,人们一般也不能仅以成败来论英雄,但从他的创业经历似乎可以总结出一些经验和教训。毋庸置疑,A 先生的文化资本存量及其技术含量肯定都是高的,他所拥有的"制度化"形态的文化资本甚至远远高于他的那两位投资商,但是,这么雄厚的文化资本并没有使他在商场上的发展一帆风顺。投资商甲毫不讳言地说:

> 其实,我一直在寻找问题的根源,因为损失的是血汗钱呀,我不能不想。最终,我还是总结出了两点:第一,他对各种关系的处理都不太恰当,其最根本的原因可能是他过于持重的性格所带来的负面效果,也就是放不开,不够平易近人;第二,这可能也是最重要的,那就是他潜意识里还是有着一股傲气的。可是,商场就是商场,在谈生意时,大家的心理地位是平等的,这样才有合作的可能嘛。

的确如此,也就是说,要在商场上获胜,仅仅拥有雄厚的文化资本(尤其是制度化的)还不够,还必须懂得处理和平衡各种关系,建立各种联系,谨慎编织商业网络。这其中的"懂得"就是行动者该具备的"身体化"的文化资本,而那些处理、平衡好的"各种关系"、编织好的"商业网络"就是行动者的"社会资本"。帕特南曾指出:

> 社会资本的存量,如信任、规范和网络,往往具有自我增强性和可累积性。良性循环会产生社会均衡,形成高水准的合作、信任、互惠和集体福利。与此相反,缺乏这些……也是自我增强的,那就是在恶性循环的、令人窒息的有害环境里,利用、孤立、混乱和停滞等等,在互相强化着。[①]

很显然,前面个案一中与 A 先生的学识背景相似的潘国驹进入了帕特南意义下的"良性循环"之中,所以,他成功了;而 A 先生在公司发展过程中的遭遇恰好是帕特南意义下的"恶性循环"的实证。按照布迪厄的理论,雄厚的"制

[①] 罗伯特·帕特南(R. D. Putnam,)著,王列、赖海榕译:《使民主运转起来——现代意大利的公民传统》(南昌:江西人民出版社,2001 年,译自:*Making Democracy Work: Civic Traditions in Modern Italy*, Princeton, NJ: Princeton University Press),第 208 页。

度化"形态的文化资本可以帮助行动者建立更高层次的社会资本,譬如潘国驹所建立的社会资本形态。但 A 先生没能好好利用这种优势,或者说他的这种优势已经被他自身所存在的某种"身体化"形态的文化资本的欠缺(如过于持重、傲气等)所掩盖或抵消了,导致他纵使具有将文化资本向社会资本和经济资本转换的意愿,却欠缺了一点转换的能力,因此造成了所谓的"回报欠缺",也即,这连带影响了他对其他资本如社会资本的构建,以及经济资本的获取等等。①

本书的第四章已经探讨过老一辈华商之所有获得成功、之所以有今天的颇具影响力的地位,很重要的一个原因就是,他们有很强的社会资源动员能力,非常善于将资源转化为资本,这正好符合林南在其《社会资本》一书中所做出的推测:假定人力资本与社会资本都处于某种最低层次,社会资本将是解释地位获得的更重要的因素。②这里的人力资本是文化资本的一部分。因为在当时的社会条件下,老一辈华商所具备的文化资本(主要是制度化形态的)与社会资本都处于某种最低层次,所以,社会资本对他们来说相对比较重要。无论他们是在创业初期,还是企业已具规模之后实施海外投资和扩张(1965 年代前),抑或是 1970 年代以后所建立的集团企业、收购当地企业等等;也无论他们是为了确保生产基地和市场而向邻近国家和地区扩展,还是为了在进一步确保和扩张其生产基地和市场的同时,充分而广泛地收集情报,以汲取西方的最新技术、最新思想而向发达的欧美地区扩展等等,他们其建立商业网络的方式最主要的还是依靠血缘、地缘、神缘等关系。③

那么,对于现在这个发达社会中的新本土华商来说,其文化资本(尤其是

---

① 根据林南的定义,资本欠缺(capital deficit)是指不同的投资或集会所导致的某一个体或群体的资本在数量上或质量上相对不足的结果。回报欠缺(return deficit)是指一定质量或数量的资本对于不同社会群体的成员会产生不同的回报或结果。参见林南著,张磊译:《社会资本:关于社会结构与行动的理论》(上海:上海人民出版社,2005 年),第 98～99 页。

② 根据林南的定义,资本欠缺(capital deficit)是指不同的投资或集会所导致的某一个体或群体的资本在数量上或质量上相对不足的结果。回报欠缺(return deficit)是指一定质量或数量的资本对于不同社会群体的成员会产生不同的回报或结果。参见林南著,张磊译:《社会资本:关于社会结构与行动的理论》(上海:上海人民出版社,2005 年),第 95～96 页。

③ 岩崎育夫著,刘晓民译:《新加坡华人企业集团》(厦门:厦门大学出版社,2001 年 9 月),第 104～115 页。

制度化形态的)显然处于较高层次,而其社会资本属于哪一层次呢？从上面的个案可以看出,新本土华商虽然是新加坡建国以后各种经济政策、教育政策的直接受惠者,但其社会资本在创业初期应该还是属于较低层次(除个案一中的潘国驹外)。对此,有一位服装贸易商(新本土华商)的说法很写实,他说:那些老华商的继承人比我们轻松多了,他们不但可以继承足够的经济资本,还可以继承父辈们的那些商业网络,我们全靠自己的手、全凭自己的脑袋,弄不好还四处碰壁,碰得头破血流。尽管这话说得有些直白,尽管他也一定明白"创业不易,守业更难",但的确也道出了这群新本土华商"自力更生,白手起家"的艰辛。所谓"靠自己的手,凭自己的脑袋"其实指的就是个体的勤劳、智慧和知识,也就是"文化资本"。这同样也符合林南在其《社会资本》一书中所做出的推测:当社会资本的值很低的时候,人力资本对地位的获得有着很强的影响。[1]而这里的人力资本也是文化资本的一部分。

因此,由上一节的探讨可以看出,新一代的本土华商其"社会资本"的构建具有很明显的"业缘"特征,所依赖的是他们的所拥有的新知识、高技术,以及刻苦耐劳的精神和勇往直前的毅力,也即布迪厄理论中的"制度化形态"的文化资本与"身体化形态"的文化资本的合理配置。换言之,在当今社会,对行动者而言,文化资本的构成和积累变得越来越重要,但以上的案例也同样说明,"社会资本"——这座资本转换的桥梁的搭建依然不容忽视。

无论在哪个时代或哪个社会发展阶段,"对人类而言,社会结构中存在着两类最终的(或最原始的)报酬:经济地位和社会地位。经济地位是建立在财富(以商品和它们的符号价值表示,如货币)的积累和分配基础上的,社会地位是建立在名声(由社会网络和集体的认可程度来表示)的积累和分配基础上的。……经济地位和社会地位都提高了个体在结构中的权力和影响。……经济地位和社会地位是互补的,因为前者需要社会对它的符号价值(货币)进行合法化和强制推行,后者的名声维持是建立在群体的经济福利(或者网络中的嵌入性资源)基础之上。未经社会的确认和强制推行,经济地位会坍塌"。[2]

这段话似乎道出了为什么新本土华商与老一辈华商一样,都非常注重社会责任的承担、符号资本的建立的重要原因。这应该也是"行动者在其日常实

---

[1] 林南著,张磊译:《社会资本:关于社会结构与行动的理论》(上海:上海人民出版社,2005年),第95～96页。

[2] 林南著,张磊译:《社会资本:关于社会结构与行动的理论》(上海:上海人民出版社,2005年),第151～152页。

践中尝试沿着制约与机会的曲径运动,而这个曲径是他们通过过去的经验并在时间中把握到的"。①

那么,与新本土华商基本上出生在同一时代却成长于不同的国家场域,最后又在相同的国家场域中寻求发展的新加坡新移民华商,他们在日常实践中又是如何尝试沿着"制约与机会"的曲径而运动的?本书试图在接下来的第六章中进行深入而详细的探讨。

---

① 戴维·斯沃茨著,陶东风译:《文化与权力:布迪厄的社会学》(上海:上海译文出版社,2006年5月),第113~116页。

第六章

"知本家"的资本积累和转换特色

——全球化背景下的新移民华商[①]

第一节 新移民华商的兴起和研究现状

一、新移民华商的兴起

从20世纪80年代以来,世界进入了新的发展阶段,新一轮的经济全球化开始了。中国也加快了对外开放政策实施的脚步,由此带来了物力资源、技术资源以及人力资源的跨国界快速流动。据"世界华商发展报告"课题组于2009年1月16日发布的报告指出:粗略估计,自1978年改革开放至2008年这30年间,中国走向世界各地的新华侨华人总数超过600万人。[②]

近20多年来,学界之所以对研究海外华人产生莫大的兴趣,主要原因之一在于海外华人,尤其是东南亚华人历经了几百年的艰难困苦和挣扎,他们在夹缝中求生存,在变化多端的复杂环境中谋发展,却在不同的领域特别是经济

[①] 本章部分内容曾在2009年5月9—11日由中国暨南大学、美国俄亥俄大学联合主办的"第四届海外华人研究与文献收藏机构国际会议"上作为会议论文呈现,感谢与会专家学者对相关内容所提出的宝贵意见。

[②] 这里的"新华侨华人"主要指1978年中国改革开放后移居海外的中国公民,以及随同他们定居海外或者他们在海外所生的子女。这一群体也被称为华人"新移民",他们主要分布在北美、澳洲、西欧、亚洲、南美洲等。有关华人"新移民"的称谓,不同的学者从不同的专业角度,对不同区域的华人移民给予了不同的界定,本章节在此不一一赘述。详见郭招金、陈建等:《2008世界华商发展报告》(中国:世界华商发展报告课题组,2009年1月16日),第5页。

领域获得了令世人瞩目的非凡成功。他们所累积的雄厚的经济资本和社会资本,使得海外华人经济在东南亚甚至全球都有了举足轻重的影响力。[①]为此,海外华商的经营模式和商业文化不但成为商界力图破解的制胜法宝,也成了学界炙手可热的研究课题。

然而,随着全球化进程的日益加快,海外华人的数量也迅速增加。正如新加坡开国总理李光耀指出的:"今天,在世界各地的每一个大城市里,都有一个朝气蓬勃的华人社群。这些华人社群不再集中在唐人街,他们已散布到郊区,并且在商场、专业领域、大学,同时也逐渐在州和联邦政府中,享有充分的代表。"[②]这一群朝气蓬勃的华人就是上面所提到那600多万华人新移民。"2008世界华商发展报告"则指出:从这群新移民中所涌现出的新华商群体,在促进住在国与中国双边经济交流与合作等方面扮演了重要角色,成为大力推动住在国与中国经济往来的积极力量,从而使得世界华商企业经营范围拓展至北美、西欧、澳大利亚、日本等发达国家和地区,使华商分布地域更加广泛;同时,也拓宽了世界华商的行业分布,其最显著的变化是,从事技术类及服务类行业的比例在不断上升,从事实业和商务贸易活动的人数也显著增加,进而使得世界华商结构发生了重大改变;世界华商企业也因此增添了更新的活力,其经济结构和产业结构也得以更新、改变和进一步的发展。[③]

为了反映出上述种种变化,在学术界有关华人新移民以及新移民华商的研究也取得了相当的成果。到目前为止,不少学者从宏观、微观等不同角度研究了中国新移民的背景、动因、分布和结构特征,以及新移民内部、新老移民之

---

① 参见根津清著,卓丽娟译:《华侨商法与日本商法》(台北:丝路出版社,1996年);约翰·奈斯比特著,蔚文译:《亚洲大趋势》(北京:外文出版社,1996年)。

② 参见新加坡开国总理李光耀于1999年10月在墨尔本所举办的第五届世界华商大会上的讲演全文,请浏览网页:http://www.wsxm.net/jinshangshangwutong/ShowArticle.asp?ArticleID=79;或参见李光耀《华商的世界影响力》,《企业家天地》,2007年10月,第12页。

③ 郭招金、陈建等:《2008世界华商发展报告》(中国:世界华商发展报告课题组,2009年1月16日),第6~8页。

间的关系及其所产生的经济、社会和文化影响等等。①由于本章的研究对象是新移民华商这一群体,因此,本节仅重点回顾有关新移民华商的研究文献。

二、有关新移民华商的研究现状

美国杜克大学 Pratt 工学院工程管理项目硕士研究团队与加州大学伯克利分校信息学院院长萨克瑟尼安教授合作,于 2007 年撰写了一份"美国的新移民企业家"的调查报告。该报告利用实证研究的方法,对美国的新移民企业家(包括中国大陆和港台、印度、英国、日本、以色列等)的创业领域、创业地点、专利申请数以及创业成就等做了详尽的分析和研究。报告指出:一个很明显的事实是,美国的新一代移民已经成为美国创造新商业和知识产权的有意义的推动力,他们对美国经济发展的贡献大为增加;从 1995 年到 2005 年(包括 2005 年)这十年间在美成立的所有工程技术公司中有 25.3% 的公司其主要创始人是新移民;据估计,这些新移民创立的公司在 2005 年总体创造了 520 亿美元的销售收入,创造了将近 45 万个工作机会;当这些新移民企业家跟他们以前的同学朋友或同事进行外围经济地区如印度、中国合作的时候,他们提供了市场通道和基本背景知识,这对于当今全球经济持续发展至关重要;此外,

---

① 有关这类研究如:张秀明认为,世界经济发展的不平衡性一直是移民活动发生的原动力;谋求经济地位的改善,追求更好的生活一直是移民最主要的动因(张秀明:《国际移民体系中的中国大陆移民》,《华侨华人历史研究》,2001 年第 1 期,第 22~27 页)。小木裕文则对新加坡的中国留学生状况以及新加坡华人新移民与新加坡华人社会的融合等问题做了较为详尽的探讨(小木裕文著,刘晓民译:《新加坡的中国新移民》,《南洋资料译丛》,2003 年第 1 期,第 22~28 页)。王赓武则指出,与全球化相联系的经济"决定力"是核心要旨所在;技术和商业的发展促使和帮助了越来越多的学生走向"迁徙"(王赓武:《留学与移民:从学习到迁徙》,《华侨华人历史研究》,2004 年第 4 期,第 55~60 页)。曾少聪、曹善玉也认为,在地区间经济发展不平衡的情况下,跨国移民将不断增加。按照新古典主义经济理论,"国际移民取决于当事人对于付出与回报的估算,如果移民后的预期所得明显高于为移民而付出的代价时,移民行为就会发生。"(曾少聪、曹善玉:《华人新移民研究》,《东南亚研究》,2005 年第 6 期,第 60~65 页)此外,丘立本(《国际人口迁移与华侨华人研究》,载郝志远主编《海外华人研究论文集》,北京:中国社会出版社,2002,第 40~56 页)、郭玉聪(《经济全球化浪潮下的中国新移民》,《当代亚太》,2004 年第 9 期,第 57~61 页)、吴前进(《新华侨华人与民间关系发展:以中国——新加坡民间关系为例》,《华侨华人历史研究》,2007 年第 2 期,第 7~22 页)、刘宏(《跨国场域下的企业家精神、国家与社会网络:中国新移民的个案分析》,《华侨华人历史研究》,2007 年第 4 期,第 1~10 页)等学者都对此做了深入而有意义的研究。

这些新移民企业家不但在科技创新方面对美国经济贡献巨大,而且也进一步推动了全球化。该调查报告还指出,在美国的新移民的创业活动所涉及的六个商业领域分别是:生物科学、计算机/通讯、环境、创新/制造业相关服务、半导体、软件领域,其中来自中国大陆和中国台湾的新移民华商创始人会在更广范围内创建自己的公司,但较多倾向于创建计算机/通讯、半导体和软件公司。①

欧洲学者如班国瑞(Gregor Benton)和彭轲(Frank Pieke)1998年共同主编、李明欢翻译、英国麦克米兰公司出版的《欧洲华侨华人》一书主要汇集了20世纪90年代欧洲学者关于欧洲华侨华人研究的最新成果。并在第一、第二、第四篇,分别论述全欧性华人社团、欧洲华人认同问题以及华侨华人在西欧、南欧及中东欧12个国家的历史及现状。

也有不少中国学者对欧洲新华商的经济活动作了大量的研究,例如:陈怀东、张良民的《欧洲华人经济现状与展望》(世华经济出版社,1998年);廖小健、刘权、温北炎的《全球化时代的华人经济》(中国华侨出版社,2003年)等。"2008世界华商发展报告"也指出:19世纪的"老侨"主要以苦力劳工为主;20世纪70年代以前,华侨华人中的第一代,多从事传统的手工业和服务业,被形象地称为"四把刀"(菜刀、木工刀、剪刀、理发刀);但随着中国1978年改革开放以后,华人新移民的不断涌入,新移民华商拓展了所在国服务行业的广度和深度,不但促使传统的制衣厂、中餐馆、杂货店与中式食品超市等更加繁荣,还催生出一些相关行业与服务业,例如移民服务社、中式婚庆公司、汇款公司、针灸理疗室、房地产代理公司等。与此同时,随着中国制造业水平的不断提升,世界各国普通民众对中国商品的认同度提高,部分新移民华商抓住中国内地经济高速发展带来的机遇,利用中国商品的价格优势,经营商品批发、零售与进口贸易、超级市场、金融及房地产业,并逐渐在其他服务行业开辟崭新市场,促使经营领域日益多元。②该报告也指出:由留学生转化而来的新移民华商群体,在出国前大都受过高等教育,具有较高的文化素质,对新环境的适应能力

---

① Vivek Wadhwa, AnnaLee Saxenian, Ben Rissing, Gary Gereffi, "America's New Immigrant Entrepreneurs", Duke Science, Technology & Innovation Paper No. 23, January 2007.该报告指出,移民所涉及的第七个领域是防御空间科学,但在这方面,移民参与的比例较低。其主要原因很大程度上是由于现有政府对这一领域实行严格管制,通常这一工作只会授予本国公民或经过严格的忠诚考查的人。

② 郭招金、陈建等:《2008世界华商发展报告》(中国:世界华商发展报告课题组,2009年1月16日),第7~8页。

很强,因而能在激烈竞争中相对迅速地融入当地社会。由于这些新移民华商对中国比较了解,同时也了解居住国国情和文化风俗、思维方式,熟悉企业的商务模式和运营特点,因此,他们中的很多人为外国企业与中国的经贸合作提供咨询服务,成为居住国企业开拓中国市场的顾问,甚至组织企业来中国投资,在投资咨询、金融服务等领域大展身手,成为在经济全球化中促进中外双边经济交流与合作、推动中国与居住国经济往来的积极而又十分重要的力量。①

其他学者如郭玉聪在探讨了新移民迁移的原因、规模与分布的基础上,进一步阐述了新移民的类型及其在经济和科技方面对中国和居住国的交流、合作所起到的重要作用。②庄国土也指出:近20年来,中国新移民大量涌向东南亚的最重要的原因,是中国与东南亚经济整合的飞速发展;而双方经贸额激增,中国在东南亚的投资、援助和承包工程等,推动了双方经济一体化进程,也为中国新移民提供了大量谋生和发展的机会。③

以上是部分中外学者对全球新移民华商的发展状况的研究,比较多的注意力集中在美国、欧洲,以及亚洲的港台澳、日本、印尼等国家和地区的新移民华商。关于新加坡的新移民尤其是新移民华商的相关研究为数尚少:刘宏(2003)在《战后新加坡华人社会的嬗变:本土情怀·区域网络·全球视野》一书深入探讨了世纪之交跨国华人移民群体的兴起、特征及其对新加坡的影响;日本学者小木裕文(2003)在《新加坡的中国新移民》一文中分析了前往新加坡的中国移民不断增加的趋势给人们带来的"中国化"忧虑,以及新移民与新加坡国人之间的"近亲厌恶症"等融合问题;此外,吴前进(2007)、刘宏(2007)等先后在不同的论文中阐述了中国新移民与新加坡华人的社会互动情况;研究和分析了新移民企业家跨国知识与技术优势在新兴企业成长中所起到的关键作用;论述了跨国移民企业家产生与发展的不可或缺的外在因素以及由此形成的双赢策略;并指出跨国性的理论架构如何有助于解释华人企业家在当代

---

① 郭招金、陈建等:《2008世界华商发展报告》(中国:世界华商发展报告课题组,2009年1月16日),第8页。

② 郭玉聪:《经济全球化浪潮下的中国新移民》,《当代亚太》,2004年第9期,第57~61页。

③ 庄国土:《经贸与移民互动:东南亚与中国关系的新发展——兼论近20年中国人移民东南亚的原因》,《当代亚太》,2008年第2期,第83~104页。

世界和中国社会经济发展中的作用。①

本章将研究对象主要聚焦在"新加坡新移民华商"这一群体,试图以新加坡的国家场域这样一个宏观环境为背景,通过与新移民华商进行面对面的访谈,再以访谈内容为基础,从微观角度对新加坡新移民华商的文化资本及其资本转换特征进行剖析。

三、相关概念的界定

如前所述,一般上所定义的"华人新移民"主要是指1978年中国改革开放后通过各种途径移居国外的中国公民。不过,尽管新加坡与中国在1980年代就已经在经贸、科技、文化等领域有合作和往来,但大批的中国公民通过各种途径移居到新加坡则是从1990年10月中新正式建交以后才开始的。据粗略估计,目前,新加坡约有35万~38万中国新移民,②其中不乏各种专业的优秀人才,他们分别活跃在媒体、商贸、制造、建筑、物流、医药、美容保健、高科技、教育、文化、旅游等不同领域。他们既分享了新加坡的繁荣和发达,也为新加坡做出了不小的贡献。因此,本章所探讨的都是1990年以后出国、现已获取新加坡永久居民或新加坡公民的新移民华商。这些华商可以是企业所有者,也可以是职业经理人或企业高层管理者(非企业主)。

---

① 小木裕文著,刘晓民译:《新加坡的中国新移民》,《南洋资料译丛》,2003年第1期,第22~28页。吴前进:《新华侨华人与民间关系发展:以中国——新加坡民间关系为例》,《华侨华人历史研究》,2007年第2期,第7~22页;刘宏:《跨国场域下的企业家精神、国家与社会网络:中国新移民的个案分析》,《华侨华人历史研究》,2007年第4期,第1~10页。

② 有关新加坡的华人新移民数据,吴前进(2007)对此有过估算,认为说新加坡有30万华人新移民并不为过(参见吴前进:《新华侨华人与民间关系发展:以中国——新加坡民间关系为例》,《华侨华人历史研究》,2007年第2期,第7~22页;庄国土(2008)则估计有35万~38万(参见庄国土:《经贸与移民互动:论近20年中国人移民东南亚的原因》,《当代亚太》,2008年第2期,第83~104页);刘宏(2009)的估计是35万(参见刘宏:《当代华人新移民的跨国实践与人才环流》,《中山大学学报》,2009年第6期,第165~176页);谢美华(2010)根据历年新加坡人口统计中的常住人口和非常住人口数量、华人出生率、移民数量和族群比例等数据,推估新加坡目前约有50多万中国来的新移民(参见谢美华:《近20年新加坡的中国新移民及其数量估算》,《华侨华人历史研究》,2010年第3期,第52~59页)。由于暂无官方准确数据,加之人口统计和测算所涉及的变量较多,因此,也有观点认为这些数据有夸大之嫌(参见张鲁欣"来自中国移民的人数是否被夸大了",载《联合早报》,2009年12月18日)。

第六章 "知本家"的资本积累和转换特色

众所周知,相对于老一辈海外华商来说,新移民华商具有不同于老一辈华商的鲜明特征:知识性、多技能性(语言+技术)以及国际性等等。这些被称为"知本家"①的新移民华商主要依靠信息资源和知识创新来获取财富,他们在新加坡这个颇为独特的社会场域中,既要面对具有新加坡本土特色的华族文化,又要面对西方文化以及其他种族文化的不同文化圈的相互碰撞和相互交融。在这种多元种族、多元文化的背景下,新加坡的新移民华商将以何种心态、何种方式来面对文化认同与融合问题?他们的文化资本的构成和积累对其企业模式的形成、社会资本的建立、经营理念和管理思想的确立,以及企业运营的方式等有何影响?与老一辈华商相比较又有何异同?这些问题都是本章所要重点关注和探讨的。

---

① "知本家"这个名称是中国社会科学院信息化研究中心的姜奇平(及王俊秀、刘韧)于1999年在其《知本家风暴》(北京:中国友谊出版公司,1999年9月)一书中最初使用该名词。其含义在学界有些争议,不过,一般认为:如果"资本家"是指"占有生产资料的人"的话,那么,"知本家"这一名称就是知识经济的产物,主要是指那些知识型的劳动者,是掌握了丰富知识并且拥有创造能力的人,他们善于充分利用知识和信息资源,靠知识创新来获取财富。本书亦取此意。不过,吉尔·伊亚尔等在其1998年出版的研究论著中曾指出:在学界早有类似如"文化资产者"这样的名称,也即,将那些"受过教育的中间阶级"称之为"文化资产者",使之与那些"持有恒产的资本家阶级,或说经济资产者"相对应,因为这两种阶级都出于各自的原因对现存的等级秩序(或对自身现有的社会空间占位——本书者加注)不满,并且都对一个更为理性、由精英来管理的阶级分层体系充满兴趣。吉尔·伊亚尔等也指出:"文化资产者"这一术语是在非常晚近的时期才产生的,它在出版物中最早出现于1920年,并且只是在1970年代晚期至1980年代才变得时尚(参见吉尔·伊亚尔、伊万·塞勒尼、艾莉诺·汤斯利著,吕鹏、吕佳龄译:《无须资本家打造资本主义》,北京:社会科学文献出版社,2008年7月,第060~076页)。另一方面,正如布迪厄所强调的:没有什么东西是资本,除非它植入了一个能给予它价值的、支配性的关系体系之中。因此,假如没有"自由劳动力",或者没有资本与劳动力市场的话,货币就不成其为资本;同样的,如果没有专业机构或大学、没有与文凭相对应的价格市场的话,文凭也不是资本。因此,文化资本制度化的过程以及资本市场的存在的好处在于,它们提供了跨背景的资源,使得资源与资本之间易于转换。由于本章所探讨的对象都受过高等教育,且奋战在商场,因此,本研究综合考虑以上各学者的描述和探讨之后,拟借用"知本家"这一相对较具直观性和时代性的名词。

第二节　知识、理念与内化
　　——资本积累的必要条件

　　世界经济一体化的进程正逐步加快,这意味着除经济资源外,还有社会资源、文化资源、人力物力资源都在全球范围内快速流动。由于全球化改写了经济发展的游戏规则,也使人们的交往方式以及人类的社会和文化形态发生了重大变化。美国《纽约时报》专栏作家托马斯·弗里德曼(Thomas Friedman)在2005年创作了一本颇有争议性的书——《世界是平的》(*The World Is Flat*),其核心论点是:

> 当代科技革命正在消除世界上各种政治、经济壁垒,创造出更加公平的竞争环境;公司通过IT技术与物流相互联结而构成网络,这使得公司在生产、经销产品和服务方面发生了巨大变化;全世界正经历着一场史无前例的大洗牌,地理疆域即将成为历史。[①]

　　也就是说,为了追求经济利益的最大化,世界各地、各民族不同文化背景的人正在不断地相遇、合作、竞争,甚至对抗,由此带来的隐忧则是:面对文化差异如何适应?面对跨国企业如何进行跨文化管理?人类会不会引发如塞缪尔·亨廷顿所提出的"文明的冲突"?这一系列问题接踵而至。

　　布迪厄曾指出:社会世界可以被理解为一个多维的空间;高度分化的社会世界是一个由不同的"场"(一些相对自主的社会的微观世界)所区分的空间,"这些空间由对不同形式的资本的不同分配所构成,也即,是由能够赋予其持有者以力量、权力并因而赋予其持有者以利润的那些属性所构成……这些基本的社会权力首先是各种不同类型的经济资本,其次是各种不同类型的文化资本,第三是社会资本,包括建立在关系和群体成员身份基础之上的种种

[①] 参见托马斯·弗里德曼著,何帆等译:《世界是平的》(长沙:湖南科学技术出版社,2008年7月)。

资源。"①

很显然,布迪厄的观点意味着,世界就算是平的,社会依然是由被分隔的场组成,在不同场域中的个体要想拥有力量和权力,就必须通过积累和扩大各种资本来规划自身的生存轨迹和发掘自身的发展机遇。

那么,这批随着全球化的浪潮而涌进新加坡的新移民华商如何在平的世界里来规划自身的生存轨迹和发掘自身的发展机遇?他们在竞争中又具备了怎样的文化资本呢?如前所述,本研究的受访新移民华商都是1990年以后移民新加坡的,年龄介于34—53岁之间。他们无论是生长在中国城市还是农村,其家境虽非富贵但衣食无忧;其长辈虽已摆脱了"万般皆下品"的古板意识,但依然怀抱着"唯有读书高"的传统信念。这群受访者大都是1970年代中期以后受过良好的高等教育、有相当高的文化水平的知识型人才,是伴随着中国的改革开放、新一轮全球化以及中国逐步崛起的脚步而成长和发展起来的,他们中的最高学位是博士,最低学位是大专(毕业于新加坡的理工学院)。

所以,这些人才基本具有大致相同的显性的知识结构:较高的学历和文凭(大专以上,只是专业不同);较为深厚的中华文化功底;对西方文化和不同民族的文化甚至不同宗教的教义也有相当的了解和见识;较强的外语能力等等。来到新加坡后,他们所面对是一个国际化场域下的国际化教育模式的教育环境,以及多种族、多元文化交汇、廉政亲商、广纳贤才、经济高度开放和发达的国家环境。因此,对这群新移民而言,新加坡的发展环境既具有强大的吸引力又具有严峻的挑战性(市场成熟规范)。在这样的场域中,决定谁将会沉下去,谁将能浮上来的因素,决不单纯取决于有没有受过高等教育。那么,究竟怎样的人才能脱颖而出——浮出水面呢?

正如历史学家王赓武所指出的:"当今从商,仅仅靠勤劳、幸运和商业天赋是远远不够的。一门生意或许可以靠这些起步,但若没有其他优势的话,则很难能够维持得下去。"②这句话的道理显而易见。而从经济学角度来看,就只有稀缺资源才能带来竞争优势和利润。那么,这些新移民华商各自具有什么

---

① 布迪厄指出:"在高度分化的社会中,社会的和谐统一体(comos)是由一些相对自主的社会的微观世界(microsom)组成的,社会的微观世界就是客观关系的空间,是逻辑和必然性的场所,这一逻辑和必然性对于那些控制其他场的东西来说是特殊的,不可简约的。"参见皮埃尔·布迪厄著,包亚明编译:《文化资本与社会炼金术——布迪厄访谈录》(上海:上海人民出版社出版,1997年),第142~143,190~192页。

② 王赓武:《越洋寻求空间》,《华人研究国际学报》创刊号,2009年6月,第1~49页。

样的稀缺资源和竞争优势呢？本研究通过访谈了解到，这些新移民华商除了具有那些显性的文化和知识优势外，更为突出的特点则是，他们既具有理论知识，也具有应用知识的能力，而且还特别注重在商业实践过程中不断地将这些知识提升和扩展。那他们又是如何在实践中将所处场域内他人的经验、知识和技术等这些外在的、他人所拥有的文化资本内化为自身的一种更为雄厚的"身体化"形态的文化资本呢？在这内化过程中又需要经历怎样的调适才能真正做到与时俱进？

新达科技集团董事长蓝伟光 1964 年出生于中国福建武平县的乡村普通人家，于 1981 年以优异的成绩考入厦门大学化学系，1985 年毕业后在集美大学担任讲师。1988 年他跟随中国大学的一股"商潮"，和两位老师合伙承包了一个面包厂，没料到，事与愿违，半年后面包厂宣告倒闭。但这次失败给了他一个极其重要的启示：知识、管理、理论这三者与技术、市场、实践的确相去甚远。之后他理所当然地选择了重回讲台、重执教鞭。由于他潜心研究，三年之内发表学术论文达 13 篇之多。学术研究上的骄人成绩使得他于 1992 年时得到一个赴新加坡攻读博士学位的机会，下苦功的他不到三年时间就顺利获得博士学位。从此，他前面的道路越走越宽广。于是，他的体会是："只要我努力，就没有办不到的事情。"[①]

某建设投资公司的汪总，1974 年高中毕业后到农村劳动了三年，1977 年中国恢复高等学校招生，一心想离开农村的他为稳妥起见报考了一所中专学校，学建筑。两年后毕业被分配到一家国有企业做行政管理工作，但他很快发现自己学无所用，便要求去建筑工地现场工作。直到 1984 年，为了提升自己，他又通过考试进入一所管理大学学习，1988 年获得学士学位，毕业之后仍然在一家国有建筑公司工作。由于他工作努力，不但具备专业技术、实践经验，又具备一定的管理能力，因此，1991 年被派往新加坡参与开拓新市场的相关工作。对此，他个人的体会是：农村的劳动锻炼了他的毅力，能吃苦耐劳；学校的学习和再学习增长了他的理论知识；在建筑工地的实践则既磨炼了他的意志，又让他掌握了有关建筑行业的最前线、最直接、最实用的技术，这为他后来在新加坡白手起家创建自己的建筑公司打下了坚实的基础。

某集团培训机构的 R 女士（自动控制专业）、华旗资讯科技新加坡公司的

[①] 有关蓝伟光的资料来源除本书与蓝博士的访谈之外，还参考了：陈勇《蓝伟光——膜技术之父》，《闽商》周刊，2007 年 3 月 1 日；厦门商报编《商界名流——蓝伟光博士》，《厦门商报》，1999 年 12 月 28 日。

第六章 "知本家"的资本积累和转换特色

董事经理吴野(经贸专业)、新加坡某国际集团总裁等都是在中国接受的大学本科教育,来到新加坡工作一段时间后,都发觉尽管新加坡的华人人口占总人口的76%,也大都接受过中华文化的熏陶,但是,由于国家的发展经历不同,加之全球化对新加坡的影响程度远远超过中国,所以,新加坡的华族文化已经有了很大的变异。为了适应这种全球化、多元化的环境,对新移民而言,提升自己势在必行。虽然工作辛劳,却没能阻挡他们在新加坡修读MBA(工商管理硕士)或EMBA(高级工商管理硕士)的课程,他们都先后顺利获得了相应的硕士学位。经过这种学习、工作、再学习、再工作的过程,他们很深刻地体会到:做哪一行就得有哪一行的技术,但是做管理时,不但要有技术,还得要有管理知识和管理能力才行。

以上的访谈内容表面看来似乎都是这些新移民华商积累显性知识的过程。尽管"学术资格和文化能力的证书起了很大的作用,这种证书赋予其拥有者一种文化的、约定俗成的、经久不变的、具有合法保障的价值"。[1]但从深层次上所反映的却是他们在商业实践过程中不断地提升和积累知识、强烈的进取心,以及坚韧不拔的毅力。

> 可以说正是社会炼金术生产了这种文化资本,这种文化资本相对于其承担者而言,甚至相对该承担者在一定时间内有效占有的文化资本而言,具有一种相对的自主性。[2]
>
> 它会成为合法的接近数量不断增长的地位的条件,尤其是会成为接近统治地位的条件。[3]

因此,这些显性的知识储备,如:高文凭、高学历、多学历、多语言,便形成了新移民华商——这群所谓的"知本家"所拥有的"制度化"形态的文化资本,再加上接下来要进一步探讨的新移民华商的经验、观念、毅力、信心以及精神这些隐性文化,也即"身体化"形态的文化资本的积累——便构成了他们雄厚的文化资本特征。根据布迪厄的理论,他们所拥有的诸如文化、知识、教育文凭以及他们的生存理念、价值观念和拼搏精神等"已经作为一种资本发挥作

---

[1] 皮埃尔·布迪厄著,包亚明编译:《文化资本与社会炼金术——布迪厄访谈录》(上海:上海人民出版社,1997年1月),第198页。

[2] 皮埃尔·布迪厄著,包亚明编译:《文化资本与社会炼金术——布迪厄访谈录》(上海:上海人民出版社,1997年1月),第198页。

[3] 皮埃尔·布迪厄著,包亚明编译:《文化资本与社会炼金术——布迪厄访谈录》(上海:上海人民出版社,1997年1月),第210~211页。

用,因而已经变成现代社会中新的、独特的分化根源",①这种文化资本的分配也是布迪厄所认为的塑造现代工业社会的权力斗争的主要竞争原则之一(另一个主要原则是经济资本的分配)。这些新移民华商也如同社会中的其他个体、群体、机构和家庭一样都会通过利用这种文化资本来维护或强化自己在社会秩序中的占位。

第三节 文化差异与文化适应
——比较优势的建立

按照布迪厄的理论,"社会域中的每一个场都是一个力量场,也是一个斗争场。这些斗争是为了改变或保持已确立的力量关系:每一个行动者都把他从以前的斗争中获取的力量(资本),交托给那些策略,而这些策略的运作方向取决于行动者在权力斗争中所占的地位,取决于他所拥有的特殊的资本"。②

诚如新制度主义经济学所认为的:

> 制度被视为社会交互作用的诸多博弈的结果,其中行动者个体必须根据内在意识(文化资本)、信息背景(社会资本)以及博弈中其他竞争者的行为(场域特征),理智地部署和选择自己的行动。在这样的博弈和选择过程中,文化规范与文化信仰可被视为最深层面的制度,其中个体行动者的文化差异则扮演着一个举足轻重的角色。③

因此,布迪厄强调:

> 对许多行动者而言,存在于一个特定的场内,就意味着存在于差异性之中,就意味着区别于他物,就意味着必须维护其差异性;通常情况是他们如果不这样坚持差异性的话,那么他们就会因为拥有某些财产而被认为不应该呆在某个场内,而应该在场的入口处就被排除出去。这些场的

---

① David Swartz, *Culture and Power: the Sociology of Pierre Bourdien* (The University of Chicago Press, Ltd., 1997). 亦可参见戴维·斯沃茨著,陶东风译:《文化与权力:布迪厄的社会学》(上海:上海译文出版社,2006年5月),第156~157页。

② 皮埃尔·布迪厄著,包亚明编译:《文化资本与社会炼金术——布迪厄访谈录》(上海:上海人民出版社,1997年1月),第83页。

③ 道格拉斯·C.诺斯著,刘守英译:《制度、制度变迁和经济绩效》(上海:三联书店,1994年)页。

第六章 "知本家"的资本积累和转换特色

参与者们充分利用了那些能力或会员的标准,他们也许或多或少会在各种各样的紧要关头获得成功。①

新加坡的新移民华商就如同处在一个"特定场内"的行动者。一般来说,移民就意味着从原乡离散开来;移民到新加坡,则意味着进入了多元族群和多元文化的语境当中。其实无论移民至何国何地,"离散族裔(即指许多离开原乡的群体)最现实的体验,往往是尽管处在全球的流动脉络,却仍然在本地架构当中集体地遭遇到附属和边缘状态。"②然而,对移民而言,"附属和边缘状态"是一种尴尬,但也是一种机会。有学者曾以上海和香港为例,从其经济、政治以及文化所处的"边缘"位置为出发点,探讨其企业家能力的开发和积累,该研究指出:香港的繁荣导源于东西文明在边缘处的交汇,这个"边缘"非常重要,企业家的创新机会就出现在传统势力薄弱的"边缘地带";上海企业家的能力的积累也在很大程度上依赖于早期上海的"边缘性"。③这里所谓"文化的边缘"并不是指文化空白或文化冲突,而是指人们对文化价值观的选择(机会)的增加,这为人们积累文化资本提供了更多的可能。而这种"边缘性"显然也很适合新加坡华商一直以来所处的位置。

不过,由于时代的不同,新移民华商并没有经历过像老一辈华商所经历的一场又一场的战争、一茬又一茬的磨难,也没有肩负那么沉重的国难家贫、民族兴亡的责任,所以,新移民对所谓国家情结、民族情怀的理解已大不相同,也没有那么多历史使命的沉重感,他们大多数都是为了追逐理想和梦景而来。那么,如何在家庭、祖籍国、居住国,以及全球市场——也即原乡化、本地化和全球化这样的多维空间中找到一个合适的定点坐标?最合适的方法也许就是不断地调适(目标、心态甚至身份等),尽管其个体的主体性也因此在不断重组和重新构建,但作为移民,融入居住国体制和社会当中、提升自身的社会阶层

---

① 皮埃尔·布迪厄著,包亚明编译:《文化资本与社会炼金术——布迪厄访谈录》(上海:上海人民出版社,1997年1月),第145~146页。
② 游俊豪:《主体性的离散化:中国新移民作者在新加坡》,《长江学术》,2009年第1期,第19~25页。
③ 汪丁丁:《我思考的经济学》(北京:三联书店,1997年),第195~198页。高波:《文化、文化资本与企业家精神的区域差异》,《南京大学学报》,2007年第5期,第39~47页。

和地位仍然是大部分人的想望。①

但是,要实现这种想望所需要经历的过程同样是艰辛的。就像新达科技集团董事长蓝伟光所言:知识、管理、理论与技术、市场、实践的确相去甚远。因此,高学历、高文凭并不一定就能带来高利润。全球化的推进,把所有的民族都围在一个"村子"里。任何民族的文化都要通过全球化的洗礼而面临相互碰撞、磨合、适应、创新,甚至超越的多重任务。在这一交流过程中,任何的文化形态都将重新思考自身的生存与发展价值。这对新加坡的新移民华商来说更是如此,他们对内要面对不同种族、不同宗教信仰的员工管理问题,对外则要与不同种族、不同宗教信仰的商家进行合作与交易往来。也就是说,即使世界是平的,他们在平的世界里竞争一样会有艰辛甚至更多的不易,他们要走的道路依然不平坦。

个案一 有一位被访者是某大型工程公司的人力资源部门主管,他要管理的员工中除了有自己的中国同胞和本地华人外,还有马来西亚、印度、印尼、泰国、菲律宾、孟加拉等国的员工,而且数量庞大,在沟通有问题时,稍不留神就很有可能犯了对方的大忌,这样的问题一旦发生小则员工不服管,大则触发种族之间的矛盾。因此,这位主管除了要求自己尽可能地去了解各不同民族的风俗、习惯和文化之外,为了能让所有员工服从管理,他还不辞劳苦,抓紧一切可以利用的时间,刻苦学习,终于考获了受新加坡官方承认的多种与建筑有关的技术和管理类文凭或证书。

个案二 唯一国际集团(新加坡)有限公司总裁杜志强说:1991年他毅然放弃在中国四川省经贸委的官员身份,放弃国内稳定的工作和收入来到新加坡,成为一家家禽长的厂长,但是在新加坡的头六个月,却是他人生中最艰难的岁月。由于在当时的新加坡人眼里,"中国"依然是贫穷、落后、愚昧的代名词;加上他本身对家禽屠宰的有关程序一无所知;再加上文化背景不同,又有语言障碍等等,厂里的员工不但不服他管,还用一些羞辱性的言词来攻击他,那种被排斥所产生的压力常常使得他喘不过气来。但是"吃得苦中苦,方为人上人",人生能有什么苦难是不能度过的呢?他告诉自己:只能进,不能退!他必须用自己的行为和表现扭转员工们对"中国"、对"中国人"的种种误解。于是,他下决心放弃过去一切的地位观念和那份知识分子的自尊,谦虚而又诚恳地向厂里每一位师傅求教,并从最基础的工作开始学起。他十分勤奋,也不辞

---

① 参见游俊豪《主体性的离散化:中国新移民作者在新加坡》,《长江学术》,2009年第1期,第19~25页。

辛劳,很快便掌握了工厂每一个环节的操作和运转;也因为他十分友善和宽容,所以逐渐赢得了员工的敬佩和拥戴。从此,误会解除了,心结打开了,他和员工们之间也建立起了相互信任的关系和良好的感情。经过一年多的努力,他终于将一个原本名不见经传的家禽厂改变成了年赢利1000多万新元的知名企业。

个案三 某建筑公司的总经理谈到,他刚开公司不久时,便很幸运地与一家公司签下了一张100万新元的合同。这位总经理很明白,外国人讲究契约、条规、制度,所以他也非常认真地对待这些事情。但是,合作了一段时间后,他们之间却因为一笔20万新元的账目发生了分歧,争执不断。由于无法达成共识,按合同规定,双方必须将此事上交仲裁庭仲裁。这对这位总经理来说还是头一遭,他经过打听后才明白,只要上仲裁庭,仲裁费用起码是30万~40万新元。于是,他开始认真核查他们之间的每一份文件和每一笔账目,最后,他决定放弃上仲裁庭。被问到其原因时,尽管这件事早已时过境迁,但这位总经理还是叹了一口气说:

> 我发现对方给我公司的好多封信件,不管我们的回答是"是或不是"、"同意或不同意",我的公司居然有很多都没有用同样的方式(信件)回复对方,而只是用我们以往习惯的方法打个电话或见面时口头说明。这种方式对我们来说太自然不过了,但在仲裁庭上,当对方将所有这些文字资料呈现公堂时,你却没有相应的文字资料来应对,便表示你在当时已经默认了对方的做法。

也就是说,如果真上仲裁庭,这位总经理必输无疑,那么,他将要损失的远不止那20万新元了。这无疑给了他一个深刻的教训:契约、合同、条规、制度——白纸黑字定了还不够,还要表现在执行的每一个步骤和程序当中。他很感慨地说道:这应该就是中西文化的差异了;但吃一堑,长一智,是我们的不足,我们就要加以改进;更何况我们走进的是人家的场地,自然应该了解和适应人家的思维方式和行为习惯。

的确如此,华人以往的那些建立在感情、关系基础上的当面承诺也好、电话沟通也罢,全都属于未经"公证"的诚信,并不适合现在这个一切都求新求快求变求"公证"的世界。所以,要想成功,人们不但要充分了解不同种族和不同国家的文化习性和特征,还要去适应各种不同的文化。所谓"适应(adaptation)",原本是一个生物学概念,指的是生物体改变其身体特质或生活习惯以迎合自然环境的需要。而"文化适应(Acculturation)"则是"指一些具有不同文化的个体或集团发生长期而直接的联系,因而改变了个体或集团原来的文化模式所产生的现象……"。根据这样的界定,当人们需要跨越两种或两种以上的文化时,就必须要经历这样一个"文化适应"的过程,这是一个对新的文化思想、文化信仰、文化情感以及文化交流的理解过程,是一种文化的吸收、扬弃、融入或顺应的过程,也是人类历史中文化变迁的一个阶段。[①]

美国学者 Berry, J. W 和 Kim, U. 等学者的研究指出,对于文化适应问题一般可以从群体和个体两个层面来进行研究,其中个人层面的文化适应有四种模式:

第一种,种族平等模式,即,当个体认识到适应所在国文化,以及认同所在国文化的重要性时,他就会选择在保留其原有价值观和认同的同时,要求获得种族平等的待遇,例如马来西亚的大多数华人;

第二种,同化模式,也即,个体为适应所在国文化,而全盘接受所在国文化,并不惜抛弃其原有的文化,例如印尼、菲律宾、泰国等的大多数华人;

第三种则是指当个体对其原有文化的认同和保持达到了排斥或拒绝认同所在国的文化,从而很容易被所在国边缘化,这种模式可称为边缘化模式,例如新加坡老一辈华人中有不少是属于这一模式;

第四种是游离模式,当个体既排斥自己原有的文化也排斥所在国的文化,自觉或不自觉地游离于两个群体的边缘之间,例如一些接受西方教育的知识分子,尤其是年轻一辈,他们既不认同中华文化,也不认同所在国的文化,而是游离于这两种文化之间,这些人最主要的特征就是从日常的生活方式到人生的价值观念基本上都很"西化"。[②]

当然,这样的分类只是就总体而言,并非绝对,譬如在马来西亚的华人中,上述四种模式的文化适应几乎是同时存在的。但无论个体采取的是哪一种模式的文化适应,他们都受到其个体习性以及所在国的政治、经济的深刻影响,

---

① "文化适应"这个概念最早由美国民族学家罗伯特·雷德菲尔德、拉尔夫·林顿和梅尔维尔·赫斯科维茨等人于 1936 年在其《文化适应研究备忘录》一文中(原载《美国人类学家》(38)1936 年,第 149~152 页)提出的。参见曹云华:《变异与保持:东南亚华人的文化适应》(北京:中国华侨出版社,2001 年),第 12 页。另外,也有学者将"文化适应"译为"涵化"。

② 参见曹云华:《变异与保持:东南亚华人的文化适应》(北京:中国华侨出版社,2001年),第 15~16 页。

第六章 "知本家"的资本积累和转换特色

也如布迪厄所指出的:

> 社会行动者既不是只受外在因素决定的一个个物质粒子,也不是只受内在理性引导的一些微小的单子(monad);社会行动者是历史的产物,这个历史是整个社会场域的历史,是特定于场域中某个生活道路中积累经验的历史。①

不过,本书中所探讨的新移民华商其文化适应的模式似乎并不属于以上的任何一种,而是属于第五种"分别认同,择善而从"的模式。因为时代赋予了他们独特的条件,使他们既受到了完整而全面的中华文化的熏陶,也受到了西方文化的浸染,因此,他们也学会了以最为理性的态度既认同也乐于保留自身文化中的精髓,又认同也乐于汲取居住国文化以及西方文化,甚至其他不同种族文化的精髓。按照布迪厄的说法,这些新移民华商显然属于"拥有很少的经济资本,但文化资本却很丰富"的一类。

> 而一个参与游戏的"玩耍者"的策略,以及界定他的"游戏"的一切,不仅仅取决于他所占的资本的数量和结构所起的作用,也不仅仅取决于保证他的游戏的胜算率(它来自游戏,指某种客观的可能性)所起的作用,而且还取决于他的资本的数量和结构在时间演变中所起的作用,还取决于他的社会轨迹和习性在时间演变中所起的作用,这种习性是在与明确的客观机遇分布的长期共处关系中建构的。②

所以,作为游戏参与者的新移民华商也就很自然地在自己"适者生存"的习性引导之下,在与新加坡国家场域所提供的客观机遇分布的长期共处关系中,极力为界定什么是场域中最有价值的资源而进行斗争,并因此不断地扩大和积累各自的各种资本、不断地重构各自的行为策略。

此外,这群新移民华商并不介意被问及个人的宗教信仰,他们都坦诚告知:没有任何宗教信仰。随即他们又解释道:主要原因可能与他们从小所受的教育有关。不过,他们也强调这并不意味着他们排斥或不接受,甚至不认同各种宗教的文化和教义。相反,他们在工作当中也经历过类似以上案例的种种教训,从而受到启发,并且很深刻地认识到:生活在多元文化的国度里,理应尽

---

① 皮埃尔·布迪厄、华康德著,李猛、李康译:《实践与反思:反思社会学导引》(北京:编译出版社,1998年),第181页。

② 皮埃尔·布迪厄著,包亚明编译:《文化资本与社会炼金术——布迪厄访谈录》(上海:上海人民出版社,1997年1月),第144页。

量多地去了解和认识那些不同国家、不同种族、不同宗教的文化和教义,并吸取其中的精髓,以弥补自身的不足。所以,他们在闲暇之余,除了会参加一些有关的社团活动之外,也会抽空去去基督教堂或佛教庙会等等。同时他们也强调,这仍然应该与他们所受的教育有关,那就是崇尚"君子和而不同"。

人类学家本尼迪克特也强调:

> 这种文化的模式化不能轻视,不能把它看作是无足轻重的琐事。正如现代科学在许多领域正在坚持的那样,整体不仅仅是其各部分之和,而是产生一个新实体的各部分的独特安排和相互关系的结果。(这如同)火药不仅是硫磺、木炭、硝石的总和,即使是关于所有这三种元素在自然界采取的存在形式的知识之和,也都不能说明火药的本质。在其元素中并不具有的新的潜力出现在那种结果性的化合物中,其行为范型也是根据元素在其他组合方式之中,而发生不确定的变化。……文化,也超过了它们的特质的总和。人们可能为实现某一个目的而从周围环境可能的特质中选择出可利用的东西,放弃不可用的东西。人们还把其他文化的特质加以重新铸造,使它们符合自己的需求。①

由此可见,新移民华商那种对待文化差异的方式正好印证了本尼迪克的这种观点,他们的确是在"把其他文化的特质加以重新铸造,使它们符合自己的需求"。

事实上,如果我们从整个国家和社会发展以及个体生存的场域来考察就会发现,当一些新的文化特质被纳入到一个国家或一个族群的现存制度及其功能体系时,当文化影响与政治、经济、社会等因素结合在一起时,文化适应已不仅仅是文化本身的问题,而是一个建立新的文化模式的过程。它既存在着对不同的风俗、信仰、制度等的再解释问题,也存在着对个体的目标与价值、行为与规范的再取向问题。美国社会学家奥格本早在1922年出版的《社会变迁:文化和本性》一书中就指出:当一种文化产生了新的思维能力,并存在一种相应的社会需求时,就会发生现存文化要素的新组合,然后产生新的文化要素。尤其是在当今这种全球化的背景下,"全球文化或文化的全球化应该是以多元文化为基础,而不是全球文化同质化,因此,理解文化的全球化或全球文

---

① 露丝·本尼迪克特著,何锡章、黄欢译:《文化模式》(北京:华夏出版社,1987年9月,译自:Ruth Benedict, *Patterns of Culture*),第一章,第36、37页。

化的一个重要维度就是文化的多样性"。① 而由此所带来的不同文化和宗教的相互面对和碰撞,也使得"文化适应"的问题显得格外突出。如何解决这些问题？关键就在于人们的文化理解力和文化适应性有多强？也即人们的"文化商数"(CQ:Culture Quotient)② 有多高？

接受本研究访问的新移民华商也普遍认为:认同彼此的文化差异,并试图去适应这种差异,进而"择其善者而从之",这不仅不表示就一定要放弃自身的文化特色,反而会使自身的文化更具特色;作为管理者,若能做到这一点就能更加有的放矢地进行管理,并能有效地制造和谐的工作环境,但是,若发生冲突就一定会带来两败俱伤。由此可见,新移民华商在异国他乡这个不同的场域中遭遇不同文化的冲击和碰撞时所采取的应对策略经历了一个"文化适应—文化选择"的过程,他们不会为求生存而强求同化,而是为求发展而试求兼容。这与老一辈华商的感性相比,新移民华商似乎显得更为理性。这无疑也说明了新移民华商的文化适应性程度——也即文化商数(CQ)不可小觑。诚如布迪厄所指出的:

> 场的原动力原则存在于其结构的形式之中,尤其是存在于彼此冲突的各种各样特殊力量之间的距离、差距和不对称性之中;在场中很活跃的力量(并因此被分析者作为恰当的力量而挑选出来,因为它们能产生出最恰当的差异性)是那些界定特殊资本的力量;一种资本除非与场有关,不然它不会存在,也不会起作用;这种资本生成了一种权力来控制场,控制生产或再生产的物质化的或具体化的工具(这种生产或再生产的分布构成了场的结构),这种资本还生成了一种权力来控制那些界定场的普通功能的规律性和规则,并且因此控制了在场中产生的利润。③

由此可见,新移民华商面对文化的差异,以及不同文化的冲击时所采取的"分别认同,择善而从"的包容态度可以说就是一种策略,而这种策略的运作所依赖的是他们所拥有的那些能"界定特殊资本"的力量——或者说是一种文化能力(判断、适应和汲取),这使得他们在此过程中自然而然地将不同的优秀文

---

① 罗兰·罗伯森著,梁光严译:《全球化:社会理论和全球文化》(上海:上海人民出版社,2000年)。罗兰·罗伯森是当代公认的全球化、文化和宗教研究的重要人物。

② P. Christophe Earley, *CQ: Developing Cultural Iintelligence at Work* (Stanford Business Books,2006).

③ 皮埃尔·布迪厄著,包亚明编译:《文化资本与社会炼金术——布迪厄访谈录》(上海:上海人民出版社,1997年1月),第147页。

化内化为了自身的"身体化"形态的文化资本,进而使得他们的文化资本结构有了进一步优化的趋向,也因此建立了他们在这个"特定场域"中的比较优势,这种"比较优势"所带来的是他们活跃在新加坡这个特殊的经济场域中的潜在"利润"。

如今资讯科技的发达加快了全球化的进程,跨国企业/公司的迅速兴起和发展、资源的全球流动,使得当代人类社会的活动空间已日益超越民族和国家疆域的界限,也使人们相互交流的"高度"和"深度"远非昔日所能比拟。[①]这一切无论是适应、包容还是碰撞、冲击,一方面都为文化的发展和提升提供了强大的动力,另一方面也给商业、经济、科技、教育甚至文化等等带来了更加激烈的竞争。那么,在这个所谓平的世界里,新加坡的新移民华商又将如何利用自身的比较优势来面对激烈的竞争呢?

第四节 资本转换的东方特色
——文化资本嵌入的社会资本

按照布迪厄的理论:

> 资本依赖于它在其中起作用的场域,而它的转换的代价多多少少是昂贵的,并且是它在有关场域中发挥作用的先决条件。
>
> 每个场域都是处于权力场之中的,或者推而广之,处于阶级关系的场域之中;每个场域也都是竞争(斗争)的场所,在特定的场域的内部存在着竞争,存在着为争取权力来界定一个场域的竞争。
>
> 文化资本是作为竞争中的一种武器或某种利害关系而受到关注并被

[①] 英国著名的移民学家斯蒂芬·卡斯(Stephen Castles, 2001)指出:"全球化不仅仅是一种经济现象;资本、货物、服务的流通,没有与之并行的观念,文化产品和人员的流动是不能实现的。"Stephen Castles, "Migration and Community Formation under Conditions of Globalisation", Paper Presented to Conference: Reinventing Society in the New Economy (University of Toronto, 9—10, March 2001), pp. 2.

第六章 "知本家"的资本积累和转换特色

用来投资的;行动者就是在这些竞争中施展他们的力量、收获他们的利益。①

由于"在特定的境遇中,人不得不在习性的背景资源中进行'即兴创作',才能处理某些未曾预见的境遇,而这恰恰是日常生活不变的特征"②。因此,与世界各地去美国的新移民一样,来新加坡的中国新移民也必须充分利用新加坡这个国家的商业、科技、经济机会和发展平台来一展身手,参与竞争。不过,新加坡国度狭小、社会成熟度高、市场体系也很规范完善,所以,创业的机会总量相对来说比较有限,其进入门槛也较高。而且,就像布迪厄常常强调的那样:进入一个场域的人,就像是参与玩扑克牌的游戏一样,一方面要想方设法打败自己的对手,另一方面却要求每一个参与者心照不宣地接受游戏规则,它意味着特定的斗争形式是合法的,而别的形式则被排除。③同时,社会界中的每一个场都是:

> 权力关系的——为了改变或保持这些权力关系而进行斗争的——所在地,那么,施加到新进入这个场的所有行动者身上的权力关系(这些权力关系往往会把一种特别的残酷性加到新进入者身上),就会呈现一种独特的形式:它们事实上是以资本的一种非常特别的形式为基础的,这一资本同时是场内竞争性斗争的手段和对象,即作为认同或贡奉资本的一种"象征资本",不管是否制度化,不同的行动者或体制都以特别的活动和特别的策略为代价,在以往的斗争过程中积累起这一"象征资本"。④

也就是说,因为现在时代变了,因为现在的新加坡富裕发达了,人们的阶层地位提升了,所谓的"象征资本"也丰厚了,这种丰厚的"象征资本"将社会阶

---

① Pierre Bourdieu, "The Forms of Capital", in A. H. Halsey, H. Lauder, P. Brown & A. Stuart - Wells(eds.), *Education: Culture, Economy and Society* (New York: Oxford University Press, 1989), pp.46~58. 亦可参见薛晓源、曹荣湘主编:《全球化与文化资本》(北京:社会科学文献出版社,2005年4月),第6、10、13页。

② 皮埃尔·布迪厄著,包亚明编译:《文化资本与社会炼金术——布迪厄访谈录》(上海:上海人民出版社,1997年1月),第218页。

③ David Swartz, *Culture and Power: the Sociology of Pierre Bourdien* (The University of Chicago Press, Ltd., 1997). 亦可参见戴维·斯沃茨著,陶东风译:《文化与权力:布迪厄的社会学》(上海:上海译文出版社,2006年5月),第145页。

④ 皮埃尔·布迪厄著,包亚明编译:《文化资本与社会炼金术——布迪厄访谈录》(上海:上海人民出版社,1997年1月),第80~81页。

级明显分层,所以,作为游戏场中的"新进入者"——新移民华商,尽管他们所拥有的尤其是"制度化"形态的文化资本远远高于老一辈华商,但依旧难免或多或少地会遭遇到老一辈华商曾经遭遇过的歧视和排斥,诸如被贴上"贫穷、落后、愚昧"这样的标签(如上节中的杜志强案例)。因此,新移民若想借新加坡的规范市场和规范操作方式来一圆创业梦,那就一定要懂得如何遵循这个场域中的游戏规则,并从缝隙中寻找新市场。

本节将从新加坡新移民华商的经营特征和商业竞争策略来探讨他们如何将其文化资本与其他资本进行配置和转换。

一、优势、风险与利益最大化——新移民华商创业模式的选择

众所周知,改革开放以来,中国政府鼓励年轻人走出国门、走向世界,以学习和吸取国际性的先进经验。这种"推力",与十九、二十世纪中期以前中国本身的时局动荡、经济落后、人民生活困苦、社会高失业率等完全不同。而新加坡是一个被世人称道的花园城市国家,在经济上具有高度的开放性和外向性,也最先受到全球化的洗礼;其政府一贯的经济政策是引进外资,以外国企业、跨国企业来带动本地企业的发展;其文化环境也十分独特,主要受到中华文化、西方文化和新加坡本土多种族文化的相互撞击和影响;其人才政策则是大力吸收全球各地优秀人才,即使在1997年亚洲处于金融危机,经济形势十分恶劣的情况下,当时的总理吴作栋也仍然强调:从全世界搜集人才对新加坡的持续发展至关重要,如果我们不面对挑战,新加坡将成为只是一个拥有300万人口的、无足轻重的城市。①正因为新加坡有这样一个国际化的经济环境、多元化的文化环境,以及广纳贤才的人才政策,因此,新加坡长期以来都是世界公认的具备良好营商环境的国家。②

---

① 参见《中国经济快讯周刊》编辑《"小"国的"大"国之道——新加坡引智政策探秘》,《中国经济快讯周刊》,2001年第49期。

② 世界银行(World Bank)和国际金融公司联合发表的《2008年全球营商环境报告》,新加坡再度夺魁,成为全球最佳营商环境的地区。

第六章 "知本家"的资本积累和转换特色

在上述推、拉两种力量的作用之下,①不少中国人从长远发展和比较利益的角度出发选择了移民新加坡,并在新加坡从事经济活动。本章节以访谈的个案为基础,归纳总结出新移民华商的创业模式主要有以下四种类型:②

第一类,先打工后创业。由于新加坡的企业经营环境与中国相应的环境迥异,这种差异性在早期(1990年代初)更为明显,所以,来自中国的新移民面对这种全新的环境多少有些手足无措,他们需要时间来了解、学习和适应新加坡的环境和市场。(就像布迪厄针对艺术场中的行动者所描述的那样)他们必须对这个新的国度——诸如对它的过去、它的将来、它将来的发展和一切有待于去做的事情等等,都有一种"历史感觉",并将这种感觉融入到自己的感觉之中。为了规避风险,以尽量降低因信息不对称和不完全可能带来的高成本,不少新移民采取的仍是较为谨慎的做法,那就是先打工(或求学,学成之后再打工),给自己一个缓冲期和准备期去寻找"感觉",一旦充分了解和掌握了当地的市场需求后,再找适当时机自己创业。

个案一 新达科技集团董事长蓝伟光,1992年赴新加坡国立大学攻读博士学位,完成学业后,加入了当时新加坡最大的水处理公司凯发集团,随后被派往上海担任中国区的技术与销售总监。1996年,蓝伟光成为海归族中的一员到厦门创办新达科技集团的前身——三达膜科技公司;1997年在新加坡科技园成立新加坡三达科技公司。由于业绩辉煌,2003年6月他将三达膜科技

---

① 唐纳德·博格(D. J. Bague)提出了著名的"推力—拉力"理论。他认为人口流动是两种不同方向的力作用的结果,一种是促使人口流动的力量,另一种则是阻碍人口流动的力量。在流出地存在"推"人口流动因素;同时,也存在"拉"人口的若干因素,只不过比较起来,"推"的力量比"拉"的力量要大,占有主导地位。E·S Lee 在其《迁移理论》一文中系统总结了"推力—拉力"理论。他将影响迁移行为的因素概为4个方面:(1)与迁入地有关的因素;(2)与迁出地有关的因素;(3)各种中间障碍;(4)个人特质等。参见埃弗雷特·S·李(Everett S. lee)《迁移理论》,原文载美国《人口学》第3卷,1966年第1期,译文见顾宝昌编《社会人口学的视野——西方社会人口学要论选译》(北京:商务印书馆,1992年1月)。

② 本章节将以与新移民华商进行面对面访谈的资料为主,也参考了一些已公开发行的书籍和报刊所发表的有关新移民华商的访谈内容。如《联合早报》的有关人物专题报道、方青主编的《品牌·魅力——企业家》(新加坡:百思传播与顾问出版社,2008年9月)等等。

公司在新加坡上市,并创立了新达科技集团。①

个案二 唯一国际集团总裁、新加坡天府会会长杜志强,1991 年来新加坡的第一份工就是去一家家禽厂做厂长。他是在工作的过程中发现劳务代理这个商机,于 1994 年,创办唯一国际集团,从事国际劳务代理、国际学生代理、国际移民代理、人才招聘、人力资源咨询等。

个案三 某建设投资有限公司的汪总,曾于 1991 和 1994 年先后两次被中国某国有建设投资企业委派,带着劳务进入新加坡开拓业务。不久后却由于资金问题,两次都未能成功地将分公司建立好,带来的建工也各奔东西,其中比较谨慎的人回到了中国,而像汪总一类比较敢于冒险的人便开始凭借自身的能力和技术,以及对新加坡市场的观察和了解,毅然脱离了原国有企业,抱着雄心和胆识,期望能另创新天地。1995 年,汪总加入新加坡本地某建筑公司成为打工仔。一年后,由于汪总在新加坡建筑行业已经摸爬滚打了四年,积累了不少经验和教训,于是决定将原来那些一同从中国出来的建工组织起来,组建一家属于自己的建筑工程公司。到目前为止,该公司已有员工 300 多名。

第二类,投资移民。近年来,许多在中国具有雄厚经济实力与战略规划的商人为了让企业进一步发展壮大,让产品和服务走向国际,又或者是为了让子女受到国际化的教育等等,纷纷把目标瞄准欧美澳等传统移民国家。但由于其复杂、繁琐、漫长的申请过程往往让不少生意繁忙的商人却步,而新加坡这个国际化的花园都市,中西文化的交汇地,为鼓励有实力的商人和企业家来国内投资,提供了一系列的投资移民优惠政策。因此也吸引了不少中国商人和企业家来新加坡投资办厂,这些商人和企业家也从此踏入了新加坡华人新移民行列。

个案一 新加坡邦建航运控股执行主席黄自强,从上海海事大学毕业后,他服从分配到一家国企工作。在国企积累了相当的管理及技术经验后,他放弃了"铁饭碗",带着十多个志同道合的朋友毅然从商,在中国组建了自己的公司。1999 年 1 月,邦建终于租买了第一艘 1.6 万吨的远洋货轮。接下来的三、四年公司营运状况一直保持良好,为了拓展业务,邦建看中了新加坡独特的地理位置和"新加坡"这块金字招牌,于 2003 年到新加坡成立邦建航运控股

---

① 参见刘宏:《跨国场域下的企业家精神、国家与社会网络:中国新移民的个案分析》,《华侨华人历史研究》,2007 年第 4 期,第 1~10 页;陈勇:《蓝伟光——膜技术之父》,《闽商》周刊,2007 年 3 月 1 日。

有限公司,将公司的经营和管理总部迁到新加坡。①

个案二 新加坡莆田菜馆董事总经理方志忠,是一个典型的为了孩子的教育于2000年举家移民新加坡的例子。他来到新加坡后,先和弟弟投资经营电子厂。一段时间后他发现,新加坡有很多莆田人,但卖莆田菜的餐馆却很难找到,于是决定将工厂交给弟弟打理,自己则投资26万新元创立莆田菜馆,到2008年中为止,方志忠的菜馆已由创业初期的8名员工扩展到160名员工,旗下6个连锁店遍布全岛各地。②

再譬如,新加坡某审计事务所总监、某私立教育集团总裁也是在中国已经积累了相当的经济资本后,分别于1998年、2002年来新加坡,并与新加坡本地商人合作创办了自己的事务所和教育集团。

第三类,职业经理人或企业高层管理者。随着中国经济的迅速崛起,全球都在关注中国这个市场,新加坡更是如此。因此,本地不少企业都希望能抢占先机,在中国开辟一个新战场。为此,寻找一位了解中国市场的管理者自然能降低开发成本。于是,有不少在中国已经具有管理经验的人才受到新加坡商家的青睐,被直接聘来担任职业经理人或企业高层管理的工作。一般而言,这种聘用职业经理人和高层管理者的做法,多多少少都会存在着"委托—代理问题",即:会增加代理人的道德风险和逆向选择所产生的、有时甚至是高昂的代理成本。但从本书所访谈的几位经理人的情况来看,他们到目前为止都已任职达6—16年不等,可喜的是,委托—代理之间不仅相安无事,而且还相处甚欢。几位经理人认为:其实代理人与委托人利益相关,两者之间虽然会有相应的约束,但相互都会得到有效的激励。他们似乎还比较满意自己所得到的这种激励,所以,他们能够也很愿意一直付出心力使公司持续运营,并使业绩持续增长。与此同时,委托方不但可以节约交易成本,减少风险,也便于通过这样的激励来培养得力助手,以进一步提高代理效率。

个案一 新加坡某集团公司属下的培训机构总经理R女士,1993年在一次偶然的机会被集团公司总裁看中,并聘她来新加坡担任助理总经理,负责培训部门的相关工作。一直以来,她工作得十分卖力和出色。2003年时,新加坡政府在发展教育服务市场方面制定了一个长期战略,并推出了"环球校园"

---

① 方青主编:《品牌·魅力——企业家》(新加坡:百思传播与顾问出版社,2008年9月),第46~51页。

② 方青主编:《品牌·魅力——企业家》(新加坡:百思传播与顾问出版社,2008年9月),第84~89页。

计划,其主要宗旨是要把新加坡发展成为区域乃至全球重要的教育服务中心。为实现这一目标,新加坡政府的一项重要措施就是大力培植民间教育机构,其中包括企业培训、政府官员培训、金融监管培训、医院管理培训等等。由于中国的市场大有可为,该集团总裁及时抓住这一商机,决定将其培训部门独立出来,成为一子公司,母、子公司财务独立,这位当时的助理总经理 R 女士也因此被任命为子公司总经理,并被授予子公司部分股权。

个案二 华旗资讯科技新加坡公司的董事经理吴野,1999 年在北京加入华旗资讯数码科技有限公司,2003 年被总公司委派远征新加坡。虽然同样是受聘的职业经理人,但与个案一中的总经理不同的是,吴野是受中国公司委派来新加坡开拓新市场的。

第四类,先合作再独立。还有一些新移民在创业初期或由于政策不允许,或由于资金问题,或为了分散风险等种种原因,往往会选择和新加坡本地商家合办公司的形式,等到时机成熟后再建立完全属于自己的公司或企业,当然也有的是因为某种原因不得不和合作伙伴分道扬镳而独立经营。例如:某教育培训中心的经理,于 2002 年与新加坡某企业管理学院合作创办教育培训机构,三年后,因该学院削减管理项目而被迫自立门户。

新加坡新移民华商的创业模式不尽相同,但大致可归纳为以上四类。其中除职业经理人不是公司的所有者之外,其余的受访者均为公司所有者,掌握全部或大部分的公司权益。但他们的公司就目前来看除蓝伟光的新达科技集团属于传统意义上的家族公司外,①其他的勉强可称之为泛家族式公司。②其主要原因应该是这些公司创立时期较短,经济资本薄弱,其经营和运作仍处于起步和探索阶段,今后的发展方向究竟如何还不宜早下定论。

若从经营范围来分类,新加坡的新移民华商主要从事的经济活动是:商贸、制造、建筑、物流、医药(多为中医、针灸)、美容保健、高科技、教育、文化、旅游、餐饮等不同领域。正如"2008 世界华商发展报告"中所指出的,这与老一辈华商多从事传统的"四把刀"行业有非常大的不同。

---

① 蓝伟光及其妻、弟拥有新达科技集团超过 70% 的股权,并分别担任集团重要职务。参见刘宏:《跨国场域下的企业家精神、国家与社会网络:中国新移民的个案分析》,《华侨华人历史研究》,2007 年第 4 期,第 7 页。

② 所谓"泛家族式企业/公司",一般是指由乡党、同学、朋友组成的企业/公司。关于这类研究可参见储小平《家族企业研究:一个具有现代意义的话题》,《中国社会科学》,2000 年第 5 期,第 51~58 页。

总之,从新移民华商的移民心态来看,他们选择移民新加坡所显示出的是一种"心理趋同效应",因为他们希望选择心理距离最小的国家,譬如语言文化相通、商业习惯相近、政经环境稳定的地方投资。①美国学者 E. S. Lee 的"迁移理论"曾指出:

> 迁出地和迁入地的许多因素对迁移决策产生影响,人们对迁出地和迁入地的了解程度影响迁移决策;在迁移时会遇到许多障碍因素,这些因素既有客观方面的,也有心理方面的;面对阻力,不同的人群做出不同评估和决定,因为个体特征是不一样的;只有迁移动力强并能克服迁移阻力的人才能最终完成迁移过程。②

因此,这群新移民华商理性地选择了新加坡。而他们之所以大都选择上述四种创业的模式,却是建立在对自身优势和劣势的判断,以及对新加坡商业运作环境的了解的基础上。其主要宗旨都是为了克服在新环境下的创业阻力和降低创业风险,最终使得创业成功。就如布迪厄所解释的"行动者会依据关于什么是可以得到的、什么是不可以的、什么是'我们的'、什么不是我们的等具体的索引来形成自己的志向"③。以上的个案足以说明,1990 年代以后的新移民较之 1920 年代前后的老一辈移民来说,似乎有了更充分的思想准备和更充足的信心来应对他们在祖籍国之外将会遇到的各种变化。而这种准备和信心应该得益于经济的全球化和教育的普及化,所以才使得"现代的新移民与接收国人民之间文化的鸿沟已经大大地缩小了"。④

二、以诚信为本——经营中的首要任务

对于"诚信"一词,孔子曰:民无信不立;孟子曰:诚者,天之道,思诚者,人

---

① 中国社会科学院世经政所世界华商研究中心康荣平学者的分析指出:一般来说,美洲华商看重效率,更具冒险精神;东南亚华商则偏重分散风险,并遵循一种"心理趋同效应"。

② 参见顾宝昌编:《社会人口学的视野——西方社会人口学要论选译》(北京:商务印书馆,1992 年 1 月)。

③ David Swartz, *Culture and Power: the Sociology of Pierre Bourdien* (The University of Chicago Press, Ltd., 1997). 亦可参见戴维·斯沃茨著,陶东风译:《文化与权力:布迪厄的社会学》(上海:世纪出版集团,上海译文出版社,2006 年 5 月),第 124 页。

④ 王赓武:《新移民:何以新?为何新?》,《华侨华人历史研究》,2001 年第 4 期,第 7 页。

之道;墨子曰:言不信者,行不果。此外还有一些众所周知、耳熟能详的名人名言,如"失信就是失败"(法国,埃米尔·左拉 Emile Zola,1840—1902);"诚实是人生的命脉,是一切价值的根基,又是商业成功的秘诀,谁能信守不渝,就可以成为可贵的人物。"(美国,德莱赛,Theodore Dreiser,1871—1945 年)……这一代又一代的先贤用其经验和睿智教育了我们一代又一代的后人。因此,诚信经营,从古至今都极其重要,这既是本书为什么在第四、五、六章都会涉及这个词的主要原因,也是东西方各大企业/公司为什么都将其作为自己的首要文化进行宣扬和标榜的主要原因。然而,"诚信"其实是每家企业/公司必须坚守的底线,这是商家在经营中的基础文化(而非核心文化),也是首要任务。本书在第四章中所讨论过的访谈 1 中的、现在年已 90 岁的老一辈华商黄先生,他在受访时语重心长地说了几句令人印象深刻的话:

> 诚信,说起来简单,做起来难;每个商家都在说,但不是每个商家都在做,或者说,不是每个商家都能真正做得到。因为"利益"这两个字的诱惑很多时候会大于"诚信"的魅力;但是,我的经验告诉我,其实"利益"就蕴藏在"诚信"这两个字里。

他坚持认为,自己的公司自创业至今近 70 年,之所以能发展壮大并成功开拓中国市场,最主要靠的就是"诚信"两个字。

此外,在本书第二章的文献回顾中曾提到:有一项关于海外华人企业家的商业价值观的调查结果显示,企业家普遍认为在商业活动中:诚信最为重要(重要度为 62.8%),其次是利益(重要度为 10.3%),再次才是关系(重要度为 9%)。[①]这对老一辈华商是这样,对新一代本土华商是这样,对新移民华商也是这样:没有诚信,企业就无法向前迈进。但最关键的问题是:如何树立诚信,才能不用宣传和标榜就能让"诚信"成为企业/公司的金字招牌?新加坡的新移民华商树立诚信的做法又有哪些是值得推崇的?

个案一 新达科技集团董事长蓝伟光被称为是"膜术师",所谓"膜技术"通常用于污水处理,例如,一桶暗红色的污水,经过膜技术(设备)处理后,从水管中流出来的是清澈透明、可以直接饮用的水。不过,蓝伟光认为如果将膜技术应用于制药业所带来的利润要远远高于用于水处理。但在 1996 年蓝伟光在厦门创业时,许多人对"膜"技术及其用途并不了解,也就不那么容易接受。

---

① 陈文寿主编:《华侨华人的经济透视》(香港:香港社会科学出版社,1999 年 10 月)。

蓝伟光为了打破这种认识上的僵局,为了推广他的"膜"技术,他拉着两个弟弟,开着0.75吨的小皮卡,载着膜设备实验装置,到各大药厂去免费帮人做分离实验,但条件是:试好了,没有问题就得买一套他们运来的膜设备。就这样,他们三兄弟几乎走遍了全国。靠着执着和诚意上门推销,通过反复讲解和实验,蓝伟光所倡导的"膜"术概念用于制药业终于慢慢为国人所接受。最典型的例子是:采用蓝伟光膜技术的江山制药从2000万元起家的小厂,跃升为全球六大维他命C的生产企业之一;此外,膜技术的引进也使维他命C生产成本大幅降低,从而使中国超越美国,占据全球维他命C市场的六成份额。蓝伟光和他的公司也自1997年起开始获得丰收。他所建立的三达膜科技(厦门)有限公司成为中国领先的膜分离技术提供商,占领了中国工业分离膜应用市场20%到25%的份额。蓝伟光也因此名声大振,被誉为中国"膜技术之父"。[①]他也因此有了足够的经济实力将三达膜科技公司在新加坡上市,并因此创立了新达科技集团。

个案二 华旗资讯新加坡公司的董事经理吴野,2003年带着中国总公司设计生产的爱国者牌(aigo)MP3随身听登陆新加坡。当时,新加坡已有7000多家外国公司,市场上也充斥着各种国际知名品牌的MP3。尽管爱国者牌MP3在中国国内面市仅一年即实现了国内市场占有率第一,销量连续两年遥遥领先,成为电子消费产品领域首个领先国际对手的民族品牌。但新加坡市场十分成熟却也非常狭小,所以,吴野要将自带的中国产爱国者牌MP3顺利打进新加坡市场绝非易事。不过,吴野在中国已经积累了丰富的营销经验,因此,对打进新加坡市场,还自有一套理念,他认为"发现市场需求、满足市场需求"这些常规的市场营销策略在新加坡这个小而饱和的市场已经很难适用了,既然蛋糕已被瓜分得所剩无几了,那就自己去创造一个新的蛋糕——也就是华旗资讯要利用新产品去引领市场需求。所以,公司最先在新加坡推出的是别具一格的爱国者牌手表式MP3,它除了具有播放MP3和录音的功能外,还内置USB存储器,由于该产品的设计十分实用而且个性化,面市之后,还真如其所料,受到了不少年轻消费者的喜爱。

不过,无论商家如何推陈出新,目前市场上仍然存在各种产品同质化问

---

① 参见刘宏:《跨国场域下的企业家精神、国家与社会网络:中国新移民的个案分析》,《华侨华人历史研究》,2007年第4期,第4页;陈勇:《蓝伟光——膜技术之父》,《闽商》周刊,2007年3月1日;厦门商报编《商界名流——蓝伟光博士》,《厦门商报》,1999年12月28日。

题,华旗该采取什么方式应对呢?吴野说:

  我们的做法主要从三个方面入手,一是保证产品素质(这一点爱国者MP3 的品质在中国国内就已得到验证,但许多外国品牌同样是高品质);二是保证价格优惠(由于是国产,相对国外产品来说的确有成本优势);三是保证服务到位。第三点是最有发挥空间,也最有可能做到与众不同的一点。

  吴野举了一个例子来说明他是怎样保证服务到位的。2005 年,他为了将一批薄片型的 U 盘推销出去,没想到广告打出了好多天,却几乎没顾客对此有兴趣。于是,有同事泄气地说,看来这批货只能作为库存了,等以后有机会再慢慢销吧。可吴野不肯这样消极,等机会还不如自己创造机会。他很快想出了一个办法:重新打广告,并在广告中承诺:试用一个月,有问题原银奉还;可电话订购,免费送货上门。这个广告显然给消费者传达了两个信息:一是产品质量值得信赖,二是推销商的诚意。这种推销方式的确别出心裁。广告一经推出,果然不同凡响,公司在一天之内就接了 600 多通电话,那批货很快被订购一空。吴野当然履行承诺,专门聘了多位专职送货员送货上门。顾客们试用一个月之后仅有三个 U 盘被退回。

  由于准确的市场定位和"质高价优"销售策略,加上完善的售后服务,华旗的"爱国者"产品迅速打开了新加坡市场,并成为新加坡市场 MP3 随身听产品中的主流品牌。华旗的声誉也因此更上了一层楼。

  个案三中某培训机构的总经理 R 女士深知品牌和诚信对培训公司意味着什么。所以她在为培训团设计课程、聘请专家教授、安排活动与食宿时特别精心。到目前为止,类似这种在新加坡经中国国家外国专家局认定的培训机构将近 10 家,但每个培训机构的水平并不一致。R 女士的经营原则是:实实在在办好每一个培训团,既要让公司获利,又要让培训团获益;以高水平的培训质量与同行竞争,决不利用手腕抢同行机构的生意,但也不轻易放弃任何一个培训团。这两点都关系到该培训机构的品牌、声誉和诚信度的建立。第一点基本由该总经理的管理团队的能力来决定,第二点牵涉到外界,就不一定是总经理所能够控制和左右的。

  2008 年就曾发生过这样一件事:中国某市政府原本说好要派一个培训团来她任职的机构,可不知为什么,对方突然改变主意换到了另一家培训机构。当时,R 女士正好去中国出差,于是决定亲自到某市登门拜访相关官员,以了解事情原委。结果,对方有些不好意思地说,他们并不完全了解新加坡各培训机构的状况,也一时难辨水平高低。再说另一家培训机构曾经来拜访,并送来礼物,大家觉得既然如此,那就换去另一家吧。在培训市场久经摔打且经验丰富的 R 女士当然很清楚这是某些商家惯用的手法,她没有对这种做法提出任何非议,而只是很诚恳地说明了自己的来意,并很仔细地将自己公司针对该市政府培训团的需求所设计的课程有哪些、为什么要这么设计、其优势在哪里、所请的专家教授来自何处、教学效果如何、团员的一切活动和食宿安排如何、团员所交费用的所用之处,以及她所经营的培训机构与国内从中央到地方的哪些单位、在哪些领域有长期合作的关系等等都一一道来,说得清清楚楚。最后,R 女士并没有送什么礼物,但还是说服对方回心转意了。对方说,他们的确被这位总经理的自信、诚意和专业态度打动了。后来,那个培训团结束培训之后,团员们非常感激 R 女士及她的培训机构所做的一切,他们感觉获益良多,其负责人更许诺接下来要派的其他团都交由这家培训机构来安排一切。

　　以上个案中如蓝伟光登门推销、免费帮各药厂做药物分离试验;吴野采取产品免费试用、免费送货上门的推销方式;培训机构总经理 R 女生登门探究失去生意的原因、耐心推销自己公司最优化的课程配套等等做法,从行动者个体来看,所表现出的是一种蕴藏在他们身上的为实现目标敢于拼搏、善于创新、不轻言放弃的精神以及诚意——一种身体化的文化资本,一种稀缺资源;从所产生的外部效用来看,他们传达给客户的一个重要信息是:该产品的质量和该企业/公司的服务值得信赖。由此可见,这些新移民华商为企业/公司树立诚信的一个共同特点是:以产品的高品质为自信的出发点,以个人的诚意和专业的态度赢得客户。他们就是这样将自身的文化资本融入经营当中,以实现文化资本向经济资本和社会资本的转换。天长日久,企业/公司的品牌自然就会建立起来,收益也会随之而来。这也再一次印证了那位老华商从商 60 多年的深刻感悟:"利益"就蕴藏在"诚信"两个字里! 由此可见,所谓"诚信"应该是蕴藏在行为者身上的一种看不见、摸不着,却是令人感受得到的一种被布迪厄称之为"身体化"形态的文化资本。正由于对这种文化资本的拥有,这些新移民华商才能在竞争激烈的商场中占有一席之地,从而获得应有的利润,也如布迪厄所指出的:行动者的力量大小、收获利益的大小,与他们所拥有的身体化的文化资本(也包括客观化的文化资本)的多少成正比。[1]

---

[1] Pierre Bourdieu,"The Forms of Capital",参见薛晓源、曹荣湘主编:《全球化与文化资本》/全球化论丛(北京:社会科学文献出版社,2005 年 4 月),第 13 页。

三、建立和扩大社会资本——可持续发展的重要源泉

关于"社会资本"的相关理论已经在本书的第一、第四和第五章都有过讨论,也就是说无论在哪个时代,也无论在何种场域中,个体积累"社会资本"都有其独特的重要性。如果上面所提到的"诚信"属于行动者个体所拥有的"身体化"形态的文化资本,那么,由个体的"诚信"所带来的群体的"信任"便构成了个体的"社会资本"。正如弗朗西斯·福山所认为的,"所谓社会资本,是在社会或其下特定的群体之中,成员之间的信任普及程度。"[1]此外,"社会资本"也如波茨所指出的,是指"处在网络或更广泛的社会结构中的个人动员稀有资源的能力"。[2]行动者个体通过调动这种能力能够提高行动的效率并增强实现目的的可能性。

与老一辈华商相比,现在的新移民华商所处的社会环境、政治与经济环境、文化环境,还有自身的知识基础和知识结构等都有很大的不同;大多数的老一辈华商当时选择从商在很大程度上是出于为求生存的一种无奈,而现在的新移民华商选择从商却大都是出于向外、向上发展,去实现自我的一种追求。而相较于第五章所讨论的新本土华商,二者的共同之处就是:他们都是"自力更生、白手起家";他们的文化资本存量大都处于高值,但社会资本存量大都处于低值。其不同之处是:新本土华商具有本土优势,也拥有"本土"所赋予的各种权力(如语言、文化甚至经济资本、社会资本等);新移民华商则由于空间的跨越所带来的一切场域的改变而成为"新进入者",因此,所面对的困境更多、艰难程度更深,还有,其社会资本存量处于更低值。但是,要参与竞争,就必须构建属于自己的社会资本和商业网络,那么,新移民华商该如何来建立自己的社会资本和商业网络呢?

关于这一点,本书第一章曾提到一项有关海外华商的调查发现,老一辈华商重"关系"胜于重"利益",而年轻一代的华商则相反,重"利益"而轻"关系";又如:六十岁左右的华商常活跃于宗亲会和同乡会中,而三十到五十岁左右的

---

[1] 弗朗西斯·福山著,李宛蓉译:《诚信——社会德性与繁荣的创造》(台北:立绪出版社,1998年),第35页。

[2] Alejandro Portes, "the Economic Sociology and the Sociology of Immigration: A Conceptual Overview", in Ports (ed.), *Economic Sociology of Immigration: Essays on Networks, Ethnicity, and Entrepreneurship* (Russell Sage Foundation, 1995), pp.12.

华商更乐于参加业缘性组织的相关活动。①另一项有关新加坡华商的调查报告也指出:现在的新加坡华商已经跨越了传统的那种仅靠"血缘或地缘上的关系"来进行商业活动的刻板框架,所谓"在商言商",他们可以和任何人建立起关系,而这种关系并没有受到亲情或乡情的约束。②

以上的论点在本研究中的新移民华商受访者中也得到了相应的印证,它们基本反映了新移民华商的特征,但是还需作一些修正和补充:第一,新移民华商的确乐于参加业缘性组织的相关活动,不过,他们也会乐于参加如"天府会"这种类似于同乡会的组织及其活动,只是"天府会"这个由前面个案二中的新移民华商杜志强倡议和创办的组织本身也已经跨越了"地缘、乡亲"这样的框架,其会员近 2000 人,除了有来自中国不同省市的新移民之外(非川籍人士占 40%),还有新加坡本土华商(仅理事会名单中就有约 20 位);第二,与此相对应的,他们的商业活动的展开也跨越了传统的那种仅靠"血缘或地缘上的关系"框架,不过,尽管他们商业网络的编制没有受到亲情或乡情的约束,但是,他们还是很乐于参加各种社团组织的活动,其目的虽然并不纯粹是出于商业的考虑,但也仍然期待能因此扩大社交圈,因为他们很清楚这对其商业网络的建立或多或少都是会有帮助的。有交流才会有交情,有交情才会有关系、有网络,有网络才会有利益,这种思维模式对新移民华商来说同样是自然而然的;第三,新移民华商的确重利益,但同时也重关系,只是重视的方式不一样而已。华旗资讯新加坡公司的董事经理吴野的说法具有代表性,他说:我们管理和经营公司一贯的原则是:"对事讲标准,对人讲感情"。其中"事"代表必须要争取的利益,"人"代表必须要看重的关系或感情,两者都得要,也都很重要。

而另一位某建设投资公司总经理也说得很实在,他说:

> 我觉得,如果想让企业/公司长期发展,那么,社会关系和商业网络的建立是非常必要和重要的;当然,如果只在乎曾经拥有,不在乎天长地久的话,就另当别论了;不注重关系和网络的建立,无异于随时准备做"一次性"的生意,一旦遭遇危机,就可能陷入孤立无援的境地,企业/公司恐怕难逃过早夭折的命运。所以,我的经验也告诉我,关系和网络肯定是重要的,尽管这需要投入时间、精力、甚至金钱。

---

① 陈文寿主编《华侨华人的经济透视》(香港:香港社会科学出版社,1999 年 10 月)。
② Thomas Menkhoff, Bielefeld, "Trust and Chinese Economic Behavior in Singapore", Sociology of Development Research Centre, Southeast Asia Programme Working Paper, 1991.

以上这两位总经理的说法一方面再次印证了第四章中所讨论过的华人从古至今"重关系"的文化习性和思维逻辑;另一方面也正好印证了布迪厄的观点,布迪厄认为:"若从狭隘的经济观点来看,这种建立关系的劳动会被看作是纯粹的浪费,但从社会交换的逻辑来看,这是一种必要的投资,其利润将来必定以金钱或其他形式表现出来。"①

由此可见,新移民华商与老一辈华商以及新一代本土华商一样都同样注重社会关系和商业网络的建立,只是老一辈华商比较多地依赖"血缘、地缘和神缘"等关系,新本土华商较多依赖"业缘"关系,而对于新移民华商来说,血缘、地缘、业缘等依然重要,但跨越"血缘、地缘、业缘(亦即神缘)"等关系则更为重要。因此,他们一直在不断地、主动地寻找各种"机缘"来构建关系和网络。因为只有这样他们才能"保护既有的有价值资源,同时获得额外的资源",②也即:获得"更多的、持久的利益"是社会界中每个集体或个体行动者最主要的行动动机之一,但如果没有这些关系和网络,又何来更多的、持久的利益?

至于他们究竟如何来建立企业/公司的社会关系和商业网络,本研究从与新移民华商的访谈中初步了解到,他们主要从以下四个方面出发:

1. 以诚信为本,为产品立口碑。 如上节所述,新移民华商首先是通过高品质的产品和高素质的服务树立企业/公司的诚信度,打开销路,提高企业/公司的声誉和知名度,并因此获得客户以及上下游厂商的信赖和支持。例如,上面个案一中的蓝伟光、个案二中的吴野、个案三中的R女士等等都是在各自的行业内树立了良好的口碑。再如,邦建航运控股有限公司在2002至2003年时陷入行业低潮期,遭遇到资金严重不足的问题,庆幸的是,邦建在行业中的诚信早已有口皆碑,于是一些资金丰足的企业慷慨伸出援手,帮助邦建渡过了难关。如今邦建已经成为一支拥有近30多艘船舶、运力达200万吨载重的船队,航线遍及世界各大港口;2008年6月,邦建还和世界著名投资公司摩根大通签署了一份投资协议书,邦建从此将获得摩根大通丰厚的投资资金和财务支持,更重要的是,邦建将以更快的步伐走向世界。邦建强大了,但邦建的执行主席黄自强依然坚守承诺,不但回报了原来帮助过他的企业,还与这些企业

---

① 皮埃尔·布迪厄著,武锡申译:《资本的形式》,参见薛晓源、曹荣湘主编《全球化与文化资本》(北京:社会科学文献出版社,2005年4月),第20页。

② 林南著,张磊译:《社会资本:关于社会结构与行动的理论》(上海:上海人民出版社,2005年),第44页。

一直保持着密切的合作关系。黄自强信奉的一句话是"没有最好,只有更好",他就是靠着这样的理念不断将自己的船队发展壮大。①

2. 参加社团组织,以扩大社交圈。 1991年后移民新加坡的这群新移民华商,基本上是属于第一代移民,所以,他们在新加坡的社会关系就只有留学期间的同学或打工时期的同事。因此,对于他们而言,要想扩大社交圈或者编织商业网络,一个最常见的办法就是通过参加当地的一些社团组织,如中华总商会、中国商会、天津会、华源会、天府会等等,这些都是新加坡新移民华商乐于成为其会员的社团组织。例如:有的受访者除了乐于参与以上的一些社团组织外,还会选择加入如"扶轮社"这样一类的服务性、慈善性组织(如某建设投资公司总经理),这种行动者可归类为"符号资本驱动型";但也有受访者选择不加入任何社团组织,但偶尔会参加一些社团活动,目的是去结交某些与其公司可能会产生潜在关系的客户或合作者,这些行动者应该可归类为"利益驱动型"。不过大多受访的新移民华商表示,他们参与社团的活动主要是交友解乡愁,而非纯粹的商业目的;当然,若有机会与其他商家建立合作关系,他们也乐见其成。事实上,自从他们参加了这些社团组织后,至少他们的客户群的确增加了。这应该就是人们常说的一句谚语"不仅是你知道什么而且是你认识谁"的意义所在吧,不过这个你认识的"谁"可以是"一个伟大的名字",也可以是"客户"或"潜在的合作者"。也如林南所指出的:

> 社会资本应该为某个目的而行动的个体提供好处;在这种情况下,互动是实现行动目标的手段;因为从一种关系中自然增长出来的社会资本,在程度上要远远超过作为资本对象的个人所拥有的资本(主要是社会资本,也有文化资本,甚至还有经济资本)。②

因此,怀着梦想、抱着追求的新移民华商理所当然也不会放弃这种可以积累社会资本的机会。

3. 与政府建立良好关系,以巩固发展平台。 众所周知,中国和新加坡两国的亲商政策为新移民华商提供了一个成长和发展的平台。大多受访者都表示,除了政策之外,与中、新政府的良好关系,也是建立商业网络一条很重要的

---

① 方青主编:《品牌·魅力——企业家》(新加坡:百思传播与顾问出版社,2008年9月),第48~50页。

② 林南著,张磊译:《社会资本:关于社会结构与行动的理论》(上海:上海人民出版社,2005年),第40~42页。

渠道。他们认为,所谓"政府"本身就是一个品牌,也就是一种"符号资本",更容易获得潜在合作者的信任。因此,无论是在新加坡,还是在中国,抑或在其他国家,如果你有新加坡政府或中国政府的支持,那么,你至少已经有了超过一半的成功几率。这就是"符号资本"所产生的所谓"暴力"效应。

例如:新达科技集团的蓝伟光早期的成功,很大程度上是因为获得了厦门市政府的支持,以及政府属下的建发公司720万元,以及另外三家公司(包括厦门大学)900万元的大额资金投入。[①]

某建设投资公司的汪总,自1997年亚洲金融风暴以来,新加坡建筑行业的发展一直处于不景气时期,为了开拓新市场,汪总开始进行多元化经营,除了承包建筑工程外,还做进出口贸易,以及培训与商务接待,还与新加坡官方机构合作设立了新加坡建设局——中国XX考试中心,目的是为新加坡培训和录用合格的建筑工程人员。因为这样的培训和考试是受新加坡政府认可的,所以,在中国的需求者花钱花得放心,还可以实现自己出国的梦想,而新加坡的各大建筑公司也愿意接受这些经过汪总考试中心的考试合格者。这使得汪总的建筑公司尽管遭遇行业的不景气,却仍然能够维持日常营运,也没有因为经济不景气而裁退员工。

某培训机构的R女士,其公司的客户主要来自中国,她不仅与中国驻新加坡的大使馆保持着良好关系,在中国国内也获得从中央到地方多家官方机构的支持和合作,所以,她接洽的国内培训团成员遍布中国20多省市及自治区。

唯一国际集团总裁杜志强不仅提议和创办了天府会,同时还身兼数职,如:新加坡中华总商会旗下的"通商中国"委员、[②]新加坡人口政策工作委员会委员、新加坡纳税人民意委员会委员、中国四川省海外交流协会副会长、中国天津市海外交流协会副会长、新加坡香港九龙会名誉顾问等等。自2004年起,杜志强多次应邀出席中国国务院召开的"世界华人华侨大会"、"世界华人华侨社团大会"等重要活动,2009年他还应邀参加了新加坡政府成立的国民融合理事会。

---

① 刘宏:《跨国场域下的企业家精神、国家与社会网络:中国新移民的个案分析》,《华侨华人历史研究》,2007年第4期,第6页。

② "通商中国"是由新加坡资政李光耀先生倡导成立的一个民间商业组织,其中有6位新加坡现任部长、多名国会议员及商业巨头任职董事会,而杜志强是第一个被邀进入的中国新移民。

第六章 "知本家"的资本积累和转换特色

毫无疑问,无论在哪种社会生存,都必须要平衡社会上的各种关系:市场、厂商、客户、政府等等,不可忽视任何一方。而新移民华商与中、新政府之间的合作也的确大大提高了他们的知名度,以及社会影响力。他们的这种做法无非也是希望"通过借由一个伟大名字构成的象征手段",以使自己"有能力把所有的关系转变成持久的联系",①从而建立更广泛、更高层次的社会资本。

但这种颇具东方特色的政商关系一直是个敏感问题,容易引发揣测和联想,因为政府官员有权,资本家有钱,两者之间存在互利互惠的机会,因此,容易产生权钱交易或钱权交易的腐败行为。陈国贲的研究指出当政府官员与资本家结盟,后者成为前者的亲信时,就会产生裙带资本主义(crony capitalism)的经济结构。这种类型的关系通常会导致行为腐败、任人唯亲、家长作风和裙带主义等问题。②尤其在集权主义国家,以及法律制度和其他制度不甚完善或实施不利的国家里,这种裙带关系、这种钱权交易的腐败行为的确非常盛行。然而,在新加坡这样的国度里,陈国贲进一步指出:其政府自1960年代建立起透明的公司管理法律系统以来,滋生任人唯亲和裙带主义问题的社会条件便随之迅速消失,一连串防止、打击贪污腐败措施的有效推行,使新加坡不存在像印尼和泰国那样大规模的裙带资本主义和腐败问题。③

受访的新移民华商也一致表示:他们来新加坡发展,其中一个很重要的原因就是新加坡政府的清廉,以及经商环境的高度法制化,一切事情按法律和规则处理,无须煞费周章,可免去许多烦恼和忧虑,也省去诸多不必要的交易成本,所以,他们在处理和政府的关系时只需全心确认自身的诚意和能力是否足够,而无需担忧会不会有行贿受贿的问题。此外,他们也表示:不管是与政府还是与商家谈生意,也无论这笔生意获利大小如何,如果需要行贿才能达到目的,他们都选择宁可放弃这笔生意。这一方面是因为他们深知在新加坡这样的国家行贿可能带来的风险究竟有多大;另一方面也显示出新移民华商已经把新加坡的法律法规融入自身的商业行为之中;而第三方面,也是本研究在与

---

① 皮埃尔·布迪厄著,武锡申译:《资本的形式》,参见薛晓源、曹荣湘主编《全球化与文化资本》(北京:社会科学文献出版社,2005年4月),第17页;皮埃尔·布迪厄著,包亚明编译:《文化资本与社会炼金术——布迪厄访谈录》(上海:上海人民出版社,1997年1月),第217页。

② 陈国贲著:《华商:族裔资源与商业谋略》(香港:中华书局,2010年10月),第69~70页。

③ 陈国贲著:《华商:族裔资源与商业谋略》(香港:中华书局,2010年10月),第69~70页。

他们访谈之后所感受到的:这些新移民华商同样是由于深受中华传统文化的浸染,当然知道建立关系、维系感情的重要性,尤其是政商关系,因为这都是建立商业网络的基础,但是,他们在受教育的过程中也深受西方文化的影响,更了解有关中国商场、新加坡商场上的很多成败荣辱的历史和故事,所以,他们基本上都属于崇尚"君子之交淡若水"的一类,而新加坡的环境正好符合了他们的追求和偏好。就像以上案例中的吴野和R女士所说的:在新加坡这样的环境里进行商业活动,在处理"关系"方面,他们感觉比较轻松自在,不会受到太多人情、政商关系的约束和拖累。另一位受访者更是直言不讳地说(经过整理):

  我如果没有出国,也许不会选择走从商这条路,第一,我没有太多可以打通关系的基础(其社会资本的起始位置较低);第二,我所知道的那些从商案例他们为打通关系所需的过高的交易成本已大大降低了我从商的兴趣(其通过经商来进行资本转换的意愿较低);第三,如果勉为其难,硬着头皮赶时髦"下海",或者抱侥幸心理硬闯所谓的"灰色地带",到时是挫败感大还是成就感大,实在很难说。总之,风险太大(由于机会成本太大,从而对自己通过经商来进行资本转换的"能力"没信心)。

末了,受访者补充说道:不过,新加坡的情形不太一样,在这个惩罚严明的法制社会里,对市场的进入权的获取,以及尤其是与政府关系的建立,主要靠的是行动者的"才能和商业道德",而非私交深浅或者是否是政府的宠幸者。

由此可见,跟老一辈华商一样,新移民华商既重视成本—收益的分析,也重视政商之间的关系,只是比较偏向于理性和审慎。事实上,当社会和国家处于稳定发展时期,而且具备较为完善的法律体系和市场体系时,商家能获得政府的支持和合作的话,应该会使商家的发展平台越来越广阔,商家的声誉和社会"占位"也将进一步巩固甚至提升,其经济利润也会随之增加,最终将促成政府、商家和国家的三赢态势。①

4. 回馈社会,以扩大影响。无论是老一辈华商还是其继承者,无论是新一代本土华商还是新移民华商,"回馈社会"这种方法或策略都是他们必须要采用的。只是由于以上的受访者均是1990年以后的新移民,其创业和发展时期

---

① 例如,在天府会会长杜志强的努力下,新加坡已有好几个投资项目进入四川:投资3亿元的新都新加坡商业一条街,投资近10亿元的郫县新加坡娱乐城、龙泉驿狮城大厦、温江新加坡工业园等等。

较短,所积累的经济资本较之老一辈华商以及新一代本土华商来说都相差甚远,但这些新移民华商却依然没有忽视"取之社会,用之社会"的逻辑所在。

邦建航运执行主席黄自强为回馈母校,于2007年在上海海事大学设立"邦建助学奖学金",承诺将连续五年每年出资30万元人民币来资助贫困学生、奖励优秀学生;近年来,为支持家乡的教育和慈善事业,邦建每年都捐出超过100万人民币;2008年,四川汶川大地震,邦建捐出70万新币。①新达科技的蓝伟光,2006年荣升《福布斯》富豪榜第221位和胡润富豪榜第307位。为回馈社会、回报桑梓,他于2001年捐出110万元人民币,成立以其父亲名字命名的蓝麒麟教育基金会,资助家乡贫困孩子求学,圆他们的读书梦。②天府会会长杜志强,在2008年汶川发生大地震时,他代表天府会会员向四川省人民政府捐出100万人民币,并积极参与了四川"罗江天府侨爱小学"的重建工作,与此同时,天府会还为该校设立了一个20万元人民币的"天府奖学奖教基金",以奖励优秀学生和优秀教师。

以上类似的个案不一而足。这些新移民华商尽管经济力量还相当微薄,却也在尽心尽力承担着社会责任。因为他们早已深刻地认识到,作为企业家就应该要有这样的价值理念,回馈社会是企业家应尽的责任。不管他们这是在为自己积累所谓的"符号资本",还是在期待"符号暴力"所产生的效应(详见第四章),这似乎都是一个企业家在追求更大成功的过程中必须经历的。譬如:以上所谓"以诚信为本,为产品立口碑"的做法,无非就是要为企业和产品建立"符号资本"。"参加社团组织,以扩大社交圈"的目的是编制和扩大关系网络,并期待改进自身的网络结构,寻找潜在利益;"与政府建立良好关系,以巩固发展平台"是为了借由一个响亮的名字或借由一种"符号权力",一方面来提升自身社会资本的层次,另一方面来稳固或拓宽自身的发展平台;至于"回馈社会,以扩大影响"的意图与老一辈华商以及新本土华商几乎如出一辙,那就是期望其行为在社会群体中获得认可,尤其是被官方认可,因为这既"是一种在社会中甚至在法律中得到保障的符号资本",③也是一种"信誉"资本;它是"诚信"的象征,能产生"信任、权力和威望",以帮助行动者实现身份、地位的

---

① 方青主编:《品牌·魅力——企业家》(新加坡:百思传播与顾问出版社,2008年9月),第49~50页。
② 陈勇:《蓝伟光——膜技术之父》,《闽商》周刊,2007年3月1日。
③ 皮埃尔·布迪厄著,李艳丽译:《文化权力》,参见薛晓源、曹荣湘主编《全球化与文化资本》(北京:社会科学文献出版社,2005年4月),第23~32页。

再确认以及再提升的合法性,进而实现资本的再转换——即符号资本又可以转化为(更高层次的)社会资本和(更多的)经济资本,即使这种转换并不是即时性的。

尽管相对而言社会资本不能简化成某个特定行动者或与他有联系的所有行动者所占有的经济资本和文化资本,但社会资本从来不曾独立于这些资本。[①] 从以上的讨论可知,新移民华商的种种做法就是在通过不同的途径来建立和扩充自身的社会资本,而这些社会资本很明显是建立在他们所拥有的"制度化"形态的文化资本以及"身体化"形态的文化资本上,这些社会资本的积累使得他们能够"依靠自身的权力所占有的资本,并使其产生了收益增值效应";与此同时,他们也必须通过社会资本的建立和积累,才能更好地在经济场域中施展并巩固他们的力量,进而实现其文化资本与经济资本的转换。

四、法、理、情三者并重——经营中的基本原则

本书第二章的文献回顾中已经提到,有学者总结出中国式、日本式和美国式等三种不同企业的管理特色,分别是:中式管理以"情"为先,日式管理以"理"为本,美式管理以"法"为重。

那么,在全球化背景下卷入移民浪潮中、在中国改革开放时期接受高等教育、在新加坡这样高度开放性的经济场域中从事商业活动的新移民又是如何诠释法、理、情在其管理和经营上的重要性呢?华旗资讯的吴野总经理对此的回答是:

> 我们公司所坚持的"对事讲标准,对人讲感情"管理和经营原则,正好体现了"理"和"情"两个方面,这两个方面都很重要,不能混为一谈。

关于这一点,本书第四章也曾讨论过"重关系、重情义"是华人的一种传统习性,也是华人处事待人的一种思维逻辑,所以,无论是老一辈华人还是新时代的华人,在他们的字典里一定会有"以情动人,以理服人"这样的词句,只是老一辈华人可能更为感性,而新时代的华人偏重理性。正如另一位受访者所说的:

> 新加坡是一个法治国家,要在新加坡生存,就必须遵纪守法,这是我们这个时代的人都必须明白的生存法则。

---

① 皮埃尔·布迪厄著,武锡申译:《资本的形式》,参见薛晓源、曹荣湘主编《全球化与文化资本》(北京:社会科学文献出版社,2005年4月),第15页。

其他受访者也都表示：合"法"是经商的前提，不按牌理出牌，不遵守游戏规则，尤其在新加坡这样的法制国家，连生存都困难，还谈什么"情"和"理"。因此，对他们而言，法、理、情三者同等重要，就看你采取什么思维方式去对待和处理。

正如布迪厄的理论所显示的：对于一种社会现象或一种社会行为的理解不能局限于简单的必须这样或必须那样的二元框架中，而应该将其置入特定的场域中来进行考量和分析，这样才能真实、客观地解释社会现象和社会行为。

第五节　本章小结

总括而言，尽管在新加坡的新移民华商自创业伊始到现在时间并不长久，其未来发展的方向还很难确定，经济成就也尚待观察，而且成功企业的管理文化与经营模式是需要靠长期的实践来积累的，因此，如果现在就来对新移民华商进行某种评价和论断的话，似乎为时过早，也有欠公平。但新移民华商毕竟已在新加坡这片异国的土地上经营和发展了6~16年不等，也已经远比那些在中国国内平均寿命只有2.9年的企业长寿很多。[①]既然他们能在全球化背景下，在竞争激烈的环境当中创业并持续发展到今天，就一定有他们的可借鉴之处。

首先，在文化资本的积累方面，这些新移民华商则秉持着与时俱进的发展观念。他们的文化资本存量主要分布在"制度化"形态的文化资本（显性的）和"身体化"形态的文化资本（隐性的）。足够的"显性知识"能让他们有足够的"智商"（IQ）去发现机会；而"身体化"形态的文化资本包括：价值观念、进取精神、创新精神、远见卓识、工作态度、处世态度、应变能力、文化适应性和文化能力以及经验、技能等，也即"情商"（EQ）、"逆境商数"（AQ）以及"文商"（CQ），

---

① 有关企业的平均寿命问题，网上有各种报道：中国企业平均寿命2.9~5年，而日本企业却是30年，美国企业20年。近年来，有关调查结果显示：中国企业平均寿命仅为4.2年，优秀企业为29年，民营企业为2.9年，跨国企业为11.5年，世界500强企业为41年，卓越企业为108年。参见盛光华所撰写的博士论文《中小企业生存与成长的经济学分析》（吉林大学，2007年）；王峰、周南南：《中国企业生命表的编制》，《统计研究》，2009年第12期，第60~68页。

这 4Q 都需要通过行动者个体的亲历亲为、社会实践、个人体会和家庭传承才能获得和积累。如果说"制度化"形态的文化资本是一只"看得见的手",那么,"身体化"形态的文化资本就是一只"看不见的手",它是行动者的一种行为表现,是给他人的一种感觉,这种资本属于稀缺资源且无法量化,拥有了它也就拥有了不同于他人的市场竞争优势。尤其是在"制度化"形态的文化资本越来越普及的现代社会,丰富的"身体化"形态的文化资本能够帮助行动者个体适时抓住机会,就算遇到危机和挫折,也不会轻言放弃。以上案例中的新移民华商的实践经历就很直接地说明了:在社会中的个体行动者成功与否的基础就在于其"制度化"形态的文化资本与"身体化"形态的文化资本的如何配置。

曾有学者预言,在全球化时代,在强调制度性和法制性的大背景下,华商文化将逐渐向西方商业文化演进。①但事实似乎并非完全如此。本书的第三、四、五章都曾讨论过,无论是老一辈海外华商,还是新一代华商,其管理和经营文化都会受到所处时代和所处场域中的政治、经济、社会、传统、教育以及制度等因素的深入影响,因而呈现出多样性,而非统一性。从目前新移民华商的文化构成来看,尽管新一代华商的确不可能保持老一辈华商的文化模式,但似乎也不那么容易演变成美式或欧式的商业文化。从以上的分析和探讨中可以看出,这些新移民华商基本属于理性型商人,他们在追求经济利益最大化的同时,也在丰富自身的文化资本积累;他们在包容和适应其他外来文化时,仍然不会忘记"和而不同"的道理所在。因为只有保持了自身的独特性,才会有差异性,也才会有自己的比较优势。正如本尼迪克特所言:

> 没有哪个具有其他文化经验背景的人类学家,会相信个体是自动机,机械地执行他们置身其中的文明的法令。也没有哪种被奉行的文化能够消除构成文化的诸个人在气质上的差异。它总是一种授受关系。如果强调文化和个体间的对抗,而不是强调它们的互补,那么,个体问题就不能得到明晰阐述,它们的联系如此紧密,以致不特别考虑文化模式与个体心

---

① 可参见 Chang, Ly-yun and Tam, Tony, "The Making of Chinese Business Culture: Culture versus Organizational Imperatives", in Gomez, Edmund Terence and Hsiao, Hsin-Huang Michael, *Chinese Enterprise, Transnationalism, and Identity* (London: Routledge Curzon, 2004). 或参见亨廷顿著,张铭译:《不是文明是什么?——后冷战世界的范式》,《现代外国哲学社会科学文摘》,1994 年第 10 期,第 9~13 页;大卫·索罗斯比著,张维伦等译:《文化经济学》(台北:典藏艺术家庭股份有限公司,2009 年 3 月),第 191~197 页。

理的关系,便不可能对它们进行讨论。①

换言之,当不同文化相遇时,理所当然地会相撞、相交、相对立,其结果也许会带来文化的改变甚至变革,但不会动摇社会行动者的基本信仰和价值观,以及由历史传统所形成的文化习性,不过,文化(包括个体的文化习性和社会文化)还是会在这一系列的实践中自觉地自我重构和重新定位。亨廷顿也曾强调:

> 在当代世界中,尽管大多数现代社会是西方社会。但是,现代化并不等于西方化;日本、新加坡和沙特等是现代的、繁荣的社会,但它们显然是非西方化的;如果认定其他现代化的民族或国家必然会变得和西方国家一样,那也只是某些西方人傲慢自大的想法;而这种傲慢自大的想法本身就是造成文明冲突的一个重要原因。②

所以,在全球化的未来,海外华商文化应该不会有被西方文化同化的倾向,而应该是一种混成的、且更具力量的多元文化模式。③以上案例中的新移民华商,以及第五章中的新本土华商,其文化资本的构成和积累过程就是一个很好的实证,他们正实践着亨廷顿所提出的"在一个具有不同文明的世界中,每一种文明都必须学会和其他文明共处"④的文化构想,他们正经历着对不同文化的适应、包容和选择的过程,以及文化的自我重构的过程,这个过程将使他们的文化资本(尤其是"身体化"形态的文化资本)得以优化,其存量规模得以扩大。

其次,由于社会资本是嵌入在社会关系网络中的资源总和,是和社会身份、社会地位以及社会义务联系在一起的。社会资本的积累和扩大既体现了行动者获取资源的方式与能力,又与其文化资本尤其是"身体化"形态的文化

---

① 露丝·本尼迪克特著,何锡章、黄欢译:《文化模式》(北京:华夏出版社,1987年9月),页197页。

② 亨廷顿著,张铭译:《不是文明是什么?——后冷战世界的范式》,《现代外国哲学社会科学文摘》,1994年第10期,第9～13页。

③ Henry Yeung, Wai-chung, "International/Transnational Entrepreneurship and Chinese Business Research: Some Critical Reflections", in Leo Paul Dana (ed.), *The Handbook of Research on International Entrepreneurship* (Cheltenham: Edward Elgar, 2004), pp. 73～93. 另参见陈国贲著:《华商:族裔资源与商业谋略》(香港:中华书局,2010年10月),第130～139页。

④ 亨廷顿著,张铭译:《不是文明是什么?——后冷战世界的范式》,《现代外国哲学社会科学文摘》,1994年第10期,第9～13页。

资本存量高度相关。因此,新移民华商在创业模式和经营行业的选择,在社会资本的建立、扩充和提升方面,则十分注重发挥自身所拥有的文化资本的功效,注重依靠信息资源和知识创新来实现资本的转换。由于他们选择在新加坡从商主要是出于追求更好的发展,或者是为了追逐梦想,因此,他们在构建商业网络的过程中已经突破了血缘、地缘以及行业的局限性,而更具发散性和主动性,譬如上一节所提到的,新移民华商既跨越了"血缘、地缘、神缘、业缘"等关系,却又在不断地、主动地寻找各种"机缘"来构建关系和网络(如个案三中的吴野是北京人,却也是天府会会员等)。此外,他们对待政商关系的看法和做法也颇具东方特色,但决不会为追求利润最大化而忽视相应的法律法规,因此,遵纪守法、合情合理必须是企业/公司最基本的经营原则。

其实,无论新移民华商是以发展的观念不断地积累文化资本,还是为了实现文化资本向经济资本的转换而建立社会资本,这都是他们作为场域中的竞争者所采取的竞争策略。布迪厄在其场域理论中提出了三个参与场域竞争的策略:保守、继承和颠覆。

> 保守的策略常常被那些在场域中占据支配地位、享受老资格的人所采用;继承的策略则竭力尝试去获得进入场域中的支配地位的准入权,它常被那些新参加的成员采用;最后,颠覆的策略则被那些不那么企望从统治群体中获得什么的人采用,这种策略通过挑战统治者界定场域标准而采取了多少有些激进的决裂形式。①

尽管布迪厄强调:他并不认为所有小资本拥有者必定是革命的,而所有大资本拥有者必定自动地倾向于保守。但这种倾向还是存在,譬如:在新加坡已经获得成功的老一辈华商通常会采用保守策略,以维持既有的权力和资源。新加坡新本土华商所采用的似乎近似于颠覆策略,但其表现形式并不是那么激进,如第五章案例三中的 IT 精英沈望傅,他全副的心思就是要"创新、创新、再创新",而"创新"就意味着突破或颠覆;案例二中的水女皇林爱莲一句"做失败了也不过还是一无所有"则有一种"豁出去"的冲劲。应该说,他们所享受的是"挑战"的过程。而新移民华商作为场域中的"新进入者"所采用的应该是比较谨慎的"继承"策略了:他们既继承了自己族群的优良文化,又采取

---

① David Swartz, *Culture and Power: the Sociology of Pierre Bourdien* (The University of Chicago Press, Ltd., 1997). 亦可参见戴维·斯沃茨著,陶东风译:《文化与权力:布迪厄的社会学》(上海:上海译文出版社,2006年5月),第145页。

第六章 "知本家"的资本积累和转换特色

"分别认同,择善而从"的开放态度面对不同文化,这种文化既包括历史的又包括社会的和商业的等等,其目的是"尝试去获得进入场域中的支配地位的准入权",以获得更好的社会"占位"。也如布迪厄所指出的:

> 社会行动者并不是"粒子",并不是被外力机械地推来拉去的。他们是资本的承受者,他们会根据自身的轨迹,根据自身通过资本(数量和结构)的捐赠而在场内占据的地位,要么倾向于积极地把自己引向对资本分布的维护(譬如老一辈华商),要么就是颠覆这种分布(譬如新本土华商和新移民华商)。①

再次,就是资本的转换。由于不同类型的资本的转换需要在相应的、特定的场域下才能实现,而且,资本之间能够成功转换才会带来资本力量的增值效应。那么,处在各种场域"边缘"的新移民华商如何才能将资本进行成功转换?按照布迪厄的观点:

> 在任何时刻,都是玩耍者(即游戏参与者,也即场域中的行动者或竞争者)之间的状况界定了场的结构。我们可以想像每位玩耍者面前有一堆不同颜色的筹码,每个颜色对应一种他拥有的资本的特定种类,这样他在游戏中的相对力量、他在玩耍空间中的地位,他取舍游戏策略方面的倾向性,他所作的或多或少冒险的或谨慎的、颠倒性的或保守性的所有举动,都取决于筹码的总数和他所拥有筹码种类的构成情况,即取决于他的资本的数量与结构。②

这应该就是新移民华商在竞争的过程中为什么要持续不断地积累和提升自身的文化资本和社会资本,因为这些资本的存量和层次直接影响着他们在竞争中的表现,譬如竞争策略的选择、竞争力量的大小、社会占位的高低、转换能力的强弱等等。因此,"是痛苦地在多重边缘间挣扎,还是自由地在各种疆域间游走,取决于移民手中资本的雄厚程度和转换能力。"③

综上所述,新移民华商借助了新加坡这样一个高度开放、高度外向的经济

---

① 皮埃尔·布迪厄著,包亚明编译:《文化资本与社会炼金术——布迪厄访谈录》(上海:上海人民出版社,1997年1月),第154页。
② 皮埃尔·布迪厄著,包亚明编译:《文化资本与社会炼金术——布迪厄访谈录》(上海:上海人民出版社,1997年1月),第144页。
③ 游俊豪:《主体性的离散化:中国新移民作者在新加坡》,《长江学术》,2009年第1期,第19~25页。

场域作为资本转换平台,由于在文化资本的持有方面其初始位置比较高(高文凭、高学历、多语言等),所以,其建立和获取较高层次的社会资本相对比较具有优势。但是,作为场域的"新进入者"要想获得主动性和支配权,或者要想最大化地将文化资本、社会资本和经济资本的相互转换进入到良性循环之中,还得仰赖行动者的资本转换能力。此外,新移民华商还需要面对另一个更严峻的挑战,那就是:第一,随着现代科技越来越发达,以及社会的继续进步所带来的知识和信息越来越流通和普及,"任何一个行动者都能占有体制上认可的文化资本。也正是这种学术资格的存在,使得资格拥有者之间的比较甚至相互替代成为可能。"①这就意味着,文化资本将被越来越多的人占有,那么,有朝一日,当人们的知识性、技能性等"制度化"形态的文化资本也如同物质资本一样逐渐地不再属于稀缺资源时;第二,面对现代全球市场运作日趋完善、同类产品的差异性日渐减低,比较优势和成本优势日渐消失,以及资源的不可垄断性等种种因素所带来的市场竞争日益激烈、市场的门越来越窄、市场的门槛却越来越高、市场的被占有率也越来越高时,新移民华商要怎样才能使自己以及企业或公司持续保持竞争力,去扩大或保有那有限的、微小的一块"蛋糕"(市场份额)?

因此,尽管世界是平的,但新移民华商未来的经商之路依然是崎岖的。他们将来能否获得如老一辈华商,或者是比他们相对早一步跨进新加坡商场的新本土华商那样的商业成就,目前看来还是个很难预料的未知数。但有一点可以预见的是,当"制度化"形态的文化资本逐渐不再具有稀缺性时,行动者个体也许可以利用自身"身体化"形态的文化资本去塑造个体的独特性和差异性以区别于其他行动者,因为这种"在家庭内部代代相传的文化资本",以及需要依赖个体"文化能力"才能获得的文化资本,诸如态度、观念、习性、思维习惯、性格、品格、气质以及追求成功的欲望等等,这些具有"扩散性"、"身体化"特征的文化资本尽管会受到微观的互动结构以及宏观层次的文化、社会或经济因素的影响,但因为其获得途径的隐蔽性,从而"躲避了(社会的)观察与控制",②也因此在现代或未来相应的社会场域中更有可能塑造个体的比较优

---

① Pierre Bourdieu, "The Forms of Capital", in A. H. Halsey, H. Lauder, P. Brown & A. Stuart-Wells(eds.), *Education*:*Culture*,*Economy and Society* (New York:Oxford University Press, 1989), pp.46~58. 参见薛晓源、曹荣湘主编:《全球化与文化资本》(北京:社会科学文献出版社,2005 年 4 月),第 14 页。

② 皮埃尔·布迪厄著,包亚明编译:《文化资本与社会炼金术——布迪厄访谈录》(上海:上海人民出版社,1997 年 1 月),第 210 页。

第六章 "知本家"的资本积累和转换特色

势,这样的比较优势也许才有可能促使其"制度化"形态的文化资本发挥出更全面的功效,并最大化其文化资本、社会资本和经济资本之间的相互转换。

换言之,如果说在工业化之前的时代经历了从"物质资本创造价值"到"劳动资本创造价值"的阶段,而在工业化开始直到现在的时代是"知识技术资本创造价值"的话,那么,从现在到未来在各种特定的场域中可能就是"文化资本创造价值"(尤其是"制度化"和"身体化"形态的文化资本)的时代了。按照布迪厄的观点,在当代社会,文化已渗透到所有领域,所以,现代政治已无法仅凭政治手段解决争端;现代经济也无法只靠"理性经济人"法则而繁荣昌盛;假如没有丰厚的文化资本存量,那么,无论是政治、经济或社会,还是企业、集体或个体都是缺乏活力,无法产生增值效应。也如布迪厄所强调的:"任何特定的文化能力,都会从它在文化资本的分布中所占据的地位,获得一种'物以稀为贵'的价值,并为其拥有者带来明显的利润。"[1]也就是说,只有那些具有稀缺性特质的文化资本,尤其是身体化形态的文化资本,才是行动者在未来唯一可能拥有的比较优势——这种比较优势必定会赋予其拥有者某种特定的权力,而这种权力就意味着其拥有者对所在场域内的特殊利润的控制。

---

[1] 皮埃尔·布迪厄著,包亚明编译:《文化资本与社会炼金术——布迪厄访谈录》(上海人民出版社,1997年1月),第196页。

第七章

结　　论

　　纵观社会发展和进步的不同阶段,文化与经济的关系实在很难切割。从宏观角度来看,文化因素对国家经济发展起着关键的作用;从微观角度来看,文化因素不仅对人们的经济行为有着重要的影响,同时也直接影响着人们的文化资本的构成和积累。尤其在当今时代,由于全球化步伐的不断演进所产生的强大力量,推动了自由市场体制在全世界的扩展,从而使得不同企业在其生产组织和资源配置方面有了更大的发展空间,也使得微观个体在自身的资本配置(文化资本、社会资本和经济资本)方面有了更多的发挥空间和发展平台。

　　这一过程也促使激烈的市场竞争进一步升级,它一方面导致了更多的创新和更大的资源流动性;另一方面则由于在传统的市场结构体制中,对市场行动者而言,只能以钱生钱,因而缺乏经济资本,是人们创造和积累财富的最大障碍,但在1980年代以后,当金融市场的普遍发展使得资本能够在全球范围内自由流动时,融资变得相对容易,也因此推动了公平竞争,所以,创造财富主要依靠的将不再只是传统意义上的土地、劳动以及以钱生钱的经济资本,更多的则是依赖参与市场竞争的行动者所拥有的知识、技能以及创新的思想、发展的理念和努力工作的态度等等这些布迪厄意义上的文化资本。

　　因此,在当今时代究竟是何种资本才能创造价值？采用布迪厄的"资本总量"——亦即经济资本、文化资本以及社会资本这些实际可资利用的手段和权力的综合体——这个概念来进行探讨是具有意义并令人信服的。在这三种资本形态中,布迪厄认为,经济资本和文化资本对创造价值和阶层建构起着决定性的作用,但社会资本的存量和层次所起到的"桥梁"作用以及"推波助澜"的辅助作用也不可忽视。

　　那么,作为社会界中的微观个体究竟是怎样或该如何来积累和扩张自身的"资本总量"？罗伯特·阿蒂吉阿尼的研究具有一定的启发性，他指出：人类社会通过把物质、经济、文化、知识和技术方面的信息转换成有组织的人类活动来描绘其各个场域的特征，人类活动的有效回应则能够给社会带来稳定，由此，稳定的社会则可以促使人类活动能够应付其所在场域的变化；为了社会结构能够永久延续下去，场域中每个个体甚至每一代人，都应该了解并分享能说明该社会特性的信息；这种信息描绘了场域中的重要资源，并引导了开发这些资源所必须采取的行动；而信息的传递需要用符号来表示，也即通常是由描述民族历史、文化传统、先贤前辈、神话故事和宗教义理等等来确定一个社会的主要资源，因为这些价值符号蕴含着个体应该怎样学会使用这些资源，并且规范着受到集体道德支持的各种行动以及实施这些行为的具体方式。总之，这种信息记录着识别某个特定社会的行为模式，并有助于这些行为模式一代一代的发展。①这恰好也是布迪厄所高度关注的：

> 社会界把个体与群体置于一个竞争性的等级体系中很大程度上源于文化的社会化，这使得相对自主的斗争（或竞争）场域使个体与群体陷于争夺有价值的资源的斗争，这些社会斗争将通过符号的分类得到折射，社会行动者则通过各种策略获取利益，并在此过程中不知不觉地再生产着社会的分层秩序。②

根据本书前六章内容所述，新加坡华商就是这样在相应的竞争场域中积累文化资本、建构社会资本、获取经济资本以及对不同类型的资本进行转换的，他们的商业实践过程便是以上理论的最佳实证。

总括而言，他们建构和积累资本总量的驱动力主要来源于三个层面：内在与外在、内化与外化以及内不化。内在的驱动力包括华族文化的继承与扬弃、传统习性的供给予现实社会的需求之间的纠结与冲突、社会阶层的分化和社会位置的争夺等；外在的驱动力包括祖籍国与居住国政治局势的冲击、居住国经济政策与文化政策导向的冲击，以及为求取政治、经济、文化的本土化抑或全球化之间的平衡的冲击等等。而当这些个体与群体面对场域的变化时，会适时地、不断地、主动抑或被动地将所处场域中的社会结构、社会主体文化和

---

① 参见罗伯特·阿蒂吉阿尼著，蜀君译：《20世纪的复兴？一种文化变革的代价和希望》，《第欧根尼》，1994年01期，第55~115页。

② David Swartz, *Culture and Power: the Sociology of Pierre Bourdien* (The University of Chicago Press, Ltd., 1997). 亦可参见戴维·斯沃茨著，陶东风译：《文化与权力：布迪厄的社会学》（上海：上海译文出版社，2006年5月），第7、99页。

外来文化的精髓等内化为自身的、新的认知结构,以适应他们所面临的客观社会和客观机会;与此同时,他们也非常懂得及时将所拥有的、不断更新的思想、理念、知识和技术,甚至文化习性等等转化为经济行为和社会实践(外化)。所谓"内不化"则是指,纵然"适者生存"是他们一直秉持的理念,但他们在遭遇各种文化的撞击、并适度将外来文化的优良层面进行内化时,仍然保持着对传统和权威的尊重、对身份和地位的向往,因此会竭尽全力甚至不惜通过与官方的意识形态进行斗争来保留作为华人的集体记忆、保有华人的自然本性,其主要目的是维护自身所携带的传统习性、语言文化以及立功立德的价值观念(内不化)。

人类学家本尼迪克特曾指出:人类文化是"人格的无限扩展";一种文化,无论它多么微小,多么原始,或多么巨大,多么复杂,人们都可以认为,它是从人类潜能巨大的弧圈中选择了某些特征,并以比任何个人毕生能做的一切更强大的力量给予了精心建构;在这个所谓的巨大的弧上排列着或由人的年龄周期,或由环境,或由人的各种活动提供的一切可能的利益关系;作为一种文化,其特性取决于对这个弧上某些节段的选择;各地人类社会在其文化习俗制度中,都做了这种选择。①理所当然,新加坡华商也做了这种选择,并经历了对其内在拥有的传承和扬弃的权衡以及外在力量的冲击和推动。正如布迪厄所说:

> 社会行动者既不是由外部起因决定的物质的粒子,也不是执行一种完全理性的内部行动计划的、只受内部原因引导的单子(monad)。社会行动者是历史的产物,是整个社会场的历史的产物,是特别的次场内某条通道中积累的体验的历史的产物。②

因此,新加坡华商在其巨大的弧圈上做出相应选择时就必然要历经"内化与外化以及内不化"的曲折甚至挣扎的过程,也就是这个过程造就了不同时期的新加坡华商其文化资本、社会资本和经济资本的"资本总量"特征。

---

① 参见露丝·本尼迪克特著,何锡章、黄欢译:《文化模式》(北京:华夏出版社,1987年9月),序言,第1页;第一章,第18页。
② 皮埃尔·布迪厄著,包亚明编译:《文化资本与社会炼金术——布迪厄访谈录》(上海:上海人民出版社,1997年1月),第183页。

第七章 结 论

第一节 社会结构、文化资本及资本配置特征

所谓"社会结构"是社会体系各组成部分或诸要素之间的稳定联系和相互作用的模式。可分为狭义的社会结构和广义的社会结构,前者是指具有不同地位的群体之间相互联系的基本状态,据此可把社会分成不同的阶级、阶层、民族、职业群体和宗教团体等(这种社会结构,也就是被布迪厄称为"社会空间"的一系列的社会关系),后者是指政治、经济、文化及社会生活等各种基本的社会活动领域之间相互联系的一般状态。按社会学的观点,社会结构的特点是与特定的历史背景、特定的社会形态和特定的社会制度相联系的,历史背景不同、社会形态不同、社会制度不同,其社会结构也必然不同。

与此相应地,由于人是社会性的动物,人的行为主要是在其所属群体以及这些群体内发生的相互作用中形成的。换言之,一方面,人们在社会生活中并不是孤立地存在,而是通过彼此的相互作用联系在一起的,这种社会关联决定了人们的行为必然受到他们所处的社会情境的影响,并随着社会情境的变化而变化;另一方面,人们总是在一定的文化环境中生活,受这种环境的熏陶和影响,并在这种环境中获得知识、信仰、价值标准和行为准则,因此,人们的行为必然带有某种社会烙印,许多看似个人的行为,实际上都有其深刻的社会原因。[①]

本书所探讨的新加坡华商(尤其是老一辈华商),这样一群在社会界中的微观个体——曾经几乎处于卑微的、臣服地位而又无明显的讨价还价能力和权力资源的人群——如今却已经获得并已把持住非常强大的经济实力、权力和地位,其成功的背后确实都有着深刻的社会和历史原因,同时也显示,无论对个体还是对整个家族而言,这些华商选择创立和发展企业在很大程度上代表着他们抓住并把握住了攀登社会阶梯的机会。

诚如布迪厄所认为的:

> 社会生活应该被看作是结构、性情(disposition)和行为共同构成的交互作用,通过这一交互作用,社会结构和这些结构的具体化的(因而也是处于某种境遇之中的)知识,生产出了对行为具有持久影响的倾向性

[①] 参见《中国百科大辞典》(北京:中国大百科全书出版社,1993年8月),第4709页。

(orientation),这些倾向性反过来又构成了社会结构。因此,这些倾向性同时既是"构造性结构"又是"被构造的结构";它们形成了社会实践,也被社会实践所形成。然而,实践并不总是以完全设计好、规划好的态度研究方式,直接从那些倾向性中得到的,而是来自于"即兴创作"的过程,这一即兴创作过程反过来也是由文化上的倾向性、个人轨迹和玩社会交互作用游戏的能力所构成的。①

这正是新加坡华人的社会结构形成过程的写照,也是新加坡华商的商业实践、文化实践过程的写照。很显然,这种社会结构与商业实践、文化实践之间的关系受到新加坡这个特定政治、经济以及文化教育场域的调节。因为:

> 社会界是一幅积累的历史画面。假如我们不想把它简单说成是行为者之间短时机械平衡的非连续系列,假如我们不想把行动者只是看成可以相互交换的单子的话,我们就必须把资本的概念、以及这一概念的相应扩展及其全部效应重新引入社会界。②

正因为如此,本书可以通过利用布迪厄的场域分析视野将新加坡华商所承载的文化习性与文化资本、社会资本以及符号资本的建构和积累等结合起来进行探讨和分析,而不只是考虑传统经济理论所认可的那一种形式(经济资本)。本书的研究结果的确显示:也只有这样,才能真正解释和理解新加坡华商其文化资本发挥作用的内在逻辑、各种资本积累的驱动力以及资本从一种类型向另一种类型的转换法则。

从本书所涉及的各章内容可以看出,在不同的社会结构中,资本的三种主要类型——经济资本、文化资本和社会资本——在不同时期为重塑社会结构扮演了不同的角色。其中文化资本——尤其是在本书所涉及的20世纪初以来,以及所涉及的研究对象——新加坡华商的成长和发展过程中——所起到的作用显得格外重要和特殊。按照布迪厄的理论:行动者个体在社会空间中所处的位置,取决于其所拥有的资本总量以及资本构成的形式。③因此,不论

---

① 参见皮埃尔·布迪厄著,包亚明编译:《文化资本与社会炼金术——布迪厄访谈录》(上海:上海人民出版社,1997年1月),第216页。

② 皮埃尔·布迪厄著,武锡申译:《资本的形式》,参见薛晓源、曹荣湘主编《全球化与文化资本》(北京:社会科学文献出版社,2005年4月),第3(3~22)页。

③ 参见吉尔·伊亚尔、伊万·塞勒尼、艾莉诺·汤斯利著,吕鹏、吕佳龄译:《无须资本家打造资本主义》(北京:社会科学文献出版社,2008年7月),第76页。

行动者位居高层还是底层,也不论其置身权力的中心还是边缘,在很大程度上,行动者个体的社会占位所反映的都是其是否拥有资本,以及如果拥有的话,有多少? 何种类型? 如何配置?

一、老一辈华商

本研究所涉及的第一大群体——新加坡老一辈华商的资本可以说是在战争的废墟中建立起来的;①其产业的转型以及资本的扩充却受到了新加坡1965年独立后建国策略的导引。老一辈华商由于受社会发展阶段以及所处社会结构(也即社会场域——广义的社会结构和社会阶层——狭义的社会结构)的制约,其起始地位处于社会底层,或说绝对弱势:一贫如洗何论经济资本;社会资本贫乏,或仅限于一般意义上的"关系资本"(如血缘、地缘、神缘等);文化资本尤其是"制度化"形态的文化资本缺失、技能低下等等,因此,在各种资本都处于低层次的情形下,唯一能支撑他们的就是"生存的信念"——对成功的追求、对改善和提升社会占位的强烈愿望等等这些布迪厄意义下的"身体化"形态的文化资本。

然而,也就是这种"身体化"形态的文化资本——或者说这种文化习性所给予的巨大的激励作用却促使这些个体(相较于一般个体)更进一步极大化了对资本(哪怕是极小或极低层次的资本)的转换意愿。正如布迪厄所强调的"行动者利用文化的和社会的资源不是为了逻辑的目的,而是为了在日常生活实践中生存的实际目的"。②也许正因为如此,老一辈华商的成功特别令世人瞩目,也完全打破了一直以来人们认为在资本主义制度下只有经济资本才是成就资本家的决定因素的刻板印象。也就是说,大多数老一辈华商其成功主要是建立在其微弱的社会资本的最大化利用,这是由于他们很好地理解和把握了在当时欠规范的经济体系和社会体系中,创立公司或企业一般需要借助软信息来寻求决策的制定和支持,因此,社会资本的利用所起到的作用相对

---

① 第一次世界大战发生在1914—1918年间,是德、奥、意等同盟国和英、法、俄、美协约国为重新瓜分世界、争夺殖民地而进行的世界规模的战争;第二次世界大战发生在1939—1945年间,是法西斯轴心国德国、意大利、日本与反法西斯同盟国中国、美国、苏联、英国等国家间进行的世界规模的战争。许多老一辈华商就是在这样的背景之下创立起自己的企业的。

② David Swartz, *Culture and Power*: *the Sociology of Pierre Bourdien* (The University of Chicago Press, Ltd., 1997). 亦可参见戴维·斯沃茨著,陶东风译:《文化与权力:布迪厄的社会学》(上海:上海译文出版社,2006年5月),第69页。

重要;而这种对社会资本的利用又是建立在其"身体化"形态的文化资本(价值观念、文化习性、敢于冒险的生存理念等)的最大化发挥,以及经济资本的逐步积累上。

一般而言,老一辈华商(及其企业)都经历过至少四种不同的社会发展阶段:1920年代前后世界局势动荡时期的生存挣扎(如世界大战的影响等)、1945年代前后世界经济萧条以及第二次世界大战带来的创伤、1965—1980年代前后为摆脱殖民统治的抗争以及国家独立后为寻求经济发展所带来的产业被迫转型升级等;1980年代以后中国的崛起和新一轮全球化的冲击。显然,个体必须要拥有各种不同类型的资本才能在不同的时代以及不同的社会"空间结构"中获得成功或保有一席之地,老一辈成功的华商以及他们的接班人似乎都很懂得应对这种"空间"的移动,因此也能顺利在变动中的"空间结构"过渡,譬如:适时处置那些业已贬值的资本类型(如不会执着于血缘、地缘等关系资本),适时获取那些升值了的或附加值更高的资本类型(如制度化形态的资本、符号资本等),以适应新的、多维的社会"空间结构",并保持或进一步提升自己原来的位置。

二、新本土华商

本研究所涉及的第二大群体——1980年代后成长起来的新加坡新本土华商,也即是在国家经济为跨入世界经济舞台而被迫实施经济重组并必须进行产业升级的过程中而成长起来的所谓"技术企业家(technopreneurs)",其资本就是在这个天时地利的时期建构和积累起来的。这一批新本土华商由于受惠于国家的经济发展政策和教育投资政策所造就的各种比较优势,如在地优势、就学就业优势、双语优势、跨国公司经验优势等等,尽管他们也或多或少受到家庭经济条件依然贫乏的影响,其经济资本以及社会资本的存量和层次仍处于较低层次,但其文化资本,尤其是制度化形态的文化资本则明显处于较高层次,因此,其资本转换意愿趋高,热切期待文化资本的合理回报或最大化的回报。然而,无论处在何种社会结构之中,社会场域中不同个体即使可能拥有相同质量和数量的(文化)资本,但其回报可能不尽相同,其关键点在于如何借助社会资本所起到的"桥梁"作用以及"推波助澜"的辅助作用。

由于新加坡自独立以来,其市场规范化程度、外向性程度日渐提高,这群在新加坡经济场域中参与竞争的新一代本土华商也因此经历过至少三种不同的社会发展阶段:新加坡独立和发展时期(1965年前后)、新加坡经济起飞时期(1970—1980年前后)、1980年代以后新一轮全球化时期。又由于在社会的演变过程中,不同的时期一般都会有不同的发展特征和发展需求,以及不同的"游戏规则",这无疑既会给社会界中的个体带来不同的机遇,也会给社会界中的个体带来不同的彷徨,但这群新本土华商却充分地、且十分理性地利用了他们所拥有的"制度化形态"的文化资本,如新知识、高技术等,以及"身体化形态"的文化资本,如刻苦耐劳的精神、勇往直前的坚强毅力等,把握住了社会发展所给予的机遇,从而实现了变动中的每一个社会"空间结构"的过渡,并以此确立了自身的社会占位。不过,与老一辈华商主要依靠血缘、地缘、神缘等关系来建构和扩充社会资本的方式不同的是,他们主要依靠自身的知识和技术、跨国公司或公共部门的工作经历、经验和网络——也即布迪厄意义上的制度化形态的文化资本和身体化形态的文化资本——来建构具有很明显的"业缘"特征的社会资本,以获取最大化的经济资本和符号资本的回报。

三、新移民华商

这是本研究所涉及的第三大群体——1990年代之后成长起来的新加坡新移民华商,他们也经历过至少四种不同的社会发展阶段:中国的"文化大革命"时期(1966—1976年);中国恢复大学招生考试制度(1977年),以及实施经济改革和对外开放时期(1978年后);中国经济的快速崛起并大步迈入新一轮全球化时期(1980年以后);以及1990年10月中国与新加坡正式建立外交关系开始至现在,这个时期无疑为当时正在成长和寻求发展的中国社会个体提供了一个新的社会发展空间,或者说一个"潜在机遇"。根据布迪厄的观点:

> 这些"潜在机遇"从形式上看是向所有人敞开大门的,但只有那些具有估计和把握机遇的艺术、通过一种实践性的归纳来预计未来的能力、用可能性对可能性来权衡风险的能力,以及善于获得经济信息的能力等文化资本的占有者才能理解和把握。[①]

本研究中的这群新移民华商就是把握了这个机会而成为新加坡这个"新的社会空间"的个体。

由于这一群体经历了以上四种不同的社会发展阶段,他们既目睹了中国那场史无前例的"文化大革命"对文化的摧残,又经历和浸润了中国改革开放以及全球化浪潮所带来的文化重建和复兴,这使得其文化资本的构成和积累

---

① 参见皮埃尔·布迪厄著,包亚明编译:《文化资本与社会炼金术——布迪厄访谈录》(上海:上海人民出版社,1997年1月),第172页。

以及数量和质量的层次可以与新加坡新本土华商相提并论,因此,其文化资本再积累的起点较高,也即,他们在踏入新加坡这片国土时,大都怀揣着大专、本科或以上的文凭。但由于国家场域的跨越,这群游戏场中的"新进入者",尽管其高层次的文化资本以及对文化资本遭遇贬值(回报率被刻意降低)的包容态度等受到市场的青睐,却既缺少新本土华商的在地优势,又依旧难以避免地、或多或少地遭遇到了如老一辈华商曾经遭遇过的歧视和排斥,这一方面导致新移民华商也一样无法摆脱所处的新的社会结构和社会阶层的制约;另一方面则意味着新移民华商在新的场域中所面临的挑战十分严峻:经济资本薄弱、社会资本匮乏,以及高层次文化资本的回报具有不确定性等等;此外,尽管在现今知识经济抑或文化经济时代,经济资本已不再是市场中决定成功的唯一重要因素,传统意义上的社会资本也相对不那么重要,但很显然,若想借新加坡的规范市场和规范操作方式来一圆创业梦也绝非易事。

因此,如何遵循这个场域中的游戏规则、如何从缝隙中寻找新市场、如何建构崭新的高层次社会网络资本便成为新一代移民闯荡新加坡商场的关注点和切入点。与老一辈华商有某些相同之处的是,新移民华商之所以移民、之所以从商最主要的原因也是其具有强烈的资本转换意愿。正是这种强烈的意愿促使其对高层次的社会资本的构建,以及文化资本的再积累等都具有较为明显的主动性、外向性和发散性:他们既跨越了"血缘、地缘、神缘、业缘"等关系的局限性,却又在不断地、主动地寻找各种"机缘"来构建和积累关系和网络等社会资本;与此同时,他们在"学会和其他文明共处"[①]的实践过程中不断地进行文化的自我重构,从而使其文化资本(包括身体化形态,也包括制度化形态的文化资本)得以优化和提升,其存量规模得以扩大,由此所建立起来的社会资本的层次也相对较高。

由此可见,社会界中的行动者个体(以及他们的企业)应该是嵌入在其所生存的社会结构之中的,其不同类型的资本积累和配置受到市场、权力和教育等多重机制的影响和制约,为此,布迪厄非常强调社会结构与认知结构的联系,他认为:

> 社会行动者在其关于社会世界的实践知识中贯彻实施的认知结构是内化的、具体化的社会结构;行动者的行为是阶级倾向于特定场域的结构

---

① 亨廷顿著,张铭译:《不是文明是什么?——后冷战世界的范式》,《现代外国哲学社会科学文摘》,1994年第10期,第9～13页。

动力之间相互作用的产物;尤其是当个体或群体的习性与被称为场域的斗争领域相遇的时候,实践就发生了,其行为则反映着这个相遇的结构;这种关系是辩证的,包含着一个重要的时间维度。①

斯沃茨则进一步指出:"社会结构内化为个体与群体的认知结构,这些个体与群体用来划分社会世界的范畴正好就是社会秩序划分他们自己的那些范畴,就这样,个体与群体不知不觉地再生产了社会秩序。"②

本研究所探讨的三大群体的商业实践过程就是这样的再生产过程。这个过程也显示出:不同时代、不同的社会结构造就行动者个体不同类型资本的不同配置,也造就不同形态的文化资本的构成和积累。尤其在当今这个越来越规范、完善和知识化的经济场域中,对文化资本、社会资本和经济资本的重要性进行重新评价已成为现代社会的特征,因为现代社会正由知识经济逐渐向文化经济转变,在此过程中,文化经济的庇护体系将通过文化资本,以知识精英身份的形式被制度化。文化资本的重要性在不断增加,经济资本和社会资本(尤其是关系资本)则相对贬值,其地位也相对下降。但从本书所探讨的内容来看,这并不意味着经济资本和社会资本会失去意义,因为无论在哪种社会结构中,经济资本的重要作用都毋庸置疑,而社会资本所蕴含的潜力也从来不容忽视;更值得关注的是,只有当社会资本介入、当文化资本与社会资本相互补充时,文化资本的价值才能进一步凸显,文化资本也才能顺利占据支配地位。换言之,随着社会发展进入各个不同的阶段,各种不同类型的资本依然重要,只是其相对位置会有所调整和改变而已。

因此,欲实现资本配置效率最大化的目标,行动者个体(及其企业)应依据自身文化资本、社会资本和经济资本的边际收益与其所耗费的成本比例来合理配置。尽管这种边际收益和成本比例难以测量,但这种"成本—收益"原则和"合理配置"的观念必须扎根在行动者的思维之中。简单来说,在一个欠规范的经济体系中,拥有社会资本的个体更容易具备协调能力,从而拥有权威,因此也容易成为具有较高决策效率的决策者;在规范和完善的经济体系中,拥

---

① David Swartz, *Culture and Power: the Sociology of Pierre Bourdien* (The University of Chicago Press, Ltd., 1997). 亦可参见戴维·斯沃茨著,陶东风译:《文化与权力:布迪厄的社会学》(上海:上海译文出版社,2006年5月),第99、161页。

② David Swartz, *Culture and Power: the Sociology of Pierre Bourdien* (The University of Chicago Press, Ltd., 1997). 亦可参见戴维·斯沃茨著,陶东风译:《文化与权力:布迪厄的社会学》(上海:上海译文出版社,2006年5月),第99页。

有文化资本的个体(包括制度化形态和身体化形态的文化资本)则更容易拥有权威和支配能力,也更容易构建高层次的社会资本,而成为具有高效率的决策者。

第二节　新加坡华商的文化资本转换途径

综合本书第四至第六章的内容可以看出,对于新加坡华商而言,其文化资本的个体性、无意识性、独特性以及符号性无一不与其国家的经济发展历史、政治制度变迁,以及多元化的文化环境(即:中华文化,西方文化和其本土华、巫、印等不同文化的相互撞击和影响)等息息相关,由此所形成的文化系统就如同一个受力系统:当物体同时受到不同方向、不同大小的推力或拉力的作用时,影响物体运动状态的是各种分力所产生的综合效应。所以,新加坡华商文化资本的内生结构呈现出多元化的、变化的、动态的特点;它既有历史传统的嵌入、文化习性的嵌入,也有社会资本、社会结构的嵌入,还有国家发展策略,以及现代西方管理思想的嵌入等等;它的形成和积累是在一个持续运转的动态过程中被建构和重构起来的。新加坡华商很好地利用了自身所拥有的文化资本,并将其最大化地转换成了社会资本和经济资本,这正符合了布迪厄的资本可转换理论。

不过,尽管文化资本的拥有和积累可转换为经济资本和社会资本(包括符号资本),但迄今为止,似乎很难找到一个可将其进行量化的标准,也因此没有通用的计量单位,更无法用经济学中的微积分来加以论证,所以,对文化资本的表达和评价还只能局限于一些非量化词语。然而,这并不会减弱它在个体和社会发展过程中所起到的重要作用,也不会减弱人们对它的关注程度。[①]尽管布迪厄并没有对不同资本之间的转换途径做出具体和实践性的分析,但是他所提出的资本可转换性理论却具有很强的指导性意义,他指出:

> 要理解资本起作用的真正逻辑,理解资本从一种类型到另一种类型的转换,理解控制资本的保存法则,必须抛弃两种对立、却又同样偏颇的观点:其一是经济主义的观点,它在最终的分析中总能将每一种资本类型

---

① 参见大卫·索罗斯比著,张维伦等译:《文化经济学》(台北:典藏艺术家庭股份有限公司,2009年3月),第199页。

都简化为经济资本,它忽略了使资本的其他类型产生特殊功效的东西;其二是符号学主义的观点,它将社会交换简化为交往现象,它忽略了一个严酷的事实,即一切事物都可能被普遍地简化为经济学。①

本研究在考察新加坡华商的经济行为,探讨他们如何将文化资本转换为经济资本和社会资本的过程中,一方面尽量做到不陷入布迪厄所警示的两种既对立、却又同样偏颇的观点之中,而尝试着从场域、习性和社会结构及其变迁的视角来进行较为全面的推理和分析;另一方面,则根据布迪厄所指出的"资本的不同类型的可转换性,是构成某些策略的基础,这些策略的目的在于通过转换来保证资本的再生产(和在社会空间占据地位的再生产)"②这一观点,试图通过考察新加坡华商在实践活动中所采取的相应策略来探寻其不同类型资本之间的转换途径。

一、通过市场机制将文化资本直接转换为经济资本

布迪厄的理论指出:"学术资格和文化能力的证书的作用是很大的,它给了其拥有者一种文化的、约定俗成的、长期不变的、得到合法保障的价值。"③尤其是在现今这个知识、技术和各种资源高度流通的全球化时代,对市场而言,学术文凭成为市场对人才选拔和任用的基本衡量标准;对社会界中的个体行动者而言,市场的需求使得学术文凭成为个体行动者争相想要获得的一种强有力的竞争资本,也将成为现代社会中新的、独特的分化根源。正是由于"学术资格能够在文化资本和经济资本之间设定一定的转换率",④从而保证了特定的学术资格在市场上的金钱价值,所以,个体行动者可以通过"一定的资本转换率"和相应的"金钱价值"这种市场机制将所拥有的文化资本直接转换为经济资本。

本研究中的新本土华商和新移民华商在发展过程中都受到了这种市场需

---

① 皮埃尔·布迪厄著,包亚明编译:《文化资本与社会炼金术——布迪厄访谈录》(上海:上海人民出版社,1997年1月),第208页。
② 皮埃尔·布迪厄著,包亚明编译:《文化资本与社会炼金术——布迪厄访谈录》(上海:上海人民出版社,1997年1月),第209~210页。
③ 皮埃尔·布迪厄著,武锡申译:《资本的形式》,参见薛晓源、曹荣湘主编《全球化与文化资本》(北京:社会科学文献出版社,2005年4月),第14(3~22)页。
④ 皮埃尔·布迪厄著,武锡申译:《资本的形式》,参见薛晓源、曹荣湘主编《全球化与文化资本》(北京:社会科学文献出版社,2005年4月),第14页。

求和市场机制的影响和制约,因此,受访者中有超过85%的人都有本科或以上的文凭(新本土华商约占80%;新移民华商约占92%),其余的15%拥有大专文凭。他们也因此一走出校门就有较多的机会通过市场机制将较高层次的文化资本直接转换为经济资本;而当他们选择踏入商场时也大都会选择涉足那些与自身所拥有的文化资本密切相关的行业,以期将文化资本更大化地转换为经济资本。

但这些所谓的"学术资格和文化能力的证书"都只是布迪厄理论意义中的"制度化"形态的文化资本。约翰·奈斯比特曾指出:

> 在智力与灵魂、科学证明和宗教信仰的矛盾之间挣扎的人并不太多。但是,我们所有的人都面临着在进步与恒定、雄心与沉思、高科技的丰富与高情感的缺乏之间达到平衡的挑战。我们关心自己的物质财产,却经常忘记滋养自己的灵魂……因此,全球市场日益激烈的竞争产生了许多新的问题。其中最急需回答的一个就是,既然大家所拥有的技术都差不多,那么怎么样才能使自己或自己的公司脱颖而出呢?新知识、新技术一旦被人们普遍掌握,能够区分个体特质、能够区分产品优势的就是"高情感",现在已有越来越多的个体和公司充分意识到了这一点。[①]

奈斯比特所提出的这种"恒定、雄心与沉思,以及灵魂与高情感"等等,以及本书中经常提及的"态度、理念、习性、诚实可靠、敢于冒险、勇于创新"等等都是布迪厄理论意义中的"身体化"形态的文化资本。新加坡华商的商业实践过程也已充分说明:这种身体化形态的文化资本,是将其他类型的文化资本、社会资本转化成为经济资本的一种财富,是再转换成习性的一种财富,它能为行动者带来超常利益,但它(不像金钱、财产权,甚至贵族头衔)无法通过礼物或馈赠、购买或交换来即时性地传递,也无法测量。因此,对那些经济资本(或政治资本)的拥有者而言,如何运用和剥削他人的文化资本尤其是身体化的文化资本,就成了一个策略问题和鉴别能力的问题;对个体行动者而言,如何运用和发挥自身所拥有的身体化的文化资本,则取决于个体的资本转换意愿和转换能力。这种文化资本与个体的联系如此紧密,以至于人们在实践中无法

---

① 参见约翰·奈斯比特著,魏平译:《定见》(北京:中信出版社,2007年4月),第251、203页。

做到只进行资本交易,而完全撇开与之相关的个体。[1]

因此,布迪厄指出:人们应该把学术投资策略与整体教育策略联系起来,把学术投资策略与再生产策略的体系联系起来,以避免遗漏那些最隐蔽的、最具社会决定性的教育投资,即家庭所输送的文化资本,以及个体从社会场域中依赖自身的文化能力所吸取到的(未经制度化、合法化的,但已内化为自身的)文化资本。[2]换言之,社会界个体所拥有的知识、技术、学术资格等制度化形态的文化资本极其重要,但同时,绝不能忽视个体所拥有的身体化形态的文化资本。新加坡华商的实践经验也表明,这两种形态的文化资本正同时被市场衡量和评价。如本书第三章中所提到的新加坡嘉德置地集团总裁廖文良畅谈如何甄选集团高级经理人员时所指出的:怀揣大学文凭的精英人才多不胜数,因此无需担忧他们所掌握的知识与技能是否足够,最重要的是这些精英待人处事的态度如何,以及是否诚实可靠。这就说明,虽然身体化形态的文化资本无法像制度化形态的文化资本那样有相应的可量化的"市场价格",但显然也已经被纳入到了市场机制的考量之中,被市场衡量,且被赋予了也许更高的"市场价格",尽管这种衡量和价格的赋予在初始阶段难免或多或少会带有较强的主观性色彩。譬如:本书中的老一辈华商虽然其制度化形态的文化资本严重缺乏,但他们依然大获成功,其主要原因之一就是他们让自身所拥有的身体化形态的文化资本的发挥获得了最大化的"市场价格"。

二、通过社会资本的建构将文化资本间接转换为经济资本

按照布迪厄的观点:教育行为中产生的学术性收益,依赖于家庭预先投资的文化资本这一事实,但教育资格在经济和社会方面的收益也依赖于社会资本,而这种社会资本又可以用来支持人们获得那种收益(经济的和社会的)。[3]本书所探讨的新加坡华商的实证案例也说明了社会资本在商业实践中的重要性。不过,由于案例中的个体处在不同社会发展阶段和不同社会结构中,所以,其文化资本的形成结构不同,从而导致其社会资本的建构基础和特征也不

---

[1] 参见皮埃尔·布迪厄著,包亚明编译:《文化资本与社会炼金术——布迪厄访谈录》(上海:上海人民出版社,1997年1月),第195页。

[2] 参见皮埃尔·布迪厄著,包亚明编译:《文化资本与社会炼金术——布迪厄访谈录》(上海人民出版社,1997年1月),第193~194页。

[3] 参见皮埃尔·布迪厄著,包亚明编译:《文化资本与社会炼金术——布迪厄访谈录》(上海人民出版社,1997年1月),第194页。

尽相同,但总括而言,其社会资本主要由"社会关系、商业网络、符号资本"等三种不同类型的资本构成。

(一)新加坡华商之社会资本的建构基础和特征

本书的实证案例显示,老一辈华商其商业行为具有尤为明显的"社会关系嵌入"特征,血缘、亲缘、地缘等社会关系对他们的商业行为和实践能力的发挥有着巨大的影响和作用。他们不仅从其家族、朋友、同学、同乡等构成的庞大关系网络中获得经济资源、人力资源以及信息资源,同时也从这样的关系网络中获得知识、技能等文化资本。此外,本书的案例也表明,老一辈华商这种"社会关系"形态的社会资本也是以他们所拥有的身体化形态的文化资本(譬如:诚信、优良的文化习性、追求成功的信念等)为基础而建立起来的。

新本土华商重在建构"商业网络"。由于社会场域、国家场域的改变,这群新本土华商的创业大都出于其兴趣动机、能力实现动机、成就事业动机,也拥有了更多的行业选择的自主性,因此,他们建立和积累社会资本的方式是以其所拥有的新知识、高技术为基础,并带有更多地自创性以及自由闯荡的特点,譬如:主要以产品的不断创新、服务的优质和完善等来与各自的上下游厂商、同行业厂商来建立本国的以及全球的商业合作网络等等,明显带有更多的"业缘"性特征,也因此突破了以往(如老一辈华商)主要以血缘、地缘、神缘等为基础网络的传统架构。

新移民华商则既注重"社会关系"的建构,又注重"商业网络"的编织。这是由于社会场域、国家场域的跨越,促使这群新移民华商在社会资本的建立、扩充和提升方面,一方面,他们十分注重发挥自身所拥有的文化资本的功效,注重依靠信息资源和知识创新来实现资本的转换;另一方面,他们既在试图跨越"血缘、地缘、神缘、业缘"等传统关系的局限性,却又在不断地、主动地通过参与不同商会、社团组织的活动去寻找各种"机缘"来构建关系和网络,因此,新移民华商构建社会资本的方式也是以其所拥有的新知识、高技术为基础(与新本土华商的相同之处),但更具发散性和主动性的特征。

至于对"符号资本"的建构和积累,一般的资本拥有者决不会放弃对它的积累,更不会错过任何显示它的机会。[1]老一辈华商、新本土华商、新移民华商的表现形式也较为一致,主要集中在个人声誉、企业品牌的建立,以及对文化

---

[1] 皮埃尔·布迪厄著,蒋梓骅译:《实践感》(南京:译林出版社,2003年12月),第188页。

事业、教育事业和慈善事业的投资和捐赠等。

(二)建构社会资本的意义再议

如果借用布迪厄的理论来进行诠释的话,以上三大群体之所以都非常重视建构和积累社会资本(包括符号资本),主要是由于:[①]

第一,社会界中的微观个体或群体,必须凭借拥有一个比较稳定、又在一定程度上制度化的相互交往、彼此熟识的关系网(不管这种资源是实际存在的,还是虚有其表的),以增加资本总量的积累,从而才有能力产生可观的利润和特权,才能真正达到个人的效用最大化。

第二,尽管经济资本的拥有意味着控制了生产的经济方式,但并不意味对品性、品位等文化资本的拥有,也即在确定什么构成文化、什么没有构成文化方面所拥有的话语权的拥有;而文化资本的拥有并不必然暗含对经济资本的拥有,也不必然导致重要关系网络成员资格——社会资本的拥有。[②]

第三,从资本转换的形式上来说,符号资本是行动者在群体中或社会中获得的认可,代表的是一种"信誉"资本,能产生"信任、权力和威望",因此,符号资本的确立或多或少是权力象征关系的表达,上面"第二"中的问题可以在"符号产品"市场中得到解决并被确定。因为拥有权威地位的个体通常更容易获得更多的信任而拥有更多的资源。

第四,由于资本拥有者更感兴趣的是,采用那些传递性伪装得更好的再生产策略,而"符号资本"就能起到这样的作用,它是一种在社会中甚至在法律中可以得到保障的资本;它既铭刻于行动者所创建的事物中(符号),又扎根在社会大众的思维里(符号所产生的暴力);它把自己掩盖在不证自明的外衣之下,却不会有人注意到这种伪装(权力和威望导致的社会信任),因此,它能帮助行动者实现身份、地位的社会再确认和再提升的合法性,进而自然而然地实现资本的再转换——即转化为更高层次的社会资本和更丰厚的经济资本,即使这

---

① 参见皮埃尔·布迪厄、华康德著,李猛、李康译:《实践与反思:反思社会学导引》(北京:编译出版社,1998年),第162、377页;皮埃尔·布迪厄著,李艳丽译:《文化权力》,载薛晓源、曹荣湘主编《全球化与文化资本》(北京:社会科学文献出版社,2005年4月),第23~32页;皮埃尔·布迪厄著,包亚明编译:《文化资本与社会炼金术——布迪厄访谈录》(上海:上海人民出版社,1997年1月),第199页。

② 简·卢普、罗布·兰格著,李艳丽译:《社会秩序、文化资本和公民权利》,参见薛晓源、曹荣湘主编《全球化与文化资本》(北京:社会科学文献出版社,2005年4月),第503~544页。

种转换并不是即时性的,也不是直接性的。

因此,作为社会界中的行动者个体——新加坡华商,一方面,在建构和积累社会资本的过程中或多或少是以自身所拥有的身体化的或制度化的文化资本为基础的;另一方面,这种社会资本(包括符号资本)可以帮助行动者获取更丰厚的经济资本、文化资本甚至权力资本。这样的转换过程所显示出的便是社会资本的"中介"作用和"微妙"性,也是符号资本的魔力所在。由此可见,无论处在社会发展进程中的哪个阶段以及哪种社会结构中,建构和积累社会资本(包括符号资本)也就自然而然地成为新加坡华商将自身所拥有的文化资本最大化地转换为经济资本的重要途径之一。

三、通过不同资本之间的可相互转换性来进行资本再生产

根据布迪厄的资本理论:在一定条件下,经济资本、文化资本和社会资本可以相互转换,但"它转换的代价多多少少是昂贵的"。譬如社会资本,它不像经济资本那样可以当下直接转换为金钱,因此,我们无法在什么时候需要就什么时候依靠这些"关系或网络"来采取行动,除非这些关系和网络早已确立并巩固了很长时间。而这种"确立"和"巩固"必定是以长期的投资为代价的,因为只有经过长期的时间,纯粹的、简单的负债,才能转变为可以被称作是感激的对非特殊负债的承认。[①]也就是说,行动者要想将社会资本有效地转换为经济资本之前,就必须先无偿地,并且是心甘情愿地花费时间、精力、关心和关注的劳动甚至金钱,尽管从狭隘的经济学观点来看,这种劳动和投入必定是纯粹的浪费,但从社会交换的逻辑来看,这是一种必要的投资,也只有这样才能"确立"和"巩固"那些有效的、可以随时利用的"关系和网络"。因此,尽管资本之间转换的代价多多少少有些昂贵,但相形之下,其代价仍然是最小的,这是因为:一方面这种"代价"所带来的未来利润可能更大,且必定会以金钱或其他形式表现出来;另一方面也只有通过这种转换才能保证资本的再生产和社会地位的再生产。从本书所探讨的三大群体其商业实践来看,这种不同资本之间的相互转换几乎发生在他们的每一个策略的制定以及每一个行动的实施当中。

正如吉尔·伊亚尔等的研究所指出的:一般而言,当社会空间的客观特征改变时,由于某一类型资本的价值可能会降低,而另一类型资本的价值会上

---

① 皮埃尔·布迪厄著,武锡申译:《资本的形式》,参见薛晓源、曹荣湘主编《全球化与文化资本》(北京:社会科学文献出版社,2005年4月),第3~22页。

第七章 结 论

升,那么,要晋升到新位置或想保留在原轨道的标准也会随之改变,[①]这种客观环境相对比较容易导致个体行动者及时做出资本转换的应对策略。

本书中的实证案例也显示,对老一辈华商来说,他们身无分文来到新加坡,在各种资本都欠缺且社会不发达的情境之下,首要问题是如何立足?因此,对他们而言,社会资本相对重要,其价值也相对上升,这些成功的华商就是因为善于利用社会资本,并殚精竭虑地将有价值的社会资本转换为经济资本和文化资本(知识和技术的内化),才晋升到了新的位置。

对新本土华商和新移民华商而言,他们所处的社会环境已有很大的改善,虽然经济资本仍然缺乏,但受国家发展政策的影响以及知识经济时代的需要,文化资本的价值大幅上升,而社会资本的价值相对下降,这些新本土华商和新移民华商所采取的应对策略便是:善加利用有价值的文化资本,竭尽所能将文化资本转换为经济资本和社会资本(关系和网络),并在此转换过程中有效地积累更多更高层次的文化资本(跨国公司经验、高技术新知识的内化等),新本土华商和新移民华商也才有了可以切实改善自身社会占位的机会。

此外,另一种情形是:如果某个个体已经充分拥有一种业已升值的资本,那么,要将这种已经升值的资本与另外一种相对贬值的资本进行转换(只是相对贬值,但仍然是重要资本),他通常会处于更加有利的位置。因此,与老一辈华商不同的是,已经充分拥有制度化文化资本的新本土华商和新移民华商处在一个文化资本业已升值且比经济资本更加重要,而社会资本相对贬值的时代和体系中。所以,相较而言,他们更有能力将自身的文化资本转换成社会资本(如关系、网络、声望等),并对之加以合理配置,以便在新的场域中获得机会,并获得利益。由此可见,把资本从一种形式转换为另一种形式是一件微妙的事情,行动者必须适时把握机会、把握客观需求。

总括而言,本书中的三大群体其商业实践过程表明:面对社会空间的改变所带来的压力,那些试图留在原来轨道的个体,即试图保留在原来的位置,或得到一个与他们丢失的位置具有同等权力、声望及特权的新位置的个体(譬如,已大获成功的老一辈华商及其接班人),以及那些想要借社会空间的改变来晋升新位置的个体(譬如,新本土华商和新移民华商),往往会寻求一种多重

[①] 参见吉尔·伊亚尔、伊万·塞勒尼、艾莉诺·汤斯利著,吕鹏、吕佳龄译:《无须资本家打造资本主义》(北京:社会科学文献出版社,2008年7月),第009页。

策略:①

其一,适应新的挑战。个体将会重组其资本结构,并充分利用那些增值了的资本与其他类型的资本进行相互转换(譬如,新移民华商在工作期间再进修 MBA 或 EMBA 等课程,就是一个文化资本与经济资本相互转换的过程)。

其二,为使不同类型的资本更顺利地运作和转换,社会资本最有可能成为财富资本和制度化的文化资本发挥作用的中间媒介,但个体必须意识到:社会资本并不能超越或是抵消文化资本(尤其是身体化的)以及经济资本所能起到的作用。

其三,"把需要转化为策略,把制约转化为偏好,而且不带任何机械决定地产生一系列构成生活方式的选择。"②因此,个体会竭尽所能学习新的游戏规则,并调整自身的习性以适应新制度、新体制、新的社会结构中的新位置。

因此,新加坡华商其资本转换存在着不同的路径,其成功与否取决于行动者所拥有的资本属性、资本转换意愿、资本转换能力,以及他们参与场域资源争夺时的竞争力。不同时代的新加坡华商从创业初始经济资本和社会资本的贫乏到成功后各种资本的积累和相互转换,其整个过程以实践和经验的形式印证了布迪厄的场域理论和资本逻辑:场域与文化和权力有关,场域是抗争、谋取和使用特定资源和利益的社会竞技场;场域与习性有关,不同资本相互转换的过程便凸显了个体习性和场域特征之间的一种创造性的互动关系,习性既可能影响甚至导致场域的变化,也可能影响个体观察和理解所处场域的方式,而场域本身,以及个体攀登新位置的过程也会影响或产生和塑造个体的习性。③

尽管社会界中的个体并不都是如经济学家所期待的那样,理性来判断各种策略的成本和收益,而是更多地选择和遵从了个体本身的习性,但不同的个体通常都会根据他们所处的社会位置和所观察到的社会特征,以不同的方式

---

① 参见吉尔·伊亚尔、伊万·塞勒尼、艾莉诺·汤斯利著,吕鹏、吕佳龄译:《无须资本家打造资本主义》(北京:社会科学文献出版社,2008 年 7 月),第 9～11 页。

② David Swartz, *Culture and Power: the Sociology of Pierre Bourdien* (The University of Chicago Press, Ltd., 1997). 亦可参见戴维·斯沃茨著,陶东风译:《文化与权力:布迪厄的社会学》(上海:上海译文出版社,2006 年 5 月),第 190 页。

③ 参见亚历克斯·摩尔著,吴丹译:《文化资本、符号暴力与专制》,载薛晓源、曹荣湘主编《全球化与文化资本》(北京:社会科学文献出版社,2005 年 4 月),第 277～295 页;吉尔·伊亚尔、伊万·塞勒尼、艾莉诺·汤斯利著,吕鹏、吕佳龄译:《无须资本家打造资本主义》(北京:社会科学文献出版社,2008 年 7 月),第 8～10,42～53 页。

内化相同的社会条件与环境并适当调整自身的习性,以不同的资本转换策略去抗争、谋取和使用场域中的特定资源和利益,从而在这些条件与环境所构成的社会空间中找到并占据自己的位置。因此,只有那些有能力学习、有能力根据场域特征和需求来调整习性以重新诠释自身所必须扮演的角色,有能力及时为自己调整轨迹,从而拥有雄厚的文化资本,且具备强烈的资本转换意愿和有效的资本转换能力的个体,才能成功满足场域需求、满足社会变迁需求、并获得市场超额利润,也才有可能实现自己的目标而占据场域中的关键位置。

第三节 研究局限与未来研究方向展望

作为一项探索性研究,限于个人的能力和精力,本书存在着诸多方面的局限性,主要包括:

其一,本书希望采用理论与实践相结合的研究方法,但因为寻找以及愿意接受访谈的人员的层级很受限制,尤其是层级高的,在联络和安排访谈时间方面比较费时费力,且失败率较高。为此,本书只能退而求其次,采取了以案例与一些已经出版发行的研究文献、相关人物传记、访谈实录及新闻报道等资料相结合的方式进行分析研究,但尽管如此,所选取的样本数量仍显不足。不过,有必要指出的是,新一代的尤其是靠自力更生起家的新本土华商和新移民华商的回应率非常高。至于他们是出于资本转换的策略还是出于对文化传播的热忱,本书认为两者都有,且都属生存和发展策略,值得推崇,也对此心存感激。

其二,由于访谈提纲的设计以及在访谈时对受访者的心理,以及语言表达的真实含义的把握均涉及社会学、心理学等专门学科的深层理解和领悟,尽管本研究亦寻求过有关社会学专家以及相关书籍的指点和帮助,但对相关知识和技能的掌握和应用仍然是本研究所欠缺的,也因此对案例中相关人物其心理、思想、观念等的诠释恐难免失之偏颇。

其三,迄今为止,从经济学角度而言,尽管"经济学家已经承认文化的重要性,但主张说,有些东西是经济学不能或不应去解释的"。然而,在社会实践中,不能解释,并不表示不应解释。因此,也有经济学家提出可以用经济学方法来分析文化对经济表现的影响,并可将此影响加以量化。但是,"不论采用的方法是微观或宏观,若想适当地检验文化影响经济成果的理论,我们皆须仔细设定并衡量跟文化有关的变数。"因此,究竟如何量化,其方法仍在探索之中。① 就本书而言,难题亦是如此。

其四,在布迪厄看来,一个真正的研究者最"正确的立场应该是把雄心与谦虚结合起来,虽然这看起来可能性很小。但一定的雄心能使人心胸开阔,眼界高远,而要使自己一头扎进对象无限纷繁丰富的细节中去,就不得不需要培养一种伟大的谦虚精神"。② 然而本书作者常常偏重于雄心不足,却谦虚有余且倍感卑微渺小,这种研究气度与布迪厄的要求实在相去甚远。

因此,以上种种问题既是本书的不足,也是本书深感遗憾之处。不过,尽管本书无法承担起如布迪厄所提出的"开启新视野、提供新眼光"③这种承前启后的重任,也无力去开辟或创生或塑造一个"新思维",但仍然冀望能带来一种对研究从商者(或者说社会界中的微观个体)的文化资本特性及其资本转换的"新的关注方式"。

就本书的探讨而言,微观个体其文化资本的形成和积累的重要性已可见一斑,但无论是个体行为还是企业经营抑或国家发展都涉及追求"利益最大化"这一事实,因此也无法与"效率最大化"脱离干系,尤其是在全球化的今天,人们正竭尽所能启动各种资本来追求"利益和效率"。但历史的发展进程已经显示,大凡政府公共部门要么可能由于分工明确而导致"各人只扫门前雪"所带来的效率低下的管理缺陷,要么可能由于职责边界模糊而出现可以趁虚而入的各种"灰色地带"所引发的损公肥私、不义之利膨胀;而私人企业运作却常常容易掉入"唯利是图"的陷阱而使市场和社会变得冷酷无情;个体则可能会由于其价值观的取向偏颇(如个人英雄主义等)而带来"自以为是、唯我独尊"的误识等等,这些对"利益和效率最大化"不懈追逐的行为不但可能带来适得其反的结果,即:利益弱化、效率低下,更有可能导致"社会危机"。

那么,如何避免适得其反的结果,如何避免"社会危机"的出现?本书在撰写过程中,曾在台湾拜访过统一集团总裁林苍生先生,林先生被问及"统一集团的文化是什么"时,他的回答既出人意料又寓意深远,他说:"统一的文化就

---

① 参见大卫·索罗斯比著,张维伦等译:《文化经济学》(台北:典藏艺术家庭股份有限公司,2009年3月),第78~80页。

② 皮埃尔·布迪厄、华康德著,李猛、李康译:《实践与反思:反思社会学导引》(北京:中央编译出版社,1998年),第378页。

③ 皮埃尔·布迪厄、华康德著,李猛、李康译:《实践与反思:反思社会学导引》(北京:中央编译出版社,1998年),第377页。

是没文化。"之后,他解释道:

> 统一集团的创始人、原总裁高清愿尽管只有小学学历,但文化素养却很高,他留给统一的文化就是:企业传贤不传子孙;做人坚守谦虚和诚实;做产品坚守有文化个性的创新;做营销坚守公平和诚信。这是统一的每一个新老员工必须知道和追求,也必须身体力行的。所谓"文化",要靠自然而然形成,如果靠刻意、靠标榜和宣扬来建立文化,统一很难走到今天。

林先生还强调:

> 追求利益最大化是企业的生存法则,其实也是个体的生存法则。但我个人认为,个体在做任何事情时,其行为动机比结果更为重要。所以,一个企业或公司的成败,99%取决于其经营者正确而鲜明的动机,以及对价值和价格的权衡(日本管理大师船井幸雄也说过类似的话,强调的是经营者的理念和心胸)。大家一走进总部大门就看到了这句话:"贫穷教我惜福,成长教我感恩,责任教我无私的开创",这是我们前总裁对自己一生的总结,也是统一全体员工的格言。什么是价值?惜福、感恩、责任、开创就是价值。

此外,还有一位知名华人企业家,曾告诫其在国外求学的儿子时说"你学得差不多了就回家帮忙打理生意"。此话也颇耐人寻味,这使其当时还年轻的儿子也有些不得其解:天下父母大都期望孩子的学历能高则高,为什么我的父亲会说这样的话?后来,他才明白,父亲并不是说知识不重要,而是在提醒他:只读书、读死书,很容易变得高高在上、自以为是,从而不善于去欣赏他人的优点和长处,这样的人是无法做好管理工作,也无法成就大事的。这也如林苍生先生——曾毕业于大学电机系、对历史文化以至文学创作都倍感兴趣、却长久在商场打拼的统一集团总裁在思索自己的人生经验时所强调的:

> 知识不是全部,智慧来自于将正确的目标融入社会、将正确的动机转变为实践的过程当中。这样的智慧才能散发出一种正的、可取的能量,才能创造生成一种有益社会的磁场。

显然,以上诸如"谦虚、诚实、文化个性、创新、公平、诚信、智慧、行为动机、对人或事物的优点和长处的欣赏"等等都属布迪厄理论中个体所拥有的"文化资本"的范畴。这些成功企业家的实践经验表明,只有当个体拥有了这些品质——也即"文化资本",才是追求"利润和效率最大化"的真理所在,也才是企业发展和社会进步的真理所在,这也许就是文化资本的社会作用。那么,是否可以说:要想避免"社会危机"的出现,个体或企业文化资本的构成和积累将具有更高层次的重要性?

综上所述,本书与其说是借用布迪厄的资本理论对新加坡华商的经济行为做了一些诠释,不如说留下了更多相关问题有待进一步去探讨、深究和解决。譬如:对微观个体其文化资本存量究竟可否衡量,如何衡量?除了个体受教育年限和程度、父母受教育年限和程度、家庭藏书量、文化产品的拥有、家族所处社会阶层等指标外,还有何种指标可以量化?选取怎样的变量才能有充分的说服力?尤其是如何将有关精神、态度、习性等抽象意义上的文化资本纳入所谓"成本—收益"的分析框架之中?各种不同资本在不同时期的配置问题可否抑或如何实施定量与定性相结合的研究?诸如此类的技术性方面的问题,以及上面所提到的社会化方面的问题都尚待探索和深究。这一方面可以说明对华商、对企业家文化资本的研究有着较为广阔的前景;另一方面也意味着如果未来的研究能够突破以上种种局限,那么,有关新加坡华商抑或海外华商文化资本方面的研究将更具现实意义和社会意义。

第四节 结 语

1920年代时,马克斯·韦伯曾说:尽管是利益(物质的),而不是理念,直接控制着人的行动,但是,"理念"创造的"世界观"常常以扳道工的身份规定着轨道,在这些轨道上,利益的动力驱动着行动。但世界观决定着,人们想——别忘了,还有能够——从哪里解脱出来,又到哪里去。[①]很显然,马克斯·韦伯早就强调了经济资本重要,但文化资本,尤其是身体化形态的文化资本更重要,它会引导行动者走在正确的轨道上。1980年代后,布迪厄也指出:普遍来看,在文化资本(制度化+身体化形态)和经济资本方面最富有的人是最先投向新地位的人,这个说法已经在所有场中都得到了证明,无论是科学场还是经济场。[②]而本书通过社会空间的移动、社会结构的变化,以及场域和文化资本运作的视角对新加坡华商之文化资本的积累及其转换特征所做的分析和探讨

[①] 马克斯·韦伯著,王容芬译:《儒教与道教》(北京:商务印书馆,1995年),第19~20页。

[②] 皮埃尔·布迪厄著,刘晖译:《艺术的法则:文学场的生成和结构》(北京:中央编译出版社,2001年3月),第310页。

第七章 结 论

也充分印证了两位先师的观点。

此外,本书也深信,"文化资本"对从商者或说企业家行为,甚至对企业行为的影响绝不会只局限在微观的或局部的,而必将是全面而深远的。因为现实世界并不只是具有非黑即白的二元性,而是一个充溢着赤橙黄绿青蓝紫的缤纷世界。社会是这样,社会结构的演变也是这样;文化是这样,文化资本的构成和积累也是这样:纷繁多姿,无论怎样调和,无论经受怎样的场域和习性的改变和影响,都会绽放出璀璨色彩。新加坡华商的商业实践行为不仅证明了这一点,同时还呈现了这样一个事实:社会界中的个体行动者在各自的有着"制约和机会"的社会场域中,采取在"继承"策略的基础上加以"颠覆",同时,对文化资本、社会资本和经济资本进行合理"配置",并采用"市场化手段"加以"运作",必定能创造个体或社会的"裂变"效应,这种效应对个体而言是社会占位的改善或提升,对社会而言则无疑是经济愈加繁荣、国家愈加进步、制度愈加完善。而这种文化资本、社会资本和经济资本的"合理配置"也许就是一种"在适应自然环境和社会环境中不断演化的人类理性"。[①]

正如本章开篇所言,文化资本的形成和积累深受文化及其变迁的影响和浸染。但相对于经济和政治的改造过程在很大程度上可以通过"自上而下"的路径来实现,而文化的改造和融合却艰巨和复杂得多,因为文化的改造和融合既有着"自下而上"的特征,又受着"自上而下"的制约,尤其是人的价值观念和思维方式的改变则是一个更加艰难的历程,甚至需要经过几代人的不断努力才能完成。然而,当社会实践、价值观、信仰和科学主题发生融合时,当不同的各方都向另一个方向移动产生相遇时,那么,我们可以说思维过程中的差异也会逐渐消失,因为这种相遇、这种社会实践的变化,会引起人们的感知和思维方式的改变……[②]

全球化理所当然地带来了东方和西方的相遇,这种相遇使得不同国家和不同区域的人们在感知和认知方面有了新的体验和体现,这一方面促进了世

[①] 2002 年的诺贝尔经济学奖得主史密斯教授(V. Smith)提出的所谓"生态理性"(ecological rationality)——一个介于康德的纯悴理性和东方智慧之间的一种理性概念。参见理查德·尼斯贝特著,李秀霞译:《思维的版图——西方人见木,东方人见森》(北京:中信出版社,2006 年 2 月),第 XV 页。

[②] 2002 年的诺贝尔经济学奖得主史密斯教授(V. Smith)提出的所谓"生态理性"(ecological rationality)——一个介于康德的纯悴理性和东方智慧之间的一种理性概念。参见理查德·尼斯贝特著,李秀霞译:《思维的版图——西方人见木,东方人见森》(北京:中信出版社,2006 年 2 月),第 143~145 页。

界的融合,另一方面也凸显了宏观世界与微观个体的改变——"就像蒸炖的食物中的个别配料,可以识别出来,但因为整体发生了变化,配料的味道也随之发生了变化。所期待的最好的结果是,这种食物中包含着每种配料(文化)的精华,而配料却更具独特性。"① 纵观本书中的各个案例,可以看到,作为社会界的个体行动者——新加坡华商,其文化资本的构成和积累恰好体现了这种变化和特征。

此外,新加坡华商的成长经历和成败得失也预示着:社会界中微观个体的文化资本虽然已经从传统资本的遮掩和阴影之下走了出来,但还须遭遇制度化形态的文化资本与身体化形态的文化资本之间的较量;微观个体只有不断地在传统和创意之间找平衡,在东方和西方之间找和谐,在不同场域之中积累资本总量,在不同资本之间寻找合适的转换途径,才能有机会从边缘而逐步迈向全球经济舞台的中心。

而且,无论个体拥有经济、文化、社会资本中的哪一类或哪几类,都意味着拥有了真实的、可资利用的资源与权力。换言之,不同类型的资本无所谓优劣、高低层次之分,因为其等级次序会因场域的不同而有所不同、因场域的变化而有所变化,也即布迪厄的资本理论所指出的:归根究底,一种资本的价值,取决于某种游戏的存在,取决于某种使这项技能得以发挥作用的场域的存在;一种资本总是在既定的具体场域中灵验有效,既是斗争的武器,又是争夺的关键,使它的所有者能够在所考察的场域中对他人施加权力、运用影响,从而被视为实实在在的力量,而不是无关轻重的东西。②

新加坡华商的实践也表明:资本和权力的谋取、场域的有效利用,都在于个体行动者是否掌握了有价值的文化资本(如制度化形态的文化资本)以及有潜在升值空间的文化资本(如身体化形态的文化资本),是否具备"调整轨道"的意愿和能力,也即:个体行动者只有掌握了与场域相适应的资本类型,并能合理配置和成功转换时,才能保持住个体原有的社会占位或使社会占位变得更好。

---

① 2002年的诺贝尔经济学奖得主史密斯教授(V. Smith)提出的所谓"生态理性"(ecological rationality)——一个介于康德的纯悴理性和东方智慧之间的一种理性概念。参见理查德·尼斯贝特著,李秀霞译:《思维的版图——西方人见木,东方人见森》(北京:中信出版社,2006年2月),第143~145页。

② 皮埃尔·布迪厄、华康德著,李猛、李康译:《实践与反思:反思社会学导引》(北京:中央编译出版社,1998年),第135~136页。

附录一　本研究中的受访者资料简介

编号	职位	学历	新加坡公司名称	访谈日期	访谈地点
老一辈华商					
001先生	总裁	小学(中国)	某私营有限公司	2008/08/28	办公室
新本土华商					
002先生	总经理	大学	某传播有限公司	2008/09/10	办公室
003先生	董事主席	大学(华校)	某金属配件有限公司	2008/09/17	办公室
004女士	总裁执行顾问兼院长	大学(华校)	某媒体集团公司	2008/10/6	办公室
005先生	董事长	大学(华校)	某实业私营有限公司	2008/10/8	办公室
006先生	主席兼总裁	EMBA	某教育专科集团	2008/10/12	海南会馆
007先生	董事长	不详	某房地产有限公司	2008/10/26	某咖啡屋
008先生	总经理	不详	某服装贸易公司	2009/06/20	某咖啡屋
009先生	所长	大学	某审计事务所	2009/07/13	会议室
010先生	主席兼总裁	博士	某科技出版公司	2009/08/13	办公室
011先生	总裁	不详/华校生	某广告私人有限公司	2010/10/15	办公室
012先生	总经理	大学	某教育软件私人公司	2010/11/22	办公室
013女士	总经理	大学	某电子技术公司	2011/05/7	某校园
014先生	董事主席	大专	某食品集团公司	2011/09/12	某公园
新移民华商					
015女士	总经理	大学(中国) EMBA (新加坡)	某集团教育培训部	2009/03/20	办公室

编号	职位	学历	新加坡公司名称	访谈日期	访谈地点
016 先生	总经理	大学(中国) MBA (新加坡)	某资讯科技公司	2009/04/08	会议室
017 先生	总经理	大学(中国)	某建投有限公司	2009/04/14	会议室
018 先生	总裁	大学(中国)	某国际集团	2009/04/14	某食阁
019 先生	人力资源部主管	大专(中国)	某建筑集团公司	2009/04/15	会议室
020 先生	老板	大学(中国)	某特色餐饮公司	2009/04/15	某食阁
021 先生	经理	大学(中国)	某教育培训私人有限公司	2010/03/26	办公室
022 女士	高级经理兼主任	博士(中国)	某语言文化国际合作与交流处	2010/06/21	办公室
023 先生	总经理	大学(中国) 博士(新加坡)	某光电技术有限公司	2011/03/19	某食阁
024 先生	执行董事兼院长	大学(中国)	某商务国际有限公司	2011/05/8	某校园礼堂
025 先生	总裁	大学(中国) 博士(新加坡)	某技术开发私人有限公司	2011/06/7	某校园餐厅
026 蓝伟光	董事主席	大学(中国) 博士(新加坡)	新加坡三达国际集团 (Suntar International Group)	2011/10/19 2012/07/10 2012/08/06	东海岸某食阁 某酒店餐厅
其他			公司名称		
027 梁春先生	总裁	大学(中国) 硕士(新加坡)	中国立信会计师事务所管理有限公司	2009/07/20 2012/04/08	总裁室 总部
028 林苍生先生	总裁	大学(台湾)	台湾统一企业集团	2012/01/13	集团总部餐厅

注1：受访者共计28人次(各访谈约2~2.30小时)。

注2：EMBA (Executive Master of Business Administration)——高级管理人员工商管理硕士；
MBA (Master of Business Administration)——工商管理硕士。

注3：由于大多数的受访者并不希望访谈内容被录音或个人资料以及个人观点公之于世，因此，出于对被访者的尊重和保护的原因，本研究中的被访者大都不以真实姓名、真实公司名来表述。但对那些已经出版的研究文献、访谈资料、新闻报道中的相关人物，本研究尊重和依照相关资料所提供的信息来表述(请参见附录二)。

附录二 本研究所涉及的案例个体简介

编　号	职位/学历	新加坡公司名称	备　注
老一辈华商			
001 郭芳枫	集团创始人/ 小学	丰隆集团 (Hong Leong Group)	接班人(长子):郭令明
002 陈六使	公司创始人/ 小学	益和公司	接班人(侄子):陈永裕
003 黄祖耀	大华银行前总裁/大学 肄业	大华银行 (United Overseas Bank)	接班人(长子):黄一宗
004 李光前	集团创始人/ 大学	南益集团,李氏基金	接班人(三子): 李成义 李成智 李成伟
005 张允中	集团创办人/ 不详	太平船务集团(PIL)	接班人(幺子): 张松声
新本土华商			
006 林爱莲	首席执行官、 总裁兼董事经理/大学	凯发集团 (Hyflux Group)	
007 沈望傅	首席执行官兼主席/大学	创新科技有限公司(Creative Technology Ltd)	
新移民华商			
008 黄自强	执行主席/ 大学(中国)	邦建航运控股 (Pacific King Shopping Holding PTE LTD)	
009 方志忠	董事总经理/ 大学(中国)	莆田菜馆(连锁店)	

注:附录二中的华商个体其资料主要来源于业已出版发行的研究文献、相关人物传记、访谈实录及新闻报道等(详见本书第三至第六章相关部分的注释)。

附录三 访谈提纲

编　　号：_____
企业名称/类别：_____
访谈日期：_____

本研究项目的目的：新加坡华商对新加坡的经济发展做出了巨大贡献，总结和发扬新加坡华商之文化特色，对华商及其企业的可持续发展具有非常重大的意义。

访谈对象：新加坡华商企业所有者或高层管理者，包括职业经理人。

海外华商文化主要是指，体现在华商企业的管理者在对企业进行战略管理（包括对企业内部的管理和处理与企业外部的各种关系），以及建立企业经营机制、组织结构、管理规章等制度层面的文化；也包括企业管理者在其商业行为中所体现出的价值观念、企业精神，以及所遵循的道德规范、行为准则等精神层面的文化。

下面所提到的各种文化主要包括：法家文化（注重法律以及规章制度，依法治理，以商鞅、韩非为代表）；儒家文化（注重权威和集体主义精神，以德服人、以人为本、以义取利）、墨家文化（注重兼爱、博爱，以及社会责任的承担）；道家文化（注重顺应自然、无为而治）；佛教文化（主张"众生平等"、"有生皆苦"，以慈悲为怀、悲天悯人、超脱生死为理想境界）；西方文化（注重人权和个人的自我实现，法治化重于道德感化、制度化重于伦理化）。

请回答下面的问题。

主题一：关于文化资本的形成和积累

1. 您从小所接受的主要是哪一种或哪几种文化或语言的教育？

2. 您父母主要接受的是哪一种教育？从事何种职业？您自认为在哪些方面受您父母的影响最深？

3. 小学和中学阶段的学习和经历给您留下的最深刻的印象各是什么？

4. 您的最高学历和文凭是什么？这个学历和文凭对您的工作有什么样的帮助？对您的人生有何影响？

5. 您是否有某种宗教信仰？是什么原因促使您选择信奉这种宗教？您信或不信宗教对您的商业行为或人生价值观的形成有直接影响吗？有怎样的

影响?

6. 您是通过怎样的方式获得关于经商的各种知识、经验和策略的?有没有受过正规或非正规的训练?

7. 您之所以选择从商,哪一个阶段的教育(家庭教育、小学、中学、大学或宗教)对您的影响最大?具体是哪些影响(如商业行为或人生价值观的形成等)?

8. 您之所以有这样的文化和知识的积累,您认为以下哪一方面对您的影响最大或最微不足道?(影响最大的请排序第一,影响次之的排序第二,其余类推)

个人努力	家庭经济水平	父母受教育水平
父母对教育的重视度	中小学学校教育	大学教育
工作实践	社会环境	其他

9. 您在生活或工作中的座右铭是什么?您有收藏物品的喜好吗?一般收藏哪一类物品?为什么喜欢收藏这类物品?

10. 您通常喜欢看哪一类的书?为什么会对这类书/报感兴趣?

11. 下面的这六种文化,您最熟悉、同时对您影响最大的是哪一种或哪几种?

| 法家文化 | 儒家文化 | 墨家文化 |
| 道家文化 | 佛教文化 | 西方文化 其他:_____ |

12. 请您简要地描述一下新加坡华商的文化特色,也请您简要地描述一下,您认为构成这种特色的主要原因是什么?

主题二:关于社会资本的建立(文化、社会资本的转换)

13. 您是否参加了某个团体组织(如商会、宗亲会、同乡会等)?该团体的成员主要来自于什么行业?您与他们的关系很密切吗?常常聚会吗?您认为作为该团体的成员有多重要?能获得何种益处?这些益处符合您选择参加/不参加这样的团体组织的初衷吗?

14. 您的祖先来自中国什么地方?您的企业里有没有您的祖籍同乡?

15. 您创业初期是否有特殊的、帮助您起步的支持系统?(如子承父业/祖业、白手起家等)您现在有什么支持系统?成为商人或企业家是您的兴趣吗?将来您也会让您的孩子接您的班吗?

16. 与您交往密切的朋友中大约_____%是华人,_____%是马来人,_____%是印度人,_____%是西方人,其他_____%?这些朋友大都在哪些行业工作(商界、政界、学术界)?您和他们交往是因为商业关系还是纯粹的朋友交情?

17.与您或您的企业有商业来往的人中大约_____%是华人,_____%是马来人,_____%是印度人,_____%是西方人,其他_____%?您很容易与他们沟通吗?他们的哪些特质是您所欣赏/不欣赏的?他们的这些特质对您的商业决策有没有影响?为什么?

18.如果在生意上遇到大的困难,您会最先去哪里寻求帮助(商会、宗亲会、同乡会或亲友等)?曾经有哪些人或团体给您有过帮助和扶持?您认为他们帮助您的原因是什么?1997年亚洲金融风暴、现在的美国金融海啸,您有没有受到任何影响?

19.您对新加坡经常举办一些慈善捐赠活动有什么看法?您本人常参与这类活动吗?是什么原因促使您参与/不参与这类活动?

20.如果您常参与这类活动,在施与之后您是否也有所得?得到了什么?

主题三:关于文化对商业行为的影响(文化、经济资本的转换)

21.在您的商业实践中,您认为受西方教育的西方商人与华族商人相比较,哪种商人更懂得如何变通,以适应新的商业环境?您这么认为的原因是什么?

22.您所接触过的商人中,他们的学历最高的是_____?最低的是_____?他们给您的感觉会不会有什么不同?在您看来造成这样的不同其原因是什么?

23.与西方企业的制度化管理文化相比,您认为哪一种管理文化在商业实践中更有效?为什么?

24.在您的商业实践中,您认为"照章行事"和"酌情处理"哪一种更重要?为什么?您所熟悉的其他的华人企业/公司也这样吗?(老华商、新华商做法相同吗?)

25.如果您和某家大公司已经谈妥要成为其产品的独家代理商,却忽然被对方告知,还有一家代理商要参与进来,这时您会怎么做?这么做的理由是什么?依您所见,在同样的情形下,西方人会怎么做?为什么?

26.一位客户愿意花100元买您的产品及售后服务,另一位客户则愿意花80元买您的同样的产品但不需要售后服务,如果您只能选择其中一位客户,您宁可选择哪一位?其原因是什么?

27.可否举例说明,您在商场上是如何维护个人和企业的诚信的?有没有为维护诚信而付出过某种程度的代价?怎样的代价?

28.您是否认为,任命所信任的人担任企业重要部门的负责人,是企业成功与否的关键因素之一,即使这个人的能力稍微逊色？原因何在？

29. 企业里的中高层主管具备有哪些特质是您最欣赏的？您为什么欣赏这样的特质？

30. 您如何看待华人家族企业的所有权和经营权问题？您这么认为的原因是什么？

31. 您创立这家企业时的最大目标是什么？到目前为止您已经实现了哪些目标？有没有什么新的目标？

32. 在实现这些目标的过程中您最难忘的是哪些事情？最该吸取的教训是什么？

33. 您认为您的经营手法或您的产品与同行业的竞争对手相比较有什么不同？

34. 您认为新加坡政府廉洁吗？政府对商业社会是否也同样要求严禁行贿受贿？这对您企业的发展有利还是有弊？哪些"利",哪些"弊"？这会影响到您去新加坡以外的国家或地区的发展吗？

35. 在新加坡这样的商业环境里,您认为与其他种族或与其他国家或地区的企业家相比,哪种种族或哪国的商人更具有冒险精神？为什么会这样？

36. 您认为新加坡政府创立淡马锡这样的政联公司其目的何在？政联公司对私人企业有没有什么影响？哪些影响？

37. 身为企业家/企业主/经理人,您如何看待企业与政府、商人和政府官员之间的关系？这些关系的好坏对您的企业发展会不会有什么影响？

38. 新加坡政府为本地中小型企业的发展推出过一系列的亲商政策,如《21世纪10年发展计划》等,您有没有从中获益？哪些方面获益最多？您认为这些政策能真正帮助中小型企业持续发展吗？还有哪些不足？

主题四:对新老华商的认识

39. 您认为,老一辈华人企业家之所以获得成功最主要的因素有哪些？为什么？现在是全球化时代,您认为新一代华人企业家要想获得成功,最应该具备的素质是什么？您为什么会这么认为？

40. 您认为新一代的华商企业经营者的学历高低非常重要吗？您认为最起码要达到哪一层次？原因是什么？

41. 您对新加坡的新移民华商印象如何？您和他们有生意上的往来吗？您跟他们沟通有困难吗？为什么？

42. 根据您的从商经验,您认为这些新移民华商在哪些方面还有待改进和加强？

主题五：有关企业内部的情况

43.您的企业/公司创建于：＿＿＿＿；创业起始资金/＿＿＿＿新元/员工：＿＿＿人

您目前在企业/公司的职务是：＿＿＿＿；员工人数：＿＿＿＿

主要从事＿＿＿＿（行业）；

44.身为企业（公司）总裁/总经理/高级主管,您认为您的最大职责是：＿＿＿＿

45.您的企业/公司去年的营业额是：＿＿＿＿新元

与前一年相比营业额增长率是：＿＿＿＿

您的企业/公司去年的净利润是：＿＿＿＿新元

与前一年相比净利润增长率是：＿＿＿＿

到目前为止,您的企业/公司的总资产是：＿＿＿＿新元

46.如果用一两句话来概括,您的企业/公司的核心文化是：＿＿＿＿

主题六：有关个人对工作的感受

47.您的工作让您有满足感和成就感吗？为什么？具体在哪些方面？如果您可以重新选择人生的话,您可能会做怎样的选择？为什么？

48.您的工作有没有哪些方面使您觉得有缺憾,无法使您得到最大的满足？

49.除了工作,您有什么其他爱好吗？为什么会有这样的爱好？

50.您愿意将以上内容以真实姓名、真实公司名的形式纳入研究之中吗？您这么做是基于哪些因素的考虑？

参考文献

一、中文专著

1. 曹云华《变异与保持：东南亚华人的文化适应》（北京：中国华侨出版社，2001年）。
2. 陈国贲《华商：族裔资源与商业谋略》（香港：中华书局，2010年10月）。
3. 陈文寿主编《华侨华人的经济透视》（香港：香港社会科学出版社，1999年10月）。
4. 陈衍德《网络、信用及其文化背景》（福州：福建人民出版社，1998年）。
5. 储小平《家族企业与社会资本的融合论纲》（北京：经济科学出版社，2004年）。
6. 董正华等《透视东亚"奇迹"》（上海：学林出版社，1999年12月）。
7. 杜维明《新加坡的挑战：新儒家伦理与企业精神》（北京：三联书店，1989年）。
8. 杜维明《现代精神与儒家传统》（北京：三联书店，1997年12月）。
9. 杜维明《东亚价值与多元现代性》（北京：社会科学出版社，2001年）。
10. 方青主编《品牌·魅力·企业家——打造企业品牌，成就行业典范》（新加坡：百思传播与顾问出版社，2008年9月）。
11. 费孝通《乡土中国》（北京：三联书店，1985年）。
12. 高宣扬《布迪厄的社会理论》（上海：同济大学出版社，2004年）。
13. 顾宝昌编《社会人口学的视野——西方社会人口学要论选译》（北京：商务印书馆，1992年1月）。
14. 《管理世界》杂志社主编《华人金融家——80位华人金融领袖访谈录》（北京：中华工商联合出版社，2008年1月）。
15. 胡兴荣著《记忆南洋大学》（桂林：广西师范大学出版社，2006年）。
16. 黄绍伦《中国宗教伦理与现代化》（香港：商务印书馆，1991年）。
17. 黄昭虎，李开胜《孙子兵法：商场上的应用》（新加坡：Addison Wesley，1997年）。

18. 黄光国《儒家关系主义——文化反思与典范重建》(北京:北京大学出版社,2006年4月)。

19. 姜奇平等《知本家风暴》(北京:中国友谊出版公司,1999年9月)。

20. 李光耀《经济腾飞路——李光耀回忆录:1965—2000》(北京:外文出版社,2001年9月)。

21. 李光耀著,联合早报编《李光耀40年政论选》(北京:现代出版社,1996年10月)。

22. 李明辉主编《儒家思想在现代东亚总论篇》(台北:"中央研究院"中国文哲研究所筹备处发行,1998年11月)。

23. 李亦园《中国海洋发展史论文集》第1集(台北:"中央研究院",1981年)。

24. 李元瑾《林文庆的思想——中西文化的汇流与矛盾》(新加坡:新加坡亚洲研究学会,1991年)。

25. 李元瑾主编《南大学人》(新加坡:南洋理工大学中华语言文化中心,2001年)。

26. 李元瑾《东西文化的撞击与新华知识分子的三种回应:邱菽园、林文庆、宋旺相的比较研究》,(新加坡:新加坡国立大学中文系、八方文化企业公司联合出版,2001年)。

27. 联合国开发计划署《1999年人类发展报告:富于人性的全球化》(北京:中国财政经济出版社,2002年)。

28. 林善浪、张禹东、伍华佳《华商管理学》(上海:复旦大学出版社,2006年7月)。

29. 林水檺主编《创业与护根:马来西亚华人历史与人物儒商篇》(吉隆坡:华社研究中心,2003年)。

30. 林孝胜《新加坡华社与华商》(新加坡:新加坡亚洲研究学会,1999年1月)。

31. 廖赤阳、刘宏主编《错综于市场、社会与国家之间——东亚口岸城市的华商与亚洲区域网络》(新加坡:南洋理工大学中华语言文化中心,八方文化创作室联合出版,2008年5月)。

32. 刘宏《战后新加坡华人社会的嬗变:本土情怀·区域网络·全球视野》(厦门大学出版社,2003年)。

33. 龙登高《跨越市场的障碍:海外华商在国家、制度与文化之间》(上、下篇)(北京:科学出版社,2007年)。

34. 吕元礼《亚洲价值观:新加坡政治的诠释》(南昌:江西人民出版社,2002年6月)。

35. 马涛《儒家传统与现代市场经济》(上海:复旦大学出版社,2000年3月)。

36. 潘亚暾、汪义生《儒商学》(广州:暨南大学出版社,1996年)。

37. 盛光华博士论文《中小企业生存与成长的经济学分析》(吉林大学,2007年)。

38. 石军伟《社会资本与企业行为选择》(北京:北京大学出版社,2008年6月)。

39. 施振荣《再造宏碁:开创、成长与挑战》(台北:天下远见出版股份有限公司,2011年)。

40. 苏东水《管理心理学》(上海:复旦大学出版社,2004年10月)。

41. 汪丁丁《我思考的经济学》(北京:三联书店,1997年)。

42. 王如明主编《陈六使——陈六使百年诞纪念文集》(新加坡:八方文化企业公司,1997年12月)。

43. 王文钦《新加坡与儒家文化》(苏州:苏州大学出版社,1995年12月)。

44. 王效平《华人资本的经营管理》(日本经济评论社,2001年)。

45. 魏尊《中国国富论:经济中国的第三只手》(台北:台湾时报出版社,2001年)。

46. 吴凤斌主编《东南亚华侨通史》(福州:福建人民出版社,1994年)。

47. 颜清湟《海外华人的社会变革与商业成长》(厦门:厦门大学出版社,2005年12月)。

48. 夏光《东亚现代性与西方现代性——从文化的角度看》(北京:三联书店,2005年9月)。

49. 薛晓源、曹荣湘主编《全球化与文化资本》/全球化论丛(北京:社会科学文献出版社,2005年4月)。

50. 严崇涛著,陈抗编选《新加坡发展的经验与教训》(新加坡:汤姆森学习出版集团,2007年10月)。

51. 杨国枢、黄国光等主编《华人本土心理学》(重庆:重庆大学出版社,2008年6月)。

52. 余世维《领袖性格——如何塑造管理者的性格魅力》(北京:北京大学出版社,2008年1月)。

53. 余英时《中国近世宗教伦理与商人精神》(台北:联经出版事业公司,

1987年)。

54. 曾仕强《管理大道:中国管理哲学的现代化应用》(北京:北京大学出版社,2006年7月)。

55. 张祥平《人的文化指令》(上海:上海人民出版社,1987年9月)。

56. 郑学益《20世纪海外华人风采录》(青岛:青岛出版社,1992年)。

57. 郑学益主编《商战之魂——东南亚华人企业集团探微》(北京:北京大学出版社,1997年)。

58. 郑炳山《李光前传》(北京:中国华侨出版社,1997年9月)。

59. 郑明杉《狮城财经群英》(新加坡:跨世纪制作城出版,1994年3月)。

60. 庄锡昌《多维视野中的文化理论》(杭州:浙江人民出版社,1987年)。

二、译著

61. 阿瑟·刘易斯著,梁小明译:《经济增长理论》(上海:三联书店,1990年)。

62. (美)彼得·德鲁克著,赵干城译:《大变革时代的管理》(上海:上海译文出版社,1999年)。

63. 彼得·德鲁克著,蔡文燕译:《创新与企业家精神》(北京:机械工业出版社,2006年)。

64. 彼得·德鲁克著,王永贵译:《管理:使命、责任、实务》(北京:机械工业出版社,2008年4月)。

65. (日)仓科敏材著,张同林、杨理亚译:《家族企业》(上海:上海财经大学出版社,2007年1月)。

66. 陈国贲、张齐娥著,王业龙译:《出路:新加坡华裔企业家的成长》(北京:中国社会科学出版社,1996年)。

67. (澳洲)大卫·索罗斯比著,张维伦等译:《文化经济学》(台北:典藏艺术家庭股份有限公司出版,第八版,2009年3月)。

68. 戴维·斯沃茨著,陶东风译:《文化与权力:布迪厄的社会学》(上海:世纪出版集团,上海译文出版社,2006年5月)。

69. 道格拉斯·C.诺斯著,刘守英译:《制度、制度变迁和经济绩效》(上海:上海三联书店,1994年)。

70. 迪尔凯姆著,狄玉明译:《社会学方法的准则》(北京:商务印书馆,1995年)。

71. (德)恩斯特·卡西尔著,甘阳译:《人论》(上海:上海译文出版社,1985

年12月)。

72.(美)弗朗西斯·福山著,李宛蓉译:《诚信——社会德性与繁荣的创造》(台北:立绪出版社,1998年)。

73.菲利普·柯尔库夫(Philippe Corcuff)著,钱翰译:《新社会学》(北京:社会科学文献出版社,2000年12月)。

74.G.H.埃尔德著,田禾、马春华译:《大萧条的孩子们》(南京:译林出版社,2002年4月)。

75.戈登·图洛克(G. Tullock)著,王永钦、丁菊红译:《特权和寻租的经济学》(上海人民出版社,2008年)。

76.(日)根津清著,卓丽娟译:《华侨商法与日本商法》(台北:丝路出版社出版,1996年3月)。

77.哈瑞森(美)、亨廷顿(美)编著,李振昌、林慈淑译:《为什么文化很重要》(台北:联经出版事业股份有限公司,2003年12月)。

78.亨廷顿著,周琪、刘绯等译:《文明的冲突与世界秩序的重建》(北京:新华出版社,1998年)。

79.吉尔·伊亚尔、伊万·塞勒尼、艾莉诺·汤斯利著,吕鹏、吕佳龄译:《无须资本家打造资本主义》(北京:社会科学文献出版社,2008年7月)。

80.(美)吉姆·罗沃著,张绍宗译:《亚洲的崛起》(上海:上海人民出版社,1997年)。

81.加里·贝克尔(Gary·S·Becker)著,梁小明译:《人力资本》(北京:北京大学出版社,1987年5月)。

82.克林·盖尔西克等著,贺敏译:《家族企业的繁衍——家族企业的生命周期》(广州:经济日报出版社,1998年)。

83.雷丁(S.G., Redding)著,张遵敬等译:《海外华人企业家的管理思想——文化背景与风格》(上海:上海三联书店,1993年3月)。

84.理查德·尼斯贝特著,李秀霞译:《思维的版图——西方人见木,东方人见森》(北京:中信出版社,2006年2月)。

85.理查德·帕斯卡尔、安东尼·阿索斯著,张小冬、周全译:《日本的管理艺术》(乌鲁木齐:新疆人民出版社,1988年)。

86.林南著,张磊译:《社会资本:关于社会结构与行动的理论》(上海:世纪出版集团,上海人民出版社,2005年)。

87.罗伯特·M·索洛著,胡汝银译:《经济增长理论:一种解说》(上海:上海人民出版社,1994年)。

88. 罗伯特·帕特南(R. D. Putnam)著,王列、赖海榕译:《使民主运转起来——现代意大利的公民传统》(南昌:江西人民出版社,2001年)。

89. 罗兰·罗伯森著,梁光严译:《全球化:社会理论和全球文化》(上海:上海人民出版社,2000年)。

90. 露丝·本尼迪克特著,何锡章、黄欢译:《文化模式》(北京:华夏出版社,1987年9月)。

91. 曼昆(N. Gregory Mankiw)著,梁小明译:《经济学原理——微观经济学分册》(北京:北京大学出版社,2009年4月)。

92. Martin Camoy 著,闵维芳等译:《教育经济学国际百科全书》(北京:高等教育出版社,2000年)。

93. 马克斯·韦伯著,于晓、陈维纲等译:《新教伦理与资本主义精神》(北京:三联书店,1987年)。

94. 马克斯·韦伯著,王蓉芬译:《儒教与道教》(北京:商务印书馆,1999年)。

95. (法)皮埃尔·布迪厄著,包亚明编译:《文化资本与社会炼金术——布迪厄访谈录》(上海:上海人民出版社,1997年)。

96. 皮埃尔·布迪厄、华康德著,李猛、李康译:《实践与反思》(北京:中央编译出版社,1998年)。

97. 皮埃尔·布迪厄著,刘晖译:《艺术的法则:文学场的生成和结构》(北京:中央编译出版社,2001年3月)。

98. 皮埃尔·布迪厄,C·帕斯隆著,邢克超译:《继承人——大学生与文化》(北京:商务印书馆,2002年11月)。

99. 皮埃尔·布迪厄著,蒋梓骅译:《实践感》(南京:译林出版社,2003年12月)。

100. 皮埃尔·布迪厄著,邢克超译:《再生产》(北京:商务印书馆,2004年)。

101. 皮埃尔·布迪厄著,杨亚平译:《国家精英——名牌大学与群体精神》(北京:商务印书馆,2005年)。

102. 乔治·瑞泽尔著,杨淑椒译:《当代社会学理论及其古典根源》(北京:北京大学出版社,2005年)。

103. (日)涩泽荣一著,王中江译:《论语与算盘——人生、道德、财富》(北京:中国青年出版社,1996年12月)。

104. 世界银行著,财政部世界银行业务司译:《东亚奇迹》(The East Asi-

an Miracle)(北京:中国财政经济出版社,1995年)。

105. 托马斯·彼得斯、小罗伯特·沃特曼著,王延茂、傅念祖译:《探索企业成功之路——美国优秀公司的管理经验》(上海:上海翻译出版公司,1984年)。

106. (美)托马斯·弗里德曼著,何帆等译:《世界是平的》(长沙:湖南科学技术出版社,2008年7月)。

107. 王赓武著,天津编译中心译:《中国与海外华人》(香港:商务印书馆,1994年1月)。

108. 威廉·大内著,孙耀君、王祖融译校《Z理论——美国企业怎样迎接日本的挑战》(北京:中国社会科学出版社,1984年3月)。

109. 魏明德(Benoit Vermander,法)著,沈秀贞等译:《全球化与中国》(北京:商务印书馆,2002年9月)。

110. 亚当·斯密著,郭大力、王亚南译:《国民财富的性质和原因的研究》(下卷)(北京:商务印书馆,1972年)。

111. (日)岩崎育夫著,刘晓民译:《新加坡华人企业集团》(厦门:厦门大学出版社,2001年)。

112. 约翰·奈斯比特著,蔚文译:《亚洲大趋势》(北京:外文出版社,1996年)。

113. 约翰·奈斯比特著,魏平译:《定见》(北京:中信出版社,2007年4月)。

114. 约翰·P·科特、詹姆斯·L·赫斯克特著,李晓涛译:《企业文化与经营业绩》(北京:中国人民大学出版社,2004年10月)。

115. 约瑟夫·阿洛伊斯·熊彼特(Joseph Alois Schumpeter)著,何畏、易家祥等译:《经济发展理论——对于利润、资本、信贷、利息和经济周期的考察》(北京:商务印书馆,1991年)。

116. 詹姆斯·S.科尔曼著,邓方译:《社会理论的基础(上)》(北京:社会科学文献出版社,1999年)。

三、中文论文

117. 包亚明《布迪厄文化社会学初探》,《社会科学》,1997年第4期,第70～73页。

118. 蔡林海《华人企业家及其商业文化》,新加坡:《源》,1997年第1期,第30～37页。

119. 曹云华《成为发达国家之后的新加坡》,《东南亚研究》,1993年3月,第11~13页。

120. 陈爱国《论布尔迪厄文化资本的形态构造》,《学术论坛》2006年第6期,第176~178页。

121. 陈抗《序,最常任常任秘书眼里的新加坡经验》,载严崇涛著,陈抗编选《新加坡发展的经验与教训》(新加坡:汤姆森学习出版集团,2007年10月)。

122. 陈天玺《世界华商的"彩虹型"网络与认同》,载廖赤阳、刘宏主编《错综于市场、社会与国家之间——东亚口岸城市的华商与亚洲区域网络》(新加坡:南洋理工大学中华语言文化中心,八方文化创作室联合出版,2008年5月),第51~74页。

123. 陈志明《华裔和族群关系的研究——从若干族群关系的经济理论谈起》,载"中央研究院"民族学研究所集刊》,1990年第69期,第1~26页。

124. 陈衍德《控制、效率及其文化背景——海外华人企业文化的再探索》,《中国经济史研究》,1999年第1期,第126~133页。

125. 陈衍德《网络、信用及其文化背景——海外华人企业文化初探》,《世纪之交的海外华人(上)》,1998年,第190~202页。

126. 陈文寿《韦伯新教资本主义与海外华人经济的诠释——评〈新教伦理与资本主义精神〉》,《华侨华人历史研究》,1999年第2期,第19~23页。

127. 陈祖洲《从多元文化到综合文化——兼论儒家文化与新加坡经济现代化的关系》,《南京大学学报》,2004年第6期。

128. 储小平《儒家伦理与海外华人经济的发展》,《汕头大学学报》(人文社科版),1997年第5期,第80~86页。

129. 储小平《家族企业:一个具有现代意义的话题》,《中国社会科学》,2000年第5期,第51~58页。

130. 储小平、李怀祖《家族企业成长与社会资本的融合》,《经济理论与经济管理》,2003年第6期,第45~51页。

131. 杜维明《全球化与本土化冲击下的儒家人文精神》,载杜维明《十年机缘待儒学——东亚价值再评价》(香港:牛津出版社,1999年)。

132. 方朝晖《文化习性、社会整合与儒家传统的现代性》,《天津社会科学》,2006年第2期,第36~41页。

133. 高波、张志鹏《文化资本:经济增长源泉的一种解释》,《南京大学学报》(哲学·人文科学·社会科学版),2004年第5期,第102~112页。

134. 高波《文化、文化资本与企业家精神的区域差异》,《南京大学学报》(哲学·人文科学·社会科学版),2007年第5期,第39~47页。

135. 龚宜君《李成枫:马来西亚华教之光》,载林水檺主编《创业与护根:马来西亚华人历史与人物儒商篇》(吉隆坡:华社研究中心,2003年)。

136. 古宣辉《经济全球化,世界华人企业联盟协作的发展趋势》,载《2000年世界华人论坛专题演讲文稿》(2000年9月18—22日,青岛)。

137. 郭玉聪《经济全球化浪潮下的中国新移民》,《当代亚太》,2004年第9期,第57~61页。

138. 郭招金、王晖等《2007世界华商发展报告》(中国:世界华商发展报告课题组),2008年1月16日。

139. 郭招金、陈建等《2008世界华商发展报告》(中国:世界华商发展报告课题组),2009年1月16日。

140. 郭招金、陈建等《2009世界华商发展报告》(中国:世界华商发展报告课题组),2010年5月20日。

141. 贺晓琴《海外华人经济的发展及其全球化趋势》,《世界经济研究》,1997年第6期,第23~26页。

142. 胡军、钟永平《华人家族企业网络:性质、特征与文化基础》,《学术研究》,2003年第2期,第37~41页。

143. 胡兴荣《李光前:以商养儒兴学之典范》,载林水檺主编《创业与护根:马来西亚华人历史与人物儒商篇》(吉隆坡:华社研究中心,2003年)。

144. 黄朝翰、杨沐《新加坡对知识经济的推动》,《国际经济评论》,2000年7—8期,第43~47页。

145. 黄昆章《海外华人社团功能演变的理论和实践》,载郝时远《海外华人研究论集》(北京:中国社会科学出版社,2002年11月),第396~409页。

146. 黄贤强《近二十年来新马的华人研究》,载李元瑾主编《新马华人:传统与现代的对话》(新加坡:南洋理工大学中华语言文化中心,2002年),第477~516页。

147. 黄英湖《试论中国文化对海外华商企业管理的影响》,《中华文化论坛》,1999年第2期,第109~113页。

148. 黄松赞《战后新加坡华人的经济变化》《东南亚研究》,1995年第4期,第58~60页。

149. 金耀基《东亚经济发展的一个文化诠释》,《信报财经月刊》,1987年第11期。

150. 金耀基《儒家伦理与经济发展：韦伯学说的重探》，载金耀基著《中国社会与文化》(香港：牛津大学出版社，1992年)，第128～151页。

151. 康荣平、柯银斌《华人跨国公司成长与家族因素》，《中国经济与世界经济》，2002年9月，第1～14页。

152. 康荣平《为家族企业正名》，《东方企业文化》，2005年第10期。

153. 李慧萍《2010年瑞士洛桑国际管理学院(IMD)世界竞争力排名分析》(台湾经济研究院，研究六所计划成果)。

154. 李明、李伟峰《黄祖耀：协助社会进步繁荣是商人的根本利益》，载《管理世界》杂志社主编《华人金融家——80位华人金融领袖访谈录》(北京：中华工商联合出版社，2008年1月)。

155. 李天锡《试述中国传统文化对李光前的影响》，《八桂侨史》，1994年第1期，第58～61页。

156. 李天锡《试述多元文化对李光前企业经营管理的影响》，《八桂侨刊》，2008年第1期，第30～33页。

157. 李元瑾《新马儒教运动(1894—1911)的现代意义：以1980年代新加坡儒学运动验证之》，载李元瑾主编《南大学人》(新加坡：南洋理工大学中华语言文化中心，2001年)，第171～190页。

158. 林水檺《功垂竹帛：马来西亚的华裔儒商》，载林水檺主编《创业与护根：马来西亚华人历史与人物儒商篇》(吉隆坡：华社研究中心，2003年)。

159. 林孝胜《李光前的企业王国(1927—1954)——新华人家族企业个案研究》，《亚洲文化》，1987年第9期，第3～20页。

160. 林孝胜《家族主义与企业：陈六使的企业世界》，《亚洲文化》，第14期，1990年，第132～149页。

161. 林毅夫等《比较优势与发展战略——对"东亚奇迹"的再解释》，《中国社会科学》，1999年第5期，第4～20页。

162. 林勇《中华传统文化与海外华商精神》，《华侨华人与侨务》，1997年第2期，第6～10页。

163. 林勇《东南亚华人家族企业可持续成长的路径选择》，《东南亚研究》，2002年第5期，第54～58页。

164. 梁英明《战后东南亚华人家族企业的发展》，《华侨华人与侨务》，1997年第1期，第21～24页。

165. 梁英明《东南亚华商企业与儒家文化》，《华侨华人历史研究》，1998年第4期，第1～6页。

166. 梁英明《关于海外华人经济研究》,《华侨华人历史研究》,2000年第1期,第16~22页。

167. 梁英明《从东南亚华人看文化交流与融合》,《华侨华人历史研究》,2006年第4期,第32~38页。

168. 梁志明《世纪之交中国大陆学术界关于华侨华人的研究》,载梁志明主编《面向新世界的中国东南亚学研究:回顾与展望》(香港:社会科学出版社,2002年)。

169. 廖小健《新加坡华人经济评估》,《八桂侨史》,1998年第1期,第59~63页。

170. 廖小健《战后新加坡华人经济的几个发展阶段》,《八桂侨史》,1997年第3期,第27~32页。

171. 廖小健《近期新加坡华人经济展望》,《华侨华人历史研究》,2003年第12期,第16~20页。

172. 刘宏《新加坡中华总商会与亚洲华商网络的制度化》,《历史研究》,2000年第1期,第106~118页。

173. 刘宏《论二战后新加坡华人社团与教育的互动关系》,《华侨华人历史研究》,2002年3月,第1期,第40~48页。

174. 刘宏《跨国场域下的企业家精神、国家与社会网络:中国新移民的个案分析》,《华侨华人历史研究》,2007年第4期,第1~10页。

175. 刘宏《当代华人新移民的跨国实践与人才环流》,《中山大学学报》,2009年第6期,第165~176页。

176. 刘权《经济全球化中的海外华商网络》,《东南亚研究》,2005年第5期,第78~80页。

177. 龙登高《海外华商经营模式的社会学剖析》,《社会学研究》,1998年第2期,第75~82页。

178. 龙登高《海外华商经营管理的探索——近十余年来的学术述评与研究展望》,《华侨华人历史研究》,2002年第3期,第84~94页。

179. 鲁传一、李子奈《企业家精神与经济增长理论》,《清华大学学报》(哲学社会科学版),2000年第3期,第44~49页。

180. 马涛《现代儒商论》,《管子学刊》,1999年第2期,第72~79页。

181. 潘亚暾《序》,载《儒商大趋势——首届儒商文学国际研讨会论文集》(广州:暨南大学出版社,1996年3月)。

182. 邱立本《东南亚华人网络——过去、现在与未来》,《太平洋学报》,

1997 年第 1 期,第 41~48 页。

183. 丘立本《国际人口迁移与华侨华人研究》,载郝志远主编《海外华人研究论文集》(北京:中国社会出版社,2002 年),第 40~56 页。

184. 饶志明《马来西亚华人财团的现状与发展趋势》,《华侨大学学报》(哲社版),1998 年第 4 期,第 24~29,35 页。

185. 单纯《儒商与华族经济》,《华侨华人历史研究》,1998 年第 3 期,第 33~41 页。

186. 单纯《华人经济与华人问题》,《世界民族》,1998 年第 4 期,第 45~52 页。

187. 单纯《试论海外华人经济的历史地位和发展趋势》,《汕头大学学报》(人文社科版),1999 年第 1 期,第 68~78 页。

188. 施炎平《从文化资源到文化资本——传统文化的价值重建与再创》,《探索与争鸣》,2007 年第 6 期,第 50~54 页。

189. 苏东水《论东西方管理的融合与创新》,《学术研究》,2002 年第 5 期,第 39~45 页。

190. 苏启林,钟乃雄《海外华人家族企业组织管理与分布特征》,《外国经济管理》,2004 年 9 月,第 13~20 页。

191. 苏启林,欧晓明《家族企业国际化动因与特征分析——以华人家族企业为例》,《外国经济与管理》,2003 年 9 月,第 43~47 页。

192. 苏新鋈《儒家思想近十五年来在新加坡的流传》,载李明辉主编《儒家思想在现代东亚总论篇》(台北:"中央研究院"中国文哲研究所筹备处发行,1998 年 11 月),第 255~313 页。

193. 苏瑞福(Saw Swee-Hock)《新加坡人口结构的变化》,《南洋资料译丛》2008 年 4 期,第 39~58 页。

194. 王苍柏《黄祖耀:银业巨子,社会贤达》,载庄炎林编《世界华人华人精英传略:新加坡与马来西亚卷》(南昌:百花洲文艺出版社,1994 年)。

195. 王峰、周南南《中国企业生命表的编制》,《统计研究》,第 12 期,2009 年 12 月,第 60~68 页。

196. 王赓武《华人企业家及其文化策略》,《华人月刊》,1994 年 1 月号,第 17~20 页。

197. 王赓武《华商文化的研究》,载张炎宪主编《中国海洋发展史论文集》(第六辑)(台北"中央研究院"中山人文社会科学研究所,1997 年),第 1~7 页。

198. 王赓武《新移民:何以新?为何新?》,《华侨华人历史研究》,2001年第4期,第1~8页。

199. 王赓武《留学与移民:从学习到迁徙》,《华侨华人历史研究》,2004年第4期,第55~60页。

200. 王赓武《越洋寻求空间》,《华人研究国际学报》创刊号,2009年6月,第1~49页。

201. 王勤《新加坡华人企业集团的兴起及其海外投资》,《华侨历史论丛》,1995年第8期,第152~161页。

202. 王勤《新加坡华商集团的迅速兴起》,《南洋问题研究》,1998年第2期,第84~90页。

203. 王勤《东南亚华人企业集团的重组及其前景》,《当代亚太》,2001年第2期,第51~56页。

204. 吴前进《新华侨华人与民间关系发展:以中国——新加坡民间关系为例》,《华侨华人历史研究》,2007年第2期,第7~22页。

205. 谢美华《近20年新加坡的中国新移民及其数量估算》,《华侨华人历史研究》,2010年第3期,第52~59页。

206. 新加坡贸工部经济计划委员会著,李美华译:《新加坡向发达国家发展的经济战略计划(上、下)》,《南洋资料译丛》,1996年第1期,第13~23页;1996年第2期,第11~21页。

207. 薛晓源、曹荣湘《文化资本、文化产品与文化制度——布迪厄之后的文化资本理论》,《马克思主义与现实》双月刊,2004年第1期,第43~49页。

208. 颜清湟《儒家传统与东亚和东南亚的海外华人商业》,载李元瑾主编《南大学人》(新加坡:南洋理工大学中华语言文化中心,2001年),第91~106页。

209. 颜清湟《海外华人商业研究的反思》,马来亚南大校友会会所举办《海外华人商业研究的反思》会议论文,2002年9月。

210. 游俊豪《故乡,国家,市场:新马和香港番禺会馆的功能演变》,载廖赤阳、刘宏主编《错综于市场、社会与国家之间——东亚口岸城市的华商与亚洲区域网络》(新加坡:南洋理工大学中华语言文化中心,2008年),第189~209页。

211. 游俊豪《主体性的离散化:中国新移民作者在新加坡》,《长江学术》,2009年第一期,第19~25页。

212. 余安邦《成就动机与成就观念:华人文化心理的探索》,载杨国枢、黄国光等主编《华人本土心理学》(重庆:重庆大学出版社,2008年6月),第641~687页。

213. 余乃忠、陈志良《习性:"具有席卷一切的解释力"——布尔迪厄建构的结构主义神话》,《现代哲学》,2009年第1期,第35~39页。

214. 余楠主编《家族企业:承传与发展》,《长江》增刊,2009年7月。

215. 曾少聪《全球化背景下的东南亚华人社会》,《世界民族》,2003第6期,第50~57页。

216. 曾少聪,曹善玉《华人新移民研究》,《东南亚研究》,2005年第6期,第60~65页。

217. 张德《儒家文化传统与东亚经济崛起》,《清华大学学报》(哲学社会科学版),1995年第10卷第1期,第65~69页。

218. 张秀明《国际移民体系中的中国大陆移民》,《华侨华人历史研究》,2001年第1期,第22~27页。

219. 张禹东《海外华商网络的构成与特征》,《社会科学》,2006年第3期,第106~111页。

220. 郑学益《中华文化与海外华人实业家——兼论建立"海外华商文化新学科"》,《经济科学》,1994年第4期,第57~61页。

221. 周浩然等《海外华人经济文化的发展趋势》,《世界经济与政治》,1996年第10期,第76~77页。

222. 周颖南《儒商的光荣任务》,载《儒商大趋势——首届儒商文学国际研讨会论文集》,(广州:暨南大学出版社,1996年3月)。

223. 朱国华《习性与资本:略论布迪厄的主要概念工具(上)》,《东南大学学报》(哲学社会科学版),2004年第1期,第33~37页。

——《习性与资本:略论布迪厄的主要概念工具(下)》,《东南大学学报》(哲学社会科学版),2004年第2期,第41~45页。

224. 朱伟珏《"资本"的一种非经济学解读——布迪厄"文化资本"概念》,《社会科学》,2005年6期,第117~123页。

225. 朱伟珏《文化资本与人力资本—布迪厄文化资本理论的经济学意义》,《天津社会科学》,2007年第3期,第84~89页。

226. 朱炎《华人企业经营的特征及优缺点》,《世纪之交的海外华人》(上),1998年,第178~189页。

227. 朱炎、郭梁《金融危机冲击下的亚洲华人企业:影响、对策、教训和发展动向》,《华侨华人历史研究》,1999年第2期,第1~12页。

228. 庄国土《利益或情感驱动？从新马华人对福建的投资看 1978 年以来新马华人与祖籍地的联系》，载李元瑾主编《新马华人：传统与现代的对话》，(新加坡：南洋理工大学中华语言文化中心，2002 年)，第 295～316 页。

229. 庄国土《多元文化或同化：亨廷顿的族群文化观与东南亚华族》，《南洋问题研究》，2003 年第 2 期，第 1～10 页。

230. 庄国土《东亚华商网络的发展趋势——以海外华资在中国大陆的投资为例》，《当代亚太》，2006 年第 1 期，第 92～98 页。

231. 庄国土《经贸与移民互动：论近 20 年中国人移民东南亚的原因》，《当代亚太》，2008 年第 2 期，第 83～104 页。

四、译文

232. 比尔·马丁和伊凡·撒列尼著，陈刚译：《超越文化资本：走向一种符号支配的理论》，载薛晓源、曹荣湘主编《全球化与文化资本》(北京：社会科学文献出版社，2005 年 4 月)，第 296～329 页。

233. 大卫·蓝迪斯《几乎所有的差异都是因为文化》，载哈瑞森、亨廷顿编著，李振昌、林慈淑译：《为什么文化很重要》(台北：联经出版事业股份有限公司出版，2003 年 12 月)，第 3～17 页。

234. 戴维·斯沃茨文著，夏孝川译：《皮埃尔·布迪厄：社会不平等的文化传授》，译自《哈佛教育评论》，1977 年 11 月号，第 545～555 页。

235. 弗朗西斯·福山著，曹义编译：《社会资本、公民社会与发展》，《马克思主义与现实》，2003 年第 2 期，第 36～45 页。

236. 弗朗西斯·福山《社会资本》，载哈瑞森、亨廷顿编著，李振昌、林慈淑译：《为什么文化很重要》(台北：联经出版事业股份有限公司出版，2003 年 12 月)，第 123～140 页。

237. 亨廷顿著，徐漪译：《西方文明：独特，但并不普遍》，《国外社会科学文摘》，1997 年第 6 期，第 14～20 页。

238. 亨廷顿著，张铭译：《不是文明是什么？——后冷战世界的范式》，《现代外国哲学社会科学文摘》，1994 年第 10 期，第 9～13 页。

239. 简·卢普、罗布·兰格著，李艳丽译：《社会秩序、文化资本和公民权利》，载薛晓源、曹荣湘主编《全球化与文化资本》(北京：社会科学文献出版社，2005 年 4 月)，第 503～544 页。

240. 克利斯朵夫·克拉格等著，吴丹译：《文化资本与经济发展导论》，载薛晓源、曹荣湘主编《全球化与文化资本》(北京：社会科学文献出版社，2005

年4月),第222~230页。

241. 罗伯特·阿蒂吉阿尼著,蜀君译:《20世纪的复兴?一种文化变革的代价和希望》,《第欧根尼》,1994年01期,第55~115页。

242. 罗宾斯著,李中泽译:《布迪厄"文化资本"观念的本源、早期发展与现状》,《国外社会科学》,2006年第3期,第36~42页。

243. 罗纳德·弗莱尔著,宾建成译:《文化资本》,载薛晓源、曹荣湘主编《全球化与文化资本》(北京:社会科学文献出版社,2005年4月),第193~221页。

244. 罗克·华康德著,郭持华、赵志义译:《解读皮埃尔·布迪厄的资本:〈国家精英〉英译本引言》,载陶东风等主编《文化研究》第4辑(北京:中央编译出版社,2003年8月)。

245. 裴鲁询《亚洲价值:从发电机被变成骨牌》,载哈瑞森、亨廷顿编著,李振昌、林慈淑译:《为什么文化很重要》(台北:联经出版事业股份有限公司,2003年12月),第345~357页。

246. 皮埃尔·布迪厄著,包亚明译:《反观社会学》,《现代外国哲学社会科学文摘》,1997年第2期,第38~42页。

247. 小木裕文著,刘晓民译:《新加坡的中国新移民》,《南洋资料译丛》,2003年第1期,第22~28页。

248. 亚历山德罗·波茨《社会资本:在现代社会学中的缘起和应用》,载李惠斌、杨雪冬主编《社会资本与社会发展》(北京:社会科学文献出版社,2000年)。

249. (日)岩崎育夫著,邵鸣译:《新加坡、马来西亚的华人资本》,《南洋资料译丛》,1998年第1期,第65~73页。

250. 岩崎育夫著,乔云译:《新加坡华人企业的特点》,《南洋资料译丛》,1997年第3期,第72~78页。

251. 岩崎育夫著,司韦译:《围绕华人企业的两个问题其形成、发展的因素与企业类型》,《南洋资料译丛》,2003年第4期,第56~64页。

252. (日)游仲勋著,乔云译:《华人经济的动向与展望》,《南洋资料译丛》,1999年第2期,第68~73页。

253. 游仲勋著,司韦译:《中国经济的发展和华侨华人经济结构的变化》,《南洋资料译丛》,2002年第3期,第21~26页。

254. 约瑟夫·多尔蒂著,李智译:《用于全球冒险的文化资本》,载薛晓源、曹荣湘主编《全球化与文化资本》(北京:社会科学文献出版社,2005年4月),

页 127～145 页。

255.中山晴生、福田纯子著,柳弘译:《新加坡的经济发展战略(上、下)》,《南洋资料译丛》,1998 年第 2 期,第 38～45 页;1998 年第 3 期,第 35～42 页。

五、报刊、网络资料

256.暴剑光《林爱莲:从孤儿到新加坡女首富的创业奇迹》,《全球商业》2006 年 1 月号。

257.曹康林《寻找华商之魂》,《商界名家》,浏览 http://www.sina.cn,2006 年 12 月 6 日。

258.柴君雄编译:《新加坡的政联公司》,《编译参考》,1995 年第 1 期,第 21～24 页。

259.沉浮《陈嘉庚女婿李光前传奇:橡胶大王的成功之道》,《海内与海外特刊》,1996 年第 8 期,第 48—1～6 页。

260.陈良榕《"水女皇"这样"化危机为商机"》,台湾《天下》杂志,2007 年 11 月。

261.陈能端、王珏琪《访教育部长黄永宏打造以"学生为本"多元走道 培养软技能 为学生增值》,《联合早报》人物面对面专题版,2010 年 4 月 21 日。

262.陈勇《蓝伟光——膜技术之父》,《闽商》周刊,2007 年 3 月 1 日。

263.崔东红《华商焦点:笑迎风雨聚人心》,《华商》(新加坡:中华总商会),2009 年第二期。

264.郭丽娟《李总理:华语华族文化地位一定保留》,《联合早报》,2011 年 4 月 26 日。

265.胡渊文《凯发获 6 亿元合约:在北非建世界最大海水淡化厂》,《联合早报》,2008 年 4 月 23 日。

266.《华尔街电讯》报道《新加坡水王国的女王》(www.wswire.com),2005 年 12 月 7 日。

267.黄秀荣编辑《中华总商会新会长张松声:眼前经济风暴是艰巨挑战》,《联合早报》财经人物版,2009 年 2 月 1 日。

268.纪硕鸣、冯中校《全球华商与世界舞动奇迹》,《亚洲周刊》2007 年 11 月 25 日,第四十六期。

269.金所以《东南亚第一女富豪林爱莲》,(http://chinese.people.com.cn/),2005 年 12 月 28 日。

270.龚慧婷《大华银行总裁易主 黄一宗接替老爸》,《联合早报》,2007 年

5月8日。

271. 郭丽娟、周殊钦、游润恬《李显龙总理:一个能干廉洁的政府 才能继续带动新加坡发展》,《联合早报》人物面对面专题版,2010年10月21日。

272.《国际金融报》《多媒体奠基人沈望傅:超前微软10年的"创新"》,2005年10月11日。

273. 李光耀著,李慧玲译:《东西方文化与现代化》,《联合早报网》(http://www.ihns.ac.cn/readers/2004/liguangyao1.htm),2004年4月20日。

274. 李宽宽《创新沈望傅:我是MP3战争发动者》《南方都市报》,2007年1月25日。

275. 李敏雯《仅次于瑞士,新加坡竞争力全球第二》,《联合早报》,2011年9月8日。

276. 李气虹《凯发在天津投资建设:亚洲最大海水淡化厂》,《联合早报》,2008年9月30日。

277. 李兢《敞怀笑纳DVD——新加坡Creative公司董事长沈望傅先生访谈》,《计算机世界周》,1997年第42期。

278.《联合早报》编《儒家基本价值观应升华为国家意识》,《联合早报》,1988年10月29日。

279.《联合早报》编《李光耀谈新领导层治国》,《联合早报》,1992年6月6日。

280. 林婉诗《林爱莲:凯发看风使舵》,《联合早报》,2006年8月4日。

281. 林婉诗《大华银行主席黄祖耀:家族控制配合精英管理 可实现企业长远目标》《联合早报》,2006年10月23日。

282. 潘国驹《中国成为世界科技强国所面临的挑战》,《联合早报》,2011年4月11日。

283. 潘星华《追逐科技世界出版大梦》,《联合早报》,2006年7月9日。

284. 潘星华《获美国物理学会推选为会士,潘国驹担心科研人才不足》,《联合早报》,2010年1月17日。

285. http://www.people.com.cn/GB/jinji/222/6358/6361/20010910/556517.html(人民网)2001年9月10日。

286.《商业周刊》编《全球最具创新能力的30个国家》,浏览:新加坡文献馆网页 http://www.sginsight.com/xjp/index.php?id=2409,2009年3月17日。

287. 世界科技出版公司网页:http://www.worldscientific.com/

index. html

288. 世界科技出版公司之全球华人专业人士网：http://www. net-workchinese. com/

289. 世界晋商网：http://www. wsxm. net/jinshangshangwutong/ShowArticle. asp？ArticleID＝79

290. 世界华商网络：http://www. wcbn. com. sg/index. cfm？GPID＝3

291.《世界商业》编辑《华商：东亚财富引擎》,2005 年 10 月 12 日。

292. 石淑慧《资讯社会的挑战》,《网络社会学通讯期刊》第 20 期(台北：南华大学社会学研究所,2002 年 1 月刊),浏览网页：www. nhu. edu. tw

293. 孙加顺《新加坡国有资产管理概况》,浏览新加坡文献馆网 http://www. sginsight. com/xjp/index. php？id＝216,2005 年 9 月 15 日。

294. 王阳发《沈望傅跨世纪创业演讲会摘录》,《科技创业月刊》,2003 年第 5 期。

295. 厦门商报编《商界名流——蓝伟光博士》,《厦门商报》,1999 年 12 月 28 日。

296. 谢燕燕、林妙娜《杨荣文谈中华文化和本地华社在传统和创意间求平衡》,《联合早报》人物面对面专题版,2008 年 11 月 16 日。

297. 新加坡创新科技有限公司网页：http://www. creative. com. sg/；http://cn. creative. com/

298. 新加坡丰隆集团网页：http://www. hongleong. com. sg/

299. 新加坡国立大学图书馆海外华人研究网页：http://www. lib. nus. edu. sg/chz/chineseoverseas/oc_pxn. htm

300. 新加坡经济发展局网页：http://www. edb. gov. sg/edb/sg/en_uk/index. html

301. 新加坡凯发集团网页：www. hyflux. com；新加坡凯能高科技工程(上海)有限公司网页：www. hyflux. cn

302. 新加坡南洋理工大学中华语言中心网页：http://www. cclc. hss. ntu. edu. sg/mediareports/NewsArchived/Pages/news_tanlarksye_c. aspx

303. 新加坡中华总商会网页：http://www. sccci. org. sg/

304. 新浪财经《全球最古老家族企业百强出炉,无一中国企业》,http://finance. sina. com. cn/leadership/mqywh/20060607/14022632327. shtml,2006 年 6 月 7 日。

305. 徐财星《沈望傅：创新是被声卡宠坏的孩子》(http://www. pcon-

line. com. cn/)(2004年3月25日)。

306. 徐伏钢《东华尔街大鳄贪婪,高薪不一定就能养廉》,《联合早报》,2009年4月13日。

307. 许丽卿《顺境逆境,父子同舟》,《联合早报》财经人物版,2009年6月21日。

308.《亚洲新闻》编《亚洲如何应付全球化的挑战》,香港:《亚洲新闻周刊》,2000年2月25日。

309. 张鲁欣《来自中国移民的人数是否被夸大了》,《联合早报》,2009年12月18日。

310. 郑明杉《大华银行第三代传人黄一宗:大华代代相传,理念没变》《联合早报》财经人物版,2011年9月11日。

311.《中国经济快讯周刊》编"小"国的"大"国之道——新加坡引智政策探秘》,《中国经济快讯周刊》,2001年第四十九期。

312. 周殊钦编辑《凯发总裁林爱莲获杰出商人奖》,《联合早报》,2005年3月31日。

313. 周殊钦《李总理:华文教学方式需更新,让不同学生达各自高峰》,《联合早报》,2009年12月4日。

六、英文专著

1. Chan Kwok Bun, *Chinese Business Networks：State, Economy and Culture* (Asian Studies, 1999).

2. David Swartz, *Culture and Power：the Sociology of Pierre Bourdien* (The University of Chicago Press, Ltd., 1997).

3. Derek Robbins, *The Work of Pierre Bourdieu：Recognizing Society* (Milton Keynes：Open University Press, 1991).

4. Edmund Terence Gomez and Michael Hsiao, Hsin-Huang, *Chinese Business in Southeast Asia：Contesting Cultural Explanations, Researching Entrepreneurship* (London：Routledge Curzon, 2004).

5. Edmund Terence Gomez and Michael Hsiao, Hsin-Huang, *Chinese Enterprise, Transnationalism and Identity* (London：Routledge Curzon, 2004).

6. F. H. Harbison, *Human Resources as the Wealth of Nations* (New York：Oxford University Press, 1973).

7. F. Fukuyama, *Trust: The Social Virtues and the Creation of Property* (London: Hamish Hamilton, 1995).

8. George T. Haley, Usha C. V. Haley and Chin Tiong Tan, *New Asian Emperors: The Business Strategies of the Overseas Chinese* (John Wiley & Sons (ASIA) Pte Ltd, 2009).

9. Henry Yeung, Wai-Chung, *The Handbook of Research on Asian Business* (Northampton, Mass.: E. Elgar, 2006).

10. Geert Hofstede, *Culture's Consequences: International Differences in Work-Related Values*, Beverly Hills, Calif.: Sage Publications, 1980.

11. Geert Hofstede & Gert Jan Hofstede, *Cultures and Organizations: Software of the Mind*, NY: McGraw Hill, 2005.

12. John P. Kotter and James L. Heskett, *Corporate Culture and Performance* (Simon & Schuster, 1992).

13. Lee Kuan Yew, *From Third World to First: The Singapore Story: 1965—2000* (Singapore: Times Media Pte. Ltd., 2000).

14. Lee T. Y. and Linda Low, *Local Entrepreneurship in Singapore: Private and State* (Singapore Institute of Policy Studies and Times Academic Press, 1990).

15. Michael Backman, *Asian Eclipse: Exposing the Dark Side of Business in Asia* (Wiley, John & Sons, Incorporated, 2001).

16. P. Christophe Earley, *CQ: Developing Cultural Intelligence at Work* (Stanford Business Books, 2006).

17. R. D. Putnam, *Making Democracy Work: Civic Traditions in Modern Italy* (Princeton, NJ: Princeton University Press, 1993).

18. R. Lee, Y. L. Chan, and K. F. Tang, *The Making of a Technopreneur* (Singapore: ITE Alumni Association, 1999).

19. S. G. Redding, *The Spirit of Chinese Capitalism* (Berlin: Walter de Gruyter, 1990).

20. Tan Chee Beng, *Chinese Overseas: Comparative Cultural Issues* (Hong Kong University Press, 2004).

21. Visscher, Sikko, *The Business of Politics and Ethnicity: A History of the Singapore Chinese Chamber of Commerce and Industry* (Singapore: NUS Press, 2007).

22. Wang Gungwu, *China and the Chinese Overseas* (Times Academic Press, 1991).

七、英文论文

23. A. Yeo-chi, King, "Kuan-hsi (*Guanxi*) and Network Building: A Sociological Interpretation", in Wei-ming Tu, ed., *The Living Tree: The Changing Meaning of Being Chinese Today* (Stanford: Stanford University Press 1991), pp. 109~126.

24. Alberto Bucci, Giovanna Segre, "Human and Cultural Capital complementarities and Externalities in Economic Growth", Paper Presented to Conference: Arts, Culture and the Public Sphere (4-8, November 2008).

25. Alejandro Portes, "the Economic Sociology and the Sociology of Immigration: A Conceptual Overview", in Ports (ed.), *Economic Sociology of Immigration: Essays on Networks, Ethnicity, and Entrepreneurship* (Russell Sage Foundation, 1995).

26. Christiaan Grootaert, "Social capital: The Missing Link", in *Expanding the measure of Wealth: Indicators of Environmentally Sustainable Development* (Washington DC: World Bank, 1997).

27. Christiaan Grootaert et al, "Measuring social capital: An integrated questionnaire", World Bank Working Paper No. 18 (Washington DC: World Bank, 2004).

28. Chang, Ly-yun and Tony Tam, "The Making of Chinese Business Culture: Culture versus Organizational Imperatives", in Edmund Terence, Gomez and Hsiao, Michael Hsin-Huang, *Chinese Enterprise, Transnationalism, and Identity* (London: Routledge Curzon, 2004).

29. David Throsby, "Cultural Capital", *Journal of Cultural Economics* 23 (Kluwer Academic Publishers, Printed in the Netherlands, 1999), pp. 3~12.

30. Henry Yeung, Wai-Chung, "The Globalization of Business Firms from Emerging Economies", Economic Geography, Vol. 77, No. 2 (April 2001), pp. 202~204.

31. Henry Yeung, Wai-chung, "International/Transnational Entrepreneurship and Chinese Business Research: Some Critical Reflections", in Leo Paul Dana (ed.), *The Handbook of Research on International Entrepre-*

neurship (Cheltenham: Edward Elgar, 2004), pp. 73~93.

32. Hershey H. Friedman, "The Impact of Jewish Values on Marketing and Business Practices", *Journal of Macromarketing* (June 2001), pp. 74~80.

33. Lee Guan Kin, "Singapore Chinese Society in Transition: Reflections on the Cultural Implications of Modern Education," in Michael W. Charney, Brenda S. A. Yeoh and Tong Chee Kiong, *Chinese Migrants Abroad: Cultural, Educational, and Social Dimensions of the Chinese Diaspora* (Singapore: Singapore University Press & World Scientific Publishing Co. Pte. Ltd, 2003), pp. 229~251.

34. Liu Hong, "Old Linkages, New Networks: The Globalization of Overseas Chinese Voluntary Associations and Its Implications", *China Quarterly* 155 (September 1998): pp. 582~609.

35. M. Granovetter, "Economic Action and Social Structure: the Problem of Embeddedness", in *American Journal of Sociology*, Vol. 91, No. 1985, pp. 481~510.

36. M. Granovetter, "Economic Institutions as Social Constructions: A Framework for Analysis", *Acta Sociologica*, Vol. 35, 1992, pp. 3~11.

37. Paul DiMaggio, "Cultural Capital and School Success", *American Sociological Review* 47, 1982, pp. 189~201.

38. Pierre Bourdieu, "Outline of a Sociological Theory of Art Perception", *International Social Science Journal*, Vol. 20 (4), 1968, pp. 589~612.

39. Pierre Bourdieu, "Cultural Power", in J. Karabel and A. H. Halsey eds., *Power and Ideology in Education* (Oxford University Press, 1977).

40. Pierre Bourdieu, "The Forms of Capital", in A. H. Halsey, H. Lauder, P. Brown & A. Stuart-Wells(eds.), *Education: Culture, Economy and Society* (New York: Oxford University Press, 1989), pp. 46~58.

41. Pierre Bourdieu, "Social Space and Symbolic Power", *Sociological Theory*, Vol. 1, No. 1, (1989).

42. S. G. Redding, "Weak Organization and Strong Linkage: Managerial Ideology and Chinese Family Business Networks", in G. Hamilton(ed.), *Business Networks and Economic Development in Eastland and Southeast Asia* (Centre of Asian Studies, University of Hong Kong, 1991).

43. Stephen Castles, "Migration and Community Formation under Conditions of Globalisation", Paper Presented to Conference: Reinventing Society in the New Economy (University of Toronto, 9-10, March 2001).

44. Tan Wee-Liang, Siew Tong Fock, "Coping with Growth Transitions: The Case of Chinese Family Businesses in Singapore", *Family Business Review*, Vol. XIV, No. 2 (June 2001), pp. 123~139.

45. Thomas Menkhoff, Bielefeld, "Trust and Chinese Economic Behavior in Singapore", Sociology of Development Research Centre, Southeast Asia Programme Working Paper, 1991.

46. Thomas Menkhoff, Ulrike Badibanga and Chayyue Wah, "Managing Change in Asian Business: A Comparison Between Chinese Educated and English Educated Chinese Entrepreneurs in Singapore", *The Copenhagen Journal of Asian Studies* 25 (2007), pp. 50~73.

47. Tu Wei-Ming, "Cultural China: The Periphery As the Center", in *The Living Tree: The Changing Meaning of Being Chinese Today*, edited by Tu Wei-Ming (Stanford: Stanford University Press, 1991).

48. Vivek Wadhwa, AnnaLee Saxenian, Ben Rissing, Gary Gereffi, "America's New Immigrant Entrepreneurs", Duke Science, Technology & Innovation Paper No. 23, January 2007.

49. Wang Gungwu, "Chinese Traditional Culture—The Overseas Perspectives", Paper Presented in an Academic Conference at Xi'an Jiaotong University (27 September 2001).

50. Wong, S. L., "The Chinese Family Firm: A Model", *British Journal of Sociology* 36 (1), 1985.

51. Yao Souchou, "GUANXI Sentiment, Performance and the Trading of Words", in *Chinese Entrepreneurship and Asian Business Networks* (London: Routledge Curzon, 2002), pp. 233~254.

52. Yen Ching-hwang, "The Rise of Ethnic Chinese Business in East and Southeast Asia", edited by Lee Guan Kin, *The Nantah Scholar* (Nanyang Technological University, Centre for Chinese Language & Culture 2001), pp. 91~106.

53. Yow Cheun Hoe, "Weakening Ties with the Ancestral Homeland in China: The Case Studies of Contemporary Singapore and Malaysian Chinese", *Modern Asian Studies*, Vol. 39, Part 3(2005), pp. 559~597.

后 记

本书基于本人的博士论文修改而成。著名诗人拜伦（Lord Byron）在《唐璜》（Don Juan）一书中曾写道：没有一件事比诗的起头更难，除非是它的结尾。伟大的拜伦既是如此，又何论渺小的本人呢？本人在撰写博士论文的整个过程中，也常常会慨叹：其实，也没有一件事比论文每一章的起头更难，除非是它的结尾。回首就读博士的整个过程：选课、定题、联系、采访以及撰写等等，理所当然是"为伊消得人憔悴"，但终究是顺利地完成了博士论文。而现在的我则是在用更厚重更深切的那份感恩的心来对待论文的修正和出版。为此，我再回首——无论是论文的撰写还是出版，这一切最令我难以忘怀的，依然是在很多方面都令我获益匪浅的导师的有效指导和家人的帮助、支持、关爱和鼓励；而最令我必须要献上感激之心的也依然是身边的老师、家人和朋友。

"做研究要用理论来服务于研究，而不要被理论牵着鼻子走，那样做出的研究会有太多牵强附会的痕迹"；"破题、问题、解题，步步衔接，论述紧扣主题、直截了当，以求一目了然"。这些是我的导师李元瑾老师的谆谆教导。"做研究可以做分析，但不要做说教；可以做评论，但不要做是非对错的评判。"这些是我的导师游俊豪老师时刻提醒我的警句。我非常感谢这两位导师在研究方法上、论文结构上、甚至论述细节上等等多方面给予我的指点和引导，也要感谢游俊豪老师把布迪厄的著作和理论介绍给我，促使我在选题和论文的写作方向上有了一个全新的思路和视野。总之，两位导师广博深厚的学识见解、创新开拓的学术精神，以及认真严谨的治学态度都将使我受益终生。还有王赓武教授针对新加坡华商文化以至东南亚的华商文化与儒家文化之间的关系问题所给予的指教和点拨、郭振宇教授在有关社会学知识的把握以及访谈提纲的设计方面的耐心指点、清华大学龙登高教授对我所做的新移民华商文化及其经营特征这一部分提出的具有建设性的建议，以及新加坡南洋理工大学人文学院诸多老师不时的提点、帮助等等，都给我带来了莫大的启示和鼓励，我在此也一并致谢。

此外,由于本书的研究是建立在新加坡华商的个案分析基础上,没有本研究中的华商案例个体的倾心合作和慷慨相助,也就没有本书的存在,因此,我非常感谢那些愿意接受采访的华商,尤其是新加坡世界科技出版公司董事主席潘国驹教授、台湾统一集团现任总裁林苍生先生、中国立信大华会计师事务所管理有限公司董事长兼总裁梁春先生、新加坡三达集团董事局主席蓝伟光博士,他们无私而又热情地与我分享了各自宝贵的从商经验和人生感悟。我也借此机会祝愿所有的华商在各自的场域中获得更大的成功,从而更进一步地靠近世界经济舞台的中心位置。当然也要感谢那些帮我牵线搭桥的老师和朋友,特别是新加坡《联合早报》前副总编辑、南洋理工大学中华语言文化中心特邀副教授吴元华老师所给予的关心和帮助,没有他们真心诚意地帮忙,也就没有书中那么多真实、生动和可信的案例。

当然,饮水必须思源,还需要特别感谢我的下列各位老师,他们是:原新加坡南洋理工大学经济系主任、现任职新加坡国立大学李光耀公共政策学院的陈抗教授;原新加坡南洋理工大学经济系教授、现任厦门大学嘉庚学院院长王瑞芳老师;南洋理工大学商学院王启南教授;南洋理工大学经济系刘云华教授。正是因为有了这些老师的鼓励和支持,我才能有机会踏上博士的征程。

我也要特别感谢我的先生顾清扬和儿子炎龙,我读博士期间,他们也正处在自己的工作和学习最忙碌、最关键阶段,却依然给予了我最大的关爱、支持、鼓励和体谅。感谢用心血和疼爱一手把我养大的父亲和母亲,尽管他们已过早离世,但父母恩情永难忘;以及陪伴我走过艰难的幼童时期且至今仍不断给予我关怀和帮助的哥哥和大姐二姐以及所有家人。就因为有家人和亲情与我同在,我的博士梦想才能成真。

最后,我要衷心地感谢厦门大学出版社给了我可以出版著作的机会,同时我还要对厦门大学出版社编辑薛鹏志先生、厦门大学档案馆馆长戴岩先生,以及我的学友吴子东、崔峰、陈镇喜所给予的诸多关心和帮助,致以我诚挚的谢意。

深恩不言谢。谨以此拙著献给他们,以示我深切的感激之情和无尽的感恩之心!

龙 坚

2013年7月

图书在版编目(CIP)数据

新加坡华商之文化资本的积累与转换/龙坚著. —厦门:厦门大学出版社,
2013.10
ISBN 978-7-5615-4807-3

Ⅰ.①新… Ⅱ.①龙… Ⅲ.①华人-企业管理-企业文化-研究-新加坡
Ⅳ.①F279.339.3

中国版本图书馆 CIP 数据核字(2013)第 245543 号

厦门大学出版社出版发行
(地址:厦门市软件园二期望海路 39 号　邮编:361008)
http://www.xmupress.com
xmup@xmupress.com
泉州新春印刷有限公司印刷
2013 年 10 月第 1 版　2013 年 10 月第 1 次印刷
开本:787×960　1/16　印张:22.75　插页:2
字数:420 千字　印数:1~2 000 册
定价:54.00 元
本书如有印装质量问题请直接寄承印厂调换